U0117745

三联·哈佛燕京学术丛书

吴功青 著

魔化与除魔

皮柯的魔法思想与现代世界的诞生

Enchantment and Disenchantment

Pico's Thoughts on Magic and the Birth of Modern World

生活·讀書·新知三联书店

图书在版编目（CIP）数据

魔化与除魔：皮柯的魔法思想与现代世界的诞生／
吴功青著. —北京：生活·读书·新知三联书店，2023.6
（三联·哈佛燕京学术丛书）
ISBN 978-7-108-07660-1

Ⅰ.①魔⋯　Ⅱ.①吴⋯　Ⅲ.①皮科·米兰多拉－哲学
思想－研究　Ⅳ.① B546

中国国家版本馆 CIP 数据核字 (2023) 第 094279 号

责任编辑　王晨晨
装帧设计　宁成春　鲁明静
责任印制　宋　家
出版发行　**生活·讀書·新知 三联书店**
　　　　　（北京市东城区美术馆东街 22 号 100010）
网　　址　www.sdxjpc.com
排　　版　北京金舵手世纪图文设计有限公司
经　　销　新华书店
印　　刷　北京中科印刷有限公司
版　　次　2023 年 6 月北京第 1 版
　　　　　2023 年 6 月北京第 1 次印刷
开　　本　880 毫米 × 1230 毫米　1/32　印张 13
字　　数　301 千字　图 8 幅
印　　数　0,001－5,000 册
定　　价　78.00 元
（印装查询：01064002715；邮购查询：01084010542）

IOAN · PICVS · MIRANDVLA ~

皮柯像

生命之树

ΘΕΟC

三尊赫尔墨斯

炼金术

水晶球占卜

文艺复兴魔法师约翰·迪伊（John Dee）

占星家

炼金士的实验室（画中人即海因里希）

本丛书系人文与社会科学研究丛书，
面向海内外学界，
专诚征集中国中青年学人的
优秀学术专著（含海外留学生）。

·

本丛书意在推动中华人文科学与
社会科学的发展进步，
奖掖新进人才，鼓励刻苦治学，
倡导基础扎实而又适合国情的
学术创新精神，
以弘扬光大我民族知识传统，
迎接中华文明新的腾飞。

·

本丛书由哈佛大学哈佛－燕京学社
（Harvard-Yenching Institute）
和生活·读书·新知三联书店共同负担出版资金，
保障作者版权权益。

·

本丛书邀请国内资深教授和研究员
在北京组成丛书学术委员会，
并依照严格的专业标准
按年度评审遴选，
决出每辑书目，保证学术品质，
力求建立有益的学术规范与评奖制度。

献给亲爱的皮尔·博里教授（Prof. Pier Cesare Bori）

目　录

Enchantment and Disenchantment

Pico's Thoughts on Magic and the Birth of
Modern World

Contents

序　言

　　物质的每个部分都可以设想为一座充满植物的花园，一湾充满鱼儿的池塘。

　　　　　　　　　　　　　　　　——莱布尼茨《单子论》

　　我们这个时代，因为它独有的理性化与理智化，最主要的是因为"世界已被除魔"……❶

　　　　　　　　　　　　　　　　——马克斯·韦伯

一、世界的除魔

　　自德国著名社会学家马克斯·韦伯在《新教伦理与资本主义精神》中提出"世界的除魔"（die Entzauberung der Welt）以来，"除魔"遂成为理解西方现代化进程的核心观念。在题为《科学作为天职》的演讲中，韦伯这样说道：

　　　　日益加强的理智化和理性化，并不意味着人们对所处的生活状况的普遍认识也随着增加。这一过程倒意味着这样一种认

---

❶ 马克斯·韦伯：《马克斯·韦伯社会学文集》，阎克文译，北京：人民出版社，2010年，第151页。由于行文需要，我们将"祛魅"（Entzauberung）统一改为了"除魔"。

识或者信念：人，只要想要了解，就能随时了解到。这就等于说，在原则上，所有发挥作用的力量都不是神秘莫测的，相反，人们原则上可以通过计算支配所有事物。这就意味着世界的除魔。人们再也不需要像相信这种魔力的野蛮人那样求助于巫术的手段，支配或祈求神灵。取而代之的是技术手段和计算。这就是理智化本身首要的意义。❶

韦伯所言的"世界的除魔"，指的是摒弃一切神秘莫测的东西，通过理性的方式认识自身和世界。不同于前现代社会诉诸巫术或神灵的魔力，现代社会则诉诸"技术手段和计算"。借此，人们可以随心所欲地了解并支配一切。在宗教上，除魔表现为人不依靠外在的神秘力量，而是依靠自我获取拯救；在社会行动上，除魔表现为祛除社会秩序和制度设计的非理性层面，从卡里斯马型的统治、传统型统治走向法理型统治。❷在韦伯看来，社会秩序的这种理性化，源自对宗教的重新改造，即"根据救赎宗教的'使命预言'，将每个人的日常行动转变为具有特定惯习（即条理化和纪律化）的生活风格"❸。合而言之，"世界的除魔"乃一场祛除宗教和社会秩序中的神秘和魔力，改由理性建构和支配人类的思想运动。这场运动的出现，不仅决定性地终结了古代世界，同时也支配了整个现代社会的进程，成为现代世界最突出的特征。

韦伯隐约看到，欧洲世界的除魔很大程度上是在现代早期科学

---

❶ 马克斯·韦伯：《科学作为天职》，李猛编，北京：生活·读书·新知三联书店，2019年，第19—20页。

❷ 韩升、李筱：《世界的"祛魅"与现代世界精神的重建》，载于《内蒙古社会科学》，2021年第9期，第47—50页。

❸ 李猛：《除魔的世界与禁欲者的守护神：韦伯社会理论中的"英国法"问题》，载于《韦伯：法律与价值》，上海：上海人民出版社，2001年。

的庇护下发生的，科学构成了西方文明除魔的重要推动力，可惜未加细致探讨。❶但经过近百年的沉淀，这一点早已成为学界的共识。从科学的眼光看，"世界的除魔"是科学世界对前科学世界的除魔，它不仅仅如韦伯所言，指向宗教和人类社会，同时指向更广阔的自然世界。换言之，现代社会不仅消除了人类世界的魔力，将之理性化；而且也消除了自然世界的魔力，将它变成纯粹机械性的物理事实。整个现代科学的图景，完全建立在除魔的自然世界基础之上。反之亦然，现代科学的研究，内在地要求着对于自然世界的除魔。只有把自然世界纳入世界的整体图示之内，我们才能把握"世界的除魔"这一韦伯命题应有而未竟的精神内涵。

由现代科学推动的这场除魔运动，深刻地影响了现代哲学，使得后者呈现出高度的除魔特征。从起源上说，现代科学和现代哲学是一体的。现代科学的方法和理念改变了传统哲学的认知模式，成为现代哲学的典范；现代哲学为科学奠基，为科学的发展扫清了形而上学和认识论的障碍。科学自身的除魔逻辑，在笛卡尔的哲学中体现得最为淋漓尽致。一方面，笛卡尔通过"普遍怀疑"的方法，内在地排除了上帝和外物对于心灵的影响，确立了"我思"的基础性地位。作为主体，"我思"具有自我反省、自我确证的理性特征。❷另一方面，笛卡尔在确立"我思"之后，将

---

❶ 弗洛里斯·科恩：《科学革命的编史学研究》，张卜天译，长沙：湖南科学技术出版社，2012年，第232页。

❷ 我们把笛卡尔的主体描述为"理性主体"，这并不是说笛卡尔的主体中除了理性就没有别的成分。相反，正如《第一哲学沉思集》的第四个沉思"论真理和错误"所展现的，理性主体中包含了大量意志性的因素。甚至，在"我思故我在"的哲学行动中，意志相比于理性起了更大的推动作用。我们强调笛卡尔的主体是"理性主体"，根本上是因为，这个主体是通过对于自身的反省而确证自身存在的；它对于世界的认知是理性而不是非理性的（信仰的、情感的或魔法的）；数学式的理性计算，是笛卡尔式主体最基本的活动方式和最突出的特征。

外部世界等同为广延性的物质，彻底剥夺了它的精神内涵。至此，"世界的除魔"的双重含义统统得到实现：一边是除魔的理性主体，一边是除魔的自然世界；一边是思维实体，一边是广延实体。它们彼此独立，无法相互作用，心物二元论的哲学体系应运而生。

心物二元论最为准确、最为深刻地顺应了现代科学的发展。现代科学的发起者，必须是一个具有认识和操作精神的理性主体，非笛卡尔式的"我思"不能担当。后者剔除了前科学时代的魔力，在数学计算中将自身最大限度地理性化；现代科学的对象，必须是完全除魔的物理世界，非笛卡尔的广延实体不能胜任。只有将精神从物质中彻底清除出去，物理世界的性质才能通过数学和实验的方式被精确地把握。一言以蔽之，现代科学的理想模式就是笛卡尔式的：一个除魔的主体，用绝对理性的方式认识和支配一个被除魔的物理世界。尽管笛卡尔之后，形形色色的哲学家贡献了不同的认识体系，以调适主体和对象的对立，心物二元论始终是现代哲学和现代科学最为核心的基础。相应地，现代世界的一切新道德、新秩序，也都奠定在这套二元论的世界图景之上。

作为现代文明最深刻的观察者，韦伯对"世界的除魔"引发的问题洞若观火。韦伯看到，一旦现代人的精神世界被彻底"除魔"，远离新教式的禁欲主义，就会丧失自我塑造的纪律，彻底被工具理性所左右，最终沦为"没有心肝的纵欲者"和"没有精神的专家"。在一个看似理性化的时代，人人从自身的立场出发进行判断，各行其是，不可避免地陷入"诸神之争"。而如果我们把"世界的除魔"扩大为整个现代世界的特征，问题远不止如此。心物二元论的体系，不仅摧毁了心灵世界和自然世界的魔力，而且切断了二者本有的自然联系，使得心灵和外物、心灵和心灵、心灵和身体之间陷入各种形式的断裂。深陷在心物二元论中的现代人，既无法从自然世界中获得灵魂的给养，也无法与其他心灵共在，不得不退回到"我思"中寻求安顿。正是因此，现代人的生活变得矛盾重重：因为心灵和自然魔力的消除，他们变得越来越理性，越来越清明；对自我的过分倚靠，又使他们远离世界和他人，变得越来越脆弱，越来越孤独。不幸的是，现代人不得不从这个脆弱而孤独的自我出发，去构建他们全部的道德和社会生活。相应地，自我的危机就会辐射至道德和社会层面，成为整个现代世界不得不去解决的难题。所有这一切，无不是"世界的除魔"引发的后果，是心物二元论在构建现代体系时必然付出的代价。

有鉴于此，我们有必要从"世界的除魔"这一现代症状出发，对现代性的意义、局限和困境进行通盘的反思。既然"世界的除魔"根本上源于笛卡尔的心物二元论体系，我们不仅需要考察这种二元论体系的后果，而且还必须追问，"世界的除魔"究竟是如何发生的，其哲学基础是什么？换言之，我们只有首先搞清楚"世界的除魔"这场现代运动的"来龙"，把握西方世界从古代到现代的转变，才能搞清楚这场运动的"去脉"，继而理解整个现代世界的诞生。

二、除魔的史前史

作为现代哲学和科学的图示，"世界的除魔"可谓现代世界的特殊产物。与之相对的，是一套截然不同的前现代图景。如果说，"世界的除魔"意在祛除世界的魔力，则前现代的图景中，心灵和自然世界便应该包含某种魔力；如果说，"世界的除魔"奠基于心物二元论的哲学体系，则前现代图景的哲学体系必定与之判然有别。追问前现代哲学的心物关系，进而考察前现代图景中心灵和自然世界的魔力，本质上就是追问除魔运动的"史前史"。这种追问，构成了我们理解古今之变的关键前提。

心和物，乃至一般性地说，心灵和世界，从一开始就被人类普遍经验。西方哲学在开端处的发问，紧紧围绕着这组主题而展开。心灵与世界、思维与存在，在希腊哲学诞生之际便得到了区分。但这种区分与笛卡尔的二元论迥然不同。这不仅表现在，在古希腊和中世纪相当长的时间内，心和物、思维和存在难以绝对地区分开来；更表现在，即使心和物、思维与存在某种程度上被区分了，它们的关系也不像笛卡尔哲学那样，呈现出主体支配客体的现代形态。心和物、思维和存在虽然被视为两个不同的东西，但心既不能绝对地统领物，思维也不能绝对地主宰存在，而是呈现出互为主体、互相观照的前现代特征。这种局面，使得心与物、精神和物质深深地交织在一起，心灵世界和自然世界共同呈现出特有的魔力。考虑到全面考察笛卡尔之前的哲学史并非本书的任务，我们在这里仅仅梳理西方哲学史发展的几个主要阶段和人物，提纲挈领地勾画前现代哲学在心灵和自然世界中的基本特征。❶

前苏格拉底哲学以探讨本原为己任，立场五花八门。但有一点基本可以确定，除了以德谟克利特为代表的原子论，其他主要学派都不否认精神性的存在。它们相信，所谓的物质并非单纯的物质，而是包含着某种精神的复合体，无论这种精神是逻各

---

❶ 本节对西方传统的梳理主要集中于西方哲学。事实上，除了哲学，神话、诗歌和宗教也是西方传统极为重要的组成部分。而相比于传统西方哲学的理性主义，神话、诗歌和宗教中的非理性主义更为突出。这种非理性主义乃西方文明尤其是前现代西方文明至关重要的一个部分。比如 E. R. 多兹：《希腊人与非理性》，王嘉雯译，北京：生活·读书·新知三联书店，2022 年。

斯（赫拉克利特）、爱与恨（恩培多克勒）或是努斯（阿那克萨戈拉）。易言之，前苏格拉底哲人眼中的自然世界，是一个包含魔力的世界。在心灵和世界的关系上，巴门尼德第一次确立了以存在为中心的形而上学，并宣称"存在和思维是同一的"（τὸ γὰρ αὐτὸ νοεῖν τε καὶ εἶναι）。但巴门尼德的命题与其说昭示了某种主体性，不如说"人是被存在者所直观的东西，是被自行开启者向着在场而在它那里聚集起来的东西"❶；与其说它展现了主体对于客体的认知，不如说人被存在者的敞开领域所包含并推入对立面之中。这种存在者自身敞开，进而让人所觉知的模式，与笛卡尔式的心物二元论有着本质性的不同。

古希腊哲学延续了前苏格拉底的哲学形态，发展出以柏拉图的理念论和亚里士多德的形质论为核心的形而上学体系。这个阶段的哲学家，同样倾向于从精神的角度看待自然世界。比如柏拉图，他虽然将理念世界之外的事物看成是可感事物，但认为这些事物并非全无生命。相反，根据《蒂迈欧》的设想，包含天体和月下世界在内的全部可感事物，都由宇宙灵魂所支配。❷ 在此意义上，任何物体都并非单纯的物体，而是具有灵魂的有生命物。亚里士多德不同于柏拉图，承认存在一些没有灵魂的无生命物。但他仍然肯定，无论是动物还是植物，都具有不同等级的灵魂。这就使得在亚里士多德的世界里，大部分的自然物体包含了非物质性的因素。

在思维和存在的关系上，古希腊哲学的思考比前苏格拉底哲学更为深入。不满足于巴门尼德仅仅用思维来概述灵魂，柏拉图

---

❶ 海德格尔:《世界图像的时代》，载于《海德格尔选集》，孙周兴选编，上海：上海三联书店，1996 年，第 900 页。

❷ Plato, *Timaeus*, 34c-37c.

和亚里士多德更加细致地分析了灵魂的不同层级和功能。前者将灵魂分为理性、血气和欲望，后者将灵魂分为无逻各斯的部分和有逻各斯的部分。作为理性主义者，柏拉图和亚里士多德相信，灵魂只有达到理性的高度，懂得约束和引导非理性，才能实现自身的幸福。就此而言，他们不同于中世纪哲学家而接近于笛卡尔，具有明显的理性主义特征。但尤其在柏拉图这里，毕竟还包含着重要的例外。受琐罗亚斯德主义、俄耳甫斯主义、毕达哥拉斯主义等多重因素的影响，柏拉图坚信，灵魂中存在着一些和理性不同的东西。尤其是爱欲，不仅能够引导人进行常规性的理性沉思，而且还能将人引向非理性的迷狂，在对美和善的观照中出神入化。[1] 灵魂的这种能力，使人时常脱离理性的边界，高度地魔化（Bezaubernd/Bezauberung）。

　　希腊化哲学是前苏格拉底哲学和古希腊哲学的变种。在通常所说的四大学派中，除了没有提出正面哲学主张的怀疑派，以及明确拒绝精神存在的伊壁鸠鲁主义，剩下的两大学派都明确地肯定精神的意义。其中，斯多亚派认为，世界生于宇宙大火，大火即是普纽玛。世界从大火中生出，经过气—水—土—火的循环毁灭，又从大火中重生。这普纽玛贯穿于万事万物，任何事物都无法脱离它而存在，因而无不具有精神性的特征。和斯多亚派不同，新柏拉图主义直取柏拉图尤其是《蒂迈欧》。根据普罗提诺，太一流溢出努斯，努斯流溢出灵魂。灵魂先为本体，再为宇宙灵魂，最后为个体灵魂即流溢至质料中的可感形式。考虑到宇宙灵魂普遍存在于万事万物，是支配一切个体灵魂和可感事物的存在依据，所有的可感事物就不仅仅是单纯的物体，而是包含了灵魂这一精

---

[1] Plato, *Symposium*, 211B-212A.

神的复合体。不仅如此，因为万事万物都分有了同一个世界灵魂，彼此便具有隐秘的内在关联，或者说魔力。而一旦灵魂能够发现这种魔力，将它们连接起来，就会产生神奇的效力（即后文说的魔法）。相比于柏拉图，新柏拉图主义对人和世界的魔化更为彻底。

中世纪哲学历史悠久，流派复杂，难以一概而论。总体而言，因为基督教的传入，中世纪哲学改变了希腊哲学以理性为主体的认识模式，突出了信仰和恩典的中心地位。以奥古斯丁为例，他虽然反对德尔图良的信仰主义，秉承亚历山大里亚学派的理性传统，但始终维护信仰和恩典对于拯救的作用。在《忏悔录》中，他将人的皈依理解为上帝召唤和人蒙召的双向奔赴。上帝的召唤，展现出上帝的恩典，以及心灵在上帝面前的被动；人的蒙召，体现出人的自由，以及信仰在心灵中的主动。召唤和蒙召的双向奔赴，本质上是圣爱和爱欲的相互结合。在两种爱的推动下，心灵一步步向上攀升，与上帝神秘合一。❶经院哲学时期，理性与信仰的博弈日益复杂，人类心灵的处境变换不定。以托马斯·阿奎那为代表的亚里士多德主义者坚持"双重真理说"，高度颂扬人的理性，赋予理性和恩典同等的价值；"七七禁令"之后，信仰和恩典的作用被无限拔高，各种各样的宗教神秘主义泛滥。官方的神学和哲学如此，民间更不必说。卡巴拉主义、赫尔墨斯主义、诺斯替主义、种种神秘主义思潮广为传播，深刻地改变了欧洲人的精神状况。随之而来，托马斯主义日渐萧条，意志主义乘虚而入，人类心灵的魔化程度再次增强。

心灵世界如是，自然世界亦如是。和希腊哲学一样，中世纪哲学并不预设心与物、精神和物质的截然对立。所谓的物，向来

---

❶ Augustine, *Confessions*, VII. 16.22.

不是单纯的物体，而是充斥着上帝权能的被造物。上帝不是物质，而是绝对的存在和至高的理念；它的权能渗透在自然世界之中，后者当然不可能仅仅是物质的。同样，精神性的事物也不完全就是非物质的。按照奥古斯丁的设想，天使、魔鬼和灵魂这样的精神造物，是它们原有的精神质料接受光照的结果。虽然它们不像物质实体那样占据空间，但毕竟以质料为载体，和现代人眼中纯粹的精神大为不同。❶奥古斯丁的这种说法流传甚广，直到被托马斯·阿奎那终结。不同于奥古斯丁，阿奎那明确将精神实体和物质实体区分开来。但相比于笛卡尔，他的工作并不彻底。阿奎那仅仅认为，精神实体低于上帝，它的存在和本质不同一，形式与质料同一；物质实体低于精神实体，它的存在和本质、形式与质料都不同一。无论如何，他并未将广延和思维作为两个完全不同的属性，分别赋予物质和精神。相反，根据阿奎那信奉的"存在巨链"理论，层级更高的物质实体之所以能够支配下界，与它自身携带的精神属性密不可分。❷不必说，物质和精神的这种杂糅，在正统的教会生活之外也广泛存在。中世纪晚期魔法、占星术和各种巫术大肆流行，就是这种观念的最佳证明。

纵观前苏格拉底哲学到中世纪哲学，心灵和自然世界无不呈现出高度的前现代特征。不同于"世界的除魔"，前现代哲学虽然不乏理性主义的倾向，但从未舍弃非理性的要素，而且随着信仰的需要，对非理性的追求越发强烈；前现代哲学虽然对于心和物、思维与存在有了明确的区分，但从未把物质和精神完全切割开，更未像笛卡尔那样，确立起我思相较于世界的主体性地位。前现

---

❶ 关于奥古斯丁对精神质料的论述，参考拙文《内在与超越：奥古斯丁的宇宙目的论》，载于《哲学研究》，2020 年第 11 期。

❷ 关于托马斯·阿奎那的"存在巨链"思想，详见本书第 4 章。

代哲学人眼中的自然世界，是一个虽然有别于心灵，但仍旧充满精神的魔力世界。心灵和自然世界的魔力，构成了前现代社会区别于现代社会的关键。

澄清这一点之后，现在我们要问：如果迄止中世纪的西方世界具有浓重的魔力，所谓的"世界的除魔"究竟是如何完成的？从中世纪晚期至笛卡尔出现以前的时间里，西方世界究竟发生了什么？种种追问，将我们的目光引向了文艺复兴。

三、时代之子皮柯·米兰多拉 ❶

文艺复兴无疑是一个新旧交替的时代。以但丁、彼特拉克、薄伽丘、达·芬奇、米开朗琪罗为代表的文学家和艺术家率先觉醒，凭借着他们独特的天才和敏感，创造出了令人惊叹的成就。哲学姗姗来迟，但从未缺席。早在 14 世纪，在但丁和彼特拉克的笔端，新的哲学思潮已开始涌动。经过百余年的沉淀，至文艺复兴中后期，各种新的哲学形式终于喷薄而出。它们诉说并预言着新的时代精神，从尼古拉的库萨到斐奇诺，从马基雅维利到布鲁诺和弗朗西斯·培根，直到现代的曙光完全显露。在这群闪耀的明星中间，有一位的光芒格外耀眼，那就是著名的文艺复兴哲学家——皮柯·米兰多拉（Pico della Mirandola）。

---

❶ 皮柯的生平和著作主要参考 Francesco Borghesi 的年表，见 Francesco Borghesi, "Chronology", in *Oration on the Dignity of Man*, Cambridge: Cambridge University Press, 2012, pp. 37-44。这些材料主要来自皮柯的侄子为他所写的传记，参考 Giovanni Pico della Mirandola, *The Life of Pico della Mirandola*, translated by Thomas More, edited with introduction and notes by J. M. Rigg, with an introductory essay by Walter Pater, published by the Ex-classics Project, 2011。

从各个角度说，皮柯都堪称"时代之子"。1463年，这个文艺复兴的鼎盛年份，皮柯出生于意大利米兰多拉城堡，上有两个姐姐卡特琳娜和卢克莱西亚，两个哥哥加勒奥托和安东尼·玛利亚。皮柯出生后不久，父亲去世，母亲一人把他带大，希望他能事奉教差。皮柯遵从母亲的意愿，于14岁那年前往博洛尼亚学习教会法。遗憾的是，次年母亲便撒手人寰。1479年，皮柯来到费拉大学，学习哲学和古希腊语，结识了生命中两个重要的人物：巴蒂斯塔·瓜里尼（Battista Guarini）和吉罗拉莫·萨沃纳罗拉（Girolamo Savonarola）。1480年，皮柯前往帕多瓦大学继续深造，研读亚里士多德和他的评注者尤其是阿威罗伊的著作。对阿拉伯和犹太思想的兴趣，让皮柯又相继结识了其他学者，如吉罗拉莫·拉姆索以及美迪格的埃利亚。1482年夏，皮柯起身前往帕维亚。在那里他继续学习哲学、希腊语和修辞学，并通过波利齐亚诺对佛罗伦萨的文学运动产生了强烈兴趣。同年，皮柯向马西留·斐奇诺（Marsilio Ficino）索取他的《柏拉图神学》抄本。在美迪格的埃利亚的影响下，皮柯开始阅读约翰·斐洛庞努斯（John Philoponus）的作品。1483年，皮柯和他的兄弟就家庭财产的分割达成协议，年仅20岁就成为全意大利最为富有的人。这一年，他除了继续在帕多瓦和帕维亚学习哲学，还开始练习诗歌写作，并将其中的部分作品寄给了波利齐亚诺。

1484年，皮柯读完《柏拉图神学》，敦促斐奇诺翻译普罗提诺的作品。在佛罗伦萨，皮柯广交各界名流，医生、犹太哲学家、柏拉图主义者、诗人，但丁和彼特拉克的学者，当然最主要的是洛伦佐·美第奇。美迪格的埃利亚追随皮柯来到佛罗伦萨，继续为他翻译。经他的介绍，皮柯认识了犹太改宗者弗拉维·密斯里达特（Flavius Mithridates），后者随即成为皮柯的希伯来语教师。

1485 年，皮柯真正进入意大利文化界。他和巴尔巴罗（Ermolao Barbaro）的论战，引起了广泛的关注。巴尔巴罗批评"野蛮的哲学家们"技巧低俗，语言苍白。但在皮柯看来，内容远比形式重要，如果修辞技巧阻碍了对真理的追求，哲学家完全可以将它置之度外。❶同年 7 月，皮柯进入巴黎索邦大学，在那里一直待到 1486 年年初。在索邦期间，皮柯深入学习"闻名遐迩的巴黎论战"（celebratissimorum Parisiensium disputatorum）风格，并开始构思他的哲学和神学主张。

1486 年是皮柯生命中至关重要的一年。3 月，23 岁的皮柯结束在巴黎的学习回到佛罗伦萨，与他的朋友洛伦佐·美第奇、波利齐亚诺和马西留·斐奇诺重聚。5 月，他动身前往罗马。两天后，皮柯途经阿莱佐，试图劫走朱利亚诺·美第奇的妻子玛格丽塔未遂，引发了一桩巨大的丑闻。不得已，皮柯只好隐居佩鲁贾，随后又由于瘟疫前往弗拉塔。在此期间，他潜心忏悔，决心用著述洗刷自己的罪恶，留下大量重要的作品。他先是为朋友吉罗拉莫·贝尼维耶尼（Girolamo Benivieni）的《爱歌》（Canzone）写作了《〈爱歌〉评注》（Commento sopra una canzone d'amore），随后又收集并写作了 900 个重要的哲学论题，汇集成著名的《九百题》（Conclusiones），12 月份在罗马印刷出版。在这部作品中，皮柯对不同传统进行了调和，并对古希腊哲学、中世纪哲学、魔法、犹太卡巴拉等主题展开了创造性的论述。为了能够在罗马大会上讨论这部作品，皮柯专门写作了一份演说辞，也就是我们非常熟知的《论人的尊严的言说》（简称为《论人的尊严》，Oratio de

---

❶ 关于皮柯和巴尔巴罗的这场论战，本书由于主题所限无暇处理。可参考徐卫翔：《皮柯致巴尔巴罗信中的双重面具》，载于《文艺复兴思想评论》（第一卷），北京：商务印书馆，2017 年，第 244—260 页。

hominis dignitate）❶。恰是这篇演说辞，被后世誉为"文艺复兴的宣言"（Manifesto del Rinascimento），为皮柯带来了巨大的声誉。可就在此时，坊间关于皮柯的流言四起，英诺森八世（Innocent Ⅷ）宣布取消了皮柯计划的这次大会。

1487 年 2 月，教宗英诺森八世正式下令对皮柯的《九百题》进行审查。一个由七名大主教组成的审查委员会成立。审查委员会的会议从 3 月 2 日一直开到 3 月 13 日。皮柯的七个命题当即受到谴责，随后又补加了六个。经过详细分析，前七个命题被严厉谴责，后六个仅被审查。受到羞辱的皮柯立刻撰写《申辩》（*Apologia*），为自己的立场进行辩护，并迅速在 5 月 31 日将之付梓。这一做法令教廷更加愤怒。6 月 6 日，英诺森八世签署审查令，宣布焚烧《九百题》。7 月 31 日，皮柯不得不在审查令上签字。悲伤困顿之中，皮柯前往法国避难。好在有法国国王庇护，他于次年 4 月重回佛罗伦萨。随后，在洛伦佐·美第奇的斡旋下，教宗亚历山大六世取消了他的罪名。

1489 年皮柯回到佛罗伦萨，思想进入了又一个高峰期。他相继出版了《创世七论》（*Heptaplus*）与《论存在与一》（*De ente et uno*）。《创世七论》由罗贝托·萨尔维亚蒂赞助，讨论《创世记》中的自然哲学问题。皮柯认为，《圣经》包含着与自然一样的真理，如果我们知道如何解读经文，就能够将自然的奥秘揭示出来。《论存在与一》则献给波利齐亚诺，试图调解当时日趋白热化的柏拉图主义和亚里士多德主义之争，缓和东正教和天主教的冲突。在书中，皮柯明确指出：柏拉图和亚里士多德对于存在和一的理

---

❶ 中译本参照皮科·米兰多拉：《论人的尊严》，顾超一、樊虹谷译，北京：北京大学出版社，2010 年。为了保证译文的准确性，本书在引用《论人的尊严》的段落时，全部根据拉丁原文做了修订。

解是一致的，东西方传统具有相同的哲学基础。同年，皮柯开始写作大部头作品《驳占星术》(《驳占卜的占星术》，*Disputationes adversus astrologiam divinatricem*)。但直到去世，这部作品也没有完成。尽管如此，《驳占星术》仍旧沉重地打击了文艺复兴时期流行的占星术，推动了现代天文学的诞生。生命的最后几年，皮柯热衷于神学研究，沉湎于生命的奥秘与恩典以及十字架形象不能自拔。他遵从萨沃纳罗拉的训导，在菲耶索莱过着苦修的生活。1494 年，皮柯中毒身亡，年仅 31 岁。[1]

四、现代与传统：皮柯哲学的双重面向

皮柯虽英年早逝，思想却异常独特而深刻，对现代世界有着深远的影响。[2] 长期以来，皮柯被视为文艺复兴时期代表性的哲学家，与斐奇诺、布鲁诺齐名，备受西方学界的青睐。自 19 世纪中后期开始，西方学界对皮柯的研究兴趣明显增加，诞生了一大批标志性的研究成果。20 世纪五六十年代以降，随着新材料和新方法的涌现，学界对皮柯的兴趣再次被点燃，相关的研究成果层出不穷。与此同时，围绕皮柯哲学的争论也越来越激烈。

皮柯哲学的主导性解释由瑞士历史学家布克哈特开启，这一

---

[1] 关于皮柯的死因有各种说法，我们这里采用了学界比较常用的"中毒说"。关于学界的讨论，可参考 Francesco Borghesi 的另外一篇论文，Francesco Borghersi, "A life in Works", in *Pico della Mirandola: New Essays*, Edied by M. V. Dourhgerty, Cambridge: Cambridge University Press, 2008, p. 219。

[2] 关于皮柯哲学对现代的影响，参考 Henri de Lubac, *Pico della Mirandola. L'alba incompiuta del Rinascimento*, Traduzione da Giuseppe Colombo e Adriano dell'Asta, Milano: Editoriale Jaca Book SPA, 2016, pp. 210-235。

派解释可称之为"现代派"。因为皮柯对自由的强调，布克哈特力主将他看成一个革命者和现代性的代表。在《意大利文艺复兴时期的文化》中，布克哈特热情歌颂皮柯的贡献，称赞《论人的尊严》这篇演说辞是"那个伟大时代的最高贵的遗产之一"❶，将它归为"世界的发现与人的发现"环节，极力肯定它对于现代世界的意义。在他看来，皮柯对于占星术的批驳，"提出了一个关于自由意志和上帝在统治世界的积极的基督教学说"❷，堪称时代的先锋。卡西尔紧随其后，高度肯定皮柯的现代性。卡西尔认为，皮柯在《论人的尊严》中为人的自由开辟了空间，"在伦理学上，他是真正的文艺复兴精神的第一位宣告者和开路先锋"❸。正是伦理学上的这种革命性，使得皮柯突破了占星术依赖的宇宙等级，将人从自然必然性中解放了出来。在皮柯那里，人是自由的，不受自然的约束。某种程度上，皮柯甚至已经意识到自然与自由的分离，是一个具有康德视野的"前康德主义（Pre-kantian）哲学家"。❹卡西尔之后，无论是加林（Eugenio Garin）、克利斯特勒（Paul Oskar Kristeller）还是科学史学者耶茨（Frances A. Yates），都大体遵从这套康德主义解释模式。❺直到今天，现代派仍旧是皮柯学界的主流。

---

❶ 布克哈特：《意大利文艺复兴时期的文化》，何新译，北京：商务印书馆，2010年，第399—400页。

❷ 布克哈特：《意大利文艺复兴时期的文化》，第564页。

❸ 卡西尔：《文艺复兴哲学中的个体和宇宙》，李华译，北京：商务印书馆，2021年，第152页，引用时有细微改动。

❹ Ernst Cassirer, "Giovanni Pico Della Mirandola: A Study in the History of Renaissance Ideas", in *Journal of the History of Ideas*, Vol. 3, No. 3, 1942, p. 342.

❺ 关于加林和克利斯特勒的解释，可参看 Brian P. Copenhaver, "Magic And The Dignity of Man: De-kanting Pico's *Oration*", in *The Italian Renaissance in the twentieth Century*, 1999, pp. 309-316.

现代派之外，另一派学者反其道而行之。这一派学者极力弱化皮柯的现代面向，力主将他看成一个恪守古代和中世纪传统的哲学家，可称之为"传统派"。"传统派"最杰出的代表是法国天主教学者亨利·吕巴克（Henri de Lubac）。在吕巴克看来，现代派片面地抓取皮柯文本的某些段落，既不注重它们在整体语境中的含义，也不顾及这些文本和经典文本的联系，过分夸大了皮柯思想的现代面向。以现代派强调的自由为例，吕巴克认为，即便皮柯的确提出了关于自由的理论，这些理论也并非他的独创，而是深深扎根于奥利金、奥古斯丁乃至经院哲学以来的传统；更何况，皮柯对自由的歌颂并非毫无限制，而是受制于他整个的神学意图。一方面，皮柯主张人有自由意志，并不意味着其他的造物就没有。而且，人不会因为拥有自由意志就位居高位，而是必须效仿比它更高的天使。另一方面，现代派强调人的自由不受限制，甚至可以变成上帝自身。但事实上，皮柯明确认为人是有罪的，仅仅依靠自身根本无法获得救赎；即便皮柯曾经讲过"人的神化"，这种讲述也不过是对基督教历史上圣徒"成圣"的一种再现，本身并不能证明人拥有成神的自由。❶一言以蔽之，在吕巴克眼中，皮柯的自由理论不过是将基督教历史上的自由理论重述了一遍，并未突破中世纪神哲学的框架。既如此，我们便不能将皮柯视为现代性的先锋，而顶多理解为虽具有一定现代意识，但仍深陷于中世纪传统的前现代人。吕巴克的批评，得到拿波里（Di Napoli）的支持，并在当代学者如特林考斯（Charles Trinkaus）、法默（S. A. Farmer）、科彭哈弗（Brian Copenhaver）那里得到了

---

❶ Henri de Lubac, *Pico della Mirandola. L'alba incompiuta del Rinascimento*, Traduzione da Giuseppe Colombo e Adriano dell'Asta, Milano: Editoriale Jaca Book SPA, 2016, pp. 61-73.

进一步的发挥。❶

　　吕巴克代表的传统派解释，充分呈现了皮柯思想与中古思想之间千丝万缕的联系，矫正了现代派解释的激进之处。作为游移于古今之间的哲学家，皮柯的思想不可避免地受到传统的影响。不仅他的自由理论具有鲜明的传统烙印，而且中世纪哲学的主导观念——上帝的超越性、天使的神圣和人的原罪，也明显渗透在他的思想之中。否认这一点，就是否定文艺复兴思想与中古思想的连续性。与此同时，传统派解释的问题恰恰也在于，因为过于强调文艺复兴思想与中古思想的连续性，忽略甚至否定了皮柯思想与传统的断裂。毕竟，无论多么强调传统对于皮柯的影响，我们也无法否定：皮柯的确从这些传统中，生发出了完全不同的现代因素。没有皮柯的阐发，那些传统仅仅只是传统，无法变成现代。在皮柯乃至整个文艺复兴思想的研究上，我们既应该看到现代与古代的连续，也应该看到现代与古代的断裂，在肯定文艺复兴对于传统的继承时，凸显它们对于现代性的开创性价值。❷

　　基于上述考虑，我们主张以现代派解释为主、传统派为辅，以现代派统摄传统派的方法来理解皮柯。我们将表明，皮柯的确深受古代柏拉图主义（含新柏拉图主义）、犹太卡巴拉主义和经院哲学的影响，高度认同传统人性论和宇宙秩序；但相比于中世纪

---

❶ 特林考斯对皮柯的传统派解释，可参考 Charles Trinkaus, *In Our Image and Likeness: Humanity and Divinity in Italian Humanist Thought*, University of Notre Press, 1995。对于特林考斯的详细反驳，可参考拙文《革命与危机：皮柯论人的尊严与个体自由——兼对特林考斯的一个批评》，载于《北京大学学报》，2013 年第 5 期。有关法默和科彭哈弗对现代派解释的批评以及我们的回应，详见本书第 5 章。

❷ 关于文艺复兴与传统既连续又断裂的关系，可参考 Eugenio Garin, *Italian Humanism. Philosophy and Civic Life in the Renaissance*, translated by P. Munz, New York: Harper and Row Publishers, 1965, pp. 14-17；以及拙文《意义与方法：文艺复兴哲学的观念性反思》，载于《云南大学学报》，2016 年第 5 期。

晚期的托勒密天文学体系，皮柯决定性地塑造出以人为中心的宇宙论；相比于中世纪晚期的唯名论和意志论，皮柯塑造出了一个温和的上帝形象，继而塑造了一种新的神人关系；最重要地，皮柯颠覆了中世纪晚期的人性论，赋予人前所未有的自由。一言以蔽之，皮柯虽是一位传统的热爱者和沿袭者，但首先是一个现代人，一个具有真正革命精神的现代哲学家。或者更准确地说，皮柯正是在对古代和中世纪传统的接受和运用中，对它们进行了关键性的改造，使之焕发出现代的光辉。

五、自由与魔法

皮柯的思想纷繁复杂，既糅合了正统的经院哲学，又糅合了古希腊哲学、犹太哲学、阿拉伯哲学等许多异教成分。他的思考无拘无束，天马行空，从个人到宇宙，从自由到救赎，从占星术到魔法，不一而足。因为这种复杂性和多样性，无数学者愿意前赴后继，醉心其中。从传统的形而上学、人性论、宇宙论到近年来日益流行的魔法研究、占星术研究、赫尔墨斯主义研究，关于皮柯的研究几乎触及了现代哲学和科学的各个门类，令人瞩目。

但对我们而言，皮柯的自由理论最为关键。自由是皮柯哲学的核心关切。无论是他相对早期的作品，还是相对后期的作品，都聚焦于这个中心问题。首先，在《论人的尊严》中，皮柯通过意志的自我塑造，奠定了现代人的自由；随后，在《创世七论》中，皮柯将人的自由拓展成"上帝的形象"，赋予人联系和操控万物的能力；最后，在《驳占星术》中，皮柯系统反驳了文艺复兴时期流行的占星术，为人的自由扫清了宇宙论障碍。纵观这些论述，皮柯的观点一以贯之：人是自由的。皮柯的自由理论，是他哲学中最富华彩最有价值的篇章，也是他对现代思想最有影响的部分。

相比于皮柯的自由理论，魔法的位置一度有些尴尬。作为发端于古代埃及，滥觞于中世纪和文艺复兴时期的文化形态，魔法受到文艺复兴时期众多哲学家的关注。皮柯也不例外。无论是《九百题》还是《论人的尊严》《创世七论》，都有对魔法的大量论述。但长期以来，魔法在皮柯哲学中不被重视。受传统科学史观的影响，学者习惯性地认为，魔法本质上是一种巫术与迷信，既与现代科学针锋相对，也与皮柯的现代面向格格不入。比如，布克哈特一边颂扬皮柯对占星术的批判，一边就将皮柯的魔法看成封建迷信的残余。❶ 同样，卡西尔虽然高度肯定皮柯的现代性，颂扬皮柯的自由思想，但对于魔法与现代性的关系却未做详论。他只是模糊地认为，魔法表现出了这样一种观念，"在主体和客体的统一性的基础上，主体何以能够不仅理解客体，还支配客体，自然如何又不仅服从于主体的理智，也服从他的意志"。❷ 至于魔法在皮柯思想中处于什么位置，与自由的关系如何，卡西尔几乎不置可否。这种状况一直持续到耶茨的出现。

耶茨对皮柯魔法的关注，紧紧围绕着赫尔墨斯主义和文艺复兴魔法的关系来展开。耶茨认为，肇始于古代、由斐奇诺翻译的《赫尔墨斯秘籍》（*Corpus Hermetica*）与新柏拉图主义、卡巴拉主义一起，深刻塑造了文艺复兴时期对于人、自然和上帝的认知。在这条赫尔墨斯主义传统的线索中，皮柯和斐奇诺、布鲁诺等哲学家一样，占

---

❶ 布克哈特：《意大利文艺复兴时期的文化》，第573—592页。
❷ 卡西尔：《文艺复兴哲学中的个体和宇宙》，第222页。

据了核心地位。耶茨指出，皮柯在他的著作中不仅大量使用卡巴拉主义资源，而且援引不少《赫尔墨斯秘籍》的文本，特别是魔法的内容。比如，《论人的尊严》一开始所引用的"阿斯克勒庇俄斯啊，人是一个伟大的奇迹"就明显出自《赫尔墨斯秘籍》的"阿斯克勒庇俄斯"一章。而且，在自然魔法方面，皮柯深受斐奇诺的影响，"但对它的引介比斐奇诺更加有力和开放"❶。相比于斐奇诺，皮柯更为勇敢地倡导了人作为魔法师的理念，也更为明确地提倡魔法对于世界的操控。在耶茨看来，皮柯倡导的魔法已不是某种中世纪的神秘技艺或秘传知识，而是现代科学的雏形，在西方哲学史和科学史上具有重要的意义。在耶茨的激发下，西方学界近五十年诞生了大量研究皮柯魔法思想的文献，掀起了文艺复兴研究的又一股热潮。

耶茨对皮柯魔法思想的探索，以及她关于文艺复兴魔法和现代科学关系的思考，具有划时代的意义。然而，纵观耶茨的论述，仍然存在一个根本的缺陷：尽管她通过分析皮柯的魔法思想，凸显了人的主体性地位，但是对于皮柯的自由理论缺乏必要的关注。自由与魔法这两个核心主题，在耶茨的研究中仍旧是断裂的。这种研究范式，不利于我们真正理解皮柯的魔法思想，也不利于我们从整体上理解皮柯哲学的意义。

为了改善这种研究状况，本书力图将皮柯思想中两个最为重要的主题——自由与魔法——结合起来加以考察。我们认为，皮柯对魔法的研究不仅仅源于对自然魔法传统或希伯来卡巴拉的单纯兴趣，而源自自由理论的强烈需要。一方面，皮柯要想从根本上论证人的自由，必须论证人有操作魔法的能力。魔法，是自由

---

❶ Frances A. Yates, *Giordano Bruno And The Hermetic Tradition*, London: Routledge and Kegan Paul, 1964, p. 84.

最根本的体现。人只有不受控制地践行魔法，才是一个真正的自由人。另一方面，皮柯所理解的自由，向来不仅仅是自我塑造、自我决定的自由，而同时是自我完善、自我提升的自由。按照皮柯人的自由必须经过"道德哲学－辩证法－自然哲学－神学"的进阶之路来实现。自然魔法作为"自然哲学的绝对完善"，其意义在于"照亮"人的灵魂，提升人的自由；卡巴拉魔法作为"自然魔法的最高部分"，旨在提升人的自由，让人"与上帝合一"。从这两个方面来说，魔法都立足于人的自由，并最终指向人的自由。人只有通晓魔法，懂得如何沉思和操作自然，才能实现自由的完善。在这个意义上，魔法是人实现自由的必经之路。但这一切，和上面讲的除魔有什么关系呢？

六、魔法与魔化

事情还要从魔法说起。我们已经指出，皮柯颂扬魔法，根本上是因为它提升了人的地位。看似迷信和巫术的魔法，非但没有阻碍反而推动了主体性的诞生，具有重要的现代意义。魔法师（Magus）的形象，就是这种主体性的表现。在沉思层面，魔法首先要求魔法师将他的灵魂提升至理性以上的高度，把自身当作一个枢纽，将万物连接起来。皮柯认为，古希腊格言"认识你自己"（γνῶθι σεαυτόν）真实的含义是认识所有自然，"因为人的自然是所有自然的中介和混合体"❶。没有人作为主体，魔法就从根本上失

---

❶ Pico della Mirandola, *Oratio de hominis dignitate*, 117, "Cuius et interstitium et quasi cynnus natura est hominis".

去了基础。魔法实践更是如此。按照皮柯，自由之为自由，在于主体自我塑造的能力。而魔法的操作，恰恰最能够体现人的这种能力。只有当一个人成为魔法师，随心所欲地连接万物，他才能成为宇宙的主人；只有当魔法师开始魔法操作，他的灵魂才能获得成全，完成自我的塑造；只有当一个人成为魔法师，他才能成为宇宙的统治者，化形为天使，甚至与上帝合一。魔法师面向世界的这种主体性，堪称现代哲学的先声——皮柯的创造性正在于此：他宣扬的魔法，不再只是某种犹太或基督教神秘主义的技艺，还是现代操作精神的化身；他笔下的魔法师，不再只是一个隐秘技艺的操作者，还是焕发着现代科学家光彩的新人类。

初看起来，魔法师的主体性与现代哲学的主体性如出一辙。皮柯同样宣称，理性是魔法师的首要标志。一个人只有达到理性的高度，才能洞悉自然世界的奥秘，操作魔法。这一点尤其表现在自然魔法阶段：从事自然魔法的魔法师因为深谙天界和月下世界的联系，有能力将天界的德能引至下界，宛如施行奇迹。在皮柯看来，这种看似神秘的操作，不过是理性的产物。魔法师的理性所洞察的，并非某种反自然的奇迹，而仅仅是不为人知的自然法则而已。在这个意义上，自然魔法已经蕴含了现代科学的逻辑，魔法师的主体性与现代哲学的主体性只有一步之遥。

然而，魔法师的主体性与现代主体性之间，仍不可同日而语。同样强调理性，魔法的理性与现代理性有着实质的差异。笛卡尔倡导的主体理性，是一种通过"普遍数学"的方式对客体的预先把握，其核心精神是函数式的数学计算；而魔法诉诸的理性，毋宁说是一种超越事物的表象，抽象地把握事物本质的能力。诚然，这种理性能力也包含数学，但正如耶茨所言，它更多的是数秘论（numerology）意义上的数学，与笛卡尔主张的"普遍数学"有天壤之别。● 数秘论意义上的数学，强调数字与自然世界和神圣世界的隐秘联系；而"普遍数学"则力图通过"自然数学化"的方式，把握事物的数学特征，将事物和事物的联系还原为坐标系中数和数的联系，通过函数的演绎进行实验操作。● 前者是隐秘的，后者是公开的；前者是不确定的，后者是确定的；前者是松散的、无序的，后者是严格的、纪律化的。此种差异，使得魔法师看起来也在使用某种理性，实际上却滑向了神秘主义，与现代哲学的理性大相径庭。也正是由于这种差异，作为魔法师的主体最终未能走向现代世界的"除魔"，而是呈现出前现代的魔化特征。

无论在自然魔法还是在卡巴拉魔法阶段，人的魔化均清晰可见。理论上，魔法师通过自然魔法，把握理性的自然法则，与魔化无涉。但考虑到这种理性并非计算理性，而是主体通过各种方式（如数字、符咒、声音、音乐）把握隐秘性质的能力，魔法师实际上已经具有了非理性的魔力。只不过，从魔法师的角度来说，这种魔力还没有逾越自然的限度。卡巴拉魔法则完全不同。从一开始，卡巴拉就要求将人的灵魂超越理性，提升到智性的高度。智性的特征在于洞悉神圣世界的奥秘，通过形式的数把握上帝之

● 耶茨指出，"无论是与象征主义和神秘有机结合的毕达哥拉斯主义的数，还是与希伯来字母的神秘力量相关联的犹太教神秘学（即卡巴拉），本身都不会导向实际用于应用科学的数学"。见 Frances A. Yates, *Giordano Bruno And The Hermetic Tradition*, p. 147。

● 关于现代的"自然数学化"与中古文艺复兴数学传统的关系，学界存在"连续论"和"革命论"两种立场。本书采纳晋世翔的观点，主张以"革命论"立场为主，吸收"连续论"立场的合理性。参考晋世翔：《自然数学化》与"新实验运动"，载于《自然辩证法研究》，2015 年第 8 期。晋世翔清楚地指出，"'自然数学化'与新实验运动分别以'心灵构造性地设立对象性实在'、'程序性地描述和运用作用因'的不同方式一同推进了世界图景的机械化。两者既是对古典科学中数学传统与实验传统的延续，也是在新的形而上学图景中对它们做出的革命性重建"。相关的讨论还可以参考弗洛里斯·科恩：《科学革命的编史学研究》，第 377—380 页。

名，找到通向天使和上帝的道路。以智性为基础的卡巴拉魔法，首先将主体提升至神圣世界，充分地被魔化。否则，卡巴拉魔法的操作将无从谈起。相比于自然魔法，卡巴拉魔法对人的魔化更为彻底。一个深谙卡巴拉的魔法师，利用的是上帝和天使的神圣力量，完全不受自然法则的约束。如果说，自然魔法的魔法师驰骋天地，魔力超越常人；那么卡巴拉魔法的魔法师则驰骋于整个宇宙，魔力无边无际。总之，魔法师的沉思和操作既表现和推进了主体性，昭示了现代世界的到来；强烈的魔化特征又使他远离了理性主体，远离了那个"除魔的世界"，而置身于前现代的人性图景之中。

与魔法相对的，是魔化的世界。魔法操作的前提，在于世界的隐秘联系或曰魔力。魔法师的工作，无非借助自身的魔力将世界的魔力呈现出来。皮柯说世界有某种魔力，既指世界之中有些我们看不到的神奇，也指它不仅仅是单纯的物质，而是糅合了某种精神性的复合体。在对自然世界的理解上，皮柯大体遵循了文艺复兴时期的自然主义原则，强调"心灵与物质、精神与身体都不被视为分离的东西，任何物体中的最终实在都是其主动本原，它至少在一定上具有心灵或精神的特性"[1]。这表现在，皮柯认为自然世界作为上帝之书，充斥着上帝的德能（Virtus）。不同于伽利略和笛卡尔以降的机械论，倾向于把上帝的德能转化成某种物质性的力（Potentia）；秉承中世纪传统的皮柯，更倾向于把上帝和它的德能理解为精神性的存在。自然世界如此，神圣世界更如此。无论是上帝、天使，还是上帝的流溢层，精神性的魔力随处可见。

---

❶ 理查德·韦斯特福尔：《近代科学的建构》，张卜天译，北京：商务印书馆，2020年，第39页。

这种对世界魔力的想象，使得皮柯的魔法思想在闪耀着现代性的同时，表现出鲜明的前现代品格，从而呈现出巨大的矛盾和张力。这种状况特别表明，现代性的兴起绝非一蹴而就，而是必须经过许多中间环节，渐进且曲折地展开。

七、魔化与除魔

自始至终，皮柯是自由的坚定捍卫者。他倡导魔法，是因为后者能够提升人的自由。但在激烈的魔法操作当中，皮柯也隐约地感觉到一种危险：一旦认定自然世界充满魔力，人的自由就很可能被这种魔力所左右。占星魔法便是如此。后者假定魔法师具有神奇的魔力，可以将天体的德能牵引至月下世界，影响自然。这无形中就意味着，天体可能包含着人类难以企及的精神特性，甚至危及人的自由。中世纪和文艺复兴时期占星术的流行，其动机正在于此。皮柯要想捍卫人的自由，就必须彻底清除天体对人的精神性影响。或者说，为了确保人的魔化，皮柯必须对天体进行除魔。

皮柯看到，占星术奠基于古代晚期以来的"存在巨链"理论。只要人们将万物分为从高到低的存在等级，天体便自然地具有相比人类的优越性。在"存在巨链"中，空间的秩序和价值的秩序严格对应：在上的事物在空间上高于在下的事物，具有更大的价值，有权统辖后者。天体在空间上远高于月下世界的人类，因此能够影响甚至决定人的命运。意识到这一点，皮柯决心彻底剪除空间秩序与价值秩序的对应，实现空间的去价值化。他的工作分两步来走。第一步，皮柯绕开新柏拉图主义的存在等级秩序，直接回到柏拉图，强调灵魂的力量。皮柯坚信，灵魂既是自由的，可以根据自己的意志塑造自身，便不受任何外在事物包括天体的影响。第二步，皮柯将天体彻底自然化。不同于"存在巨链"理论将天体理解为各种精神造物的载体，或者包含某种精神性的物体，皮柯强调，所谓的天体不过是发光和发热的运动物体而已。它没有任何精神属性，不可能干涉人的自由。借此，皮柯完成了对天体的除魔，将人的自由从中世纪的"存在巨链"中解放了出来。

如果说，魔化仅仅部分地昭示了人的主体性，而与现代的主体性相距甚远；皮柯对天体的除魔，则与现代社会对"世界的除魔"并驾齐驱。"世界的除魔"包含两重维度，心灵的除魔和自然世界的除魔，尽管第一重除魔在魔法中以失败告终，第二重除魔却在对占星术的批驳中大获成功。皮柯不仅破除了他早期魔法思想中物质和精神的糅合，而且也打破了文艺复兴时期流行的自然主义，指向了一种新的、物质和精神分立的二元论体系。和笛卡尔一样，皮柯对自然世界的除魔高度反映出新时代的需求：为了捍卫人的主体性，必须清除自然魔力对人的影响；为了对自然事物进行科学研究，必须清除其中的精神内涵。一言以蔽之，皮柯敏锐地感到，只有对自然世界进行除魔，才能捍卫人的主体性自由，为新科学的诞生提供基础。如果说，皮柯对人的魔化虽然部分体现了人的主体性，但滞留于前现代的人性图景；那么他对天体的除魔，则与现代的宇宙观完美契合，具有更为鲜明的现代特征。

然而，相比于笛卡尔的心物二元论，皮柯对"世界的除魔"仍不彻底。诚然，皮柯对天体做了相当自然化的解释。但他没有像笛卡尔那样，用现代物理学中的广延，而仅仅用传统的物理属性（运动和发光）来定义天体，既没有形成现代的物质概念，更没有将物质和心灵彻底分开。更重要的是，皮柯对自然世界的除魔仅限于天界，没有涉及广阔的月下世界。出于魔法的需要，他坚持认为月下世界充满魔力，即上帝撒播于自然的德能。至于这种德能究竟能否还原成运动和发光那样的物质性能，皮柯未曾明言。或许是英年早逝，后续的工作未能展开；或许是皮柯觉得，月下世界的权能有限，不足以干涉人的自由，具体原因已无从得知。此外，皮柯虽然坚持给天界除魔，但仍旧保留了神圣世界。后者存在于天界之上，充满着精神性的魔力。既如此，皮柯不可能像笛卡尔和此后的哲学家那样，将一切精神造物从物质世界中清除出去，完完全全地给世界除魔。这就表明，皮柯只是"世界的除魔"的开启者而非完成者，从皮柯到笛卡尔、斯宾诺莎、洛克、莱布尼茨这些 17 世纪的现代哲人之间，还有很长的路要走。

无论如何，皮柯将人的自由从自然中独立出来，免除了自然对自由的干涉。但与康德不同的是，在皮柯这里，自由与自然并非截然对立，而是有着相互融合与统一的可能。自由并非如康德所言，必须通过理性的自我立法实现，与自然毫无干涉。相反，人可以站在自然面前，通过对自然的认识和操作来实现自由。二者相互交织，并行不悖。皮柯对自然和自由关系的这种理解，以及他与康德哲学的巨大差异，深刻彰显了文艺复兴哲学的特殊底色，那就是：人和自然共同从中世纪晚期的神学语境中被唤醒、被发现，同等地主张自身的价值，但又深刻地融合在一起。人为了主张自身，力图与自然分离，但又未能真正分离。于是，人一边站立在自然的上方，又一边依托着自然，从自然中寻求自由的力量；人虽然已经开始成为主体，但不是完全脱离于自然的主体，更不是完全自由的无限主体，而是一个在自然中不断趋向完善的主体。在这个独特的宇宙和人性结构中，人和自然同步提升，相互之间又保持着微妙的平衡。或许，这种既具有现代操作精神又接近"天人合一"的世界图景，才是皮柯乃至文艺复兴哲学最令人心驰神往的地方。它让我们趋近现代又与之拉开距离，带给我们独特的现代想象。

需要注意的是，皮柯并未因为对天体的除魔，否定魔法对人的魔化。相反，魔化和除魔这两个看似完全对立的逻辑，奇妙地共存在他的思想中。对皮柯而言，魔化是心灵世界的魔化，除魔是天体的除魔，二者共同服务于人的自由，理论上并行不悖。魔化与除魔的共存，再次表现出皮柯思想中现代性和前现代性交错的特征。遗憾的是，17世纪以后的西方世界加速除魔，不仅祛除了包括天体之外的自然世界的魔力，而且祛除了心灵世界的魔力，魔化终被除魔所取代。可即便如此，魔化也并未消失。在现代世界内部，伴随着"世界的除魔"，始终潜藏着一种魔化的冲动。无论是宗教还是各种形态的非理性主义，都极力抗拒着除魔，一次次地为心灵和自然世界施魔。魔化对除魔的反动，既有效地制约着现代性，又不断刺激和推动着现代性的发展。时至今日，如何平衡魔化与除魔，或者更一般地说，如何平衡非理性与理性、前科学与科学、传统与现代、前现代性与现代性，仍是中西方社会面临的共同难题。饶是如此，我们就有必要回到文艺复兴，回到皮柯，去审视那个处在"古今之变"中的思想家对这个问题的独特思考。

八、本书的篇章结构

本书以"魔化与除魔"为题，以自由为主线考察皮柯的魔法思想，力图揭示现代性在文艺复兴与近代早期的兴起轨迹。按照主题，本书一共分为五章：

第1章　自由与神化。本章首先表明，皮柯借用柏拉图的爱欲学说和奥利金的自由意志理论，将人理解为自我塑造的主体，为整个现代哲学奠定了基础。不过，在皮柯这里，人的自由虽然没有目的，它的使用却并非没有好坏。意志的自我塑造仅仅是自由的起点，是人之为人的潜能所在。人要想实现这种自由，必须经过"道德哲学－辩证法－自然哲学－神学"的进阶之旅一步步上升，达到神人合一的"神化"境界。皮柯对"神化"的论述，将人的自由提升到前所未有的高度。这种境界的达成，除了依赖自由意志，还需要上帝的恩典。为此，皮柯在《创世七论》中转向了原罪和恩典说。不过，皮柯的原罪论与自由理论是相互兼容的。皮柯无意于通过原罪否定自由，而是在肯定自由的基础上，通过原罪对它加以限定，使之朝向它应该朝向的方向。恩典并不否定自由，而是成全自由。皮柯力图展现的，是一幅自由与恩典结合、上帝与人相爱的诗意图景。

第2章　自然魔法。自然魔法作为"自然哲学的绝对完善"，是人完善自由、最终进入神学的必要准备。基于此，本章从自然哲学与自然魔法的关系入手，考察魔法、人与宇宙的关联。我们将从谱系学的方法入手，对构成自然魔法思想的宇宙论和人性论基础进行系统的分析，澄清皮柯自然魔法思想的全貌以及它的意义。首先，我们将分析魔法思想背后的"上帝的两本书"观念，指明自然之书对于人性完善的意义。其次，我们将分析魔法的宇宙论前提——宇宙的交感。我们将指出，皮柯超出了斐奇诺对交感和"爱的魔法"的论述，大大地扩充自然魔法的理论内涵和应用空间，对文艺复兴后期的哲学家和科学家（阿格里帕、布鲁诺、培根等）产生了深刻的影响。再次，我们根据大宇宙与小宇宙的类比，澄清了人作为自由魔法师的角色。最后，我们将指明自然魔法的运作方式，以及它如何通过利用自然法则而创造"奇迹"的过程。在总结部分，我们表明：人作为魔法师，通过自然魔法提升了自由，初步实现了人的魔化。

第3章　卡巴拉魔法。皮柯虽然高度肯定自然魔法，但深知它的局限性（仅仅作用于自然世界）。为此，他将卡巴拉援引到自然魔法中，发展出一种独特的卡巴拉魔法。本章首先分析皮柯对于卡巴拉传统的接受和消化，以及卡巴拉思想对于皮柯哲学的意义。随后，我们进入到皮柯关于卡巴拉魔法的论述中。皮柯将魔法分为理论卡巴拉与实践卡巴拉，后者运用于魔法，由此成就了一种卡巴拉魔法。卡巴拉魔法立足于宇宙的普遍交感，通过对具有象征性的希伯来字母和数的操作，援引上帝（或流溢层）和天使的力量，达到影响与改造天界和月下世界的目的。卡巴拉魔法与自然魔法的区别表现在：自然魔法所指向的，是宇宙中的有形物体（天体和月下世界）；而卡巴拉魔法运用的是卡巴拉知识，指向的是宇宙中的无形事物——天使和"上帝的显现"，甚至是上帝自身。相比于自然魔法，卡巴拉魔法具有明显的优越性。作为操作卡巴拉魔法的人，将会在魔法实践中实现巨大的提升，获得完善的自由。借此，作为魔法师的人被进一步魔化，彻底凌驾于自然之上。

第4章　驳占星术：自由与除魔。本章我们将介绍皮柯对占星术的批评。首先，我们将介绍占星术的宇宙论基础——"存在巨链"思想，澄清占星术所依赖的宇宙等级制。随后，我们将分析斐奇诺对于占星术的拒斥和接受，表明他犹豫不定的立场背后，残留着宇宙等级制的痕迹。在此基础上，我们进入到皮柯对占星术的批判中。我们看到，皮柯和库萨的尼古拉一样，完成了空间的去价值化。在此基础上，皮柯彻底否定了天体影响甚至决定人类命运的可能。最后我们指出，皮柯将天体的性质还原成运动、光和热，坚持认为它们对月下世界的影响是均质的；并提倡通过数学和实验的方法对天体进行研究，以求把握其"真实原因"，孕育了一种与占星术截然不同的新天文学态度。皮柯对天体的自然化解释，开启了现代世界激进的除魔进程。魔化与除魔，表现出皮柯哲学中前现代性和现代性的杂糅特征，为我们理解从文艺复兴到现代哲学的转变，提供了重要的视角。在本章的结语部分，我们试图从魔化和除魔这两个具有张力的概念出发，对文艺复兴时期自由与自然的关系进行总结。

第5章　魔法、科学与神学。本章以前几章的讨论为基础，考察皮柯的魔法与现代科学以及神学的关联。本章的缘起是英国科学史家耶茨对于文艺复兴魔法的论述。耶茨认为，以皮柯为代表的文艺复兴魔法提供了一种朝向世界的新态度，一种人对于世界的操控，为现代科学的诞生提供了准备。我们认为，耶茨的研究修正了传统科学史对于科学的定义，甚至模糊了科学与非科学的边界，极大地扩充了科学史研究的范围，赋予魔法等看似非科学的要素以科学的内涵，激活了我们对现代性的理解。但"耶茨论题"自诞生以来，也受到学界的很多批评。本章重点介绍和回应了法默和科彭哈弗的批评，依据文本证实：皮柯的魔法思想的确具有强烈的操作特征，对现代科学的兴起必不可少；神学虽然是魔法的最终目的，但它本身并不会削弱魔法的必要性，而是反过来构成了魔法乃至于现代科学的动力。最后，我们以"操作"为切入点，详细分析了文艺复兴魔法与现代科学之间的差异，揭示了西方世界从魔化到除魔的发展历程以及"世界的除魔"的内在发生机制。

在本书的结语部分，我们考察了"世界的除魔"所引发的三重现代性危机——"世界的消失""自我的隔绝""理性的神化"。

第 1 章

自由与神化

　　1486 年，年轻的皮柯·米兰多拉从巴黎回到佛罗伦萨。经历阿莱佐的丑闻后，皮柯隐居小城弗莱塔。在那里，他既痛心疾首又雄心勃勃，希望以艰苦的努力洗刷自己的罪行。短短几个月时间，皮柯整理创作了九百个哲学论题（即《九百题》），并专门为之写作了一篇短小的演说词——《论人的尊严》。恰是这篇演说辞，为皮柯赢得了不朽的声誉，作为"文艺复兴的宣言"被传诵至今。《论人的尊严》之所以享有如此崇高的地位，与它的精神主旨密不可分。在这份篇幅不过数十页、内容却极为驳杂深沉的演说辞中，皮柯·米兰多拉奏响了一曲自由的颂歌。❶ 倾听这首颂歌，我们清晰地感受到：人类开始从中世纪的阴影中走出，决定性地开辟出一个新的时代。

---

❶ 意大利学者皮尔·切塞雷·博里（Pier Cesare Bori）这样评价："这篇文章（指《论人的尊严》）无比深刻地体现了文艺复兴的精神底色：人文主义、对人性的确信以及对不同学科、文化、哲学和宗教的开放态度。"见皮科·米兰多拉：《论人的尊严》中译本导言，北京：北京大学出版社，2010 年，第 3 页。本文所引《论人的尊严》中译皆出此译本，部分译文据拉丁原文有所改动。

一、人的无规定性

1. 传统人性论

皮柯思想的革命性，源自他对人性的全新理解。在《论人的尊严》一开篇，他便将人的本性作为首要问题抛出：

> 最尊敬的长者们，我在阿拉伯人的古籍中读到，当有人问撒拉逊人阿卜杜拉，在世界这个舞台上什么最值得赞叹时，他的回答是，没有什么比人更值得赞叹。墨丘利也赞同这个说法，他说："阿斯克勒庇俄斯啊，人是一个伟大的奇迹（Magnum，o Asclepi，miraculum est homo）。"然而，当我思考这些格言的道理，对许多人解释人性卓越的理由并不满意：他们说，人是造物的中介，既与上界为伴，又君临下界；由于感觉的敏锐、理性的洞察力及智性之光，成为自然的解释者；人是不变的永恒与时间的流逝之间的中枢，（如波斯人所言）是纽带；或世界的婚曲；或如大卫所言，仅仅略低于天使。这些理由无疑重要，却并不根本，人无法凭借它们为自己正当地索取最高赞叹的特权。否则，我们何不去赞叹天使自身，或者天上至福的歌队？终于，我似乎明白，何以人是最幸福的生灵，配得上一切赞美；他在宇宙秩序中究竟是何处境，不仅让野兽，而且让星体和世界之外的智性（即天使）都羡慕不已。这事多么不可思议，又奇妙无比！如何不是呢？正是因此，人被恰当地称作和视为一个伟大的奇迹，一种配得上所有赞叹的

生灵。❶

　　阿拉伯人和埃及人的文献业已表明，"人是一个伟大的奇迹"，受到万物的赞叹。人的地位何以如此显赫？人性究竟有何特殊之处？皮柯将目光投向不同的文化传统，希望从中发现问题的答案。

　　第一种回答来自人文主义者詹诺佐·马内蒂。他曾在《论人的尊严与卓越》(De dignitate et excellentia hominis) 中指出，人的尊严源于它是造物的中介，"既与上界为伴，又君临下界"；类似地，皮柯的老师——马西留·斐奇诺在他的《柏拉图神学》(Theologia Platonica) 中指出，灵魂居于物质和天使的智性之间，在自身中具备了与宇宙各个部分对应的要素，是一个小宇宙 (Microcosmos)，既可以在自身中将宇宙连接起来，又可以成为宇宙的解释者。第二种回答来自波斯人，可能是迦勒底文献里的说法。❷ 他们将人理解为永恒与时间之间的中枢，即无限与有限之间的纽带，可以将分散的存在物连接起来。第三种回答还是来自斐奇诺，他在《柏

---

❶ Pico della Mirandola, *Oratio de hominis dignitate*, 1-6. "Legi, patres colendissimi, in Arabum monumentis, interrogatum Abdalam Sarracenum quid in hac quasi mundana scena admirandum maxime spectaretur, nihil spectari homine admirabilius respondisse. Cui sententiae illud Mercurii adstipulatur: 'Magnum, o Asclepi, miraculum est homo'. Horum dictorum rationem cogitanti mihi non satis illa faciebant, quae multa de humanae naturae praestantia afferuntur a multis: esse hominem creaturarum internuntium, superis familiarem, regem inferiorum; sensuum perspicacia, rationis indagine, intelligentiae lumine naturae interpretem; stabilis evi et fluxi temporis interstitium, et (quod Persae dicunt) mundi copulam, immo hymeneum, ab angelis, teste Davide, paulo deminutum. Magna haec quidem, sed non principalia, idest quae summae admirationis privilegium sibi iure vendicent. Cur enim non ipsos angelos et beatissimos caeli choros magis admiremur? Tandem intellexisse mihi sum visus cur felicissimum proindeque dignum omni admiratione animal sit homo, et quae sit demum illa conditio quam in universi serie sortitus sit, non brutis modo, sed astris, sed ultramundanis mentibus invidiosam."

❷ Pico della Mirandola, *Oration On The Dignity Of Man*, note 9, p. 111.

拉图神学》中指出，人是世界的"婚曲"。第四种回答来自犹太－基督教传统。据《圣经》记载，大卫王曾言："我观看你指头所造的天，并你所陈设的月亮星宿，便说，人算什么呢，你竟顾念他？世人算什么，你竟眷顾他？你叫他比天使微小一点，并赐他荣耀尊贵为冠冕。你派他管理你手所造的。"（《诗篇》8：3-6）按此说法，人仅仅略低于天使，因此在宇宙中享有比诸天还要崇高的地位。

但这些回答都不能令皮柯满意。在皮柯看来，它们只是部分呈现了人性的崇高，却不足以真正说明，何以人才是"一个伟大的奇迹"，否则，"我们何不去赞叹天使自身，或者天上至福的歌队"？皮柯深知，若论地位或权能，天使或天上的歌队比人更值得赞叹。可事实上，人"不仅让野兽，而且让星体和世界之外的智性（即天使）都羡慕不已"。这就表明，无论是人文主义、波斯或犹太－基督教的解释，都不能说明人的独特地位。换言之，要想真正解释阿卜杜拉的格言，阐明人在宇宙中的独特地位，皮柯必须突破传统的思想框架，对人性做一个新的说明。

2. 新神学

为此，皮柯诉诸基督教神学尤其是《圣经》传统。众所周知，中世纪基督教神学在解释《圣经》时，秉承"堕落－救赎"的神学叙事，对人性的理解往往十分悲观，无法解释何以人才是"一个伟大的奇迹"。皮柯要对人性做出新的说明，必须改写《圣经》，给出一种不同于基督教传统的、新的神学叙事。皮柯先是说：

> 至高的父和设计师——上帝，已经按照它神秘智慧的法则，建造了我们眼前的尘世家园，这个最崇高的圣殿。它已经

用智性装饰了天外之天，用永恒的灵魂让天球充满生机，并用各式各样的生灵填满下界污秽肮脏的部分。然而，当作品完工之后，这位工匠还渴望有人能思考这整个杰作的道理，爱它的美丽，赞叹它的广袤。于是，当一切齐备（摩西和蒂迈欧为证），上帝最终考虑造人。但是，它没有用以塑造新物种的原型，它的宝库里没有东西让它的新生儿去继承，世界也没有给这个宇宙沉思者留下一席之地。那时一切皆被充满，万物被分配到最高、中间和最低的序列中。然而，父的权能不会在最后的创造中失败，仿佛筋疲力尽；它的智慧不会在面临要务时迟疑不决，仿佛不知所措；它的仁爱也不会让人们赞颂其他事物中的神圣慷慨，却被迫谴责上帝自身中的慷慨。❶

不难看出，皮柯的讲述与圣经结构基本相符。根据《创世记》，上帝"无中生有"（Creatio ex nihilo）地创造世界。在前五日，上帝分别创造了天地、苍穹、天体等各类生物，至第六日才开始造人。同样，皮柯也认为，上帝先是"用智性装饰了天外之

---

❶ Pico della Mirandola, *Oratio de hominis dignitate*, 10-16. "Iam summus Pater architectus Deus hanc quam videmus mundanam domum, divinitatis templum augustissimum, archanae legibus sapientiae fabrefecerat. Supercelestem regionem mentibus decorarat; ethereos globos aeternis animis vegetarat; excrementarias ac faeculentas has inferioris mundi partes omnigena animalium turba complerat. Sed, opere consumato, desiderabat artifex esse aliquem qui tanti operis rationem perpenderet, pulchritudinem amaret, magnitudinem admiraretur. Idcirco iam rebus omnibus (ut Moses Timeusque testantur) absolutis, de producendo homine postremo cogitavit. Verum nec erat in archetipis unde novam sobolem effingeret, nec in thesauris quod novo filio hereditarium largiretur, nec in subsellis totius orbis ubi universi contemplator iste sederet. Iam plena omnia; omnia summis, mediis infimisque ordinibus fuerant distributa. Sed non erat paternae potestatis in extrema faetura quasi effetam defecisse; non erat Sapientiae consilii inopia in re necessaria fluctuasse; non erat benefici Amoris ut qui in aliis esset divinam liberalitatem laudaturus, in se illam damnare cogeretur."

外，用永恒的灵魂让天球充满生机，并用各式各样的生灵填满下界污秽肮脏的部分"，在造完天界和地上的生物之后才考虑造人。然而，不同于传统基督教神学认为人虽然最后被造，却依据"上帝的形象"（Imago Dei）所造，因此享有对世间一切造物的治理权；在皮柯的叙事中，人不仅最后被造，而且处境最为窘迫。根据传统的《圣经》解释，上帝首先造出万物的理念即原型，然后再让它们实际地被造；❶ 然而在皮柯的神学叙事中，上帝在造人时，已经"没有用以塑造新物种的原型，它的宝库里没有东西让它的新生儿去继承"，人无法像此前的造物一样，具有某种理念或原型。不只如此，"世界也没有给这个宇宙沉思者留下一席之地。那时一切皆被充满，万物被分配到最高、中间和最低的序列中"，人非但不是万物的管理者，甚至无处安身。这样的处境，如何和人的崇高地位相匹配？

好在这仅仅是我们的担忧。皮柯相信，三位一体的上帝既有至高的权能、智慧和仁爱，绝不会在创造的最后一步失败，功亏一篑。因此：

> 最后，至高的造物主命令，这个它不能给予任何专属品的造物，可以和每种其他造物共享所有。它把人这个形象未定的造物置于世界的中央，对他说："亚当，我们没有给你固定的位置或专属你的形式，也没有给你独有的禀赋。这样，任何你选择的位置、形式和禀赋，都是照着你的欲求和意愿拥有和掌

---

❶ 代表性的思想家如奥古斯丁。关于奥古斯丁的创造论，可参考 Augustine, *On Genesis: A Refutation of the Manichees. Unfinished Literal Commentary on Genesis. The Literal Meaning of Genesis*, translation and notes by Edmund Hill, O. P, New York: New City Press, 2002. 以及拙文《内在与超越：奥古斯丁的宇宙目的论》，载于《哲学研究》，2020 年第 11 期。

控的。其他所有造物的本性一旦被规定，便为我们颁布的法则所约束。但你不受任何约束，可以根据我们交给你的自由意志（tuo arbitrio）决定你的本性。我们将你置于世界的中心，以便你在那里更容易凝视世间万物。我们把你造得既不属天也不属地，既非可朽亦非不朽，这样一来，你就是自己自由而尊贵的形塑者，按照任何你偏爱的形式塑造自身。你能堕落成低等的野兽，也能照着你心灵的意愿，在神圣的更高等级中重生。"❶

这段话堪称《论人的尊严》最富华彩的篇章。在这段对《圣经》大幅度的改写中，❷ 皮柯借上帝之口对亚当讲话，陈述了他

---

❶ Pico della Mirandola, *Oratio de hominis dignitaten*, 17-23. "Statuit tandem optimus opifex ut cui dari nihil proprium poterat, ei commune esset quicquid privatum singulis fuerat. Igitur hominem accepit, indiscretae opus imaginis, atque in mundi positum meditullio sic est alloquutus: 'Nec certam sedem, nec propriam faciem, nec munus ullum peculiare tibi dedimus, o Adam, ut quam sedem, quam faciem, quae munera tute optaveris, ea pro voto, pro tua sententia, habeas et possideas. Definita caeteris natura intra praescriptas a nobis leges coercetur. Tu, nullis angustiis coercitus, pro tuo arbitrio, in cuius manu te posui, tibi illam prefinies. Medium te mundi posui, ut circumspiceres inde comodius quicquid est in mundo. Nec te celeste, neque terrenum, necque mortalem neque immortalem fecimus, ut, tui ispius quasi arbitrarius honorariusque plastes et fictor, in quam malueris tute formam effingas. Poteris in inferiora, quae sunt bruta, degenerare; poteris in superiora, quae sunt divina, ex tui animi sententia regenerari.'"

❷ 博尔格兹（Borghesi）详细地梳理了皮柯的神学叙事与《圣经》文本的差异：1）《圣经》中的创世将亚当置入创造中心，第六天造出来；皮柯讲上帝造人时也是如此，最后才造人，但却是最重要的。不同的是，《圣经》中的创世没有明显的高低次序，但皮柯讲创世时，是从高往低，天外之天、以太、然后再到下界肮脏的灵魂，有一个存在论上的堕落。2）《圣经》中上帝和他的造物说话，皮柯这里的上帝也和亚当说话，但说的话完全不同。《圣经》中上帝跟亚当说，分别善恶树上的果子，你不可吃，你吃的日子必定死；但在皮柯这里，是让人自己去欲求，这是邀请而不是禁令。3）形象这个主题也是《圣经》的，《圣经》中造人时说的是上帝按他的形象和样式造人；皮柯这里也有形象，但这个形象却是没有规定性的。4）《创世记》第二章中讲到人对于其他被造物的支配，拥有命名权与使用权，皮柯这里也讲到人的尊贵，但他的尊贵不是源自对被造物的支配。见 Pico della Mirandola, *Oration On The Dignity Of Man*, pp. 113-115.

对人性的全新理解。他笔下的亚当，既不是犹太教传统中的治理者，也不是中世纪晚期神学叙事中卑微的造物，而是在上帝的召唤下焕发着勃勃生机的新人类。原来，皮柯在上文竭力刻画人被造的窘境，是为了给人的特殊地位腾出空间：人被造时没有任何的原型和位置，恰恰凸显了他的"无形象"；正是因为这种"无形象"，人可以在上帝的允许下根据自由意志决定自己的本性。借助这一崭新的神学叙事，皮柯为现代人的自由唱响了一曲颂歌。

3. 无本性的人

皮柯极力歌颂人的自由，这一切的前提，是人的独特本性。在皮柯的神学叙事中，上帝之所以允许"亚当"按照自己的自由意志决定自己的本性，根本上是由于他没有任何固定的本性。"亚当"作为最后被造的生物，没有任何的原型或理念，即没有一种关于人之为人的本质。进一步，在上帝对"亚当"的陈述中，亚当既没有"固定的位置"或"专属的形式"，也没有任何"独有的禀赋"。他所有的本性都是"获得的"（Acquired），或者说，是凭借自己的行为而得到的。一个没有规定性的、无本性的人，是皮柯留给现代社会的特殊遗产。

皮柯对人性的这一阐述，与中世纪神学截然不同。按照奥古斯丁的经典理解，人是"上帝的形象"，在心灵中分有上帝的本性。上帝是三位一体，圣父圣子圣灵位格不同，但本质相同。其中，圣父是永恒（记忆），圣子是真理（理解），圣灵是意志（爱）。相应地，人的心灵中也有对上帝的记忆、理解和爱，三者本质同一。只不过，由于初人的罪，人心中"上帝的形象"破碎了，记忆、理解和爱无法统一，陷入分裂，只有借着"道成肉身"

的基督才能复原。❶中世纪晚期，原罪论日益流行。大公教会宣称，人因为原罪几乎丧失了"上帝的形象"，只有靠着上帝的恩典才得以救赎。❷"七七禁令"以后，随着方济各会势力的急速增长，原罪论更是彻底占据上风。但在皮柯这里，中世纪晚期神学的人性论失效了：人没有任何传统意义上的"上帝的形象"，既没有与上帝相似的善好本性，也就没有必然犯罪的邪恶本性。

皮柯对人的无规定性的强调，同样也与古典人性论分道扬镳。在《理想国》中，柏拉图依托"高贵的谎言"，用一个腓尼基人的神话对人性做了生动的描述：我们每个人在出生时，身上都被植入不同的金属。其中，统治者身上植入的是代表理性的黄金，护卫者身上植入的是代表血气的白银，而工匠身上植入的则是代表欲望的铜铁。❸这个神话意在表明，每个人生而具有不同的本性，或有理性或有血气或有欲望，难以更改。亚里士多德没有这么强的说法，但也一定程度上相信人的本性。从"形质论"（Hylermorphism）的角度来说，人由作为形式的灵魂和作为质料的身体复合而成，灵魂的本性就是人的本性：一方面，人就其本性而言是"政治的动物"，政治性是个人灵魂的本质倾向；另一方面，人又是"理性的动物"，理性是人区别于其他动物的关键所在。只不过，亚里士多德不像柏拉图，坚持人生而具有固定的本性，而是强调通过自身的欲求，逐步获得本性的实现。但在皮柯这里，柏拉图和亚里士多德的人性形象统统消失了：人没有任何

---

❶ 人心中的三位一体和上帝的三位一体的类比关系参考奥古斯丁：《论三位一体》，周伟驰译，上海：上海人民出版社，2005 年，第 11—17 页。

❷ 最典型的莫过于教宗英诺森三世于 1195 年发表的《论人类处境的不幸》（De miseria humanae conditionis）。

❸ Plato, *Republic*, 415A-C.

规定性，既不是"理性的"或"政治的"，更不可能生而具有固定的本性。质言之，以柏拉图和亚里士多德为代表的古典人性论，在皮柯这里彻底走向了终结。

毋庸置疑，皮柯对人性的革命性论述是他个人天才创造的结果。但从思想史来看，他的这一论述并非空穴来风，而是植根于他身后广阔的人文传统。在诸多线索之中，有两条线索最易辨认。第一条来自柏拉图，尤其是他的《会饮》（*Symposium*）。在这部作品中，柏拉图借助苏格拉底的讲辞，讲述了一个与《理想国》完全不同的人性寓言：阿佛洛狄忒生日那天，波若斯（丰盈）和珀尼阿（贫乏）在宙斯的花园里怀上了爱若斯（Eros）。爱若斯兼具父亲和母亲的特性，因此总是处在丰盈和贫乏之间，无知和知识之间（《会饮》203D-204C），这种居中的、没有规定的状态和《论人的尊严》中的人性状态相暗合。皮柯笔下的人，"既不属天也不属地，既非可朽亦非不朽"，和爱若斯的形象毫无二致。这就表明，皮柯是在斐奇诺主导的佛罗伦萨柏拉图主义的激发下，将柏拉图笔下的爱若斯形象糅合进他的"亚当"形象之中，完成了从中世纪到现代人性论的翻转。[1]

另一条线索来自希腊教父奥利金（Origen）。奥利金是奥古斯丁之外皮柯最为推崇的古代教父，他的思想对皮柯产生了深刻的影响。[2] 相比于柏拉图，奥利金的人性论更加激进。在他看来，包含人在内的理性造物"在被造之前并不存在；既然它们原本不存在，后来被造才存在，那么它们必是可改变的。因为它们实体中

---

❶ Pier Cesare Bori, *Pluralità delle vie. Alle origini del Discorso sulla dignità di Pico della Mirandola*, Milano: Gianigiacomo Feltrinelli Editore, 2000, pp. 36-40.

❷ 有关奥利金对皮柯的影响，可参考 Edgar Wind, "The revival of Origen", in *Studies in Art and Literature for Belle da Cosata Greene*, Princeton University Press, 1954, pp. 422-424。

的任何权能都不是出于自然的，而是出于造物主的恩赐"。❶ 这即是说，作为造物主的上帝才是万事万物存在的原因，而被希腊哲学视为本性的东西，则源自上帝的恩赐。既是恩赐，那它就可能被改变。一个靠着他者给予并随时会改变的东西，又如何能成为事物的本性？在上帝的光照下，事物的本性彻底消失了。这从根本上意味着，包含人在内的理性造物没有任何固定的本性。正是基于这种激进的立场，奥利金与灵知派（Gnosticism）水火不容。在后者看来，不同的人生而具有不同的本性，只有少数具有善好本性的人才能得救，多数具有邪恶本性的人必然犯罪。但在奥利金看来，人既然根本没有任何本性，就既不会因为本性的善好而必然得救，也不会因为本性的邪恶而必然犯罪。要言之，灵知派的决定论主张与人的无本性完全是相悖的。❷ 在皮柯这里，我们感受到了与奥利金同样的气息：人是"形象未定的"造物，没有任何的禀赋或位置，因此没有任何的本性。

人的无本性带来的首要结果便是自由。看起来，其他造物具有本性而人没有，这是人的缺憾。但皮柯很快指出，一个事物因其本性而具有禀赋的同时，就会被它的本性所限定（"其他所有造物的本性一旦被规定，便为我们颁布的法则所约束"）：鱼之为鱼，生而具有鱼的本性，可以在水里无拘无束地游来游去。但它既为鱼，便同时受制于鱼的本性，既不能在陆地行走，也无法在天空飞翔，更无法理性地思考。反观人，因为没有任何本性，不能像鱼那样在水里遨游，像鸟那样在天空中飞翔；但同时，恰恰因为

---

❶ Origen, *De Principiis*, 2.9.2. 参考拙文《奥利金的自由意志学说——以"形质论"为中心》，载于《世界哲学》，2017 年第 6 期。

❷ 奥利金对灵知派的批驳参考拙文《奥利金的灵魂先在说》，载于《哲学动态》，2020 年第 3 期。

他没有任何本性，"不受任何法则的约束"，他既不会像鱼那样受限于水，也不会像鸟那样受限于空气，而是无拘无束，任意遨游。这是人之为人的自由，是抽空人性之后的必然结果。❶也只有在这个基础上，皮柯才能对人性进行真正的塑造。

二、自我塑造的自由

无本性的自由仅仅是人性论的起点。人之为人，不能永远没有本性。我们注意到，在皮柯的神学叙事中，上帝交代完人的"形象未定"后，对亚当说的是"任何你选择的位置、形式和禀赋，都是照着你的欲求和意愿拥有和掌控的"，赋予了人选择的自由。换言之，人虽然没有任何本性，"不受任何法则的约束"，但可以根据上帝赋予他的自由意志决定自己的本性。皮柯强调，人是完全自由的，"既不属天也不属地，既非可朽亦非不朽"，可以凭借自由意志决定自身。自由意志的力量如此之强，以至于人可以成为"自己自由而尊贵的形塑者（fictor），按照任何（你）偏爱的形式塑造自身"，既可以变成低等的野兽，也可以变成天使，"在更高的等级中重生"。由此，皮柯完全奠定了一种自我塑造的自由观念，为整个现代人性论奠定了基础。

---

❶ 同样主张"抽空"人性，皮柯的思路和加尔文的思路南辕北辙。皮柯要抽空人性，是为了凸显人的无本性，为人的自由和自我塑造腾出空间；加尔文要抽空人性，是因为人性是有罪的，只有将有罪的人性抽空，才能迎接上帝的恩典，实现人的新生。双方的这种差异，深刻地反映了文艺复兴哲学和宗教改革思想在总体气质和立场上的根本不同。见孙帅：《抽空：加尔文与现代秩序的兴起》，北京：商务印书馆，2021 年。

1. 中世纪的意志理论

自由意志观念作为基督教的伟大发明，广泛存在于皮柯之前的基督教思想家之中。不同于古代理智论，自由意志理论主张，意志是一种心灵中独立于理智的决断能力，可以不受外物甚至理智自身的干扰，自由地进行抉择。奥古斯丁明确认为，上帝创造的一切都是好的，自由意志为上帝所造，自然也是好的。但自由意志的好，在于其抉择能力。抉择能力之好，不意味着自由意志所做的所有抉择都是好的。相反，意志既可以选择行善，也可以选择作恶；行善还是作恶，全在乎意志自身。在这个意义上，奥古斯丁的自由意志也部分具有自我塑造的意味。只是有一点不能忽视：在奥古斯丁这里，自由意志终究为上帝所造，因此不可避免地受到上帝的左右。一方面，人作为被造物，自由意志的能力是有限的。自由意志要想行善，需要遵从理性的引导。但人往往很难做到这一点。特别是初人犯下原罪以后，人的自由意志与理性相脱节，总是倾向于犯罪。另一方面，自由意志受上帝预知的影响，难以保持为完全的自由。对奥古斯丁来说，上帝预先知道一切事情，包含我们所有的决定；而它所预知到的，又不能不如此发生，否则它的预知就是错的。但这是不可能的。因此，人所谓的自由意志，不过是依照上帝预知的方式而必然实现的意志，并非绝对自由。❶终其一生，奥古斯丁都在努力克服这两个问题，

---

❶ 奥古斯丁：《论自由意志》，成官泯译，上海：上海人民出版社，2015年版。在该书第三卷，奥古斯丁重点探讨了上帝的前知和自由意志的关系问题。奥古斯丁认为，上帝的前知并不取消人的自由意志，因为无论上帝如何前知，自由意志的权能都在自身之内。但自由意志一旦在上帝的前知下活动，它就受制于上帝的前知，很难保持为绝对的自由。

但始终未能完全解决。因之，在他的神学体系中，自由意志始终限制在上帝管控的范围内，没有成为真正的自我塑造者。

在经院哲学中，自由意志理论得到进一步发挥。在托马斯·阿奎那的神学中，上帝与被造物只是性质相同，程度不同，两者之间并无绝对的鸿沟。表现在意志问题上，托马斯保留了意志进行自由选择的基本性质，主张意志可以独立于理智进行判断。即便理智认为某件事是好的，意志也可以绕开它自主地进行选择。只不过，托马斯同时认为，不同情形下的选择是不同的：一般而言，无差别地进行选择的功能叫作意愿。意愿是绝对自由的，它可以去追求感性的欲望，也可以追求合乎理性的目标（比如上帝）。但只有在后一种情况下，意愿才能称为意志。由此，托马斯就将理性和意志结合起来，将奥古斯丁的意志理论发展成理性的意志主义。❶

在中世纪晚期的神学语境中，意志的权能受到严重限制。13世纪中叶，以托马斯和阿威罗伊为代表的亚里士多德主义在拉丁世界盛行，引发了教会的强烈不满。前者以亚里士多德哲学解释基督教，使得基督教呈现出高度理性化的特质，敉平了上帝与被造物的界限。为了恢复信仰正统，1277年法国巴黎主教颁布"七七禁令"，打击了包括托马斯在内的亚里士多德主义者。在"七七禁令"的影响下，中世纪晚期神学一改托马斯的理性主义路线，极力强调上帝的超越性。后者首先体现在，上帝的意志是绝对自由的，不受任何理性法则的约束。如果上帝愿意，他可以让黄金变成白银，让苹果树长出梨子，甚至违反数学法则，让2＋2＝5。在这样的一个上帝的支配下，人固然具有自由意志，但没

---

❶ 赵敦华：《基督教哲学 1500 年》，北京：人民出版社，2005 年，第 399—403 页。

有能力真正支配自身。比如司各脱，一方面和奥古斯丁一样，强调意志不受外部对象支配，甚至没有动力因；另一方面又和托马斯一样，强调真正自由的意志必定是在理性的引导下，对于无限意志也就是上帝意志的爱。但显而易见，人无论具有多大程度的自由意志，都必然受到上帝自由意志的支配。在上帝面前，人的自由意志可以进行不同的选择，但它们选择的动力不完全在于自身；更重要的，人依据自由意志行动的结果并不完全在自身之内——如果上帝愿意，它既可以给人恩典，让人进行向善的选择；同样，它也可以让一个本来成为好人的人突然变成坏人。情形若非如此，上帝的超越性就无从体现。❶ 结果，人虽然具有自由意志，但在上帝超越性的威胁下，它完全无法成为自身的塑造者，而仅仅作为上帝创造的意志、一种有限的被造物而存在。甚至，相比于托马斯和奥古斯丁，中世纪晚期人的自由意志权能越来越小。在上帝面前，人的地位越发佝偻，无法实现他高贵的自由。

2. 意志的自我塑造

作为新时代的代言人，皮柯的论述让人耳目一新。在他这里，自由意志不仅是用以选择善恶的意志，而且是一种自我塑造的意志。被上帝赋予自由意志的人，完全可以按照他的欲求和意愿选择他想要的"位置、形式和禀赋"，甚至决定自己的本性。由此，人成为"自己自由而尊贵的形塑者"，可以按照任何他"偏爱的形式塑造自身"。人是无规定性的，既可以"堕落成低等的野兽"，也能按照心灵的意愿变成天使，甚至与上帝同在。诚如吉莱斯皮

---

❶ 关于司各脱以及中世纪晚期的上帝超越性问题，特别参考雷思温：《牧平与破裂：邓·司各脱论形而上学与上帝超越性》，北京：生活·读书·新知三联书店，2020 年，第 403—437 页。

所言，这种意志"不仅是一种被创造的意志，而且也是一种自我创造的意志"。[1]唯独这样一种意志，才是真正自由的意志；也唯独因为这样一种意志，才是人之为人的尊严之所在。[2]

意志的自我塑造，最为深刻地体现了人的自由。此前，皮柯已经根据对"亚当"的神学解释，将人定义成没有本性的、"形象未定"的造物。但对人的自由而言，这仅仅是一个前提。人要想成为一个真正高贵的造物，还必须继续丰富自身。这就体现在自由意志上。因为自由意志，人的本性不仅不被规定，更重要的是，他可以运用自己的力量进行自我规定。人的这种自我规定不受任何外在的约束，完全由自身来支配。这也就从根本上意味着：人是完全自由的。人即万物，拥有成为一切造物的可能，堕落成野兽或上升为天使，完全在乎他自身。由此，"人再是某物（Quid），而是一个原因，一个自由的行动（free act）"。[3]这种自我塑造的自由，深刻缔造了现代人的自我观念。[4]

皮柯热情地歌颂人的这种自由：

---

[1] 吉莱斯皮：《现代性的神学起源》，张卜天译，长沙：湖南科学技术出版社，2012年，第43页。

[2] Pico della Mirandola, introduction of *On the dignity of Man*, Translations by Charles Wallis and Paul Miller, Indianapolis/Cambridge: Hakett Publishing Company, 1998, p. 14.

[3] Garin Eugenio, *Italian Humanism. Philosophy and Civic Life in the Renaissance*, p. 105.

[4] 托马斯·格林（Thomas Greene）深入讨论了现代人的自我塑造，其出发点正是皮柯的论断，即人可以根据自己的意志自由地塑造自身。见 Thomas Greene, "The Flexibility of the Self in Renaissance Literature", in *The Disciplines of Criticism*, ed. Peter Demetz, Thomas Greene, and Lowry Nelson. Jr, New Haven: Yale University Press, 1968, pp. 241-264。斯蒂芬·格林布兰特延续了格林的思路，考察了文艺复兴时期的自我塑造问题。他认为，"16世纪的英格兰人们既有自我也认为自我能被塑造"（第3页）；"在16世纪，似乎出现了一种不断增强的自我意识，这种意识把塑造人类身份当成一个精巧的、可操控的过程"（第4页）。参考斯蒂芬·格林布兰特：《文艺复兴时期的自我塑造：从莫尔到莎士比亚》，吴明波、李三达译，上海：上海文艺出版社，2022年。

天父至高的慷慨啊！得其所求、成其所愿的人至高而奇妙的幸福啊！（如卢齐利乌斯所说）野兽刚从它们的母胎里出生，就带着将来拥有的全部。神灵自起初或此后不久，就已是它们永恒不变的样子。父在人出生时，为他注入了各类种子以及各种生命的根苗。这些种子将会在培育它们的人那里长大结果。培育植物性的种子，他就变成植物；培育感觉的种子，他就变成野兽；培育理性的种子，他就变成天上的生灵（天体）；培育智性的种子，他就会变成天使和神子。如果他对一切造物的命运都不满意，他会把自己收拢到自身统一的中心，变成唯一与上帝同在的灵。在父孤独的幽暗中，被放置在万物之上的他将超越万物。❶

无本性的自由，是人让其他造物羡慕和赞叹之处。因为，不仅野兽生而具有本性，无法更改，甚至"神灵自起初或此后不久，就已是它们永恒不变的样子"，受限于它们固定的本性。❷ 人是无本

---

❶ Pico della Mirandola, *Oratio de hominis dignitate*, 24-30. "O summam Dei patris liberalitatem, summam et admirandam hominis foelicitatem, cui datum id habere quod optat, id esse quod velit! Bruta, simul atque nascuntur, id secum afferent (ut ait Lucilius) e bulga matris quod possessura sunt. Supremi spiritus aut ab initio aut Paulo mox id fuerunt, quod sunt futuri in perpetuas aeternitates. Nascenti homini omnifaria semina et omnigenae vitae germina indidit Pater. Quae quisque excoluerit, illa adolescent, et fructus suos ferent in illo. Si vegetalia, planta fiet; si sensualia, obrutescet; si rationalia, caeleste evadet animal; si intellectualia, angelus erit et Dei filius. Et si, nulla creaturarum sorte contentus, in unitatis centrum suae se receperit, unus cum Deo spiritus factus, in solitaria Patris caligne, qui est super omnia constitutus omnibus antestabit."

❷ 吕巴克质疑学界对皮柯这段文本的理解。在他看来，学界过分强调人的自由意志，忽视了其他精神造物具有自由意志的可能。可是，"自起初或此后不久"的用语表明，皮柯认同托马斯或波纳文图拉的看法，认为天使具有自由意志。此外，皮柯在《九百题》的"个人主张"（secundum opinionem propriam）部分也表明，天使有犯罪的可能。见 Henri de Lubac, *Pico della Mirandola. L'alba incompiuta del Rinascimento*, p. 63。但这一切仅仅能够说明，天使（在堕落或上升之前）曾经是有自由意志的。一旦它们成为天使或魔鬼，就无法再改变其本性了。皮柯在这里强调的，恰恰是这一层意思。吕巴克试图以天使曾经有自由意志的神学立场来弱化人相较于天使的特殊性，理由并不充分。

性的，这不意味着人性是绝对的空无，而仅仅是说它没有任何规定性，或者说人没有固有的本性。事实上，如皮柯所言，上帝在人出生时"为他注入了各类种子以及各种生命的根苗"，赋予了丰富的潜能。但这些潜能众多，样态不一，并非对人性单一的规定，而毋宁说，为人性提供了各种不同的可能。这些可能如何实现，归根结底还取决于人的自由。换言之，人需要根据自己的意志塑造自身，自由地选择自己的命运。❶ 为此，如果他"培育植物性的种子，他就变成植物；培育感觉的种子，他就变成野兽；培育理性的种子，他就变成天上的生灵（天体）；培育智性的种子，他就会变成天使和神子"。成为哪种造物，完全取决于自由意志的选择。自由意志的权能是如此之高，以至于人不仅可以借着它成为野兽或天使，甚至还可以"把自己收拢到自身统一的中心，变成唯一与上帝同在的灵"。

3. 主体性的自由

皮柯强调意志的自我塑造，扭转了中世纪晚期神学中自由意志的消极形象。他的这一改造，源自他对神人关系的重新理解。在中世纪晚期的神学语境中，人的自由意志之所以不能实现自我

---

❶ 显然，皮柯对人性的这一论述也深受奥利金的影响。奥利金坚持自由意志学说，认为理性造物根据自由意志决定自己的本性，"上帝叫我们这样生活，但这并不在乎他，或者在乎其他什么人，更不像有些人所认为的那样，在乎命运，而仅仅在乎我们自己"，"要成为什么样的人，取决于我们自己"（*De Principiis*, 3.1.6）。但在奥利金和皮柯之间有一个关键的不同：在奥利金那里，人和其他理性造物虽然可以通过自由意志决定自己的本性，但它们在此世的处境仍受制于上一个世代的本性。比如说，上一个世代一个天使行了恶事，受罚而成为人，则这一世无论他的灵魂如何高尚，也只能成为一个人。它的福报，需要在下一方才可实现。这样一来，自由意志对本性的决定就无法在这一世得以实现。但皮柯不承认灵魂转世。对他而言，灵魂选择什么样的生活，就能成为什么样的人。这一类似于"存在先于本质"的主张更加接近现代的逻辑。关于奥利金的自由意志及其问题，参考拙文《奥利金的自由意志学说——以"形质论"为中心》，载于《世界哲学》，2017 年第 6 期；以及《奥利金的灵魂先在说》，载于《哲学动态》，2020 年第 3 期。

塑造，从根本上是因为它受制于上帝的意志。因为上帝的意志是超越的、自由的，可以随时更改和干涉人的意志，人的意志注定无法真正保持在自身的权能之内，实现其自由。因此，除非颠覆上帝的超越性，人的自由无法真正从上帝那里解放出来。皮柯的工作，恰恰围绕这个关键的环节展开。

重新审视皮柯的神学叙事，我们注意到，上帝在整个的创世中从未缺席。但不同于中世纪晚期唯名论传统下上帝的阴森恐怖、变化不定，皮柯笔下的上帝形象焕然一新，令人如沐春风。受新柏拉图主义的影响，皮柯笔下的上帝是爱人的。这首先表现在，"当作品完工之后，这位工匠还渴望有人能思考这整个杰作的道理，爱它的美丽，赞叹它的广袤"。不同于传统基督教将上帝造人理解为世界的治理者，皮柯笔下的人充当的是宇宙的沉思者、热爱者与赞叹者。沉思、爱与赞叹，而非对事物的简单治理，无疑更能表现人之为人的崇高之所在。借此，人的地位也得以默默抬升。

此后，上帝的爱体现得更为明显。彼时上帝已经没有任何原型用以造人，它的创造行将功亏一篑。但"父的权能不会在最后的创造中失败，仿佛筋疲力尽；它的智慧不会在面临要务时迟疑不决，仿佛不知所措；它的仁爱也不会让人们赞颂其他事物中的神圣慷慨，却被迫谴责上帝自身中的慷慨"，要选择新的方式来造人。在这样一个瞬间，上帝展现了三位一体的崇高属性：它不仅具有至高的权能和智慧，更重要的是，它还具有仁爱（benefici amoris）和慷慨（liberalitatem）。上帝的仁爱和慷慨，而非绝对超越的自由，确保了人被上帝所爱，赋予他独特的崇高地位。❶

---

❶ 在这里，我们明确地看到，皮柯自觉向奥古斯丁的三位一体传统回溯，通过重新强调上帝之爱，克服中世纪晚期的超越性危机。

上帝对人的言说，正是在这样一种爱的氛围中展开。也正是在这里，我们看到人的自由如何被上帝之爱真正地确立。在原型用尽之际，上帝赋予人极为独特的地位，让他根据自己的意愿选择任何他想要的位置、形式和禀赋。上帝已经把自由意志交付给人，毫无保留。上帝没有告诫人必须做什么选择，更没有在人进行选择的时候干涉他的自由，而任由人的自由意志完全地掌控自己的命运。相较于中世纪无处不在、威风凛凛的上帝，在皮柯的神学叙事中，上帝隐身了。正是因此，人从上帝中解放出来，真正成为一个主体（Subject）。如果说，现代哲学肇始于笛卡尔，是因为笛卡尔通过"我思故我在"（cogito ergo sum）的方式将"我思"放置在首位，将上帝放置在其次，从而确立了人的主体性地位；❶那么，早在文艺复兴时期，在皮柯这里，主体性已经通过意志的自我塑造被初步确立下来。❷诚然，相比于笛卡尔，皮柯笔下的人还不具有自我反省、自我确证的意识，因而还不是最为典型的主体形态；但是，他也的确突破了中世纪的神学束缚，成为一个自我塑造、自我筹划、自我实现的自治

----

❶ 必须看到的是，在笛卡尔那里，如同在几乎所有的近代哲学家那里，自我和上帝之间始终处在紧张的博弈当中。一方面，自我被确立为第一原则，是认识上帝和外物的首要前提；另一方面，自我又是有欠缺的，它的存在要以上帝的存在为前提。在《第一哲学沉思集》中我们看到，笛卡尔虽然在第二个沉思中确立了"我思"的首要地位，又不得不在第三、第五个沉思中两次给出上帝存在证明，通过上帝来为"我思"奠基。参考笛卡尔：《第一哲学沉思集》，庞景仁译，北京：商务印书馆，1986 年。

❷ 实际上，在比皮柯更早的时期，彼特拉克已经在他的哲学思考中透露出类似的主体性意识。只不过，彼特拉克的自我仍深陷在上帝的泥淖中，远不如皮柯和笛卡尔那样激进。见拙文《彼特拉克〈秘密〉中的上帝与自我》，载于《哲学动态》，2020 年第 2 期。

者（Automaker），一个面向世界甚至面向上帝的主体。❶ 在这个意义上，人通过意志自我塑造的自由，本质上也就是主体性的自由。皮柯对主体性自由的阐明，堪称文艺复兴留给现代世界的重要遗产。

4. 动力因革命

主体性自由确保了自由意志的权能，使得它成为人性的动力因，内在地瓦解了形式因的根本地位。众所周知，在亚里士多德的形质论体系中，形式是一个事物的自然，内在决定着动力因和目的因的实现。但在皮柯这里，自由意志作为支配事物的动力因，才是决定一个事物具有何种本性、朝向何种目的的根本动力。在皮柯看来，"不是树皮而是无知无觉的本性造就了植物；不是兽皮而是粗野的感觉灵魂造就了牲畜；不是球形而是完善的理性造就了天体；不是与形体的分离而是属灵的智性造就了天使"。❷ 植物之为植物，不是由于树皮这一质料因的作用，而是由于"无知无觉"的植物灵魂；牲畜之为牲畜，不是由于兽皮这一质料因的作用，而是由于"粗野的感觉灵魂"；天体之为天体，不是由于球体的质料，而是由于它"完善的理性"；天使之为天使，不是因为它

---

❶ 以主体性和康德哲学逻辑理解皮柯，是卡西尔开辟的道路。在后者看来，皮柯主张人的自由不受自然约束，鲜明地体现了主体性的精神。但略显遗憾的是，卡西尔并未对此有进一步的论述。我们认为，要谈论皮柯哲学中人的主体性，不仅要看到人在自然面前的自由，更要看到人从上帝中解放出来，自我地塑造自身的自由。这种主体性的自由，才是人独立于自然甚至操作自然的形而上学前提。卡西尔的论述见 Ernst Cassirer, *The individual and the Cosmos in Renaissance Philosophy*, pp. 115-120, pp. 169-170; Ernst Cassirer, "Giovanni Pico della Mirandola: A study in the History of Renaissance Ideas", pp. 319-346。

❷ Pico della Mirandola, *Oratio de hominis dignitate*, 37. "neque enim plantam cortex, sed stupida et nihil sentiens natura; neque iumenta corium, sed bruta anima et sensualis; nec caelum orbiculatum corpus, sed recta ratio; nec sequestratio corporis, sed spiritalis intellegentia angelum facit."

的无形体性，而是有"属灵的智性"。看起来，皮柯仍在捍卫某种亚里士多德的形质论传统，坚持形式的优先地位。但如果我们考虑到，无论是植物、牲畜、天体和天使的灵魂，都是自由意志的产物，我们便会知晓，作为自由意志的动力因才是决定事物形式的根本原因。对此，皮柯说：

> 倘若你看到有人只是口腹之欲的奴隶，在地上爬行，你看到的不是人而是植物；倘若你看到有人为自己的感觉所奴役，被幻想的空洞影像（就像被卡吕普索）所蒙蔽，耽于蛊惑人心的咒语，你看到的不是人，而是野兽。倘若你看到一个哲学家用完善的理性探究事物，崇敬他吧，因为这个生灵不属地，而属天。倘若你看到一个纯粹的沉思者，忘却了身体，专注于心智深处，他就既不属天也不属地，而是一个带着肉身却无比崇高的神灵。❶

人之为人，没有固定的形式。人的形式，完全是作为动力因的自由意志所造就的。若一个人陷入口腹之欲，他虽然有人的模样，但不过形同植物；若一个人沉迷于感觉，则与野兽无异。同样，若一个人的自由意志向往理性，他就有属天的本性；若一个人专注于沉思，则它虽披着肉身，却已经是一个"无比崇高的神灵"。无论哪种形式，都不是人所固有的，而是自由意志的产物。在此意义

---

❶ Pico della Mirandola, *Oratio de hominis dignitate*, 38-40. "Si quem enim videris deditum ventri, humi serpentem hominem, frutex est, non homo, quem vides; si quem in phantasiae quasi Calipsus vanis praestigiis cecutientem et, subscalpenti delinitum illecebra, sensibus mancipatum, brutum est, non homo, quem vides. Si recta philosophum ratione omnia discernentem, hunc venereris; caeleste est animal, non terrenum. Si purum contemplatorem corporis nescium, in penetralia mentis relegatum, hic non terrenum, non caeleste animal: hic augustius est numen, humana carne circumvestitum."

上，动力因开始取代形式因，成为现代人性论的根本原则。

进一步，自由意志作为动力因的根本地位，还将严重危及目的因的地位。如上所述，在亚里士多德的形质论传统中，形式因、动力因和目的因三因高度统一。一个事物的目的因，本质上就是形式因的实现。形式因的作用，在于支配动力因，使事物的运动总是朝向自身的形式即目的。但在皮柯这里，人既然没有任何形式（本性），而是由自由意志决定自己的形式，那么他就绝不会朝向任何某种确定的目的——一种确定的目的，与作为动力因的自由意志是相互抵牾的。这不仅表现在上面所说的，人可以按照自己的自由意志选择成为野兽或天使，不受任何目的的规定；而且它还表现在，人既可以借助自由意志获取某种本性，也可以因为自由意志丧失这种本性，永远不会受制于某种固定的目的。正是基于这一理解，皮柯才说：

> 谁不会赞叹我们之中的变色龙？谁宁愿赞叹其他生灵呢？雅典人阿斯克勒庇俄斯说，因为人的本性千变万化，所以在秘仪中由普罗透斯来象征，此话不无道理。因此，在希伯来人和毕达哥拉斯主义者那里，变形都会被赞颂。甚至最神秘的希伯来神学一时将以诺化形为神圣天使，称之为美塔（Metratron），一时把其他人重塑为别种神灵。❶

---

❶ Pico della Mirandola, *Oratio de hominis dignitate*, 31-35. "Quis hunc nostrum chamaeleonta non admiretur? Aut omnino quis aliud quicquam admiretur magis? Quem non immerito Asclepius Atheniensis, versipellis huius et se ipsam transformantis naturae argumento, per Protheum in mysteriis significari dixit. Hinc illae apud Hebreos et Pythagoricos methamorphoses celebratae. Nam et Hebreorum theologia secretior nunc Enoch sanctum in angelum divinitatis, quem vocant Metratron, nunc in alia alios numina, reformant; et Pythagorici scelestos homines et in bruta deformant et, si Empedocli creditur, etiam in plantas."

无论"变色龙""普罗透斯"还是"美塔",无不昭示了人变化多端的自由。它朝向各种目的,但不为这些目的所限,而是始终保持自由的可变性。由此,人不再像古代和中世纪哲学中那样,局限于某个固定的位置或本性,而是成了真正意义的"漫游者"(Wanderer),自由地在宇宙中飘荡。在皮柯眼中,唯独这样一种自由才是不受限制的主体性自由,是人之为人的尊严所在。

三、通向上帝的自由

人的自由不受限制,甚至没有目的,但并不意味着自由意志的使用无所谓好坏。事实上,皮柯一方面强调人的自由,另一方面又认为,人应该善待这种自由,凭借它的力量朝向最高的幸福。借此,皮柯从一种普罗米修斯式的个人英雄主义中抽身而出,将人的命运重新导向上帝。皮柯的这一努力,使他的人文主义仍保持在信仰的范围之内,呈现为基督教人文主义的基本形态。❶

1. 自由:潜能与实现

皮柯歌颂人的自由,反复用"变色龙""普罗透斯"等形象来陈述人性的变化多端。这些文字给读者留下一种印象,人既可以堕落也可以上升,没有好坏之分。或许是意识到这一说法的危险,皮柯话锋一转,如此说道:

> 不过,为何要谈这些?为的是让我们懂得,我们(天生就

---

❶ 吉莱斯皮:《现代性的神学起源》,第117页。

处在这样的处境中，即生而就能成为我们所意愿的）应当格外谨慎，以免人们说我们虽身处尊贵，却恍不自知地沦为野兽和无知的牲畜。让我们记起先知亚萨的话，"你们都是神，都是至高者的儿子"。这样，我们才能避免将天父赐予我们的自由选择（liberam optionem）变益为害，有辱他最宽纵的慷慨。让我们的灵魂充满神圣的、朱诺般的雄心吧！如此，我们将不满足于平庸，而是渴望那至高者，并竭力追求它（有志者，事竟成）。让我们摒弃属地之物，轻视天界之物，❶ 漠视此世的一切，飞至那接近最高神性的彼世之庭。❷

皮柯提醒人们，他之所以极力歌颂人的自由，并非为了表明人的选择没有好坏，从而为某种道德相对主义甚至虚无主义提供依据。恰恰相反，只有让人意识到自己的自由（"天生就处在这样

---

❶ 此处翻译界有争议。瓦里斯（Wallis）、米勒（Miller）、卡米凯尔（Camichael）等学者将这里的"轻视天界之物"（caelestia contemnamus）翻译成"朝向属天之物"（struggle toward the heavenly）。弗朗西斯科·博尔格兹等学者则认为，西塞罗等人使用的 contemnare，其传统的含义就是"轻视"；而 caelestia 的意思是"天界的"（celestial）而不是属天的（heavenly）。据弗朗西斯科的译法，此处的意思和 §40 的意思是一致的，在那里皮柯主张，人要超越地上和天界之物，进入更高的沉思状态。本书采纳了弗朗西斯科的译法。

❷ Pico della Mirandola, *Oratio de hominis dignitate*, 45-48. "Sed quorsum haec? Ut intelligamus (postquam hac nati sumus conditione, ut id simus quod esse volumus), curare hoc potissimum debere nos, ut illud quidem in nos non dicatur, cum in honore essemusnon cognovisse similes factos brutis et iumentis insipientibus, Sed illud potius Asaph prophetae: 'Dii estis et filii Excelsi omnes'; ne, abutentes indulgentissima Patris liberalitate, quam dedit ille liberam optionem, e salutari noxiam faciamus nobis. Invadat animum sacra quaedam et Iunonia ambitio, ut mediocribus non contenti anhelemus ad summa, adque illa (quando possumus, si volumus) consequenda totis viribus enitamur. Dedignemur terrestria, caelestia contemnamus, et, quicquid mundi est denique posthabentes, ultramundanam curiam eminentissimae divinitati proximam advolemus."

的处境中，即：生而就能成为我们所意愿的"），他们才会格外谨慎，不至于处在尊贵中，却沦为野兽或牲畜。此语表明，虽然人因为自由意志既可以成为天使也可以成为野兽，但无论如何，野兽是相比于人和天使更低等的状态，意味着人的堕落而非上升。因此，虽然上帝一般性地将自由意志赋予人，由他自由地选择自己的本性，但各种选择之间并非毫无分别，而是有着明确的高下之分。对人而言，他真正应该做的，是凭借自己的自由意志，"摒弃属地之物，轻视天界之物，漠视此世的一切，飞至那接近最高神性的彼世之庭"，追求至高的神圣存在。只有这样，"我们才能避免将天父赐予我们的自由意志变益为害，有辱他最宽纵的慷慨"，不辜负上帝对人的期待。简言之，上帝慷慨地赋予人自由意志，不是让人堕落，而是借助这种神圣的力量实现灵魂的上升，最终抵达上帝。

然而，人为何既拥有自由，又必须将这种自由朝向上帝呢？皮柯的回答是：幸福。对人而言，自由意志至关重要，但说到底，它仅仅是选择的前提，本身并不必然导向幸福。人要想获得幸福，必须令它朝向善好。自由与幸福的这层关联，在《创世七论》中有系统的发挥。在那里，皮柯先是声明，"幸福是万物向其开端的回归"，❶又根据阿佛洛迪忒的亚历山大的看法指出，开端和目的乃是同一的。考虑到希腊哲学家和基督教哲学家普遍认为，上帝才是真正的开端和目的，人类的幸福就在于能否抵达上帝。

皮柯指出，获得幸福的方式有两种：一种是在自身之中，一种是在上帝之中。前一种方式获得的叫自然幸福，后一种方式获

---

❶ Pico della Mirandola, Proem of *Heptaplus* 7. "Felicitatem ego sic definio: reditum uniuscuiusque rei ad suum principium."

得的叫超自然幸福。所谓自然幸福，是指被造物对自身本性的完善而获得的幸福，比如火生火、种子长出植物、动物具有意识等。人的自然幸福表现在，因为理智和自由意志，在自身内追求真理，避免与自身的分离。但这种幸福无法将人引向真正的开端和目的。究其缘由，自然幸福依赖于人的本性，而后者是有限的。相比之下，超自然幸福"将我们自身带回至对上帝面容即善的整体的沉思"，❶ 朝向真正的开端和目的。这种幸福唯独人和天使能够享有，二者的差别仅在于获取路径不同。对于天使而言，它始终与上帝同在（不考虑堕落的话），仅凭其本性就可以获得幸福；但对于人而言，他无法凭借自己的本性上升，而需要上帝引领他们，也就是《约翰福音》所言的，"除非我父引领他，无人能到达我"。❷ 一言以蔽之，超自然的幸福就是在上帝的召唤下，凭借自己的自由意志不断朝向上帝，最后回到上帝的状态。两种幸福对应着两条道路，自然幸福对应于哲学（自然），超自然幸福对应于宗教（恩典）。皮柯相信，我们应先由哲学的道路实现本性的完善，抵达自然幸福，然后再由宗教的道路回到真正的开端和目的——上帝，实现超自然的幸福。

如此说来，皮柯虽然认为，上帝无差别地赋予人任意选择的自由意志，但不同选择引发的后果有天壤之别。自由意志就其本性而言是无目的的，但它却不应当是无目的的。在皮柯眼中，自由意志是上帝赋予人的礼物，是人具有尊严、地位尊贵的表现。因此，人绝不能没有目的、毫无差别地滥用这种自由意志。否则，

---

❶ Pico della Mirandola, Proem of *Heptaplus* 7. "Vera autem consummata felicitas ad Dei faciem contuendam, quae est omne bonum."

❷ 《约翰福音》6：44，和合本圣经作"若不是差我来的父吸引人，就没有能到我这里来的"。此处为了凸显上帝对人的作工，笔者对译文做了一些改动。

人不仅无法实现自己本性的完善，获得自然幸福，而且有可能彻底陷入悲惨的境地。事实上，人唯有将上帝赋予的自由意志朝向上帝，才能获得真正的、超自然的幸福。只有在这种情形下，人才能获得真正的完善；也只有在这种情形下，人的自由才是真正完善的自由。在这个意义上，皮柯理解的自由并非毫无规定性，而是有其内在的指向：上帝赋予人的自由，仅仅是人用以选择的基础，是自由的潜能；只有当人将这种自由指向上帝，他的自由才会得以真正实现。皮柯的这一阐释重新赋予人的自由以目的性内涵，避免了自由意志引发的相对主义和虚无主义危险，将人的命运重新纳入了正确的轨道。

2. 通往上帝的阶梯

那么，人又该如何通达上帝呢？皮柯认为，虽然人的自由不仅让野兽，甚至让天使羡慕；但就其自然位置而言，天使仍高于人。因此，人要想通达上帝，必须首先效仿天使，尤其是最高的三级天使：炽爱天使（Seraphim）、普智天使（Cherubim）和宝座天使（Throne）。[1] 三级天使对应着不同的精神本性，"炽爱天使燃烧着爱的火焰，普智天使闪耀着智性的光辉，宝座天使立于审判的坚实中"。[2] 炽爱天使的本性是爱，宝座天使的本性是判断，普智天使的本性是智性。炽爱天使的爱和宝座天使的判断十分重要，但二者皆依赖于普智天使。因为，"人如何能判断或爱那未知的事物呢？摩西

---

[1] 皮柯对三级天使的划分沿袭了伪狄奥尼修斯（《天阶体系》）、托马斯·阿奎那（《神学大全》1.108）和圣格列高利的说法，见 Pico della Mirandola, *Oration On The Dignity Of Man*, note 52, p. 137。

[2] Pico della Mirandola, *Oratio de hominis dignitate*, 54. "Ardet Saraph charitatis igne; fulget Cherub intelligentiae splendore; stat Thronus iudicii firmitate."

爱的是他见过的主。作为审判者，他向民众颁布的，是他作为沉思者此前在山上见过的"。❶ 普智天使作为三级天使的居中者，用其智性的本性将另外两级天使衔接起来，使之成为一个整体，即"用它的光为我们备好炽爱天使之火，并为我们照亮宝座天使的审判"。❷ 因此，人要想通向上帝，首先必须效仿普智天使。借此，人一方面上升，"自它而起，被提升至爱的顶端"，❸ 朝向炽爱天使之爱；另一方面下降，"受教优良并准备充分，自它下降到行动的责任中"，❹ 落至宝座天使的判断中。换言之，人只有像普智天使那样首先学会智性，才能既为行动生活提供指引，为进一步爱上帝提供准备。

普智天使本身对人意味着什么？或者说，人应该如何模仿普智天使，才能最终通往上帝呢？我们需从古代先哲中寻求答案：

> 让我们询问那被选的器皿——保罗，当他被提升至第三重天时，看到普智天使行列有哪些活动。他一定会根据狄奥尼修斯的解释回答我，它们先被净化，接着被照亮，然后被完善。同样，如果我们要在地上效仿普智天使的生活，通过道德知识抑制情感的冲动，用辩证法驱散理性的阴霾，就像洗去无知和邪恶的污浊，我们的灵魂就能得以净化，以免情感放肆冲撞，或者理性在某一时刻轻率地偏离正轨。接下来，我们要用自然

---

❶ Pico della Mirandola, *Oratio de hominis dignitate*, 63-64. "Sed quo nam pacto vel iudicare quisquam vel amare potest incognita? Amavit Moses Deum quem vidit, et administravit iudex in populo quae vidit prius contemplator in monte."

❷ Pico della Mirandola, *Oratio de hominis dignitate*, 65. "Ergo medius Cherub sua luce et Saraphico igni nos praeparat, et ad Thronorum iudicium pariter illuminat."

❸ Pico della Mirandola, *Oratio de hominis dignitate*, 66. "unde et ad amoris rapiamur fastiga."

❹ Pico della Mirandola, *Oratio de hominis dignitate*, 66. "et ad munera actionum bene instructi paratique descendamus."

哲学之光充满我们洁净且准备充分的灵魂，以便随后我们可以用神圣之事的知识使它完善。❶

　　皮柯援引《圣经》和伪狄奥尼修斯的传统解释普智天使。在他看来，保罗被提升到第三层天时，看到的是普智天使的活动。后者依次分为三个阶段：净化（purgatio）、照亮（illuminatio）与完善（perfectio）。❷ 因此，人要模仿普智天使，就应该按照"净化－照亮－完善"的次序完善自身。第一个"净化"阶段，人需要做的是"通过道德知识抑制情感的冲动，用辩证法驱散理性的阴霾，就像洗去无知和邪恶的污浊"，即通过道德哲学和辩证法实现理性，控制情感。第二个"照亮"阶段，对应于自然哲学。后者的意义在于，让自然之光"充满我们洁净且准备充分的灵魂"。第三阶段为神学阶段，旨在"用神圣之事的知识"使人获得完善。人只有依次经过这三个阶段，才能真正实现完善的自由，与上帝同在。

　　受"古代神学"（Prisca theologia）❸ 启发，皮柯认为："净化－

---

❶ Pico della Mirandola, *Oratio de hominis dignitate*, 69-72. "Consulamus Paulum apostolum, vas electionis, quid ipse, cum ad tertium sublimatus est caelum, agentes Cherubinorum exercitus viderit. Respondebit utique, Dyonisio interprete: purgari illos, tum illuminari, postremo perfici. Ergo et nos, Cherubicam in terris vitam emulantes, per moralem scientiam affectuum impetus cohercentes, per dialecticam rationis caliginem discutientes, quasi ignorantiae et vitiorum eluentes sordes animam purgemus, ne aut affectus temere debacchentur aut ratio imprudens quandoque deliret. Tum bene compositam ac expiatam animam naturalis philosophiae lumine perfundamus, ut postremo divinarum rerum eam cognitione perficiamus."

❷ 伪狄奥尼修斯：《天阶体系》165b-c, 205c-209d；《论圣名》821b-d。皮柯对三分道路的解释亦可见于《创世七论》3.3。

❸ "古代神学"是对查拉图斯特拉、三尊赫尔墨斯、俄耳甫斯以及柏拉图神学、古代犹太神学等古代思想体系的总称。皮柯的"古代神学"思想可参考附录二，拙文《革命与危机：皮柯论人的尊严与个体自由——兼对特林考斯的一个批评》，载于《北京大学学报》，2013 年第 5 期。

照亮－完善"的上升之路不仅适应于基督教，而且也是犹太教、希腊哲学乃至于迦勒底传统的共同主旨。比如在犹太教的"雅各之梯"和《约伯记》中，我们就能轻易地读到这三个阶段。以前者为例，族长雅各入睡后梦见一个梯子，上帝在顶端，天使在梯子上轮流着上去下来（《创世记》29∶11-17）。这一意象正是"净化－照亮－完善"之路的形象表达：第一步，根据犹太教的要求，肮脏的手脚禁止触碰天体，这即是说，人需要克服感官的欲望，在道德哲学中"净化"自己的灵魂。第二步，人要像天使那样在梯子上轮流着上去下来，"逐级提升而不至从梯子上滑落，可以应付上下交互的运动"，就必须"准备充分并受教优良"，学会"言说或推理的技艺"，即掌握辩证法。在这些准备工作完成后，第三步，人开始像天使那样在梯子上上下走动，即"沿着梯子（自然）的层级进行哲学思考，从一个中心到另一个中心穿透整体——我们会下降，以提坦之力将奥里西斯分一为多；继而会上升，以阿波罗神之力将奥西里斯的四肢聚多为一"。❶ 这个过程，对应的也就是自然哲学，即对自然整体进行的穿插往复的研究。最后，在道德哲学、辩证法和自然哲学之后，人"栖息于梯子顶端的天父怀里，在神学的幸福中变得完善"。❷ 至此，人抵达上帝，完成了自由的上升之路。

　　普智天使揭示的"净化－照亮－完善"的上升之路，也是人的灵魂因为自由意志，从低级状态向高级状态的不断演进。在

---

❶ Pico della Mirandola, *Oratio de hominis dignitate*, 82. "per scalarum idest naturae gradus philosophantes, a centro ad centrum omnia pervadentes, nunc unum quasi Osyrim in multitudinem vi Titanica discerpentes descendemus, nunc multitudinem quasi Osyridis membra in unum vi Phebea colligentes ascendemus."

❷ Pico della Mirandola, *Oratio de hominis dignitate*, 82. "in sinu Patris—qui super scalas est—tandem quiescentes, theologica foelicitate consumabimur."

《创世七论》中，皮柯在对上帝创世的阐释中，分析出灵魂的四个部分：感性（sensus）、理性（ratio）、智性（intelligentia）与灵性（spiritus）。[1] 其中，感性就是"我们与野兽共有的部分"；[2] 理性是圣经中所言的"天"，一种"从因到果、从果回复至因，围绕推理的轨道而运转"[3] 的能力；智性高于理性，是一种人"与天使同在"的能力；而灵性源自"孵化在水面上"的圣灵，是一种"更伟大、更神圣的"、能够光照我们智性的能力。[4] 这灵魂的四个部分和身体一起，构成了人的全部本性。

对比上述划分，我们发现，"净化－照亮－完善"恰好与人的灵魂从感性、理性到智性、灵性的上升之路一一对应。第一个阶段，道德哲学"抑制情感的冲动"，完成从感性到理性的初步上升；第二个阶段，辩证法"驱散理性的阴霾，就像洗去无知和邪恶的污浊"，理性的能力进一步提高，学会了"言说或推理的技艺"；第三个阶段，自然哲学与理性对应。在运用毕达哥拉斯的箴言解释"净化－照亮－完善"时，皮柯指出：毕达哥拉斯所说的"让水朝阳"和"在献祭时修指甲"，分别对应于自然哲学的照亮和道德哲学－辩证法的净化阶段，即"我们只有通过道德哲学排泄掉我们放荡的欲望，就像修剪指甲一样削去愤怒的锋尖和仇恨的荆棘，才能最终参与神圣仪式即巴库斯的奥秘，并投身于沉

---

❶ 不难看出，皮柯的四元人性论脱胎于奥古斯丁的三元人性论：身体（corpus）、灵魂（anima）与灵性（spiritus）。不同的地方仅仅在于，皮柯认为灵魂中不仅有感性、理性、灵性，还有一种智性的存在。皮柯的四元人性论可参考 Crofton Black, *Pico's Heptaplus And Biblical Hermeneutics*, Brill, 2006, pp. 39-42。

❷ Pico della Mirandola, *Heptaplus*, 4.2. "media est pars sensualis, qua brutis communicamus."

❸ Pico della Mirandola, *Heptaplus*, 4.1. "animus rationalis, a causis ad effectus se transferens, rursusque ab effectibus recurrens in causas, ratiocinationis orbe circumvolvitur."

❹ Pico della Mirandola, *Heptaplus*, 4.2. "Intellectum enim, qui est in nobis, illustrat maior atque adeo divinus."

思——而太阳，被正确地称为沉思的父亲与向导"。❶ 而所谓的"给公鸡喂食"，则是"用神圣事物的知识，喂养我们灵魂中的神圣部分"，❷ 即神学阶段。何为这神圣的部分？皮柯的回答是，"正如我们在《约伯记》中读到的，这公鸡被赋予了智性"。言下之意，神学阶段对应的是人的智性。这也就间接表明，自然哲学阶段与人的理性相对应。❸ 在最高的神学阶段，人不仅有智性，还有灵性。当是时，人"被妙不可言的爱激发，就像神圣的迷狂那样，被放置在自身之外，如同燃烧的炽爱天使"。❹ 考虑到上帝的爱就是上帝的灵，那"孵化在水面上"的圣灵；人在神学阶段被上帝之爱激发，所具有的就是圣灵或曰灵性。总之，"净化－照亮－完善"的进阶之旅，本质上就是人的灵魂一步步从感性到理性、智性，最终分有圣灵的上升之路（见下表）。

灵魂等级	学科分类	功能
感性／理性	道德哲学、辩证法	净化
理性	自然哲学	照亮
智性	神学	完善
灵性	神学	完善

❶ Pico della Mirandola, *Oratio de hominis dignitate*, 123. "Sed postquam per moralem et superfluentium voluptatum fluxas eminxerimus appetentias, et unguium presegmina, quasi acutas irae prominentias et animorum aculeos resecuerimus, tum demum sacris, idest de quibus mentionem fecimus Bacchi mysteriis, interesse, et, cuius pater ac dux merito Sol dicitur, nostrae contemplationi vacare incipiamus."

❷ Pico della Mirandola, *Oratio de hominis dignitate*, 124. "idest ut divinam animae nostrae partem divinarum rerum cognitione".

❸ 皮柯关于理性和智性关系的讨论比较复杂，我们将会在本书第 2 章和第 3 章涉及魔法的部分进一步展开。

❹ Pico della Mirandola, *Oratio de hominis dignitate*, 113. "huius alati erimus amatores et ineffabili demum charitate, quasi aestro perciti, quasi Saraphini ardentes extra nos positi, numine pleni."

灵魂的上升之路进一步表明，皮柯虽然一般性地主张意志的无目的性，但仍然保留了古典和中世纪的灵魂秩序。对他而言，灵性高于智性，智性高于理性，理性高于感性，这是自然的秩序。人虽然凭借自由意志可上可下，但意志的不同选择将导致不同的灵魂样态，并最终决定了人在宇宙中的处境。由此，人的意志只有遵从灵魂的自然秩序，朝向至高的上帝，才能真正实现它完善的自由。

3. 人的神化

皮柯的人性论具有强烈的新柏拉图主义色彩。对他而言，人从感性、理性到智性和灵性的上升，本质上就是灵魂向着上帝的回归。人和上帝的合一，才是皮柯神学的最高理想。

早在论述人的自由时，皮柯的这一理想就初露端倪。皮柯说，人被赋予任意选择的自由，可以培育身上的各类种子，成为他想要成为的生物。但"如果他对一切造物的命运都不满意，他会把自己收拢到自身统一的中心，变成唯一与上帝同在的灵"，暗示神人合一的可能。之后，随着"净化－照亮－完善"逻辑的展开，神人合一的状态一次次得以呈现。在"雅各之梯"的犹太传统中，人经过前三个阶段的准备，进入神学，最终"栖息于梯子顶端的天父怀里"，与上帝合为一体。随后，在约伯的故事中，人在上帝的召唤下进入"飞向至福的母亲的怀抱，欢享渴望已久的和平"。"这是最神圣的和平、不可分割的纽带，是和谐的友爱，在这种友爱中，所有灵魂在同一个心智（高于所有的心智）之中，不仅协调一致，而且以某种不可言说的方式内在地和合如一。"❶ 在最高的

---

❶ Pico della Mirandola, *Oratio de hominis dignitate*, 94. "pace sanctissima, individua copula, unianimi amicitia, qua omnes animi in una mente, quae est super omnem mentem, non concordent adeo, sed ineffabili quodammodo unum penitus evadant."

神学阶段，所有灵魂聚集于上帝的心智之中，实现了人和上帝的完全合一。

不只如此。皮柯还沿袭普罗克洛斯（Proclus）和伪狄奥尼修斯的传统，从"否定神学"（Negative theology）的思路来理解上帝的形象和神人关系。在《创世七论》中，他详细交代了这一"否定神学"的图景。皮柯首先遵循新柏拉图主义的一般传统指出，上帝是高于存在的一，继而提示我们，仅仅知道这点是远远不够的。要想真正把握上帝，我们还要进一步看到上帝之名（一、存在、善等名词）的缺陷，最终进入上帝的幽暗之中。总体说来，我们对上帝的认识分为从低到高的四个阶段：第一个阶段，认识到上帝并非伊壁鸠鲁所言的形体，也不像埃及人那样，认为认识是形体的形式。第二个阶段，认识到上帝是比理智和生命都更好的东西。上帝作为单一的完满性，不是将多连接为一，而是作为一优先于多。按照奥古斯丁的讲法，这是三位一体：智慧、知识和正义在上帝那里是本原性的一。第三个阶段则趋近于幽暗。在这个阶段，人不仅不能想象上帝是不完满的，而且不能用人类的智慧将它理解为特殊的，甚至最完满的种（genus），而是比这些东西都更好。最后，到第四个阶段，我们要知道上帝不仅高于这些完满性，而且超越于我们用于它的名称和概念。只有这样，我们才能以一种完全无知的方式认识到上帝，即伪狄奥尼修斯在《神秘神学》中呈现的至高境界 **❶**：

> 它不是我们理解的真理，王国、智慧、一或统一，也不是神性、善或灵。它既非子也非父，也不是我们或世上的任何他者认

---

❶ 皮柯对四个阶段的总结参考 Pico della Mirandola, *De ente et Uno*, Chapter 5。

识的事物。它既不能被存在，也不能被非存在所描述。存在者不知道它的真实存在，它也不按它们的存在认识它们。对于它，既无法言说，也没有名称或知识。它既不是光明也不是黑暗，既不是真理也不是错误，对于它，我们既无法肯定也无法否定。❶

这种既非光明又非黑暗、既无法肯定也无法否定的状态，正是上帝的幽暗（Caligine）。皮柯用幽暗而非黑暗或其他形容词描述上帝，并非想表明上帝具有某种幽暗的属性，而是想要指明：上帝因为其整个地无法把握，故而处在绝对的"幽暗"之中。所谓的神人合一，就是要进入到这上帝的幽暗之中。即：人变成"与上帝同在的灵"后，"在父独有的幽暗中，被放置在万物之上的他将高于万物"。

神人合一的结果，是人的神化（Deificatio）。神化这一概念广泛出现在古希腊哲学、新柏拉图主义神秘传统以及中世纪基督教哲学中。❷ 文艺复兴时代也不例外。受新柏拉图主义影响，斐奇诺极力主张人的神化。对斐奇诺来说，"人的渴望就是变成上帝，在某种意义上取代上帝或与上帝相等同"。❸ 在他那里，神化逻辑包含一强一弱两个层面。强的层面，是人变成上帝，即"我们灵魂的全部努力就是变成上帝"；弱的方面，是"人努力处处、时时与上帝相似"。❹ 皮柯的说法和斐奇诺类似。当皮柯强调人分有"上

---

❶ 伪狄奥尼修斯：《神秘神学》，第五节，第100—101页，译文有改动。

❷ Francesco Bausi, *Nec rhetor neque philosophus: fonti, lingua e stile nelle prime opere latine di Giovanni Pico della Mirandola (1484-87)*, Firenze: Olschki, 1996, pp. 120-121.

❸ Henri de Lubac, *Pico della Mirandola. L'alba incompiuta del Rinascimento*, p. 68.

❹ Marsilio Ficino, *Platonica theologia*, Book XIV, Chapter. 1 and 5. 拉丁－英文对照本参考 Marsilio Ficino, *Platonic Theology*, English trans. Michael J. B. Allen with John Warden; Latin text ed. James Hankins with William Bowen, 6 vols. Cambridge, Mass. : Harvard University Press, 2001-6.

帝的形象"，具有和上帝一样的自由，就是在强调人和上帝的相似。与此同时，皮柯亦强调人变成上帝的可能。在最高的神学阶段：

> 当我们被提升到最高的瞭望塔，在那里将现在是、将来是、过去是的事物与永恒相比较，当我们欣赏那原初之美，我们就会变成那些事物阿波罗式的预言家，原初之美那带翼的爱恋者。最后，我们被妙不可言的爱激发，就像神圣的迷狂那样，被放置在自身之外，如同燃烧的炽爱天使；我们为神性所充满，将不再是自己，而是那个造了我们的造物主自身！ ❶

人一旦进入神圣的迷狂，就完全丧失了自我，变成了上帝自身。但是，和斐奇诺一样，皮柯在这里所描绘的"人变成上帝"的图景，与其理解为上帝与被造物之等级的完全扯平，不如理解为一种至高的神人合一状态。在这个状态中，人因为完全脱离了自身，与上帝合一，丧失了自身与上帝的界限。仅仅在这个意义上，我们才会说"人变成上帝"。"人变成上帝"的意思，说到底还是人与上帝相似，与之融为一体，而非人真的变成了上帝。实际上，相比于斐奇诺，皮柯尤其注意上帝和被造物的界限。在论及天使时，皮柯就这样说道，"我们把天使的九个合唱团称之为神，是因为它们分有了神性，由此我们才会说'万神之神'。但在严格的意义上，我们不会把它们理解为上帝，后者应是不可分割

---

❶ Pico della Mirandola, *Oratio de hominis dignitate*, 113. "Nam in illius eminentissimam sublimati speculam, inde et quae sunt, quae erunt quaeque fuerint insectili metientes aevo, et primaevam pulchritudinem suspicientes, illorum Phebei vates, huius alati erimus amatores et ineffabili demum charitate, quasi aestro perciti, quasi Saraphini ardentes extra nos positi, numine pleni, iam non ipsi nos, sed ille erimus ipse qui fecit nos."

的三位一体，统治它们犹如原动天统治着九天"。❶ 在严格的意义上，人即便"神化"，也不会真的与上帝毫无分别，而只是以个体灵魂的方式回到作为整全的上帝之中，分有上帝的神性。❷

皮柯对神化的论述，与他对自由的理解紧密相连。在中世纪的神学语境中，人的神化在形而上学层面有两个问题难以解决：1）一旦承认神化不是人的本性，就等于承认人性将被上帝所摧毁，这也就意味着，人性的自然秩序是多余的；2）一旦承认神化是人的本性，上帝的恩典便毫无作用。❸ 然而，在皮柯的人性论之中，这两个问题迎刃而解：人既然根本就没有任何规定性，也就无所谓本性被上帝所摧毁，更谈不上本性的多余；人既然没有任何规定性，并不必然朝向神化，上帝的恩典也就不会不起作用。在皮柯的精神世界中，人没有固定的本性，他所有的本性都是自由意志塑造的结果。因此，人的神化绝不是像中世纪理解的，人性完全被神性所取代；而是一个没有本性的人，运用自己的自由意志，沿着"净化－照亮－完善"的道路，从上帝那里获取神性的上升之旅。或者说，人诚然没有本性，一切在于自身；但他所

---

❶ Pico della Mirandola, *Heptaplus*, 2.2. "quemadmodum licet novem choros angelicos, quia participant divinitate, vocare deos possumus, unde illud Deus deorum. Absolute tamen cum Deum dicimus, non aliquem ex eis, sed individuam Trinitatem accipimus praesidentem illis, quemadmodum et empyreum caelum novem sibi subiectis orbibus praesidet."

❷ 吕巴克看到了人的神化不等于人真的变成上帝，但对人的神性做了过强的理解，从而错误地否定了皮柯对人的神性的阐发。他说，"在《人的尊严》和皮柯的其他作品中，我们都看不到他对'人的神性'的颂扬，看不到他对人的'神圣的深度'的赞颂"。见 Henri de Lubac, *Pico della Mirandola. L'alba incompiuta del Rinascimento*, p. 66。但实际上，正如我们看到的，皮柯在《人的尊严》和其他文本中都肯定了人的神化，从而赋予了人而非其他生物独有的神性。

❸ M. V. Dougherty, "Three Precursors to Pico della Mirandola's Roman Disputation", In *Pico della Mirandola: New Essays*, ed. Michael V. Dougherty, Cambridge: Cambridge University Press, 2008, p. 144.

应该做的，绝非无限制的自由，而是在不断朝向上帝的过程中，丰富和发展自身，实现真正完善的自由。在此意义上，神性就是人性，人性就是神性。神性就是人性，是因为神性是人应有的规定和目标；人性就是神性，是因为人在不断上升的渴望中，表现了他崇高的自由，与上帝相似。文艺复兴时期的人，既以神性定义人性，敦促人的上升；又以人性定义神性，拉近人和上帝的距离，恢复了人之为人的尊严与力量。

皮柯对人性和神性的上述理解，完善了他对人的自由的论述。如果说，他对主体性自由的强调，有可能将人导向无目的的道德相对主义或虚无主义；那么他对人的神化之路的刻画，又重新将人拉回到他应有的目的，将自由控制在基督教信仰的限度之内，艰难地维持着神人之间微妙的平衡。❶ 遗憾的是，皮柯努力促成的这种平衡注定十分脆弱，时刻有瓦解的危险：一方面，人的自由既然不受约束，本性上是便无目的的。皮柯仅仅能够表明，人**应该**以上帝为目的，而非**事实上**以上帝为目的。相反，只要人具有不受约束的自由，就完全可能不以上帝为目的而任意堕落。甚至一个已经完成神化的人，也会因为他的自由意志，有再次堕落的可能。另一方面，皮柯主张人的神化，将人提升到此前没有的高度。可问题恰恰在于，倘若人因为自身的自由，获得与上帝同样的神性，神人之间的界限便难以区分。但事实果真如此吗？

---

❶ 吉莱斯皮这样评价皮柯的基督教人文主义："哲学虽然可以把人带得很远，但到了一定时候需要依靠宗教。就他本人的情况而言，当事实证明不可能实现异教文献与基督教的和解时，他在萨沃纳罗拉的影响下，选择遵循一种更具基要主义色彩的基督教观念。于是，在最极端处，在一种普罗米修斯式的对神的拒斥的边缘，人文主义悬崖勒马退了回来。"见吉莱斯皮：《现代性的神学起源》，张卜天译，第117页。

四、自由与恩典

皮柯强调人凭借自身通向上帝，实现自我完善的可能。这一阐释无疑具有强烈的佩拉纠主义色彩，似乎人仅仅凭借自由意志就可以获救，上帝除了作为一个目的因而存在，对人的意义可有可无。然而，严格来说，人的自由从潜能到实现，还需要诸多必要的条件。自由意志虽然充当了动力因的作用，支配着他对上帝的追求；但人要想真正通向上帝，仍离不开上帝外在的恩典。人的获救，乃是人的自由和上帝的恩典共同起作用的结果。理解这一点，对于我们整体性地理解皮柯的自由理论，乃至文艺复兴哲学的总体特征具有重要的意义。

1. 原罪：人的无形式

皮柯之所以在人的自由之外诉诸上帝的恩典，源自他对罪的认识。在《论人的尊严》中，人的形象似乎完美无缺，拥有不受左右的主体性自由，仅凭自身的力量可以通向上帝。但是，这仅仅是人性的一种可能。人要想真正实现完善，除了必须经过"净化－照亮－完善"的道路，它还必须有能力将自由从潜能变成现实。换言之，人虽是绝对自由的，可以任意地实现自身；但人能否朝向善好，仍取决于他是否有能力现实地对意志做正当的使用。如果人的自由并不完满，甚至有罪，它终将无法凭借自身实现完善。后一种情形，恰是皮柯在《创世七论》中讨论的主题。

和《论人的尊严》中的现代风格不同，《创世七论》与传统的基督教神学更为接近。在这本书中，皮柯立足于他整体的哲学构想，对《创世记》第一章的内容做了寓意性阐释。全书一共七章，分别讨论天界、天使界、元素界、人界及其关联；每章又分为七节，与创世六日及上帝的安息相对应。按照这个安排，皮柯在每章的第六节和第七节阐述人的创造、堕落和救赎问题。皮柯先是在前三章强调，人具有理性的灵魂，不可沦为身体和欲望的奴隶，随后在第四章笔锋一转，开始论及人性之罪：

> 现在看看我们说的和下面要说的多么一致：人被上帝按照它的形象所造，管理鱼鸟和野兽，那水首先生的和地随后生的。我们在上面已经讨论了人，现在我们第一次在他（亚当）身上察觉到了"上帝的形象"，借助它人得以管理和命令各种牲畜。人以这样的本性被造，理性支配感性，依据自身的法则平息一切的疯狂、怒火和欲望。但由于罪的污染，我们毁灭了这"上帝的形象"，变得悲哀而不幸，开始服侍自己身上的"野兽"，在地上爬行，渴望尘世之物，忘记了故土和天父，忘记了天国和我们作为特权而拥有的原初尊严（privilegium pristinae）。就是这样：当人处在尊贵中（in honore），他恍不自知，但现在却堕落成愚蠢的野兽，与它们相似。❶

---

❶ Pico della Mirandola, *Heptaplus*, 4.6. "Videte autem quam his quae diximus adamussim conveniat quod subiicitur, factum a Deo hominem ad suam imaginem, ut praeesset piscibus, avibus et bestiis, quae tum aquae tum terra produxerant; et quidem de homine iam supra disputabamus, sed nunc primum in eo Dei imaginem intelligimus, unde illi in bruta dictio et imperium. Sic etenim a natura institutus homo, ut ratio sensibus dominaretur, frenareturque illius lege omnis tum irae tum libidinis furor et appetentia, sed, obliterate imagine Dei per maculam peccati, coepimus miseri et infelices servire bestiis nostris et cum rege Chaldaeo diversari inter illas, humi procumbere, cupidi terrenorum, obliti patriae, obliti Patris, obliti regni et datae nobis in privilegium pristinae dignitatis. Scilicet homo cum in honore esset non intellexit, sed comparatus est iumentis insipientibus et similis factus est illis."

不同于《论人的尊严》，《创世七论》对"上帝的形象"的解释更为保守。对皮柯而言，"上帝的形象"不再意指人拥有上帝那般不受限定的自由，而更像经文所指的，人可以像上帝那样管理世间万物。❶更重要的是，皮柯在这里还明确宣称，人因为罪毁灭了自身中"上帝的形象"，变得悲哀而不幸。需要注意，人在这里犯下的是罪，而非《论人的尊严》中人因为自由意志的选择而引发的堕落。更重要的，皮柯认为这罪是初人所犯，因此具有原罪的性质。"正如我们所有人，在肉体上都是那个跟从撒旦而非上帝的亚当之子孙，从人堕落成野兽，毁灭了人的形式（deformati ab homine）"，❷言下之意，初人亚当因为堕落而犯罪，毁灭了人之为人的形式；作为亚当子孙的我们因为遗传了他的罪，必然和他一样，失去了"上帝的形象"。

在第七章中，皮柯对原罪的分析更加深入。皮柯认为，《创世记》首句"上帝创造天地"的天指的是天使的本性，而"地是空虚混沌，渊面黑暗"（Terra erat inanis et vacua, et tenebrae errant super faciem abyssi）则是对于人性的生动描述。"与天使相比，那被称为地的人性是空虚的，因为它从起初就犯罪。它是空虚的，缺乏原初的正义，它的渊面即理性被罪的黑暗所覆盖（peccati tenebris…obducebatur）。"❸这就表明，无须等到亚当，人在起初

---

❶ 《创世记》1∶26，"我们要照着我们的形象，按着我们的样式造人，使他们管理海里的鱼、空中的鸟、地上的牲畜和全地，并地上所爬的一切昆虫"。

❷ Pico della Mirandola, *Heptaplus*, 4.7. "Verum sicut omnes in primo Adam, qui oboedivit Sathanae magis quam Deo cuius filii secundum carnem, deformati ab homine degenereamus ad brutum."

❸ Pico della Mirandola, *Heptaplus*, 7.1. "Natura humana, quae terra dicitur, angelis comparata statim ab initio, quia statim peccavit, inanis erat et vacua originali iustitia et peccati tenebris facies eius, idest ratio, obducebatur."

被造时，就已经因为它本性的空虚而犯下了罪。所谓的"渊面黑暗"，乃是由于人性被"原罪起初的污秽所侵蚀"❶。不过，原罪虽在起初便存在，但它不是上帝所为，而是"人自愿地（Volens）剥夺上帝赋予他的善好"❷导致的结果。可是，我们不禁会问，人性既是空虚的，又有何"善好"呢？所谓的原罪，究竟源于何处？

这个问题，我们还需结合皮柯的"形质论"（Hylermorphism）思想加以理解。在《创世七论》第一章，皮柯从宇宙论的视角对《创世记》进行了解读。在他看来，上帝创造天地，天是主动的原因，而地则是被动的原因——质料。作为质料，地天然地缺乏形式，处在混乱和无序之中，后者也正是"地是空虚混沌"这句经文的本来意思。不过，从希伯来语的词源来看，"地是空虚混沌"中的"混沌"（vacua）原为"Bou"，它和一般意义上的"空"不同，具有"在里面有……"（in eo est）或"某物在它里面"（eo aliquid est）的意思。因此，地与其说是"混沌"和绝对的质料，不如说某种粗糙的形式已经寓于其中，是形式的缺乏而非否定。正是这样，《圣经》接下来才会说"上帝的灵孵化在水面上"。这句经文意味着，上帝将事物的性质即形式以"孵化"的方式赋予质料，完成所谓的"赋形"（formatio）工作。一旦质料被赋形，它自身的黑暗便会消散，光明随之升起，正所谓"上帝说：'要有光'，就有了光"是也。

联系这段极具奥古斯丁色彩的宇宙论解释 ❸，皮柯的原罪论逻

---

❶ Pico della Mirandola, *Heptaplus*, 7.1. "infectae scilicet primaevis sordibus notae originalis."

❷ Pico della Mirandola, *Heptaplus*, 7.1. "Sed hominis militia, qui volens se his bonis privavit."

❸ 奥古斯丁的形质论解释可参考《忏悔录》第12—13卷，见 Augustine, *Confessions*, translated with an introduction and notes by Henry Chadwick, Oxford: Oxford University Press, 1991, pp. 246-305；以及拙文《内在与超越：奥古斯丁的宇宙目的论》，载于《哲学研究》，2020 年第 11 期。

辑彻底浮出水面。皮柯主张人之所以犯下原罪，是因为其本性为"地"的质料，处在一种无形式的状态之中。因为人没有形式，混乱无序，便时刻有作恶的危险。但是，这种无形式的状态顶多包含着作恶的可能，而不等于实际地作恶。实际上，上帝看到了人无形式的危险，一开始便通过圣灵孵化的方式，努力给人赋予形式，以使他具有某种规定性。悲哀的是，人的质料并未接受上帝的"孵化"，拒绝了他应有的形式，从而犯下了原罪。原罪之为原罪，不仅在于质料自身的无形式性，而且在于质料因为这种无形式性，骄傲地抗拒上帝的赋形而陷入的虚无。只有在这个意义上，皮柯才会说，原罪不是上帝所为，而是"人自愿地（Volens）剥夺上帝赋予他的善好"的结果。就此而言，皮柯追随奥古斯丁，回到了传统的原罪论。

2. 自由与原罪

皮柯对原罪的论述，将人的自由带入重重危机之中。按照《论人的尊严》，自由源自人本性的无规定性，形式的缺乏是自由的前提；而按照《创世七论》，无形式性是人拒斥形式进而犯下原罪的根本原因。不仅如此，《论人的尊严》虽论及人的堕落，但主张这种堕落是人选择的结果，与人的原罪毫不相关。在整部《论人的尊严》中，皮柯几乎从未谈及人的原罪。在他看来，人虽然可能因为自由而堕落，甚至陷入不幸，也是人之为人的尊严所在。而在《创世七论》中，皮柯明确说到，我们因为遗传了亚当的原罪，变得悲哀而不幸。根据这种解释，人即便拥有自由，也必然会犯罪，而绝不可能像《论人的尊严》所言，人作为主体完全掌控自身，既可上升亦可下降。一言以蔽之，皮柯在《创世七论》中的原罪论将从根本上冲击《论人的尊严》中的自由理论，改变皮柯哲学的现代性面向。那么，皮柯自己的真实立场究竟如何呢？

要想明确皮柯自己的真实立场，我们需对《论人的尊严》和《创世七论》这两个文本的关系做一个恰切的评判。在这个问题上，当代学界的态度大致分两派，前一派强调两个文本的断裂和差异，可称之为"转变说"；后一派强调两个文本的一致，可名之为"同一说"。"转变说"认为，皮柯在 1486 年出版《九百题》之后，遭遇教会的严厉谴责。为了逃避批评，皮柯在随后的写作中转变了此前的立场，开始向教会靠拢——《创世七论》中的原罪说，就是这种转变的结果。"转变说"以特林考斯为代表。在《按照我们的形象与样式：意大利人文主义思想中的人性与神性》（ *In Our Image and Likeness: Humanity and Divinity in Italian Humanist Thought* ）中，特林考斯指出：皮柯在《创世七论》中从奥古斯丁传统出发，重新承认了人的原罪，否定了人凭借自由获救的能力。这表现在，皮柯明确提到初人亚当分有"上帝的形象"，堕落之后就丧失了，成了野兽般的存在。只是当新亚当——基督到来后，人才重新获取了"上帝的形象"。按照特林考斯的理解，"上帝的形象"是人有尊严的体现，丧失"上帝的形象"就没有了尊严，故而从亚当堕落到基督救赎之前的这段时间内，人是没有尊严的。从这个立论出发，特林考斯断定，《论人的尊严》中皮柯所强调的人的尊严只属于"亚当堕落之前和基督道成肉身之后的人"❶。这一论断将皮柯刻画成一名中世纪神学家，而非具有开创精神的现代哲人，彻底颠覆了传统的理解。

---

❶ Charles Trinkaus, *In Our Image and Likeness: Humanity and Divinity in Italian Humanist Thought*, p. 517.

"同一说"以吕巴克、加林等学者为代表。这派学者认为，皮柯虽然在《九百题》出版后遭遇了教会的压力，但不至于彻底改变此前的立场。吕巴克宣称，《创世七论》的文本"与《论人的尊严》相比，没有改变、也没有增加任何实质性的东西"[1]，两个文本的主旨是同一的。这首先表现在仅以是否存在外在压力来审视两个文本是缺乏根据的。《论人的尊严》的写作看似无拘无束，但实则也是一篇"被迫的演讲"，自始至终没有出版。而《创世七论》看似迎合了教会，但它出版后，同样招致了教会的不满，被英诺森八世严厉警告。[2] 其次，《九百题》被教会谴责，是因为其中大量的卡巴拉内容。可在《创世七论》中，皮柯对卡巴拉的热忱一点都未曾减少，也未曾掩盖自己的兴趣。再次，《创世七论》的论述视角虽然有所变化，但从未改变《论人的尊严》中对人的歌颂（"人是一个伟大的奇迹"）态度。[3] 在加林看来，从《论人的尊严》到《创世七论》，皮柯的立场与其说转变，不如说成熟了。皮柯"没有对此前的立场做出某种修正性的让步，而是更好地呈现了他的卡巴拉主张"。[4]

"转变说"和"同一说"充分注意到了两个文本的复杂关联，有利于深化我们对皮柯思想的理解。然而，两派学说各有偏颇之处。就"同一说"而言，学者们正确地看到了两个文本的相似性，尤其是在论述卡巴拉和人的地位上的相似性。但他们并未说明，为何《创世七论》对原罪的论述与《论人的尊严》有如此大的差

---

[1] Henri de Lubac, *Pico della Mirandola*, p. 70.

[2] 转引自 D. Berti, "Intorno a Giovanni Pico della Mirandola" in *Rivista contemporanea*, 1859, p. 54。

[3] Henri de Lubac, *Pico della Mirandola*, pp. 71-73.

[4] Eugenio Garin, *Giovanni Pico Della Mirandola: Vita E Dottorina*, Roma-Firenze: Istituto Nazionale Di Studi Sul Rinascimento, 2011, p. 39.

异，也没有论证皮柯究竟是否放弃了此前的自由立场。就"转变说"而言，特林考斯的确正确地看到了两个文本的差异，却过于强调《创世七论》对于《论人的尊严》的统摄性，似乎前者才是皮柯最真实的，也是最终的思想。但实际上，《创世七论》只是他阶段性的作品；在同年（1489 年）开始、停笔于 1494 年的《驳占星术》中，我们能够清楚地看到，皮柯从未放弃他早期的自由立场。特林考斯仅以《创世七论》的立场来审视皮柯，将后者视为一个传统的奥古斯丁主义者，是严重缺乏根据的。

不可否认，从《论人的尊严》到《创世七论》，皮柯的思想确有变化。无论这种变化源自皮柯个人的成熟，抑或教会的外在压力，有一点毫无疑问：在《创世七论》中，皮柯强化了对原罪的论述。在对《创世记》的解释中，皮柯把人的命运置入圣经神学的叙事之中，强调了原罪对人性的负面影响。这一点，和《论人的尊严》将亚当理解为非历史性人类的做法迥然各异。从而，我们没有理由像特林考斯那样，非要从《创世七论》对亚当的理解来猜度《论人的尊严》，将人的尊严限定为"亚当堕落之前和基督道成肉身之后的人"，甚至否定《论人的尊严》中自由的普遍意义。相反，我们更应该认为，无论是《论人的尊严》还是《创世七论》，都是皮柯思想中有机的组成部分。皮柯在《论人的尊严》中歌颂人无限定性的自由，这是他思想中激进的、现代的一面；在《创世七论》中强调人的原罪，这是他思想中保守的、中世纪的一面。后一个面向没有否定前一个，而是共同组成了皮柯对自由的整体理解：人是自由的，但这种自由也是有欠缺的。因为初人的原罪，我们的自由常常陷入罪性之中，仅仅凭借自身的力量难以完成救赎。作为文艺复兴哲学的杰出代表，皮柯既看到了自由的崇高和伟大，也看到了自由的危险，因而竭力在二者之间保持平衡。这种努力，使得皮柯的思想既呈现出现代性，又保有了中世纪的保守特征。

与此同时，我们必须强调，即便皮柯同时论述人的自由和原罪，从而兼具现代和中世纪的双重面向；皮柯对原罪的论述也不会完全导向对自由的否定，而是在相当大的程度上与人的自由相互兼容。这是因为：首先，原罪的根源在于人的自由。按照皮柯的理解，人之所以会有原罪，是由于自身的无形式性和对形式的反动，而这恰恰是自由的根本体现。承认原罪与强调自由之间没有本质性的矛盾。其次，皮柯的确认为，人遗传了初人的原罪之后，丧失了上帝的形象，变得悲惨而不幸。但他没有说，人在这个阶段（即初人犯了原罪而基督尚未降临）失去了自由，而只是认为，人无法正确地使用自由意志，丧失了对世界万物的管理权而已。既如此，原罪和人的自由只是部分，而非完全相悖。再次，也是最重要的，特林考斯坚持认为，人在亚当犯罪之后、基督到来之前没有尊严，只会作恶。从基督教的历史叙事来说，他这样说不无道理。但即便我们承认这一点，我们也仅仅认可了前基督时代的人无法得救的观点而已。❶ 但显然，无论是对他还是他之后的人而言，基督早已经来临。因此，人也就早早地重新恢复了尊严。表现在自由问题上：如果说从亚当犯罪到基督到来前的人必然作恶，那么这一局面在基督到来之后就打破了，开始有了正确使用自由意志的可能。如此，人仍然可能像《论人的尊严》开头所说，享有可上可下的自由，既可以"堕落低等的野兽，也能照着他［你］心灵的意愿，在神圣的更高等级中重生"。由此可见，

---

❶ 考虑到皮柯对"古代神学"的理解，特林考斯的这个论点也不能完全成立。参考拙文《革命与危机：皮柯论人的尊严与个体自由——兼对特林考斯的一个批评》，载于《北京大学学报》，2013 年第 5 期。

皮柯的原罪论与自由理论乃是相互兼容的。皮柯无意通过原罪否定自由，而是在肯定自由的基础上，通过原罪对它加以限定，使之朝向它应该朝向的方向。自由，始终是皮柯哲学的基础、主旨与依归。

3. 恩典与救赎

原罪论与恩典论向来紧密相连。皮柯既承认人的原罪，自然会肯定上帝的恩典。接着亚当的堕落，皮柯如是说：

> 正如我们所有人，在肉体上都是那个跟从撒旦而非上帝的亚当之子孙，从人堕落成野兽，毁灭了人的样式；同样在灵性上，就是新亚当即那个完成天父的意志、用自己的血肉之躯战胜精神罪恶的耶稣基督的子孙。我们不是作为人，而是作为上帝收养的子民，被恩典重塑，获得新生。❶

显然，皮柯沿袭了"第一亚当"和"第二亚当（基督）"的神学传统：因为初人（第一亚当）的罪，所有人陷入原罪，毁灭了人之为人的样式；基督（第二亚当）到来之后，人的原罪才被彻底战胜。由此，人的新生不在乎自己，而在乎恩典。在基督恩典的作用下，人不仅得以从魔鬼的控制下解放，而且还能提升到比天使更高的位置，达致绝对的完善。基督的力量何以如此强大？

---

❶ Pico della Mirandola, *Heptaplus,* 4.7. "Verum sicut omnes in primo Adam, qui oboedivit Sathanae magis quam Deo cuius filii secundum carnem, deformati ab homine degeneramus ad brutum, ita in Adam novissimo Iesu Christo qui voluntatem Patris implevit et suo sanguine debellavit nequitias spirituales, cuius fili omnes secundum spiritum, reformati per gratiam regeneramur ab homine in adoptione filiorum Dei, si mod out in illo ita in nobis princeps tenebrarum et mundi huius nihil invenerit."

答曰：他作为上帝之子生而为人，为了人被钉死在十字架上。只要人与基督联合，即"那不可见的上帝的形象、一切造物中头生的、万物借着他被造的基督，以不可言说的方式与那按照上帝的形象被造、联系万物、将自身包含在内的人连接"，[1] 他的罪就能得到洗刷。

在这个过程中，基督扮演的角色就是中保（Mediator）。中保的逻辑在基督教中司空见惯，但皮柯对它进行了独到的解释。在他看来，《创世记》所言的"诸水之间要有苍穹（firmamentum），将水分为上下"[2] 不仅意味着苍穹将诸水分开；而且还表明，若没有苍穹的干预，下面的水就无法被上面的水所恩泽。换言之，苍穹作为联系上面的水和下面的水之间的媒介，起到了中保的作用。而"苍穹"所指示的，正是基督的形象。正如诸水要通过苍穹而连接，人也需要通过基督而连接，"人只能通过基督与上帝连接，因为在他之中，他作为中保将人与和上帝如此相连，以至于正如基督既生而为人又是上帝之子，人也被造为上帝之子"。[3] 简言之，因为基督的神人二性，人只有与基督相连才能与上帝相连，从而获得救赎。基于这一观察，皮柯提醒人们，要铭记基督在《约翰福音》中的教诲，"我就是道路、真理、生命；若不借着我，没有人能到父那里去"（《约翰福音》14：6）。

---

[1] Pico della Mirandola, *Heptaplus*, 5.7. "Nam et congruum fuit ut qui est imago Dei invisibilis, primogenitus omnis creaturae, in quo condita sunt universa, illi copularetur unione ineffabili qui ad imaginem factus est Dei, qui vinculum est omnis creaturae, in quo conlcusa sunt universa."

[2] 《创世记》1：6，和合本作"空气"，属误译，当作"苍穹"。

[3] Pico della Mirandola, *Heptaplus*, 6.7. "Non posse hominem Deo coniungi nisi per eum qui, cum in se ipso hominem Deo coniunxerit, verus mediator effectus, potest ita hominess Deo annectere ut, sicut in eo filius Dei hominem induit, ita per eum hominess Dei filii fiant."

基督作为中保的角色，表现为他对人性的成全与提升。在恩典面前，人首先是被动而非主动的。在论及自然幸福与超自然幸福这一主题时，皮柯指出：只有永恒和不朽的实体才能回归上帝。看起来，天体因为做圆周运动，所以能够完成这种回归。但实际上，天体自身并不足以完成这种运动，而是需要神圣的转动和旋转它们。它们适合于永恒的旋转，仅仅是因为它们适合接受它（神圣的推动），而非产生它。人和天使同样如此。人就其本性显然是无法做圆周运动的，但是在恩典的推动下，我们仍然通过一种特殊的圆周运动回归上帝。正如保罗所言，"因为凡被上帝的灵所引导的，都是上帝的儿子"（《罗马书》8：14）。上帝的恩典推动人，如同上帝推动天体，它所起到的，是一种让人的灵魂觉醒、悔改的力量。它如同感化的圣灵敲门，主动地临到我们身上。除非我们回应它叩门的声音，没人能够得救。

　　恩典的意义，要求人时刻要把上帝摆在中心的位置。魔鬼之为魔鬼，在于它们"希望爬向（asendere）上帝，而非被牵向（non rapi）上帝，由此失去了它本应保持的位置"。[1] 在堕落之前，有一些天使相信仅凭自身的力量就能"爬向上帝"，将恩典拒之门外，不愿"被带向上帝"；结果，它们非但不能继续做天使，还因为自身的堕落变成了魔鬼。魔鬼的堕落给人的教益是，绝不能仅仅信靠自身，而要时刻信靠上帝，在他的牵引下获救。皮柯警示人们，如果一个人抗拒恩典，他非但将失去上帝的辅助，而且也会污染他自己的本性。对人来说，他要么完全不认识基督，依靠自己的能力获取自然的幸福；要么已经认识到基督，依靠基督的

---

❶ Pico della Mirandola, Preom of *Heptaplus* 7. "Quoniam ad illam ascendere, non rapi, voluit, ideoque illud amisit quod habuisset, si permansisset."

力量获取超自然幸福。而"谁要在认识基督之后不信靠基督，他不仅会被正当地剥夺第一种幸福（超自然幸福），而且会被堕落第二种幸福（自然幸福）"，❶ 变得无比悲惨。

而洗礼，则是人接纳和蒙受基督恩典的标志。道成肉身的基督对人最大的恩赐，是"通过洗礼的圣事，我们重新在上帝的形象中被造"。❷ 如果说，第一亚当因为原罪毁灭了自身中"上帝的形象"；洗礼让我们通过第二亚当基督与上帝连接，将"上帝的形象"重新修复。洗礼的存在，本身就是基督的最大恩典；人类唯独信靠这恩典，而非自己的力量，才能获得上帝的救赎。

4. 神人相爱

从原罪论走向恩典论，自由的气息似乎越来越弱。如果照皮柯所言，人有原罪，只有依靠恩典才能得救，自由还有何用？诚然，我们可以辩护自由与原罪的兼容性，认为人虽然负有原罪，可基督的到来重赋我们正确选择的自由；但是，如果人的正确选择又依赖于基督的恩典，自由意志依旧没有任何用武之地。如果是这样，皮柯此前的努力岂不是前功尽弃，他引以为豪的自由岂不是变得毫无意义？

情况绝非如此。究其原因，即便皮柯在《创世七论》中反复强调原罪与恩典，却从未否定过人的自由。后者不仅表现在初人犯下的原罪中，而且一般性地表现在人的处境之中。在论及被造

---

❶ Pico della Mirandola, Proem of *Heptaplus* 7. "Quare postquam Christus est agnitus, si qui Christum non induuntur, non solum prima felicitate, sed et secunda, idest naturali, iure privantur."

❷ Pico della Mirandola, *Heptaplus*, 7.7. "Ut per sanctissimum lavacrum dominicae cruci se conformantes, reformarentur ad imaginem Dei."

物的处境时，皮柯曾这样说道，"一切必朽事物中处境最好的是人，因其在本性上拥有通向幸福的种种天赋——智性和自由意志，故而有超出其他造物的自然幸福"，❶明确肯定了人的自由。至于天使，虽然本性比人更为崇高，但它的种种禀赋中并没有"自由意志"这一选项。这无疑表明，自由才是人之为人的尊贵所在，从而与《论人的尊严》中对人的赞颂有异曲同工之妙［"他在宇宙秩序中究竟是何处境，不仅让野兽，而且让星体和世界之外的智性（即天使）都羡慕不已"］。

退一步说，即便承认恩典，人的自由也不会因此被彻底否定。接上文所言，人的本性虽然不比天体，仍可以在上帝恩典的作用下做圆周运动。两者都是被上帝推动，但方式不同，"天体基于它们本性的必然性而被推动，而我们根据我们的自由"。❷人的自由表现在，虽然感化的圣灵不断地叩打着我们的灵魂之门，但究竟是否倾听它的声音，打开这扇门，最终取决于我们自己。如果我们没有听到这叩门声，也就是拒绝了上帝的恩典，我们将变得悲哀而不幸；而如果我们倾听到这声音，让它进入我们的灵魂之中，也就是说，接受了上帝的恩典，就将被牵向上帝，获得至高的超自然幸福。在这个意义上，人的获救是恩典和自由共同起作用的结果。皮柯的救赎论既非"神恩独作说"亦非佩拉纠主义，而更接近于奥利金的"神人合作说"。无论如何，恩典虽主动朝向人，但人是否接纳恩典，仍取决于他自己。在恩典面前，人的自由始

---

❶ Pico della Mirandola, Proem of *Heptaplus* 7. "Optima omnium mortalium conditione homo qui, sicut natura, ita naturali felicitate aliis praestat, praeditus intelligentia et libertate arbitrii, praecipus dotibus et ad felicitatem maxime conducentibus."

❷ Pico della Mirandola, Proem of *Heptaplus* 7. "Hoc distamus a caelo, quod illum naturae necessitate, nos pro nostra libertate movemur."

终是主导性的，可以"按照任何偏爱的形式塑造自身"，"能堕落低等的野兽，也能照着心灵的意愿，在神圣的更高等级中重生"。在自由和恩典关系的理解上，《论人的尊严》和《创世七论》是完全相通的。

表现在神人关系上，自由与恩典就是爱欲（Eros）与圣爱（Agape）。自由，是人对上帝的、向上的爱欲；恩典，是上帝对人的、向下的圣爱。如果说，人的拯救依赖于自由与恩典的双重作用，那它本质上也就是爱欲和圣爱共同起作用的结果。受斐奇诺的影响，皮柯高度肯定爱欲的积极作用。他在《论人的尊严》中展现的人，可谓是爱欲活的化身。我们看到，皮柯在讲完人的自由后，先是呼吁我们"渴望那至高者"、效仿天使；然后根据普智天使的要求，交代了从净化、照亮到完善的进阶之路；最后，也是最重要的，皮柯鼓励我们效仿普智天使。可在三级天使中，普智天使仅仅位居中间，炽爱天使的位置才最为崇高。"居中的普智天使，用它的光为我们备好炽爱天使之火"，普智天使的作用仅仅是为炽爱天使做预备，最终的救赎要落在炽爱天使上。而如果我们考虑到炽爱天使的特性是爱，那么很明显，对人的救赎而言，爱——而非知识——才是最重要的因素。❶

爱欲的顶点则是迷狂（Furor）。在"希腊秘仪"这一节，皮柯诗意地展现了迷狂的神秘景象：

> 谁不想被苏格拉底的迷狂所激发？在《斐德若》中，柏拉图赞颂道，苏格拉底的双翼和双脚如船桨般滑动，从这个罪恶中的世界呼啸而上，被飞速带到天上的耶路撒冷。长者们，让

---

❶ Eugenio Garin, *Italian Humanism. Philosophy and Civic Life in the Renaissance*, p. 107.

苏格拉底的迷狂灌醉我们吧，让它引我们超越自己的心智，将我们的心智和自身安放在上帝之中！它必将灌醉我们，但只有当我们掌控自身之时。如若我们能通过道德哲学情感的力量被正确地引向适宜的目的，发出持久的和声；通过辩证法，让我们的理性和着适宜的节奏运动，只有到那时，我们才会被缪斯的迷狂所激发，以内心之耳沉醉于天上的和谐。接着，缪斯的队长巴库斯，将通过它的奥秘即自然的可见象征，向我们中那些研究哲学的人展示上帝的不可见之事，并以上帝居所的丰裕灌醉我们；如果我们像摩西那样，在上帝全家都保持忠诚，最神圣的神学就将临近我们，以加倍的迷狂使我们焕发生机。当我们被提升到最高的瞭望塔，在那里将现在是、将来是、过去是的事物与永恒相比较，当我们欣赏那原初之美，我们就会变成那些事物阿波罗式的预言家，原初之美那带翼的爱恋者。最后，我们被妙不可言的爱激发，就像神圣的迷狂那样，被放置在自身之外，如同燃烧的炽爱天使；我们为神性所充满，将不再是自己，而是那个造了我们的造物主自身！ ❶

---

❶ Pico della Mirandola, *Oratio de hominis dignitate*, 109-113. "Quis non Socraticis illis furoribus, a Platone in *Faedro* decantatis, sic afflari non velit ut alarum pedumque remigio hinc, idest ex mundo, qui est positus in maligno, propere aufugiens, ad caelestem Hierusalem concitatissimo cursu feratur? Agemur, Patres, agemur Socraticis furoribus, qui extra mentem ita nos ponant, ut mentem nostram et nos ponant in Deo! Agemur ab illis utique, si quid est in nobis ipsi prius egerimus; nam si et per moralem affectuum vires ita per debitas competentias ad modulos fuerint intentae, ut immota invicem consonent concinentia, et per dialecticam ratio ad numerum se progrediendo moverit, Musarum perciti furore celestem armoniam intimis auribus combibemus. Tum Musarum dux Bacchus, in suis mysteriis (idest visibilius naturae signis) invisibilia Dei philosophantibus nobis ostendens, inebriabit nos ab ubertate domus Dei, in qua tota si uti Moses erimus fideles, accedens sacratissima theologia duplici furore nos animabit."

迷狂是柏拉图在《斐德若》中的讲法，意指当人在美的激发下，达致一种灵魂出窍、神灵附体的状态。柏拉图将迷狂区分为四种：预言的迷狂、秘仪的迷狂、诗歌的迷狂和爱的迷狂。[1] 斐奇诺在注解《会饮篇》时，重新调整了顺序，将之改为诗歌的迷狂、秘仪的迷狂、预言的迷狂和爱的迷狂。[2] 皮柯这里的讲述沿袭了斐奇诺的讲法。首先，人被"缪斯的迷狂所激发"，倾听和谐，属于"诗歌的迷狂"；接着，在自然哲学阶段，巴库斯（即狄奥尼索斯）"以上帝居所的丰裕灌醉我们"，让人陷入秘仪的迷狂；再然后，当神学临近，"我们就会变成那些事物阿波罗式的预言家"，陷入预言的迷狂；最后，人被爱所激发，"如同燃烧的炽爱天使"，陷入爱的迷狂。爱的迷狂是四种迷狂的最后一种，也代表了迷狂的最高阶段。只有在这种迷狂之中，人才能够像炽爱天使那样，成为"原初之美那带翼的爱恋者"，将对上帝的爱欲推向顶点；也只有在这种强烈的爱欲所引发的迷狂中，人才被神性所充满，完全与上帝合一，达致真正的"神化"。"神化"，作为神学的最高形态，是爱欲不断朝向上帝的最终结果。

不仅如此，《论人的尊严》还充分展现了圣爱的一面。[3] 爱欲与圣爱，自由与恩典，相辅相成、相互激发，正如《创世七论》

---

[1] Plato, *Phaedrus*, 265b.

[2] Marsilio Ficino, *Commentarium in Convivium Platonis*, 7.14.

[3] 约翰·瓦尔维克（John Warwick）认为，在爱欲与圣爱的关系上，皮柯的思想分为"青年皮柯"（The Young Pico）和"成熟皮柯"（The Mature Pico）两个阶段。前一个阶段，皮柯的思想以《〈爱歌〉评注》为代表，主要强调爱欲；后一个阶段以《〈诗篇〉评注》等作品为代表，转而强调圣爱。这种粗糙的划分无疑是没有依据的。实际上，正如我们的分析所指出的，即便在早期的作品《论人的尊严》中，皮柯也从未否定过圣爱的作用；而在后期作品《驳占星术》中，皮柯也没有否定过爱欲的作用。参考 John Warwick Monthomery, "Eros and Agape in the Thought of Giovanni Pico della Mirandola", in *Concordia Theological Monthly*, 1961 (12), pp. 733-746。

所呈现的那样。早在上帝造人的环节，上帝就展现了它圣爱的力量：唯独人被赋予自由意志，可以按照自己的意愿自我塑造。在这种圣爱的辅助下，人得以根据自己的自由，凭借自己的爱欲朝向上帝。而在上升的阶段，圣爱同样无处不在。在人面前，上帝充当的是《创世七论》中叩门的圣灵的形象，不断用圣爱温暖和召唤人的灵魂。正如皮柯所说："她将为我们指明道路并陪伴我们，看到我们从远方来，她会唤道，'到我这儿来，徒劳无功的人们；来吧，我让你们恢复元气；到我这儿来，我将给予世界和自然不能给予你们的和平'。受到如此温柔的呼唤，如此善意的邀请，我们就像地上的墨丘利一般足下生翼，飞向至福的母亲的怀抱，欢享渴望已久的和平。"❶ 爱欲虽然朝向上帝的渴望，但仅仅凭借它本身无力完成人的上升。上帝的圣爱就仿佛"温柔的呼唤"和"温柔的邀请"。在圣爱的鼓励下，人的爱欲被进一步激发，"像地上的墨丘利一般足下生翼"，与上帝合一。

在这最后的崇高时刻，"我们被妙不可言的爱激发，就像神圣的迷狂那样，被放置在自身之外，如同燃烧的炽爱天使"，圣爱与爱欲、恩典与自由完全融为了一体。上帝不再像中世纪晚期那样，阴森恐怖、高高在上，而是对人充满了仁爱（Caritas）；人不再匍匐在地，惧怕上帝，而是对上帝充满了爱欲。一言以蔽之，上帝与人从相互敌视变成了神人相爱。两种爱相互作用，上帝的圣爱既激发了人的爱欲，人的爱欲反过来也激发了上帝的圣爱，如此

---

❶ Pico della Mirandola, *Oratio de hominis dignitate*, 93-94. "Ad illam ipsa et viam monstrabit et comes ducet, quae procul nos videns properantes: 'Venite', inclamabit, 'ad me qui laboratis; venite et ego reficiam vos, venite ad me et dabo vobis pacem quam mundus et natura vobis dare non possunt'. Tam blande vocati, tam benigniter invitati, alatis pedibus, quasi terrestres Mercurii, in beatissimae amplexus matris evolantes, optata pace perfruemur."

循环往复。[1] 借此，皮柯将人的自由与恩典、爱欲与圣爱有机地结合起来，塑造了一种既自由又崇高，既洋溢着人性又充满神性的神人关系，深刻塑造了文艺复兴时代的精神。

至此，我们已完整地勾勒了皮柯的自由理论。皮柯通过改写传统的《圣经》叙事，祛除了人的规定性，奠定了人无本性的自由。人被上帝赋予自由意志，可以根据自身的意愿塑造自己的本性，具有一种不受上帝控制的主体性自由。皮柯的阐述，奠定了现代世界对人性的基本理解，具有重要的意义。与此同时，皮柯深知自由的无目的可能导致的危险，努力将它导向道德和神学的结局。为此，他援引新柏拉图主义"净化－照亮－完善"的学说，为人的自由划定了不断上升的进阶之路。皮柯的理想，并非人性的不受限制，而是人不断朝向上帝，最终与上帝合一的完善。为了约束和引导人的自由，皮柯逐步强化了对原罪的认识，并因此肯定了恩典对于拯救的根本意义。原罪并不取消人的自由，而仅仅限制人的自由，让我们意识到人性的欠缺；恩典也并不足以否定自由，而仅仅表明，人凭借自身不足以实现拯救。皮柯的原罪说和恩典说与自由学说本质上是兼容的，恩典是对自由的成全，而不是相反。皮柯展现的，是自由与恩典、爱欲与圣爱的融合，二者相辅相成，相互激发，共同塑造了一个神人相爱的诗意图景。

---

[1] 内兹（Nesi）说，"当人爱上帝，会被回馈以爱"。转引自 Garin, *Italian Humanism. Philosophy and Civic Life in the Renaissance*, p. 106。

第 2 章

自然魔法

　　自由是皮柯哲学的根本关切。在《论人的尊严》中，皮柯援引新柏拉图主义的体系，为人的自由划定了一条"净化－照亮－完善"的上升之路。这条道路本质上也就是人性的进阶之旅，即我们要通过道德哲学、辩证法、自然哲学到最高的神学，与上帝合一，实现永恒的幸福。通过这条道路，人不仅脱离了外在的约束，而且不断丰富自身，实现完善的自由。在这条上升之路中，自然哲学构成了神学的准备，作用必不可少。皮柯对自然哲学的设计，展现了他巨大的创造性，对文艺复兴自然哲学乃至现代科学产生了深远影响。

一、自然哲学与自然魔法

1. 自然哲学

　　按照皮柯，人在"净化－照亮－完善"之路的不同阶段，要有不同的作为。在"净化"阶段，人要"通过道德知识抑制情感的冲动，用辩证法驱散理性的阴霾，就像洗去无知和邪恶的污浊"，即通过道德哲学和辩证法的方式控制情感。在最高的"完善"阶段，人要"用神圣之事的知识"即神学，获得灵魂的完善。

至于"照亮"阶段，人要践行的则是自然哲学，后者的意义在于"充满我们宁静且准备充分的灵魂"，为最终的神学提供预备。由此说来，自然哲学乃是人的灵魂经由道德哲学、辩证法抵达神学的必经之路。可是，为什么在道德哲学、辩证法和神学之间，必须要有一个自然哲学呢？在什么意义上，自然哲学构成了神学的准备？

要想回答这些问题，我们首先需要澄清自然哲学的内涵。皮柯这样描述灵魂的进阶之路：人在学习道德哲学和辩证法之后，要"沿着梯子（自然）的层级进行哲学思考，从一个中心到另一个中心穿透整体——我们会下降，以提坦之力将奥里西斯分一为多；继而会上升，以阿波罗神之力将奥西里斯的四肢聚多为一"，❶最终回到上帝的怀抱。这里"沿着梯子（即自然的等级）进行哲学思考"，便是自然哲学。如同天使在雅各之梯上轮流着上去下来，自然哲学的任务首先是下降到自然，进入到对自然的具体研究，从一变成多；然后又对具体的研究进行抽象，达到对自然的整体理解，从多聚合成为一。只有完整地经过自然哲学的这些阶段，我们才能"栖息于梯子顶端的天父怀里，在神学的幸福中变得完善"。❷

在对"希腊秘仪"的解释中，自然哲学的意义进一步显露。皮柯宣称，我们在苏格拉底式迷狂的激发下，先通过道德哲学将感情引向适宜的目的，再通过辩证法让理性和着适宜的节律运

---

❶ Pico della Mirandola, *Oratio de hominis dignitate*, 82. "per scalarum idest naturae gradus philosophantes, a centro ad centrum omnia pervadentes, nunc unum quasi Osyrim in multitudinem vi Titanica discerpentes descendemus, nunc multitudinem quasi Osyridis membra in unum vi Phebea colligentes ascendumus."

❷ Pico della Mirandola, *Oratio de hominis dignitate*, 82. "in sinu Patris——qui super scalas est—tandem quiecentes, theologica foelicitate consumabimur."

动，"接着，缪斯的队长巴库斯，将通过它的奥秘即自然的可见象征，向我们之中那些研究哲学的人展示上帝的不可见之事"。[1] 自然哲学之所以要研究自然，是因为自然中隐藏了许多不可见之事，或者说上帝的奥秘。通过自然哲学，我们将这些不可见的奥秘向人们揭露出来。这一点，在皮柯对"迦勒底人"的阐释中得到证实：当拉斐尔用道德哲学和辩证法解放我们之后，加百利天使会在我们中间住下，"引领我们在自然的奇迹中穿梭，并在各处向我们显示上帝的大德和权能"。[2] 只有经过加百利天使代表的自然哲学，认识到了上帝放置在自然中的德能，我们才能佩戴"王冠一般的神职徽章"，进入到最高的神学阶段。自然哲学的意义可见一斑。

自然哲学以研究自然（作为对象的自然）为己任，但它的实践与人的自然（本性）密不可分。按照皮柯的理解，希腊谚语"认识你自己"（γνῶθι σεαυτόν）意在教导人们认识作为对象的自然。之所以如此，是因为"人的自然是所有自然的中介和混合体。正如琐罗亚斯德最先写道，之后柏拉图在《阿尔喀比亚德篇》中同样写到的，认识自己的人就在自身中认识了万物"。[3] 作为对象的自然具有不同的等级和部分，它们分散在宇宙当中；只有人的自然可以充当中介，将它们聚合起来，统一于自身之内。在这个意义上，"认识自己的人就是在自己中认识了万物"。或者说，对人自身的认识就是对自然的认识，就是在研究自然哲学。反之亦

---

[1] Pico della Mirandola, *Oratio de hominis dignitate*, 112. "Tum Musarum dux Bacchus, in suis mysteriis (idest visibilibus naturae signis) invisibilia Dei philosophantibus nobis ostendens."

[2] Pico della Mirandola, *Oratio de hominis dignitate*, 141. "qui nos per naturae ducens miracula, ubique Dei virtutem potestatemque indicans."

[3] Pico della Mirandola, *Oratio de hominis dignitate*, 117-118. "cuius et interstitium et quasi cynnus natura est hominis, excitat et inhortatur. Qui enim se cognoscit, in se omni cognoscit, ut Zoroaster prius, deinde Plato in *Alcibiade* scripserunt."

然。自然哲学对自然的收束有利于自我的收束，"缓和灵魂的差异"，[1] 促进和提升人的自由。由此可见，"净化－照亮－完善"中的"照亮"绝不仅仅是对自然的照亮，也是对自我的照亮。或者更准确地说，自然哲学旨在于通过对自然的"照亮"来照亮人自身，实现人的完善和自由。正是因此，自然哲学构成了灵魂通向神学、实现自由的必经之路。

2. 魔法

自然哲学之后，皮柯提到了魔法。在他眼中，魔法乃是"自然哲学的绝对完善"，[2] 具有比单纯的自然哲学更加崇高的地位。

魔法的历史源远流长。和自然哲学一样，魔法的本质在于通过发现自然隐藏的奥秘，为人服务。皮埃尔·阿多这样说道，"魔法起初依赖于这样一种信念，即自然现象是由不可见的力量——神灵或魔鬼——所导致的，因此可以通过强迫神灵或魔鬼做某种事情来改变自然现象。通过呼唤神灵或魔鬼的真名，然后举行某些活动或仪式，使用一些被认为与希望约束的不可见的力量相一致的动植物，人们就可以作用于神灵或魔鬼。这样一来，神灵就成了魔法师的仆人，因为魔法师声称能够支配这种神灵，让它完成想要做的任何事情"。[3]《旧约》中，埃及术士仿照摩西和亚伦变杖为蛇，就属于这种魔法形态（《出埃及记》7：11-12）。不过，随着历史的发展，魔法的范围不断扩大，不再局限于通过神灵或

---

[1] Pico della Mirandola, *Oratio de hominis dignitate*, 91. "inde animam vexant, distrahunt et lacerant."

[2] Pico della Mirandola, *Oratio de hominis dignitate*, 214. "naturalis philosophiae absoluta consumatio."

[3] 皮埃尔·阿多：《伊西斯的面纱：自然的观念史随笔》，张卜天译，上海：华东师范大学出版社，2018年，第152—153页。

魔鬼，而扩展到一切能够联系自然、影响自然的形态。其中，相传为埃及祭司的"三尊赫尔墨斯"（Hermes Trismegistus）所著的《赫尔墨斯秘籍》（*Corpus Hermeticm*）成为魔法思想的集大成者和鼻祖；❶2世纪以降，以普罗提诺、杨布里科、普罗克洛斯为代表的新柏拉图主义者从哲学上完善了魔法思想，并在实践中大力推广；基督教时代，魔法也未曾缺席。作为正统教会的代言人奥古斯丁认为，尽管宇宙是根据斯多亚派主张的"种子理式"来运行，魔法仍然可能干预自然的进程：

> 使用外部原因（它们虽然不是自然的，但其使用却与自然相一致）——使秘密隐藏在自然怀抱中的事物突然不受约束，仿佛从外面产生一样，展开从"已经用度量、数和重量安排了万物"的自然那里秘密获得的度量、数和重量：不仅是邪恶的天使，而且连邪恶的人也能做到这一点。❷

奥古斯丁的意思一目了然：存在一种魔法的力量，它能够将自然中潜藏的秘密揭示出来，使得自然的发展不受约束。但这种力量并不正当，要么由"邪恶的天使"，要么由"邪恶的人"即魔法师来掌控。奥古斯丁对魔法的这种贬斥态度，支配了整个中世纪。尤其在大公教会内部，神学家普遍认为，魔法一旦诉诸魔鬼的力量，就会僭越上帝，变成不折不扣的"黑魔法"，必须加以唾弃。

尽管如此，中世纪的魔法一直广泛存在。这种现象的形成有

---

❶ 关于《赫尔墨斯秘籍》的作者问题，参考托名赫尔墨斯：《赫尔墨斯秘籍》，肖霄译，上海：华东师范大学出版社，2019年，中译本导言，第6—8页。

❷ 参考奥古斯丁：《三位一体》，第3卷第2章第16节，参考《伊西斯的面纱：自然的观念史随笔》的张卜天译文，第154页。

多重因素。首先，在经院哲学内部，始终流行着一种寻求自然隐秘关联的哲学旨趣，它和卡巴拉主义一道，构成了魔法的理论基础。从阿尔伯特的《论矿物》（*De mineralibus*）、托马斯·阿奎那的《论自然之隐秘运作》（*De occultis operibus naturae*）、奥维涅的威廉的《论宇宙》（*De universo*），经院哲学家们无不相信古代的宇宙论，坚持通过魔法尤其是自然魔法探寻自然的奥秘。其次，从文献层面来看，阿拉伯世界的《魔法书》（*Grimoire*）在 13 世纪被翻译成西班牙文和拉丁文，被命名为《魔法宝典》（*Picatrix*），进入拉丁世界，成为中世纪和文艺复兴时期人们普遍倚靠的经典，有力地推动着魔法实践。再次，中世纪人的生活形式，给了魔法生长的土壤。尤其是中世纪晚期，神学生活和政治生活剧烈变动，人们渴望一种神奇的超自然力量，摆脱现实的桎梏，实现对于自然和命运的操控。这些要素，使得魔法尤其自然魔法始终在民间广泛流行，成为中世纪宗教文化生活中一个重要的组成部分。

文艺复兴时期，魔法再次进入西方人的视野。此时的魔法经过中世纪的曲折发展，从形式到内容都已经变得极为芜杂。它既包含了一部分的自然科学知识，又与神判占星术（Judicial Astrology）、魔鬼学、巫术等结合在一起，充斥着大量的迷信成分。❶ 虽然民间的魔法实践不绝于缕，魔法的理论却相当薄弱。为了改变这种现状，斐奇诺首先从语文学层面加以突破。他不

---

❶ 关于文艺复兴时期意大利地区魔法的传播情况，参考布克哈特：《意大利文艺复兴时期的文化》，第 564—592 页。需要指出的是，本文所使用的迷信只是相对而言的。从严格的现代自然科学眼光来看，魔法、占星术都是迷信。但在文艺复兴时期的哲学家特别是在皮柯看来，自然魔法属于科学（知识）而非迷信。这一点表明，文艺复兴时期科学与迷信之间是相互杂糅的，没有明确的界限。关于文艺复兴时期魔法与科学的复杂关联，本书将在第 5 章进行更加细致的讨论。

仅认真学习并吸收了中世纪流传下来的《魔法宝典》，更重要的是，他还翻译编辑了包括普罗提诺的《九章集》在内的新柏拉图主义文献，以及包括众多魔法内容的《赫尔墨斯秘籍》，彻底夯实了魔法思想的基础。在这些文献的推动下，斐奇诺本人于1498年完成《生命三书》的最后一部《顺天处生论》（*De vita coelitus comparanda*）——堪称整个文艺复兴时期最为全面的魔法著作。在这本著作中，他极力推动赫尔墨斯主义、新柏拉图主义、卡巴拉主义和基督教的融合，为基督教视域下的魔法打开了空间。斐奇诺的杰出工作，深刻影响了后世的阿格里帕、布鲁诺和培根，当然也包括他的学生和好友——皮柯·米兰多拉。

3. 自然魔法

受斐奇诺的启发，皮柯对魔法的复杂性了然于胸，从一开始就注意对魔法进行甄别。他明确指出，有"两种形式的魔法：一种可恶而荒谬，完全依赖魔鬼的行为和权能；另一种，如果考察仔细，不过是自然哲学的绝对完善"。[1] 前一种魔法是中世纪惯常所言的"黑魔法"，主要依赖魔鬼的权能。[2] 这种魔法被希腊人称为"γοητείαν（geoteia）"，是皮柯唾弃的对象；后一种魔法是所谓的自然魔法（magia naturalis），被希腊人称之为"μαγείαν（magia）"，是皮柯要极力倡导的。自然魔法本质上是"自然哲学

---

[1] Pico della Mirandola, *Oratio de hominis dignitate,* 214. "duplicem esse magiam significavimus, quarum altera demonum tota opere et auctoritate constat, res medius fidius execranda et portentosa; altera nihil est aliud, cum bene exploratur, quam naturalis philosophiae absoluta consumatio."

[2] Pico della Mirandola, *Conclusiones*, 9>1. 皮柯断言，当代流行而为教会禁止的所有魔法，没有任何基础和真理，因为它们依赖的是真理的仇敌——"黑暗者的力量"。

的绝对完善","一种近乎完美而至高的智慧"❶,"至高至圣的哲学"❷。和自然哲学一样,自然魔法在"净化－照亮－完善"的上升之旅中起到了"照亮"作用,为灵魂最终通向神学提供了重要准备。

自然魔法作为自然哲学的完善形态,历史十分悠久。按照皮柯的说法,它的源头可以追溯至扎莫尔克西斯和奥罗马休斯之子琐罗亚斯德。毕达哥拉斯、恩培多克勒、德谟克利特和柏拉图曾远渡重洋学习过它,并将它视为神秘技艺之首。柏拉图在《阿尔喀比亚德》中说,"琐罗亚斯德的魔法是关于神圣事物的科学","扎莫尔克西斯的魔法是灵魂的医术,是灵魂获取节制的药剂"。❸柏拉图之后,有许多智者纷纷追随二人的足迹。其中,普罗提诺的声名最为显赫。后者深谙自然魔法和鬼怪魔法的区别,一边"称赞并肯定这种魔法[自然魔法]",一边"厌恶另一种,以至于受邀参加邪恶鬼怪的仪式时,他说更应该让鬼怪们过来,而不是自己屈尊前往"。❹普罗提诺知道,前一种魔法让人成为邪恶力量的君王和主人,后一种魔法则让人向它们臣服。在普罗提诺那里,一切事物的相互作用都可以称之为自然魔法,正所谓"任何事物,只要与某种东西相关,都会被那种东西迷住,因为与这种事物相

---

❶ Pico della Mirandola, *Oratio de hominis dignitate,* 215. "quasi perfectam summamque sapientiam."

❷ Pico della Mirandola, *Oratio de hominis dignitate,* 219. "haec altior sanctiorque philosophia."

❸ Pico della Mirandola, *Oratio de hominis dignitate,* 223. "Zoroastris magiam non esse aliud quam divinorum scientiam…magiam Xamolsidis esse animi medicinam, per quam scilicet animo temperantia."

❹ Pico della Mirandola, *Oratio de hominis dignitate,* 226. "hanc magiam probat asservatque vir sapientissimus, alteram ita abhorrens ut, cum ad malorum demonum sacra vocaretur, rectius esse dixerit ad se illos quam se ad illos accedere." 普罗提诺的这段可参考波斐利《普罗提诺的生平和著作顺序》,第10节,载于普罗提诺:《九章集》,石敏敏译,北京:中国社会科学出版社,2018年,第12页。

关的东西会迷住它并使之移动"。❶ 只不过，普罗提诺本人更加看
重灵魂的沉思，对于自然魔法并不特别提倡。这种状况，直到他
的弟子杨布里科那里才得到改观。

中世纪时代，大公教会严禁黑魔法，对自然魔法却较为宽容。
阿尔伯人阿尔·金迪、罗吉尔·培根和巴黎的威廉都十分熟悉自
然魔法，将它的理论发扬光大。文艺复兴时期，斐奇诺在新柏拉
图主义精神的指引下，更是大力推广自然魔法。至关重要地，"在
普罗提诺那里与自然魔法相伴随的一丝轻蔑和贬损，在斐奇诺这
里已经完全消失"。❷ 这种变化渊源有自，一方面，随着文艺复兴
时期对于晚期新柏拉图主义哲学观的吸收，人们越发相信物质实
体的神圣能量，并力图破译普遍交感的密码；另一方面，随着 12
世纪以来西方对于魔法著作的兴趣越来越大，人们越来越想提高
对于人类和物质的支配力量。一言以蔽之，相比于中世纪，自然
魔法的合法性日益提高。这种变化映射在斐奇诺身上，使他相信，
如若魔法师能够认识到自然中普遍吸引的法则，把天界力量引入
到物质对象尤其是那些与之相似且具有亲缘性的图形或符咒，就
会获得支配自然的巨大力量。基于这种信念，斐奇诺将自然魔法
与占星术、医学融合起来，发展出了形形色色的占星魔法和医学
魔法，构造出了一个异常丰富而庞杂的魔法体系。他的这些努力，
为皮柯的工作铺平了道路。

和斐奇诺相似，皮柯对自然魔法的阐发是在自然哲学的大背
景下展开的。既然自然魔法是"自然哲学的绝对完善"，必然具有
与后者相似的特征。和自然哲学一样，自然魔法"充满了至高的

---

❶ Plotinus, *Enneads*, IV. 43.16.

❷ 皮埃尔·阿多:《伊西斯的面纱：自然的观念史随笔》，第 158 页。

奥秘，包含了最秘密的事至深的沉思以及一切对自然的认识"。❶因之，自然魔法要以认识自然、探索自然的奥秘为己任。同样，自然魔法的探索之所以必要，也是因为如自然哲学所指明的，上帝的奥秘藏在自然之中，只有人将它们揭露出来，才会为人知晓，正所谓"呼唤因上帝的仁爱而撒播于世界的德能，并将它们从藏身之处带至光明中"。❷既然自然魔法将上帝的奥秘揭露出来，它便和自然哲学一样，能够"敦促人敬拜上帝的工，而这种心智状态恰恰最能激发诚挚的信望爱"。❸简言之，自然魔法最有利于人们形成对上帝的正确认识，为灵魂转向神学提供准备。

自然魔法之为魔法，首要的特征是自然。所谓自然，是指这种魔法借助的是自然已有的规则与力量，而不借助于天使或上帝等超自然的神圣力量。在为《九百题》所作的《申辩》中，皮柯说"魔法是自然知识的实践部分"，❹"这个论题所教导的，不过是借助自然的德能，根据它们的限度一个一个地加以运用，完成奇迹般的作工"❺之意。自然魔法的目的，是对"所有自然现象

---

❶ Pico della Mirandola, *Oratio de hominis dignitate,* 228. "haec, altissimis plena mysteriis, profundissimam rerem secretissimarum contemplationem et demum totius naturae cognitionem complectitur."

❷ Pico della Mirandola, *Oratio de hominis dignitate,* 229. "Haec, intersparsas Dei beneficio et interseminatas mundo virtutes quasi de latebris evocans in lucem."

❸ Pico della Mirandola, *Oratio de hominis dignitate,* 231. "haec in eam operum Dei admirationem excitat, quam propensa charitas, fides ac spes, certissime consequuntur."

❹ Cf. Pico della Mirandola, *Conclusiones*, 9>3, "Migia est par pratica scientiae naturalis". 此处皮柯说的是，"魔法是自然知识的实践部分"。根据 9>2 的内容（自然魔法是被允许而非禁止的，接下来皮柯要根据自己的意见阐明他的魔法理论）可知，9>3 所说的魔法指自然魔法。由此我们可以断定，《申辩》中使用的"自然知识的实践部分"就是自然魔法。当然，结合《申辩》的上下文语境，我们也比较容易断定这一点。

❺ Pico della Mirandola, *Apologia* V. "partem practicam scientiae naturalis quae nihil aliud docet quam facere opera mirabilia mediantibus virtutibus naturalibus per applicationem earum ad invicem et ad sua passa naturalia."

达致一种精准和绝对的认识"，❶ 它绝不只是斐奇诺式的占星魔法（Astral Magic），仅仅处理天界或星体的区域，而且也涉及月下区域，是关乎天界和元素界在内一切自然事物的魔法。❷ 在操作层面，自然魔法的手法多种多样，既有斐奇诺提到的图形和符咒，还有各种各样的音乐、数和其他物质或非物质的形态。无论哪种方式，自然魔法寻求的都是自然力量而非更高的神圣力量，因此仍旧是"自然的"。相比于斐奇诺，皮柯将自然魔法推向更为广阔的区域，并糅合了更多的方式和元素，极大地扩充了自然魔法的内涵与效力。阿格里帕、帕拉塞尔苏斯、布鲁诺的自然魔法思想无不深受皮柯的启发。在整个文艺复兴的思想史中，皮柯的自然魔法宛如一道独特的风景，格外受到瞩目。

综上，我们对皮柯的自然魔法思想做了初步的说明，澄清了自然魔法的基本内涵和特征。但到目前为止，我们对于自然魔法思想仍缺乏整体的认知。有鉴于此，我们将在接下来的几个部分，立足于皮柯论魔法尤其是自然魔法的文本，对构成自然魔法思想的宇宙论和人性论进行系统的考察，以廓清皮柯自然魔法思想的全貌；并以此为基础，对皮柯自然魔法的理论意义进行细致的检讨。

---

❶ Pico della Mirandola, *Apologia* V. "Exactam et absolutam cognitionem omnium rerum naturalium."

❷ 关于自然魔法涉及的区域问题，法默反驳了耶茨的观点。在法默看来，耶茨过分强调斐奇诺对皮柯的自然魔法的影响，而没有考虑到皮柯思想的独立性。特别是耶茨认为，皮柯将自然魔法限定在天界，与斐奇诺的想法一脉相承。法默通过考察《申辩》等文本证明，皮柯对自然魔法的使用不限定在天界，而且也适用于月下世界。本文支持法默的观点。与此同时，我们认为法默或许误解了耶茨的论点。在《乔布达诺·布鲁诺与赫尔墨斯传统》中，耶茨明确提到，皮柯像斐奇诺那样，相信通过符咒来连接天体和地界的能量，并未只把自然魔法限定在天界。关于耶茨的论点可见 Frances A. Yates, *Giordano Bruno And The Hermetic Tradition*, pp. 84-89; 关于法默的批评可见 S. A. Farmer trans and edited, *Syncretism in the West: Pico's 900 Theses (1486)*, pp. 126-128。

二、自然之书

1. 上帝的两本书

自然魔法的核心在于对自然的探索。这套文艺复兴时期广为流行的自然哲学体系，传达了一种崭新的观念：自然绝非机械的、没有生机的、死的自然，而是充满奥秘、富有生命的、活着的自然。自然的内在价值，是文艺复兴时期自然哲学得以流行的理论基础，也是皮柯自然魔法思想的重要前提。

自然魔法扎根于中世纪以降的"上帝的两本书"（Two books of God）观念。所谓"上帝的两本书"，指的是上帝不仅写了《圣经》这本书，还写了自然这本书；我们不仅能在《圣经》中直接读到上帝的话语，而且能通过阅读自然这本书来把握上帝的意志。《圣经》作为圣书甚至唯一大书的地位早已奠定，不必多提，值得注意的是自然之书（*Codex naturae*）。根据彼得·哈里森的考察，自然之书的提法虽然比较靠后，但它的理念早已有之。早在2、3世纪，东西方教父就纷纷将眼光转向自然，开始肯定自然作为被造物的意义，以期从自然的探索中发现上帝的奥秘。比如，伊里奈乌就明确认为，上帝所造的物质世界虽然不完美，却可以提供一个场地，让人自由地发展道德。在人类羁旅于尘世这段时间内，我们可以将《圣经》和自然视为共同的导师，因为"上帝的作品彰显了上帝，圣言表明上帝能以多种方式被看到和知道"。❶受他的启发，奥利金、奥古斯丁等思想家纷纷加入解释自然的阵营。11世纪以后，柏拉图的《蒂迈欧》在欧洲流行，深刻改变了人们

---

❶ Irenaeus, *Against Heresies*, IV, xx. 1.

对自然的认识。根据柏拉图的宇宙灵魂观念，世界是一个活着的生物，一个可以把万物都包含于其中的大宇宙，一个"可感的神，理智世界的形象"。[1] 因此，我们对自然的研究，注定能获得许多关于神的知识。[2]

在前人的基础上，圣维克多的于格（Hugh of St. Victor）发展出更为成熟的"上帝的两本书"理论。在《论三日》（*De tribus diebus*）中，于格这样说：

> 整个可感世界就像上帝亲手书写的（即由上帝的力量创造的）一本书，每一个特定的造物都像一个图形，它不是人决定发明的，而是由上帝的意志设立的，以彰显上帝的看不见的智慧。然而，如同某个不识字的人看到一本打开的书会注意到图形但却理解不了字母，那些"觉察不到上帝的事物"的愚蠢的"动物人"也许看得见这些可见造物的外表，却无法理解其内部的原因。[3]

依于格之见，上帝亲手写了自然之书，自然中的每个造物都是书里的图形。我们只有看懂这本书，才能够读懂上帝。于格的经典表述构成了后世两本书理论的模型。波纳文图拉借用两本书的比喻说到，上帝除了写作《圣经》，还创造了宇宙，后者"就像一本书，反照……它的创造者三位一体"。[4] 14 世纪德国的康拉

---

[1] Plato, *Timaeus*, 92C.

[2] 彼得·哈里森：《圣经、新教与自然科学的兴起》，张卜天译，北京：商务印书馆，2019 年，第 55—57 页。本书沿用的文本也借用了张卜天的翻译，个别地方有改动。

[3] 转引自彼得·哈里森：《圣经、新教与自然科学的兴起》，张卜天译，导言，第 3 页。

[4] Bonaventura, *Breviloquium*, II, C. 12.

德同样认同"上帝的两本书"理论，径直将坎蒂姆普雷的《物性论》翻译为《自然之书》（*Buch der Natur*）。15世纪中期，库萨的尼古拉也援用了两本书的比喻。他指出，宇宙是"内在之言的显现"（interni verbi ostensio），其感觉的事物可以视为"书"，通过它们上帝向我们宣示真理。❶这样，两本书的理论日益盛行，成为文艺复兴时代人们理解自然的基本方式。

皮柯没有"自然之书"的明确说法，"却毫不犹豫地运用了自然与《圣经》相互对应的古老观念，将二者共同视为上帝之书"。❷这表现在，无论是论述自然哲学还是自然魔法，皮柯都沿用了"自然之书"的逻辑。譬如论及希腊的神秘教派普遍奉行各级入门仪式时，皮柯说，"这样的入门仪式，若不是指通过哲学达到对自然最隐秘之物的理解，还能是什么？唯有那时，借助神学之光，对神圣事物的观照（ἐποπτεία）才会向有准备的人显现"。❸自然哲学的任务，就是阅读自然这本书，"达到对自然最隐秘之物的理解"，为对神圣事物的观照提供准备。同样，自然魔法作为"自然哲学的绝对完善"，根本的任务也是阅读自然之书，达到"最秘密之事至深的沉思以及最终对一切自然的认识"。而且，相比于自然哲学，自然魔法对自然之书的阅读更加深入也更有效力。

两本书的观念还意味着，自然与《圣经》之间具有根本的一致性。诚然，上帝写了自然与《圣经》两本不同的书，但考虑到上帝自身的绝对同一性，两本书可以理解为同一本书，"它们用不

---

❶ 参考恩斯特·库尔提乌斯：《欧洲文学与拉丁中世纪》，林振华译，杭州：浙江大学出版社，2017年，第434—435页。

❷ Eugenio Garin, *Italian Humanism: Philosophy and Civil Life in the Renaissance*, p. 107.

❸ Pico della Mirandola, *Oratio de hominis dignitate*, 105-106. "Quae quid aliud esse potest quam secretioris per philosophiam naturae interpretatio? Tum demum ita dispositis illa adveniebat ἐποπτεία, idest rerum divinarum per theologiae lumen inspectio."

同的记号写成，具有相同的进程"。❶ 在皮柯的哲学中，我们能清楚地看到自然与《圣经》的这种一致性。在《创世七论》的第一篇序言中，皮柯谈到自己在解释《创世记》时需要注意克服的几个困难，最后一个也是最重要的一个困难就是，"避免让先知或借着先知的圣灵主张一些与事物的自然……不同的事"。❷ 言下之意，对《圣经》的解释要与事物的自然相一致。基于这一信念，皮柯认为：《创世记》绝不仅是通常意义上的神学文本，也包含着对自然的丰富理解。如果我们懂得用寓意的方式解释它，就会发现里面的每个词、每个句子都寓指了自然事物。譬如，"诸水之间要有苍穹"这句经文，既寓指了苍穹将月下世界与天界分开，也寓指了第八重天（原动天）将最高天和七大行星分开这一自然事实。如此解释，不胜枚举。笼统地说，整部《创世七论》就是皮柯从自然之书与《圣经》之书的一致性出发，从《创世记》解释中发展出来的自然哲学。

这样，"皮柯在《圣经》与自然之间获得了完美的对称"。❸ 既然《圣经》和自然是内在一致的，我们既可以通过《圣经》把握自然的奥秘，也可以通过自然把握《圣经》的奥秘。由此，《圣经》解释学和自然哲学与自然魔法一道，便成为通向上帝的两条平行道路。如果说，前一条道路是古老的《圣经》之路、神学之路，后一条道路与则是从中世纪哲学脱胎而来的、新的自然之路。从中世纪晚期到文艺复兴，旧的《圣经》之路越发艰难，新的自

---

❶ Eugenio Garin, *History of Italian Philosophy*, p. 319.

❷ Pico della Mirandola, First proem of *Heptaplus*. "Tertia difficultas in hoc versatur, ne extraneum aliquid vel prodigiosum vel alienum a rerum natura, quae nunc conspicitur, et a veritate, quam a phiposophis melioribus compertam nostril etiam receperunt, asserentem Prophetam, immo per Prophetam divinum spiritum faciamus."

❸ Eugenio Garin, *History of Italian Philosophy*, p. 319.

然之路却越发广大。皮柯对自然哲学和自然魔法的独特阐发，延续了中世纪晚期以来的自然哲学传统，为这条新的自然之路拓展了空间。

2. 可见的与不可见的

依据自然之书的说法，上帝将它的奥秘写进了自然。因此，我们在对自然的探索中可以发现上帝的奥秘。然而，自然之书的理论同时也教导，上帝虽然写了自然这本书，但它写作的方式和《圣经》一样晦涩。自然中各式各样的事物是可见的，但上帝的奥秘却是不可见的。除非我们知道如何解读自然，否则就不能从这可见的自然中发现不可见的奥秘。相应地，自然哲学和自然魔法也就不可能实现。

自然可见而上帝的奥秘不可见，这一说法同样渊源有自。教父时代，奥利金在《〈雅歌〉评注》中如此说道，"使徒保罗教导我们，上帝的不可见之物是通过可见之物来理解，未见之物是通过它们与所见之物的关系和相似性而被看到的。由此他表明，这个可见的世界给我们有关不可见之物的知识，尘世的景象包含着天上事物的某些样式"。❶ 这段极富柏拉图主义色彩的文字清楚表明，自然中可见之物与上帝的不可见之物具有相似性，我们要从对可见之物的解读入手把握不可见之物。类似地，米兰大主教安布罗斯宣称，"天地乃可见之物的总和，可见之物似乎不仅是这个世界的装饰，而且也是不可见之物的见证"，是"未见之物的证

---

❶ Origen, *The Song of Songs, Commentary and Homilies*, trans, R. P. Lawson, Paulist Press, 1957, p. 218. 保罗的话参考《罗马书》1：20，"自从造天地以来，上帝的永能和神性是明明可知的，虽是眼不能见，但藉着所造之物就可以晓得，叫人无可推诿"。中译本参考张卜天译文，彼得·哈里森：《圣经、新教与自然科学的兴起》，第24页。

据"❶。既如此，我们需要做的就是对可见的自然现象进行解释，以把握它意指的含义。圣维克多的于格更是多次强调，要通过认识自然来认识上帝。因为"每一个自然物都在讲述上帝；每一个自然物都在教导人"，"不可见之物只能通过可见之物"❷来认识，我们不能像"觉察不到上帝的事物"的蠢人那样，只看可见之物，而不透过它们理解上帝的不可见之物。

可是，究竟该如何从可见之物中认识那些不可见之物呢？显然，我们需要找到一种方法，用以解释自然，捕捉自然的奥秘。具体来说，我们需要找到自然象征的寓意，以确立自然与上帝之间的隐秘性关联。奥利金是这一思路的开创者。在他看来，不仅《圣经》文本具有"体"（字面意义）、"魂"（道德意义）、"灵"（神秘寓意）的含义，自然世界也可以做不同层次的理解。自然界中许多普通的生物，从道德意义和神秘寓意的角度看，都可能蕴含着上帝美好的意图。在这种思路的启发下，奥利金的门徒写作《自然学家》，详细列举了各类自然事物象征的寓意，特别是道德训导的寓意。比如鱼，"鱼是供人使用的。对我们来说，鱼也是我们社会中那些需要避免恶习的样板"；比如鹈鹕，母鹈鹕打死自己的雏鸟后，会将血液洒在它的尸体上，用血液使之起死回生。从而，鹈鹕象征了基督，是基督为人赎罪的象征。奥利金及其门徒奠定的寓意解释模式，成为中世纪自然解释的基本范式。根据这种范式，要想读懂"自然之书"，对自然进行揭秘，最重要的是找到可见之物与不可见之物的相似性，也就是自然物的象征含义。

---

❶ Ambrose, *Hexameron*, I. iv. 6，中译本参考张卜天译文，第 25 页。

❷ Hugh of St. Victor, *The Didascalicon of Hugh of St Victor*, translation And introduction by Jerome Taylor, New York: Columbia University Press, 1961, p. 145. 参考彼得·哈里森：《圣经、新教与自然科学的兴起》，第 79 页。

不只如此，中世纪学者还试图将静态的相似性扩展成动态的相似性。即：他们不仅认为一个可见的事物象征了另一个不可见的事物，而且认为，可见之物之间可能具有隐秘的相似性，具有一种内在的"交感"。这种"交感联系是中世纪医学、天文学、占星术和自然魔法的基础"。❶

皮柯的自然哲学与自然魔法思想，深受古代和中世纪传统的影响。首先，皮柯沿袭了中世纪以来的传统，用可见与不可见来理解自然与上帝的关系。在论及摩西律法时，皮柯说，犹太人必须首先学习道德哲学与辩证法，"一旦他们被允许接近圣物，就让他们在哲学的神职中沉思上帝更高之国的多彩外观，沉思那神圣而华美的服饰和七焰烛台，沉思那帐幕"。❷自然哲学对自然的研究，只能观看上帝的外观，隔着帐幕沉思上帝。而那不可见之物，也就是上帝的奥秘，却掩藏在那帐幕之后的神殿之中。随后，在论及"希腊秘仪"时，皮柯又说，"接着，缪斯的队长巴库斯，将通过它的奥秘即自然的可见象征，向我们中那些研究哲学的人展示上帝的不可见之事"。酒神巴库斯代表的自然哲学家，利用的正是可见与不可见的相似性，即通过自然中可见事物的象征，找到自然中隐藏的上帝奥秘。在自然魔法部分，皮柯的这层意思更加显明。与教会禁止的黑魔法不同，自然魔法"充满了至高的奥秘，包含了最秘密的事至深的沉思以及一切对自然的认识"，"呼唤因上帝的仁爱而撒播于世界的德能，并将它们从藏身之处带至光明中"。因为仁爱，上帝将它的德能撒播于自然。但是，自然仅仅是

---

❶ 彼得·哈里森：《圣经、新教与自然科学的兴起》，第23—41页，第75页。

❷ Pico della Mirandola, *Oratio de hominis dignitate*, 101. "Tum ad ea ipsi admissi, nunc superioris Dei regiae multicolorem, idest sydereum aulicum ornatum, nunc caeleste candelabrum septem luminibus distinctum, nunc pellicea elementa in philosophiae sacerdotio contemplentur."

可见的，无法从中直接看到上帝的德能这一不可见之物。自然魔法的要义，是将"它们从藏身之处带至光明中"，将它们从隐而未现的不可见状态显露出来，为人所见。

其次，皮柯虽然没有正面论述自然物的象征含义，但却揭示出可见之物隐藏的不可见的、动态的相似性，为自然魔法学说提供了基础。根据皮柯，自然魔法"深入到宇宙的和谐中（希腊人形象地称之为 συμπάθειαν），清楚地把握着将诸要素连接起来的交感。它利用着万物的魔力，以及魔法师本人的'魔力'（ἴυγγες），将隐匿于宇宙深处、自然的子宫以及上帝隐秘仓库的奇迹公布于众"。❶ 可见的自然中隐藏的交感，本质上乃事物之间的相似性。这种相似性，"隐匿于宇宙深处、自然的子宫以及上帝隐秘仓库"，是不可见的。自然魔法的作用，正是从可见的事物出发，找到这种不可见的相似性，将它们联系起来，从而完成事物本来具有的象征意义，将不可见的东西揭示出来。

综上可见，皮柯实际上沿用了中世纪流行的"自然之书"理论，将自然理解为一本充满上帝奥秘的书籍。通过自然哲学和自然魔法，我们得以知晓自然物的象征含义，读懂自然这本书，从可见的自然中发现上帝不可见的奥秘。在皮柯这里，自然哲学和自然魔法展现出前所未有的意义：唯有经过它们，而不是晦涩难懂的《圣经》，灵魂才能获得真正的救赎。在这种精神的感召下，人们越来越将目光聚焦于自然，纷纷献身于自然的沉思与研究。

---

❶ Pico della Mirandola, *Oratio de hominis dignitate*, 230, "Haec universi consensum, quem significantius Graeci *συμπάθειαν* dicunt, introrsum perscrutatius rimata, et mutuam naturarum cognationem habens perspectatam, nativas adhibens unicuique rei et suas illecebras, quae magorum *ἴυγγες* nominantur, in mundi recessibus, in naturae gremio, in promptuariis archanisque Dei latitantia miracula."

历史地看，这种新的自然哲学精神，深刻地推动了现代科学的诞生。❶

三、宇宙的交感

无论自然哲学还是自然魔法，莫不来自于自然。尤其是自然魔法，致力于从可见之物中探索"不可见之物"，后者不是别的，正是自然中隐藏的交感。只有发现和利用这种隐藏的交感，自然魔法的魔力方能彻底显现。交感和魔法有何关联？为什么古往今来的哲学家和魔法师都对交感的主题青睐有加？我们需要首先回到新柏拉图主义那里寻找答案。

1. 普罗提诺论交感与爱的魔法

魔法的实践历史悠久，但自然魔法的提法首先要归于新柏拉图主义的鼻祖——普罗提诺。普罗提诺认为，虽然有许多利用鬼怪的力量进行魔法操作的实践，但这些魔法并不比自然魔法更加令人惊叹。有许多事物自然地相互吸引，魔法师将它们连接起来，看起来在施行魔法，其实不过是将它们相互之间的交感实现出来而已。这种利用自然的交感而产生的魔法被普罗提诺称为"爱的魔法"，爱神就是第一位魔法师。普罗提诺宣称，自然界中处处都是爱的魔法：比如将两根琴弦和谐装置，拨动一根，另一根一定会跟着颤动；比如在舞蹈中，身体的不同部分虽处在不同的位置

---

❶ 关于皮柯的自然哲学和魔法思想与现代自然科学的关系，本书将在第 5 章中进行详细分析。

而相距甚远，但当身体随着舞蹈的旋律而摆动弯曲时，手臂中的一只绷紧下压，另一只就会跟着放松上扬；❶ 又比如园丁把榆树枝嫁接到葡萄藤上，前者不仅不会枯死，反而会成功存活。自然魔法的力量如此巨大，以至于只要两个事物之间具有交感，它们就可以克服空间的距离，产生超距作用的神奇效果。甚至和我们距离遥远的星星，因为与人类之间存在无形的交感，也可以施加魔法把那些祈祷的人迷住。在这个意义上，只要自然的交感存在，就会有自然魔法，"普遍的相互作用就是自然魔法：'任何事物，只要与某物相关，都会被那种东西迷住，因为与这种事物相关的东西会迷住它并使之运动'"。❷

自然中的交感无处不在，这种说法与普罗提诺的灵魂论密不可分。根据普罗提诺，可感世界之上有三个本体，第一个本体太一（τὸ ἕν）是大全一体，它无所不包。由于自身的丰盈，太一流溢出第二个本体努斯（νοῦς）。随后，努斯又进一步流溢出灵魂本体（ψυχή，大写的 Soul）。普罗提诺的灵魂概念异常复杂，它既包含作为本体的灵魂，也包含宇宙灵魂以及个体灵魂。这种分级决定了灵魂不同的层次：一方面，它作为灵魂本体，是不可分的一；另一方面，它分成无数个体灵魂，是可分的多。我们看到的自然事物，无论是动物、植物还是所谓的"无生命物"（普罗提诺不承认严格的无生命物），均是灵魂个体化的结果。个体事物的出现，使得世界具有了多样性和差异性。但在普罗提诺看来，尽管个体事物之间的差异十分巨大，它们之间始终存在着一种内在的联系。"因为所有

---

❶ Plotinus, *Enneads*, IV, 33.15-16.

❷ Plotinus, *Enneads*, IV, 43.16. 以上对普罗提诺自然魔法思想的分析参考皮埃尔·阿多《伊西斯的面纱：自然的观念史随笔》，第156—157页；另参考万岱：《亲和力与操作者：论皮柯对普罗提诺魔法解释的承继与改造》，载于《哲学门》，2022年第1期。

灵魂都来自同一个源头，宇宙灵魂也来自此，它们彼此之间就存在一种交感"❶。究其根源，无论是宇宙灵魂还是个体灵魂，都来自同一个灵魂本体。各个个体灵魂之间，始终具有一种同源的相似性，正是这种相似性，使得宇宙万物之间看似分散，实则总是存在一种交感，时刻可以相互作用，因而是一个内在的整体。❷

交感的普遍存在，使得魔法的产生有了坚实的宇宙论基础。相应地，魔法对交感的运用也有了更加广阔的空间。普罗提诺提到，古代智者为了吸引诸神降临，在地上建造神殿和雕像，其目的就是利用灵魂的相似性，通过神殿和雕像与诸神之间的交感，让前者吸收后者的德能，实现自己的意图。智者们的工作之所以能够成功，就是因为他们所使用的符咒模仿了上天，和它们形成了一种交感，就如同镜子能够捕捉事物的影像一样。在更宽泛的意义上，魔法师可以利用符咒、咒语、音乐多种方式，将更高的力量引向低等的事物或自身，通过它们之间的交感影响下界，占星魔法就是其中一种。凡此种种，在普罗提诺看来，都属于"爱的魔法"。不过，"爱的魔法"一旦无限扩大，指向灵魂之上的可理知世界，它就有可能逐渐逾越自然魔法的范畴。普罗提诺的后学——杨布里科就是沿着这条路线越走越远，将自然魔法发展成一种通灵术（theurgy），偏离了普罗提诺本人的自然化道路。❸

2. 斐奇诺论爱的魔法

文艺复兴时期，新柏拉图主义在佛罗伦萨广泛流行。学派领

---

❶ Plotinus, *Enneads*, IV, 8.

❷ Plotinus, *Enneads*, IV, 32.4-5.

❸ 参考汪子嵩等编《希腊哲学史》（卷四下），北京：人民出版社，2010 年，第 1381—1385 页。

袖斐奇诺不仅翻译了拉丁版的柏拉图全集，还翻译了普罗提诺的奠基之作《九章集》。正是在对普罗提诺的思想进行整理和解释的过程中，斐奇诺继承了普罗提诺的"爱的魔法"的理念。他说：

> 魔法的操作是事物之间通过一种自然的交感而相互吸引。这个世界的各个部分，就像同一个生命体的各个部分，都取决于同一位造物主，由于共有一种独特本性而彼此相连。由它们共同的亲缘关系产生了一种共同的爱，由这种爱产生了一种共同的吸引。但这是真正的魔法……于是，磁石吸引铁，琥珀吸引稻草，硫磺吸引火。太阳使许多花和叶转向它，月亮习惯于吸引水，火星习惯于吸引风，各种草药也把各种各样的动物引向自身。甚至在人类事物中，每一个人也在经受他自己愉悦的吸引。因此，魔法的作用就是自然的作用……技艺仅仅是自然的工具。古人把这种技艺归于魔鬼，因为魔鬼知道自然事物之间的关系，知道什么适合于什么，以及如何在缺乏和谐的地方重建事物的和谐……整个自然因为这种相互的爱而被称为"魔法师"……因此没有人怀疑爱是一位魔法师，因为魔法的所有力量都存在于爱，爱的作用是通过魔力、咒语和符咒而实现的。❶

斐奇诺的思路和普罗提诺几乎毫无二致。在他眼中，魔法源于自然之间的交感，本质上是一种"爱的魔法"。只不过，站在基督教的立场上，斐奇诺没有将自然的交感归为同一个灵魂，而

---

❶ Marsilio Ficino, *Commentary on Plato's Symposium on Love*, VI. 10. 译文引自张卜天译《伊西斯的面纱：自然的观念史随笔》，第157—158页，有细微改动。

是归为"同一位造物主"。换言之，是上帝造了一个生机勃勃的自然，让它们因为交感而相互吸引，魔法的真正根源在于上帝。具体到操作层面，斐奇诺坚持认为：魔法的作用归根结底来自自然而非技艺，因为"技艺仅仅是自然的工具"。我们不能像某种"黑魔法"那样，将魔法的技艺归于魔鬼，而应该将它归于自然的交感，也就是爱。只有爱，才是真正的魔法师；只有通过爱的力量，万物才会因为交感而彼此吸引，产生神奇的和谐。

和普罗提诺一样，斐奇诺认为，"爱的魔法"不仅可以让事物之间自然地相互吸引（如磁石吸引铁），而且可以通过"魔力、咒语和符咒"的方式让万物彼此连接。魔力、咒语和符咒虽然是一种人为的操作，但它利用的仍旧是自然的力量，本质还是一种自然魔法。这种自然魔法之所以有效，在于它和磁石吸引铁一样，利用了自然的交感。基于这种设想，斐奇诺区分了两种自然魔法，一种是利用自然的分类和符咒的交感魔法，一种是利用圣歌和召神的方式实现的咒语魔法。❶ 而占星魔法（Astral magic），可谓是这两种自然魔法的融合。对斐奇诺而言，占星魔法和占星术是一组相互关联的技艺。后者侧重的，是通过对星象的观察达到对未来的预测，前者则是通过音乐的咒语，以及自然对象的交感和符咒，将天体中的精气引到下方，以影响月下世界。自然的交感，始终是斐奇诺占星魔法的宇宙论基础。

3. 皮柯论和谐、交感与魔法

作为佛罗伦萨学园的骨干，皮柯的魔法思想和斐奇诺一样，带有浓重的新柏拉图主义色彩。但不同于斐奇诺，皮柯不仅援引

---

❶ Frances A. Yates, *Giordano Bruno And The Hermetic Tradition*, p. 79.

了交感和"爱的魔法"的说法，而且有意识地对它进行系统的宇宙论建构。皮柯的这种努力，使得他的自然魔法思想更加系统有力，也更具创造性。

皮柯的宇宙论主要体现在《创世七论》中。在第二篇序言中，皮柯阐述了天使界、天界和元素界的三个世界理论，随后很快指出，"这三个世界是一个世界，这不仅因为它们自始至终都相互关联，或是因为它们被适宜的数所规定，从而被自然的和谐和规则的等级序列连在一起，而且因为三个世界中任意一个东西同时包含在每一个世界中，没有哪个世界的东西不在其他每个世界中出现"。❶ 不难看出，皮柯的宇宙论并非他的发明，而是糅合阿那克萨戈拉、毕达哥拉斯学派和柏拉图主义的结晶。❷ 按照这种理解，首先，同一事物以不同的形式出现在三个世界里。比如火，在元素界它是热的元素性质，在天界是热的权能，在天使界则是天使心智中热的理念。或者说，火在元素界是火的元素，在天界是天空的太阳，在天使界则是炽爱天使的智性。同样都是火，存在的等级随着世界的等级依次上升，从可感的元素趋向了智性与理念。

其次，更为重要的，三个世界相互关联，因为自然的和谐被

---

❶ Pico della Mirandola, Second Proem of *Heptaplus*. "Hos tres mundos mundum unum, non solum propterea quod ab uno principio et ad eumdem finem omnes referantur, aut quoniam debitis numeris temperati et armonica quadam naturae cognatione atque ordinaria graduum serie colligentur, sed quoniam quicquid in omnibus simul et mundis, id et in singulis continetur, neque est aliquis unus ex eis in quo non omnia sint quae sunt in singulis."

❷ 克罗夫顿·布莱克（Crofton Black）指出，皮柯的这一宇宙论结构尤其受到普罗克洛斯、伪狄奥尼修斯和托马斯·阿奎那的影响。普罗克洛斯在《神学原理》中明确提出"一切在一切之中"的主张；伪狄奥尼修斯在《论圣名》中宣称，万物之间彼此和谐；托马斯则更为明确地说道，"一切在一切之中"有着不同的实现方式：更高的事物分有在更低级的事物中，更低级的事物以更好的方式存在于更高的事物中，但万物之间是共通的。见 Crofton Black, *Pico's Heptaplus And Biblical Hermeneutics*, pp. 161-168。

结合在一起。皮柯深知，和谐是交感和自然魔法的前提，因此对它格外重视。除了在序言中多次提及，皮柯专门在第六章"论世界之间以及与万物之间的联系"中，对它进行论述。在皮柯看来，我们所说的统一性有三重含义，第一重含义是指事物与自身的同一与和谐；第二重含义是指一个被造物与其他被造物的连接，借此世界上所有的部分最终成为一个世界；第三重含义则是整个宇宙与它的造物主之间是统一的，就像一支军队要听从于它的领导一样。[1] 无疑，第二重含义是皮柯最关心的主题。与序言的说法相比，这里表达的内容更为丰富：世界的统一性不仅包含三个世界的相互关联，而且还包含宇宙之间各个事物、各个部分之间的相互关联。

皮柯看到，宇宙的各个事物和各个部分虽然相互关联，但这种关联性并非不言自明。实际上，仅从外表来看，事物的本性各个不同，彼此分离。因此，为了免得让我们仅仅以为三个世界相互包含，宇宙便统一在一起，我们必须要澄清万物究竟以何种方式关联在一起。于是，皮柯再次从《创世记》的经文出发，相继探讨了十五种事物的连接方式，一共分为四类：[2]

第一类，创世的第一日里发生的五种连接方式：1）一物是另一物的本质，如地是空虚混沌，空虚混沌是地的本质；2）一物是另一物的本质的属性，如渊面黑暗，缺乏的黑暗伴随着质料无形的虚空，是其本质的属性；3）一物是另一物的形式，如光照在形体上，给形体赋形；4）一物是另一物的动力因，比如天和地，天不内在于地，而是作为一个动力因与地连接；5）一物作为影响质

---

[1] Pico della Mirandola, Proem of *Heptaplus* 6.

[2] Pico della Mirandola, *Heptaplus*, 6.2-4. 对这十五种连接方式的分析与整理见 Crofton Black, *Pico's Heptaplus And Biblical Hermeneutics*, pp. 47-49。

料的技艺，如上帝的灵运行在水面上，因为圣灵的本性和形体相分离，它运行在水上，只能理解为一种技艺与形体相结合。

第二类，整体和部分的连接：1）一个部分与整体不可分，如同太阳、月亮和其他天体与苍穹不可分；2）一个部分与整体可分，就像水的支流与其汇入的主流一样。

第三类，因果意义上的连接：1）结果有一个内因，如树木从土里长出；2）结果是各种原理的混合，如动物的身体从水和土中复合而成；3）结果有一个动力因的外因，如上帝造人；4）结果有一个范式因的外因，如人按照上帝的形象被造；5）结果有一个目的因的外因，如野兽受人管制，人是它们的目的因；6）结果源自第二因或临近因，同时受更为强大的第一因的支配，如水里长出鱼，水是鱼的第二因或临近因，但其第一因却是上帝。

第四类，另外两种连接方式：1）种属意义上的连接，比如一个人和一个人相连，一只狮子与一只狮子相连，它们之间既不是部分和整体的关系，也不是原因和结果的关系，但是《圣经》作者让它们连在一起，让它们"各从其类"；2）中介与端点的亲缘性，比如苍穹将上面的水和下面的水分开，它与两个端点之间有一种亲缘性，这种亲缘性，不是由于中介分有与端点相同的本质，而是由于它符合了两个端点的特性。

以上十五种连接方式充分表明，宇宙的三个世界之间以及各个事物之间，具有内在的亲缘性。这种亲缘性就是宇宙中普遍存在的交感。相较于斐奇诺，皮柯因为更深入考察了事物之间的亲缘性，所以更为系统地给出了交感的表现形式。宇宙的交感，不限于斐奇诺所列举的那些因果关系（如磁石吸引铁），而且还包含着其他各种各样的发生方式（如形式与质料，整体与部分，种属等等）。相应地，我们运用自然魔法探索宇宙的交感，也就有了更多的可能。

不只如此。相比于斐奇诺，皮柯对交感的分析也更为系统和深入。皮柯看到，宇宙间的交感即万物的内在关联，并非肉眼可见。恰恰相反，如果仅从肉眼去看，事物之间很可能是分散和错乱的。因此，魔法的首要任务就是能够深入自然，找到它们的内在联系。正如皮柯在《论人的尊严》中所说的，自然魔法要"深入到宇宙的和谐中（希腊人形象地称之为 συμπάθειαν），清楚地把握着将诸要素连接起来的交感。它利用着万物的魔力，以及魔法师本人的'魔力'（ἴυγγες），将隐匿于宇宙深处、自然的子宫以及上帝隐秘仓库的奇迹公布于众"。❶ 自然之书的晦涩难懂，决定了万物的交感以不可见的方式存在于宇宙之中。自然魔法要做的，就是读懂这本自然之书，找到这种交感。一旦找到这种交感，将不同的事物联系起来，就等于发现和利用"万物的魔力"，如同施行奇迹。在《九百题》中，皮柯更是明言，"天地间没有任何以种子和分散的方式存在的力量，魔法师不能够实现和连接"，❷ "魔法技艺的奇迹仅仅体现在，将那些自然中以种子和分散的方式存在的事物连接和实现出来"。❸ 这两个意思相近的论题清楚地表明，宇宙的交感虽然普遍存在，但它存在的方式非常隐蔽：它们或者只是种子，即仅仅是潜能；或者仅仅是分散的，看似没有关联。魔法师所做的工作，是将作为种子存在的交感从潜能变成现实，将那些看似分散、实则具有交感的事物找到，将它

---

❶ Pico della Mirandola, *Oratio de hominis dignitate*, 230.

❷ Pico della Mirandola, *Conclusiones*, 9>5. "Nulla est virtus in caelo aut in terra seminaliter et separata quam et actuare et unire magus non possit."

❸ Pico della Mirandola, *Conclusiones*, 9>11. "Mirabilia artis magicae non sunt nisi per unionem et actuationem eorum quae seminaliter et separate sunt in natura."

们连接起来。

这样，皮柯从新柏拉图主义的宇宙论出发，不仅系统构建了万物相互连接的方式，而且对交感的实现机制做了更为深入的说明。皮柯的这些努力，使他超出了斐奇诺对交感和"爱的魔法"的基本论述，大大地扩充了自然魔法的理论内涵和应用空间，对文艺复兴及此后的自然魔法思想有深刻启发。

四、魔法师作为小宇宙

自然之书和宇宙的交感，为魔法的操作提供了宇宙论前提。但魔法之为魔法，根本上仍取决于操作魔法的主体——魔法师（Magus）。没有魔法师，自然之书无法被阅读，宇宙的交感无人知晓，作为"奇迹"的魔法更是无从产生。而人之所以能够成为魔法师，是因为他不是宇宙中的普通造物，而是一个和大宇宙同构的小宇宙，具有独一无二的地位。作为小宇宙，人具有将宇宙万物聚合和连接起来的能力，并享有独特的自由。皮柯的这一阐发，为魔法思想奠定了坚实的人性论基础。

1. 大宇宙 – 小宇宙

大宇宙 – 小宇宙的观念最早可追溯至柏拉图。在《蒂迈欧》中，柏拉图构想了一套以灵魂为中心的宇宙论图景。其中，宇宙灵魂主导整个宇宙，人的灵魂则来自宇宙灵魂和其他材料的搅拌。这种特殊的构造决定了，人既分有了与宇宙灵魂相似的不朽特性，又分有了物质世界的可朽特性，是不朽与可朽的复合体。这特别表现在，人的灵魂既受外界的支配，具有感觉；又具有理性，可以控制自身。❶ 这样一来，整个宇宙中出现的生物，无论是不朽还是可朽的，都可以在人的灵魂中发现。柏拉图的构想，为大宇宙与小宇宙的类比提供了基本前提。

基督教诞生后，柏拉图的创造论受到广泛批评。特别是后者主张的宇宙永恒论，与基督教主张的"无中生有"的创造论针锋相对，为教会所普遍拒斥。但是柏拉图在《蒂迈欧》中对于人与宇宙的类比，却被教父思想家广泛接受下来。经过斐洛和奥利金的前期准备，小宇宙观念在格里高利那里已相当明确。格里高利注意到，《马可福音》中耶稣的一句话"你们往普天下去，传福音给万物"（《马可福音》16：15）❷，十分令人费解。耶稣让门徒传福音给人，为何偏偏要说"传福音给万物"呢？耶稣的本意，当不是让门徒们也给植物甚至无生物传道。那么，这里的"万物"究竟是什么意思？经过漫长的思索，格里高利最后认为，这里的"万物"指的是人；而耶稣之所以用"万物"指人，是因为人在自身之中包含了所有的造物。❸ 圣安布罗斯同样认为，"人体的构造如同世界本身"，人是"宇宙的综合"❹。此后，奥古斯丁、杰罗姆、尼萨的格列高利、圣金口约翰纷纷跟进，将大宇宙－小宇宙的观念推向成熟。

中世纪中后期，大宇宙－小宇宙的理论逐渐深化。学者们开始更为仔细地研究大小宇宙之间的类比关系。他们认为，人之所以被称为一个小宇宙，是因为人的身体内包含宇宙的所有元

---

❶ Plato, *Timaeus*, 41E-47E.

❷ 和合本《圣经》作，"你们往普天下去，传福音给万民听"。但从希腊原文看，实为"传福音给万物听"（πάση τῇ κτίσει）。这句经文原文为"Πορευθέντες εἰς τὸν κόσμον ἅπαντα κηρύξατε τὸ εὐαγγέλιον πάση τῇ κτίσει"。

❸ Gregory, *Homiliae in Evangelium* 29.

❹ Ambrose, *Hexameron*, VI, ix. 54, 75.

素，既有无生命的物质存在、植物生命，也有感觉与理性。甚至身体的各个部分，都与宇宙的各个部分相对应。格罗斯泰斯特（Robert Grosseteste）曾有言，人的头对应于天，眼睛对应于太阳与月亮，呼吸对应于风，腹部对应于海。❶ 既然大宇宙和小宇宙之间存在此种对应，根据恩培多克勒的"同类相知"原则，我们就可以通过对小宇宙的认识，达到对于大宇宙的认识。比如托马斯·阿奎那就说，"人被称之为小宇宙，是因为在人之中可以发现受造世界的所有部分"；❷ 人体由水火土气四大元素组成，与上界和下界的事物都相似，所以能把它们联系起来。归根结底，人作为小宇宙既然容纳了大宇宙的全部要素，他能在自身中认识万物。安德鲁·马维尔说，"心灵是个海洋，宇宙万物在其中能即刻映现出自己的对应"，❸ 就是这种观念的最好表达。

小宇宙对大宇宙的认识，确立了人在宇宙中的地位。既然小宇宙不仅可以沉思大宇宙，而且可以通过大宇宙普遍存在的交感，进行医学、占星术和自然魔法的实践，那么他就不仅可以认识，而且可以影响甚至是操控大宇宙。格罗斯泰斯特就曾这样热情地赞颂小宇宙：

> 他（人）是所有造物中最有价值的。我认为，人比任其他何造物都更像造物主，因为正如万物都以上帝为原因而存在，万物在作为其结果的人之中也发出光来，这就是为什么人被称

---

❶ Robert Grossetest, "Quod homo sit minor mundus', in L. Baur, 'Die Philosophie des Robert Grosseteste', Beiträge zur Geschichte der Philosophie des Mittealters 9 (1912), 59.

❷ Thomas Aquinas, *Summa Theologiae*, 1a. 91.1.

❸ Andrew Marvell, 'The Garden', in *The Complete English Poems*, ed. Elizabeth Donno, London: Allen Lane, 1974.

作小宇宙的原因。由于人是万物之中最好的，等同于万物却又非其中任何一个能比，万物通常自然地服从于人，所有人是上帝的形象。上帝说："我们要照着我们的形象，按照我们的样式造人。"上帝让人统治万物，因为人被视为整个宇宙的典范。❶

根据格罗斯泰斯特，万物在作为小宇宙的人中"发出光"，通过人而实现自身。因此人是万物中最好的，万物都要屈从于他。所谓"上帝的形象"，意为人是"宇宙的典范"，不仅可以认识万物，而且可以统治万物，成为宇宙的主宰。

在中世纪晚期的神学语境中，小宇宙的地位一度衰落。一方面，如前所述，经过"七七禁令"事件，基督教神学从理性主义转向意志主义，上帝的超越性日益增强。随着原罪论的上扬，人的自由空间越来越小。一个堕落的人即便在本性上仍旧是一个小宇宙，也不可能成为"宇宙的典范"，更不可能统治万物；另一方面，人作为小宇宙，同时要受制于整个存在的秩序。诚然，人作为小宇宙是大宇宙的中心，是世界的连接点，但在整个存在秩序中，他仅仅处于中间的位置。人虽然高于月下世界的诸多生物，但他无法逾越天体，更不可能超越天使和上帝。从而，人即便分有"上帝的形象"，也不可能真正像上帝那样，具有统治万物的力量。

文艺复兴时期，人文主义兴起，原罪论的神学基调逐渐式微。作为佛罗伦萨新柏拉图主义的领袖，斐奇诺对于大宇宙－小宇宙的观念深信不疑。斐奇诺主张，人的灵魂居于宇宙的中央，上面是天使的智性，下面是无形的质料。作为"宇宙的链

---

❶ Grosseteste, *De Confessione*, pp. 240-241, in McEvoy, *The Philosophy of Robert Grosseste*, Oxford: Clarendon, 1982, p. 408.

接"（universorum connexio）、"纽带"（vinculum）、"自然的中心"（centrum naturae）、"世界的连接"（copula mundi），人可以在自身中将宇宙中的不同部分连接起来。考虑到交感是连接的基础，斐奇诺对小宇宙的论述，实际上已经为自然魔法提供了基础。但是，在斐奇诺那里，人在整个存在的序列中地位较低。无论是上帝、天使还是天体，都有可能影响人作为小宇宙的力量。因此，斐奇诺虽然从爱的视角出发，论述了自然魔法的原理和运行法则，但他的自然魔法始终没有展现出应有的力量。包括他所谓的占星魔法，虽然符合自然魔法的逻辑，也有一定的操作性，但在他信奉的占星术面前，始终无法独立发挥作用。❶ 相应地，作为小宇宙的人也就无法像格罗斯泰斯特所宣称的那样，在宇宙中真正占据统治性地位。

2. 人：聚合与连接

和斐奇诺一样，皮柯沿袭了中世纪的大宇宙 – 小宇宙观念。皮柯深知，人只有占据小宇宙的中心地位，才能认识并利用宇宙的交感，在自身中将万物连接起来。换言之，人作为小宇宙的地位，是魔法得以施行的重要基础。

早在《论人的尊严》中，皮柯就对小宇宙的特性做了说明。在整个创世故事中，人最后被造。当人被造时，宇宙已没有任何空间，也没有可供模仿的原型供上帝使用。于是"最后，至高的造物主命令，这个它不能给予任何专属品的造物，可以和每种其他造物共享所有"。❷ 这里"和每种其他造物共享所有"，指的就

---

❶ 关于占星魔法和占星术的关系，本书将在第 4 章进行详细讨论。

❷ Pico della Mirandola, *Oratio de hominis dignitate*, 17.

是人作为一个小宇宙，在自身中具有万物的本原。❶ 这一点，很快在随后的叙事中得到了证实。皮柯说，人（"亚当"）被上帝赋予自由，既可上升成为天使，也可堕落成野兽。为了让人可以在不同的可能性中自由地选择，"父在人出生时，为他注入了各类种子以及各种生命的根苗。这些种子将会在培育它们的人那里长大结果"。❷ 这些种子既包括植物、感觉，也包括理性、智性，甚至包括与上帝合一的天性。不难看出，皮柯在这里所说的，就是中世纪的小宇宙观念。正如大宇宙中既有植物、感觉、理性、智性和上帝，人作为小宇宙，也在自身中具有这一切要素。

在《创世七论》中，小宇宙的观念得到延续。皮柯指出，除了元素界、天界和天使界，还存在"第四个世界，所有其他世界的事物都能在这个世界中找到"。❸ 这第四个世界就是人的世界。人作为独立于三个世界之外的第四个世界，在自身中包含了其他三个世界的全部要素，以至于天主教的博士们习惯于用"万物"指代他。人作为小宇宙，在自身中既有四大元素，有属天之灵，也有植物的灵魂、牲畜的感觉、理性、天使的心智以及上帝的样式。小宇宙与大宇宙的此种关联，决定了人可以通过对自身的认识实现对宇宙那句格言，γνῶθι σεαυτόν（认识你自己），敦促和勉励我们认识所有自然。人的自然是所有自然的中介和混合体。正如琐罗亚斯德最先写道，之后柏拉图在《阿尔喀比亚德篇》中同样写到的，认识自己的人就在自身中认识了万物。作为小宇宙，人既具有与万物相同的全部要素，又是"所有自然的中介和混合

---

❶ Pico della Mirandola, *Oration On The Dignity Of Man*, note 16, p. 16.

❷ Pico della Mirandola, *Oratio de hominis dignitate*, 27-8.

❸ Pico della Mirandola, Second proem of *Heptaplus*. "quartus alius mundus in quo et ea omnia inveniantur quae sunt in reliquis."

体"。据此，人不仅可以在自身中认识万物，而且可以以自身为中介，将万物联系起来。

人作为小宇宙的这种功能，在《创世七论》中同样得以体现。皮柯认为，人作为第四个世界的意义，不在于他是某种新的造物，而在于"他是以上三个世界的纽带与连接"。❶人的这种特性，才是他作为"上帝的形象"的真实含义。正如同古代的国王每每在建立一个新的大都市时，喜欢把他们自己的雕像竖立在城市的中央，供人瞻仰；同样，上帝在创造完整个世界之后，也按照自己的形象和样式造人，并将他竖立在世界的中央。何以如此？在众多造物中，为何唯独人分有"上帝的形象"呢？皮柯回到《论人的尊严》开篇的提问。但和后者的回答略有不同，皮柯这次给出的答案是，"（如希腊评注家所言）人由于自身的本质，包含了一切自然的实在和整个宇宙的完满"。❷人作为"上帝的形象"，意味着它与上帝最为相似。而"上帝之为上帝，不仅因为它理解万物，而且因为它在自身中聚合并连接全部事物实在的完满；同样，人也在自身的完满中，聚合并连接世界的全部自然"。❸一言以蔽之，聚合和连接世界的能力，才是"包含"一词更为重要的意涵，也是人作为"上帝的形象"的根本之所在。

只不过，同样包含万物，上帝和人之间有着根本的不同，"上

---

❶ Pico della Mirandola, *Heptaplus*, 5.6. "quam trium quos diximus complexus et colligatio."

❷ Pico della Mirandola, *Heptaplus*, 5.6. "Quam quod hominis substantia (ut Graeci etiam aliqui interpretes innnunt) omnium in se naturarum substantias et totius universitatis plenitudinem re ipsa complectitur."

❸ Pico della Mirandola, *Heptaplus*, 5.6. "At vero quemadmodum Deus non solum ob id quod omnia intelligit, sed quia in seipso verae rerum substantiae perfectionem totam unit et colligit, ita et homo (quamquam aliter, ut ostendemus, alioquin non Dei imago, sed Deus esset) ad integritatem suae substantiae omnes totius mundi naturas corrogat et counit."

帝在自身中包含万物，是作为它们的本原；而人在自身中包含万物，是作为它们的中心"。❶简言之，上帝是万物的创造者，任何事物都无法脱离它而存在。因此，它作为本原包含万物。但人不一样，他自身也属于被造物。人之所以能够包含万物，是因为它能够作为一个中心或曰中介，在自身中将它们聚合与连接起来。这种不同的包含方式造成的后果也有所不同，"在上帝之中，万物比在它们自身中更为完满；但在人之中，低等的事物会更完满，高级的事物则会堕落"。❷究其缘由，当万物被包含在上帝之中，便获得了存在的规定性，自然"比它们自身中更为完满"；而当它们被包含在人之中时，是作为两个端点被中介所连接。此时，低等的事物进入灵魂中，比原有的状态更完满；高等的事物进入灵魂中，则会丧失了原有的高贵。无论如何，在宇宙所有的造物中，唯独人才具有这种包含和连接万物的能力。正因此，唯独作为小宇宙的人，才能够施行魔法，成为睥睨一切的魔法师。

不独如此。人作为小宇宙的这种形象，还具有特别的救赎意义。根据皮柯认同的中世纪宇宙观，人作为小宇宙的救赎和大宇宙的救赎是一体的，"因为人是天地的纽带和连接，尘世之物都屈从他，天地也护佑他"。❸换言之，只有人自身获得救赎，宇宙或才能获得救赎。这种救赎，又与人作为宇宙所具有的包含与连接万物的魔法能力息息相关。皮柯有言，"所有魔法力量的形式都

---

❶ Pico della Mirandola, *Heptaplus*, 5.6. "Quod Deus in se omnia continet uti omnium principium, homo autem in se omnia continet uti omnium medium."

❷ Pico della Mirandola, *Heptaplus*, 5.6. "Quod fit ut in Deo sint omnia meliore nota quam in seipsis, in homine inferiora nobiliore sint conditione, superiora autem degenerent."

❸ Pico della Mirandola, *Heptaplus*, 5.7. "Homini mancipantur terrestria, homini favent caelestia, quia et caelestium et terrestrium vinculus et nodus est."

来自一个站立的而非堕落的灵魂"，●"通过参与魔法，一个人可以变得更完美"。● 这两个命题表明，魔法有助于灵魂的救赎，是人抵达上帝的必要环节。由此，人有义务通过魔法救赎自己的灵魂，并在自己的灵魂中救赎整个宇宙。小宇宙之于大宇宙的救赎意义，再次展现出魔法师－人的特殊地位。

3. 自由的魔法师

人作为小宇宙具有的聚合和连接万物的能力，为魔法的施行提供了重要前提。在《九百题》中，皮柯说，"天地间没有任何以种子和分散的方式存在的力量，魔法师不能够实现和连接"（《九百题》9＞5），"魔法技艺的奇迹仅仅体现在，将那些自然中以种子和分散的方式存在的事物连接和实现出来"（《九百题》9＞11）。这两个论题既表明魔法师有能力将宇宙的交感从潜能变成现实，又表明魔法师有能力将那些自然中以"分散的方式存在的力量"连接起来。正所谓"魔法师－人（magus-man）通过技艺所做的，自然通过造人自然地做了"。● 而当魔法师利用自身的能力，将宇宙的交感呈现出来，魔法也就随之产生，后者"利用着万物的魔力，以及魔法师本人的'魔力'，将隐匿于宇宙深处、自然的子宫以及上帝隐秘仓库的奇迹公布于众"。这里"万物的魔力"，

● Pico della Mirandola, *Conclusiones*, 9>12. "Forma totius magicae virtutis est ab hominis stante, et non cadente."

● Pico della Mirandola, *Conclusiones*, 9>14. "eius participatione potest in hominibus esse perfectior."

● Pico della Mirandola, *Conclusiones*, 9>10. "Quod magus homo facit per artem, fecit natura naturaliter faciendo hominem." 法默认为，这个拗口的论题的意思是说，"整个宇宙在人的自然中被连接"。见 S. A. Farmer trans and edited, *Syncretism in the West: Pico's 900 Theses (1486)*, p. 131.

指的是宇宙的交感；"魔法师本人的'魔力'"，则是魔法师在自身中连接万物的能力。合而言之，所谓的魔法师，就是那些在自身中将宇宙中那些看似分散、实则具有交感的事物联系起来的人。

魔法师和人不能完全画等号。人作为小宇宙，内在地具有成为魔法师的潜能，但并非所有人都能自然地成为魔法师。毕竟，上帝虽然将它的权能放入了自然，但它安放的方式是不可见的。人需要通过"可见的象征"，去探索不可见的奥秘。要想成为魔法师，人必须具有一种"魔力"，认识和发现宇宙的交感，并在自身中将不同的事物联系起来。这就意味着，人虽在自身中包含一切，具备从无生命物到感觉，再到理性和智性的全部能力，但要想成为魔法师，他不能不分好坏地进行选择，而必须将自身提升到理性的水准之上。皮柯这样说，"如果存在某种和我们接近的本性，或是理性的或大部分是理性的，它在最高点就会拥有魔法；若是它加入了人，则会更加完满"❶。言下之意，一种本性只有抵达理性以上的生物，才能施行魔法。而如果这种魔法交给人，由人充当魔法师，它的施行会更加有效。

魔法师的这一形象，极大地提升了人在宇宙中的地位。从皮柯的角度来说，魔法师的伟大是人性的必然体现。因为，唯独人

---

❶ Pico della Mirandola, *Conclusiones*, 9>14. "Siqua est natura immediate nobis quae sit vel simpliciter vel saltem ut multum rationaliter rationalis, magicam habet in summo, et eius participatione potest in hominibus esse perfectior." 类似的主张还可见 *Conclusiones*, 9>16, "Ila natura quae est orizon temporis aeternalis est proxima mago, sed infra eum"（作为永恒的时间界限的自然接近于魔法师，但低于他）; *Conclusiones*, 9>17, "Illius naturae quae est orizon temporis et aeternitatis propria est magia, inde est petenda per modos debitos, notos sapientibus"（魔法与作为时间和永恒界限的自然相适宜，这种自然要通过智者们知道的方式来寻求）。法默认为，这里"永恒的时间界限"指的是形体界，"时间和永恒界限的自然"指的是理性世界。从而，魔法的本性与理性相一致。见 S. A. Farmer trans and edited, *Syncretism in the West: Pico's 900 Theses (1486)*, p. 500。

是"上帝的形象"，能够在自身中连接万物，没有任何被造物敢不向他屈从。具体来说，"地界、元素和野兽作为奴仆服侍他，天体为他而劳作，天使的心智照看他的拯救与幸福；如果保罗所言为真，天使都是服役的灵，奉差遣为那将要承受救恩的人效力（《希伯来书》1：14）"。[1] 格罗斯泰斯特对人的赞颂在皮柯这里复活了：不仅月下世界的各种生物屈从于人，甚至天体都为他劳作，天使都为他服务。因为天赋的连接能力，以及由此而来的魔法，人俨然真的成为"宇宙的典范"，统治着万物。

人作为魔法师的权能，根本上立足于他的自由。魔法的关键，在于利用灵魂自身的力量，将具有交感的事物连接起来。此种魔法的操作，首先要求作为魔法师的人是一个自由的主体。只有当人"既不属天也不属地，既非可朽亦非必朽"，是他自身"自由而尊贵的形塑者"，按照他所"偏爱的形式塑造自身"，即只有当人是自由的，是一个独立于上帝的自由主体，他才能够根据自己的意愿，自由地去操作魔法。自由，是人主动地探索自然，发现自然奥秘，进而践行魔法的基本前提。其次，与之相关的，魔法的操作还要求人能独立于宇宙，自由地面对一切。斐奇诺的自然魔法之所以力量受限，是因为他认为，人作为宇宙的一部分，要受制于更高的存在，无法保持完全的自由。但在皮柯这里，人可以借助他的自由变形为万物，"不仅让野兽，而且让星体和世界之外的智性（即天使）都羡慕不已"，具有和天体甚至天使相同乃至更高的地位。这样一种在宇宙中不受限制的自由，使得人彻底摆脱

---

[1] Pico della Mirandola, *Heptaplus*, 5.6. "Huic terra et elementa, huic bruta sunt praesto et famulantur, huic militat caelum, huic salutem bonumque procurant angelicae mentes, siquidem verum est quod Paulus, esse omnes administratorios spiritus in ministrerium missos propter eos qui hereditati salutis sunt destinati."

了外界的影响，自由地探索天体和月下世界的交感，将自然魔法扩展到整个宇宙。

与此同时，魔法也极大提升地提升了人的自由。魔法作为"自然哲学的绝对完善"，始终处在"净化－照亮－完善"的中间环节。在这个"照亮"的阶段，自然哲学的意义既在于"照亮"自然，也在于通过对自然的认识"照亮"自身。魔法的意义同样如此。一方面，魔法将万物连接起来，把上帝的秘密从不可见转向可见，"照亮"了自然；另一方面，魔法师对万物的认识也是对于自我的认识，对自然的收束也是对自我的收束，对自然的照亮也就是对自身的照亮。而且，考虑到只有当魔法师达致理性以上的能力才能践行魔法，魔法本质上就是将人的自由提升到理性以上的高度。如前所言，人虽生而自由，但这种自由仅仅是潜能，需要通过后天不断的努力才能实现。在"净化－照亮－完善"的上升之旅中，道德哲学和辩证法"净化"了人，为自由的进阶清除了障碍。现在，人需要经过"照亮"这个环节，通过践行魔法来丰富自身的灵魂，在对宇宙的认识和实践中一步步提升自己的自由，用理性一步步约束人的自由，为实现最高的自由（与上帝合一）提供准备。在这个意义上，只有一个人是自由的，他才是一个真正的魔法师；也只有当一个人成为真正的魔法师，他才能开始摆脱自由的原始状态，一步步提升自身，实现真正的自由。❶自由和魔法相互依赖，相互成全，将人的尊严提升到前所未有的高度；二者的结合，深刻塑造了一个具有自由和实践精神的现代人形象。

---

❶ 科彭哈弗正确地指出，布克哈特记载了皮柯在《论人的尊严》中对人类自由与尊严的赞颂，却没有提到一点，皮柯心中最自由的人是魔法师（magus）。见昆廷·斯金纳等主编：《剑桥文艺复兴哲学史》，徐卫翔译，华东师范大学出版社，2020年，第291页。

五、自然与奇迹

我们已经对魔法的宇宙论和人性论前提做了细致的澄清。现在，我们聚焦于魔法自身，去看看魔法特别是自然魔法是如何操作的；以及对于宇宙而言，魔法的操作究竟有什么意义？

1. 自然魔法：嫁娶世界

对于魔法而言，前述种种条件仅仅是预备性的。最为关键的，魔法师必须亲自践行魔法。这意味着，魔法师不仅必须发现宇宙的交感，而且还必须主动地将具有交感的事物连接起来，将它们从潜能变成一种现实的力量。

在《论人的尊严》中，皮柯明确说，魔法师要深入到宇宙的交感中，以把握将诸要素连接起来的亲缘性。这个过程，"就像农夫把榆树枝嫁接到葡萄藤上，魔法师将地许配给天，即把低等的事物嫁接到更高的禀赋和权能上"。[1] 魔法师必须像农夫找到榆树枝与葡萄藤的交感那样，发现天地之间的交感。一旦发现了这种交感，他就可以把作为低等事物的地嫁接到作为高等事物的天之上，让它们相互作用。考虑到这里的魔法即是自然魔法，自然魔法的功能似乎仅限于天体或星体，本质上是一种天界魔法（celestial magia）。[2]

然而，皮柯的本意并非如此。在《九百题》中，皮柯明言，

---

[1] Pico della Mirandola, *Oratio de hominis dignitate*, 230.

[2] Frances A. Yates, *Giordano Bruno And The Hermetic Tradition*, pp. 98-99, "自然魔法仅仅使用中介的原因和星体"。

"操作魔法，无非就是嫁娶世界"。❶ 所谓"嫁娶世界"，就是让宇宙中两个具有交感的部分相互联系。正如皮柯在另一个命题中所说，"天地间没有任何以种子和分散的方式存在的力量，魔法师不能够实现和连接"。这里魔法师"实现和连接"的是"天地间"（in caelo aut in terra），即天或地，而不仅仅如《论人的尊严》所言，把地许配给天。由此可见，皮柯所言的自然魔法并非只限于天体或星体，而同样包括月下世界；❷ 所谓的"嫁娶世界"不仅要把天界和月下世界联系起来，而且要将宇宙间所有具有交感的事物联系起来，具有更大的范围和效力。

同样都将天体和星体纳入自然魔法，皮柯的理解和斐奇诺有天壤之别。对于斐奇诺而言，关乎天体和星体的自然魔法作为一种天界魔法或占星魔法，内在是和占星术结合在一起的。此种魔法的关键，在于利用天体或星体的征兆来预测未来，星体自身的权能要超过人的权能。相应地，魔法师的自由受限于天体或星体的力量，占星魔法的权能受限于占星术的权能。反观皮柯，他虽然承认占星魔法，肯定魔法师可以利用天体或星体的权能影响月下世界，但这种影响归根结底来自魔法师的操作。在天体或星体面前，魔法师的自由不受限制。对皮柯来说，接受占星魔法和否认占星术，是两个并行不悖的主题。❸ 简言之，相比于斐奇诺在占星魔法和占星术面前的犹疑，皮柯旗帜鲜明地倡导人的自由力量，赋予占星魔法更大的权能。皮柯的这一努力，让自然魔法具有更为实际的力量。

---

❶ Pico della Mirandola, *Conclusiones*, 9>13. "Magicam operari non est aliud quam maritare mundum."

❷ S. A. Farmer trans and edited, *Syncretism in the West: Pico's 900 Theses (1486),* pp. 126-128.

❸ 关于皮柯支持占星魔法而反对占星术的理由，本书将在第 4 章更加详细地考察。

2. 自然魔法的运行方式

那么，自然魔法到底该如何"嫁娶世界"呢？对魔法师来说，他必须找到一些适宜的操作方式，将那些具有交感的事物真正连接起来。这是自然魔法的中心问题。

就自然魔法的基本含义而言，它的连接方式是事物之间的自然连接。如同斐奇诺的"爱的魔法"所揭示的，自然魔法表现出两个具有交感的事物的相爱关系，如"磁石吸引铁，琥珀吸引稻草，硫磺吸引火"。皮柯的自然魔法，同样致力于揭示天体与月下世界之间，乃至自然世界的各个部分之间的亲缘性。因此，它的连接首先便可以借用自然事物的方式去实现。正如同"农夫把榆树枝嫁接到葡萄藤上"，自然魔法只需要发现两个事物具有相互吸引的交感，就可以将它们聚合和连接起来。只不过，这种自然事物之间的连接并非皮柯论述的重心。皮柯相信，比之于具体的自然事物，那些形式性的事物具有更大的"魔力"，对它们的运用有利于更好地连接宇宙。为此，皮柯结合古代和中世纪传统，探索了自然魔法实现的其他几种可能。

首先，数秘论/数字命理学（numerology）。数秘论的方式之所以能运用于自然魔法，是因为数学的特殊重要性。在皮柯看来，数学"虽然自身并非真正的科学，却是一种探求其他科学的方式"。❶ 受文艺复兴时期新毕达哥拉斯主义影响，皮柯将数学视为理解世界的根本方式：数不仅是世界的本质，不同的事物可以还原成它；而且通过对数的计算，可以实现对未来的预测和筹划。

---

❶ Pico della Mirandola, *Conclusiones*, 7>3. "Mathematicae scientiae non sunt propter se, sed ut via ad alias scientias quaerendae."

后一点，也被广泛地运用到命理学、占星术和魔法的实践之中。皮柯说，"3 和 10 之外的每个数都是魔法中的质料数。它们是形式数，在魔法算术中是数中之数"。❶ 所谓形式数，指的是"万物的本原"；❷ 而质料数，则是在形式数之外的，运用于运动变化的低等世界的数。与之相应，算术也被分为形式算术和质料算术。❸ 在皮柯看来，在一切数之中，3 和 10 最为完满，因此能作为形式数，成为"万物的本原"。其中，3 是"第一个奇数"，是"那个种类中最完满的"；而 10 则是"众数"（omnis numerus），在它以后所有的数都是通过"重复"来进行计数的。❹ 作为最完满的形式数，3 和 10 是"数中之数"，自身中具有巨大的力量。为此，魔法师理论上可以借用这两个数字与它所象征的世界的相似性，将更高的力量引向下方，与更低的力量进行连接。❺

其次，作为字母和图形的符咒。皮柯说，"从最隐秘的哲学原则出发，我们有必要承认：在魔法的作工中，字母和图形比任何质料性的性质都更为有力"。❻ 不同于亚里士多德主义主张字母和

---

❶ Pico della Mirandola, *Conclusiones*, 9>23. "Quilibet numerus praeter ternarium et denarium sunt materiales in magia; isti formales sunt, et in magica arithmetica sunt numeri numerorum."

❷ Pico della Mirandola, *Conclusiones*, 3>26. "formalis numerus, quem dixit Pythagoras esse principium omnium rerum."

❸ S. A. Farmer trans and edited, *Syncretism in the West: Pico's 900 Theses (1486)*, p. 468.

❹ Pico della Mirandola, *Apologia* V, p. 168.

❺ 法默认为，魔法算术的目的是"用于沉思和预言的目的"。但结合数秘论的传统和皮柯的论述来看，魔法算术未必仅仅是沉思和预言的，也有可能涉及运用形式数达到操作的目的。当然，由于皮柯留下的文本有限，我们无法在这个问题上做出太强的断言。法默的论点见 S. A. Farmer trans and edited, *Syncretism in the West: Pico's 900 Theses (1486)*, p. 502。

❻ Pico della Mirandola, *Conclusiones*, 9>24. "Ex secretioris philosophiae principiis necesse est confiteri plus posse caracteres et figuras in opere Magico, quam possit quaecumque qualitas materialis."

图形的能力不如质料性的性质，毕达哥拉斯派"最隐秘的哲学原则"认为，数学比物理学更为形式化、实践化，对事物的依赖更少。考虑到字母和图形虽不是狭义的数字，但属于广义的数；皮柯的这个论题仍旧是从毕达哥拉斯学派出发，肯定符号在自然魔法中的作用。具体来说，皮柯很可能和斐奇诺一样，认为可以利用符咒的方式，在金属或其他事物上刻上与天体或星座相似的图形，然后用灵魂的力量，将天体或星体的力量召唤到与它们具有交感的符咒上来，以此影响自然。只不过，和托马斯·阿奎那等人主张在魔鬼魔法中使用字母与图形不同，皮柯坚持认为，魔法师不需要利用魔鬼的力量，单凭作为符咒的字母与图形，就可以操作自然魔法。❶

再次，俄耳甫斯咒语和音乐。咒语和音乐是古代和中世纪魔法普遍采取的方式，皮柯也不例外。甚至在他看来，相比形式性的数、字母和图形，咒语和音乐要更为抽象，因此也更为有力。皮柯说，"在自然魔法中，没有什么比俄耳甫斯颂歌更有效，如果给后者添加上适宜的音乐、心灵的意愿和智者们知晓的其他条件的话"。❷ 言下之意，只要魔法师善于根据自己的意愿，在适当的条件下，用音乐的方式将俄耳甫斯颂歌演唱出来，后者就会产生神奇的魔力。但即便如此，俄耳甫斯颂歌仍旧是一种自然魔法。如皮柯所言，"俄耳甫斯吟唱的诸神之名不是骗人的魔鬼之名（恶而非善从此而来），而是自然和神圣的力量，它们被真正的上帝为

---

❶ S. A. Farmer trans and edited, *Syncretism in the West: Pico's 900 Theses (1486),* p. 502.

❷ Pico della Mirandola, *Conclusiones*, 10>2. "Nihil efficacius hymnis Orphei in naturali magia, si debita musica, animi intentio, et caeterae circumstantiae quas norunt sapientes, fureint adhibitae."

了人的伟大用处安放在世界中——如果他知道如何使用的话"。^❶作为自然魔法,俄耳甫斯颂歌吟唱诸神之名,凭借音乐散发出巨大的魔力,将宇宙中不同的部分连接起来,以此揭示出上帝撒播在世界中的自然和神圣的力量。正是基于这一观察,皮柯才会说"俄耳甫斯颂歌可用作真正的、合法的自然魔法",^❷在各种自然魔法的方式中占据显赫的地位。

至此我们看到,皮柯不仅详细地考察自然魔法的性质和范围,而且从古代和中世纪的传统出发,对自然魔法的运行方式做了深入的探索。总体而言,皮柯所理解的自然魔法,既利用自然事物的力量,也利用了传统魔法实践中广为使用的数秘学、字母、图形以及俄耳甫斯颂歌与音乐的力量,是一个糅合了自然哲学传统、毕达哥拉斯主义、俄耳甫斯主义在内的复杂有机体。这一点,构成了皮柯的自然魔法,乃至整个文艺复兴时期自然魔法的基本特征。

3. 自然魔法与奇迹

在常人看来,自然魔法将宇宙中种种不可见的东西揭露出来,仿佛在创造奇迹。但皮柯否定了这种说法。在奇迹问题上,皮柯沿袭了中世纪哲学的基本主张,"奇迹,仅仅是对我们而言;对上帝而言,实无奇迹可言",因为"对它而言,它所造的就是自然

---

❶ Pico della Mirandola, *Conclusiones*, 10>3. "Nomina deorum quos Orpheus canit non decipientium demonum, a quibus malum et non bonum provenit. Sed naturalium virtutum divinarumque sunt nomina, a vero deo in utilitatem maxime hominis, si eis uti sciuerit, mundo distributarum."

❷ Pico della Mirandola, *Conclusiones*, 10>4. "ita hymni Orphei operi verae, licitae, et naturalis magiae."

的"。❶在上帝那里，一切都是根据它的意志被造，因此都是自然的。在它所造的自然中，没有任何与它相悖的东西，当然也就没有任何奇迹可言。但对人类来说，所谓的奇迹仍然存在。之所以如此，仅仅是因为人类对上帝的意志缺乏了解，对自然也缺乏充分的认知。在人类看来，自然界中出现的很多现象非常奇妙，以至于看起来违背了自然，仿佛奇迹（比如太阳雨）。但实际上，这些现象不过是上帝放在自然中的德能而已，符合自然，并无奇迹可言。

同样的道理，魔法师"呼唤上帝的仁慈而撒播于世界各处的德能，以将它们从藏身之处带至光明中"，看似创造了奇迹，实则不然。无论是把榆树枝嫁接在葡萄藤上还是其他的工作，自然魔法都不过是服从了自然而已。只不过，当魔法师把自然中的德能"从藏身之处带至光明"，看起来创造了自然中没有的东西而已。"与其说它在创造奇迹，不如说它孜孜不倦地充当自然的仆从，因为奇迹乃是自然所造。"❷自然魔法将隐藏在自然中的奥秘揭示出来，本身既不违背上帝，也不违背自然。

自然魔法的这种自然性，与它自身的本质密不可分。自然魔法的目的，是对"所有自然现象达致一种精准和绝对的认识"，它的本质必定就是自然的。自然魔法所依赖的，仅仅是自然中的德能。只是由于无人知晓，魔法师把它们揭示出来，好像"完成奇迹般的作工"一样。无论是自然事物的连接，还是通过数秘论、字母与图形、俄耳甫斯颂歌的方式实现的连接，自然魔法都在自然的限度内活动，自始至终没有破坏自然，也没有利用超自然的

---

❶ 吉尔松：《中世纪哲学精神》，沈清松译，上海：上海人民出版社，2008年，第300页。因行文需要，译文中的"天主"统一改成"上帝"。

❷ Pico della Mirandola, *Oratio de hominis dignitate*, 229. "non tam facit miranda, quam facienti naturae sedula famulatur."

精神性力量。正是在这个意义上，皮柯坚持普罗提诺的教导，"魔法师不是自然的制造者而是自然的管家"。❶管家而非制造者的身份首先表明，从事自然魔法的魔法师并不凌驾于自然，仿佛他可以通过自己的意志制造自然一样。事实上，魔法师仅仅是"自然的管家"和"自然的仆从"。也就是说，魔法师仅仅代替自然管理它的家事，真正起决定性和支配性作用的，仍旧是自然本身。自然魔法不会违背自然，更不会破坏自然自身的秩序与规律。自然性，始终是自然魔法之为魔法的首要特征。

与此同时，"管家"的身份也表明了，魔法师具有其他生物不具有的特殊地位，有资格管理自然。后者表现在，自然虽然是支配性的，但只有通过魔法师，自然的奥秘才会呈现出来。没有魔法，自然的奥秘始终被潜藏，自然是沉默的自然；唯有通过魔法师的管理，自然才开口说话，它的奥秘才开始向人呈现。就此而言，魔法师虽然没有改变自然的秩序与规律，但他毕竟改变了自然的存在样态，让自然的奥秘从不可见走向可见；更不必说，当魔法师借助自然魔法，让万物相互连接，将更高的力量引入月下世界，这种做法更加实质地改变了自然的存在样态，宛如创造奇迹。只不过，这种奇迹不是违背自然秩序与规律的奇迹，而是利用自然秩序与规律，将自然的奥秘从潜能变成现实，将它们从黑暗带到光明，进而影响自然的奇迹。恰是这种奇迹，不仅构成了自然魔法的憧憬，而且也构成了现代科学对于世界的一般信念——在某种意义上，现代科学就是不断挖掘自然，从中发现并创造奇迹的新魔法。

---

❶ Pico della Mirandola, *Oratio de hominis dignitate*, 226. "naturae ministrum esse et non artificem magum demonstrat."

小结：自然魔法与人的魔化

皮柯从新柏拉图主义的"净化－照亮－完善"理念出发，深刻揭示了自然哲学在人性上升之路上的重要性。作为道德哲学和辩证法的后续环节，自然哲学对自然和灵魂的双重照亮，极大地提升了人的自由，让人得以洞悉上帝隐藏在自然中的奥秘，为人进入最高的神学阶段提供了准备。在此基础上，皮柯将自然魔法视为"自然哲学的绝对完善"，对自然魔法的宇宙论和人性论基础进行了系统考察。简言之，皮柯眼中的自然魔法，就是一个作为小宇宙的人，一个作为主体的魔法师，运用自身的理性能力阅读上帝的自然之书，寻求隐藏在自然中隐秘的交感，然后借助各种方式利用这些交感，在自身中将它们聚合和连接起来，将它们从不可见变成可见，进而产生自然奇迹的过程。至此，皮柯在《论人的尊严》中描画的自由人终于变成了现实——他不是别的，就是这个高贵的魔法师。正是他，不仅通过魔法实现了意志的自我塑造，初步实现了完善的自由；而且上天入地，在自身中连接万物，如同君主般统治着整个世界。正如加林所说，"魔法是知识的顶峰，在其中［自然］法则一经被掌握，人就能像自然那般进行操作。人在知识的援助下，成为世界的主人，按照他的需求统治和塑造世界"。[1] 一个如此这般的魔法师形象，深刻表现并预示了现代人的诞生。

魔法师的这种形象，同时表明了文艺复兴时期的人性信念，即"人必须参与物质世界的革新，以便我们实现我们自身的神圣

---

[1] Eugenio Garin, *Giovanni Pico Della Mirandola: Vita E Dottrina*, p. 164.

潜能"。❶ 在卡西尔看来，这样一种人性信念不独体现在魔法师身上，也体现在形形色色的艺术家身上：

> 因为如今质料不再被理解为形式的单纯对立面，也不再因此便被理解为绝对的"恶"，而是被理解成那样一种东西，形式的一切作用都得从它那里开始，而且形式还得在它那里经受考验……艺术家谜一般的双重本性，他投身于感性现象的世界，又不断努力超越于这个现象之上，这种双重本性如今得到了概念性的把握，而且在这种概念性把握中才真正得到了辩护。斐奇诺在他的爱欲学说中给出的那套世界神正论，同时也成了真正的艺术神正论。因为艺术家的风格，正如爱欲的风格一样，就是必须不断将分离的东西和对立的东西相互结合起来，就是在"可见的东西"中寻求"不可见的东西"，在"感性的东西"中寻求"理智的东西"。如果说他的观看和塑造受到了对纯粹形式的洞见的规定，那么另一方面他恰恰才真正完成了在质料中实现这种纯粹形式的任务，如果他能成功的话。艺术家要比别的任何人都更深刻地感受到存在的各种要素之间的这种张力、这种两极对立，但他同时也知道和感受到，他自己是这种对立的调停者。❷

和魔法师一样，艺术家"不断将分离的东西和对立的东西相互结合起来"，在对物质世界的革新中不断实现自身的完善。唯一不同的是，"画家、雕塑家或诗人仅仅创造完满的形象，而魔法师

---

❶ John S. Mebane, *Renaissance Magic and the Return of the Golden Age*, University of Nebraska Press, 1989, p. 51.

❷ 卡西尔：《文艺复兴哲学中的个体和宇宙》，第 176、178 页。

操控生命自身"。❶ 如果说，魔法师通过他的智性成为一种神圣的存在，甚至是神人（divine man），那么这个称呼同样可以用于那些富有创造性的艺术家，如神圣的拉斐尔、神圣的莱昂纳多或者神圣的米开朗琪罗身上。❷ 在这个意义上，魔法师可以说是艺术家，艺术家也可以说是魔法师。魔法师所代表的，绝不只是某个特定职业，而是一种普遍的时代意识，一种崭新的人性类型。

这样一个魔法师的形象，在自然魔法阶段仍是高度理性化的。按照皮柯，一个人只有被提升到理性之上，才有可能成为魔法师，去践行自然魔法。自然魔法作为"自然哲学的绝对完善"，它的根本任务是考察自然，即"沿着梯子（自然）的层级进行哲学思考，从一个中心到另一个中心穿透整体——我们会下降，以提坦之力将奥里西斯分一为多；继而会上升，以阿波罗神之力将奥西里斯的四肢聚多为一"。❸ 自然哲学的任务决定了，魔法师需要借助理性的方式，洞悉自然中隐藏的交感，也就是自然本身的秩序与规律，然后通过理性将它们聚合和连接起来。虽然在常人看来，所谓的"嫁娶天地"或者"农夫把榆树枝嫁接到葡萄藤上"都极具魔力，不可思议，仿佛不合理性。但实际上，这不过是因为魔法师具有理性，能够洞悉到常人不能洞悉的奥秘而已。归根结底，一个从事自然魔法的魔法师，本质上仍旧是一个理性的人。

然而，皮柯为自然魔法规划的方式也表明，所谓的魔法师－人并非完全理性，而是暗中滑向了非理性的道路。需要强调的是，这里的非理性并非简单的无理性或者反理性，也不是某种比理性更低的感性状态，毋宁说，在魔法师们看来，它是某种比理性更

---

❶ John S. Mebane, *Renaissance Magic and the Return of the Golden Age*, p. 52.

❷ Frances A. Yates, *Giordano Bruno And The Hermetic Tradition*, p. 111.

❸ Pico della Mirandola, *Oratio de hominis dignitate*, 82.

高的状态。这特别表现在，当自然魔法师借助符咒、咒语或者音乐的力量来召唤上天的力量，将它牵引至下界，他所动用的力量已经无法通过理性来说明，或者说，偏离了日常意义上用于推理、计算或运思的理性，置身于一种非理性的迷狂之中。我们将魔法师－人的这种非理性状态称之为人的魔化（Bezauberung）。在皮柯那里，唯有当人将自身提升至理性之上的非理性状态，使自己"魔化"了，他才能成为一个魔法师，施展神奇的自然魔法，产生神奇的魔力。反过来，当一个魔法师能够这样去施展魔法，产生神奇的魔力，他自身也就相应地具有一种特有的魔力，被进一步"魔化"了。这种魔化，将人的自由提升至理性之上的高度，为人真正进入最高的神学提供了准备。

人的魔化，与通常意义上的现代性观念格格不入。本来，人享有主体性的自由，可以按照自己的意志抉择自己的本性。这种意志的抉择功能，与人的不同认识能力结合，产生出不同的人性形态，"培育植物性的种子，他就变成植物；培育感觉的种子，他就变成野兽；培育理性的种子，他就变成天上的生灵（天体）；培育智性的种子，他就会变成天使和神子"。[1] 理性的能力，本可以将人提升至天体的位置，成为睥睨天地的现代人。但自然魔法的非理性方式表明，人不会完全受制于理性的选择，而是将自身魔化为更神圣的存在。一个被魔化的人，虽然仍旧是一个自由的主体，也兼具理性的成分，但从根本上已经不是一个完全理性的主体，而是一个理性和非理性杂糅的复合体，一个被高度魔化的魔法师。这样一个独特的主体，既具备了现代主体性的特色，又与笛卡尔代表的理性主体迥然不同，从根本上标识了皮柯乃至文艺复兴思想的整体特征。

---

[1] Pico della Mirandola, *Oratio de hominis dignitate*, 29.

第 3 章

卡巴拉魔法

自然魔法作为"自然哲学的绝对完善",深化了人对于自然和自身的认识,对于自由的完善意义重大。但自然魔法对于自然的操作局限于自然界之内,所利用的也无非自然界本身的德能,因此只是一种自然而非神圣的魔法,具有本质的局限性。正是基于这种考虑,皮柯断言,"除非与卡巴拉的作工有或明或暗的联系,任何魔法操作都是无效的"。[1] 这就表明,自然魔法要想在实践层面产生效力,就必须利用卡巴拉的力量。如同自然魔法是"自然哲学的绝对完善",卡巴拉可谓是"自然魔法的最高部分"。只有借助卡巴拉,自然魔法才会真正"嫁娶天地",成为一种不仅沉思而且操作自然的巨大力量。

在文艺复兴乃至整个西方思想史上,皮柯的卡巴拉思想堪称浓墨重彩的一笔。经过皮柯的改造,卡巴拉不再局限在犹太教内部,而是扩充至基督教,对现代文明产生了深刻的影响;也正是由于皮柯的改造,卡巴拉与魔法更紧密地结合在一起,呈现出强烈的操作和实践精神。随着魔法与卡巴拉的深度结合,人的权能被进一步提升,逐渐超越理性的界限,以致被彻底魔化。自此,

---

[1] Pico della Mirandola, *Conclusiones*, 9>15. "Nulla potest esse operatio magica alicuius efficaciae nisi annexum habeat opus cabalae, explicitum vel implicitum."

一个上天入地、驰骋宇宙的魔法师－现代人形象，真正屹立于世界的中央。

一、皮柯与卡巴拉

1. 中世纪的卡巴拉传统

卡巴拉（*Kabbalah*）为希伯来单词，原意为接受（*qof bet lamed*），也有"传统"之义。犹太人相信，上帝耶和华在西奈山上传下了两道律法，一道是面向普通大众的"摩西十诫"，另一道则是直接口传给摩西的神秘律法，即对"摩西十诫"的隐秘解释。后者通过摩西一代代传给众先知，因其晦涩难懂，几乎不为普通大众所知晓。不过，随着犹太人生存处境的变化，卡巴拉逐渐从口传走向书写，形成了一系列的经典文本。后者和口传部分一道，构成了卡巴拉神秘主义传统的主体。

卡巴拉传统的确立，乃是犹太教神秘主义不断发展的产物。犹太教神秘主义最早的形式，是"默卡巴"（*Merkabah*）阶段。所谓"默卡巴"，在希伯来语中原指上帝的"战车"，这一异象出现在《以西结书》之中（1：4-28）。伪经《以诺书》中反复提到，上帝坐在他"荣耀的宝座"上，以实玛利在天庭遨游时，也直接见到了上帝的"宝座"和"战车"。人在"出神"的状态中升天，最终接近上帝的"战车"和默卡巴中的"宝座"，便成为早期犹太教神秘主义者最重要的目标。这些信奉默卡巴的神秘主义者，因此被称为默卡巴神秘主义者。和古代其他宗教传统的神秘主义者一样，默卡巴神秘主义者认为，灵魂必须先进行长期的禁欲，才能踏上飞升之旅，然后一层层穿过天上的七重宫殿。在此过程中，它们必须为自己"打上封印"，以躲避恶魔的诱惑。越是在接近上帝的"战车"和"宝座"之时，灵魂的阻力就越大。相应地，它们就必须采取越来越疯狂的魔法或咒语加以抵制，并掌握指称"上帝之名"的秘名法则，为面见上帝的"面容"提供方便之门。最终，只有少数幸运者来到上帝的"战车"和"王座"前，成为距离它最近的"圣荣天使"。但即便如此，他们也只能通过上帝发出的"神光"感受上帝的显现，无法真正与它实现"神秘的合一"（ unio mystica ）。❶

默卡巴之后，是正式的卡巴拉阶段。根据梭伦（Solem）的考察，卡巴拉派作为一个神秘主义团体最早出现在普罗旺斯，随后才扩散至与它接壤的西班牙和其他地区。13—14 世纪初的西班牙时期和 16—17 世纪的巴勒斯坦时期，堪称卡巴拉主义最辉煌的两个时代。历史上，卡巴拉派素以传统自居，但实际上，他们的学说除了犹太教的传统，还包含了大量古代诺斯替主义、新柏拉图主义以及其他学派的成分。特别是新柏拉图主义中的"逻各斯"和"流溢说"，被卡巴拉派吸收进自己的体系，成为阐述创世论和宇宙论的核心。在这个意义上，卡巴拉并非单纯地恪守传统，而是"在吸收犹太教传统资源的基础之上，进而发展出来的一种较为完备的神秘主义神智学体系"。❷

卡巴拉神智学最早可追溯至《光明之书》（ Sefer ha-Bahir ），这部匿名作品大约出现于 1150—1200 年间的普罗旺斯。受古代诺斯替主义影响，《光明之书》将默卡巴传统改造为一种"神光"中上帝的力量，对"流溢层"（ sefirot ）概念做了全新的解释。早在宫殿文学

---

❶ 刘精忠：《犹太神秘主义概论》，北京：中国社会科学出版社，2015 年，第 63—74 页。

❷ 刘精忠：《犹太神秘主义概论》，第 98 页。

时期，《创造之书》（Sepher Yetzirah）已经用1—10的数字象征上帝在创世过程中不同层级的"流溢层"。《光明之书》则进一步表明，数字象征的流溢现象内在于上帝的力量和本性之中，十个"流溢层"是上帝创造世界的容器。这样一来，上帝创造的王国就具有有机的统一结构，卡巴拉信徒可以通过神秘体验进入其中。在"盲人以撒"（Isacc the Blind）对《创造之书》的评注中，上帝作为无限者（En-Sof），首先从自身中流溢出神圣的思想，然后相继流溢其他九个"流溢层"，直到我们看见的世间万物。对卡巴拉信徒而言，最重要的是能够沿着层层流溢的阶梯向上攀升，最终与"无限者"的"神圣思想"合一。《光明之书》的这些神秘主义思想，为后来的西班牙卡巴拉主义和巴勒斯坦的卡巴拉主义提供了重要的理论基础。

西班牙卡巴拉主义有两个重要的代表，一个是亚伯拉罕·阿布拉菲亚（Abraham Abulafia）的迷狂式卡巴拉，另一个是以《佐哈尔》（Zohar，《光辉之书》）为代表的通神论卡巴拉。阿布拉菲亚的"迷狂卡巴拉"，核心的概念是"自我隔离"（Hitbodedut）。它主张个体灵魂对上帝的认知受到各种感性形式的影响，与宇宙的生命之流隔离，无法感知上帝。卡巴拉的信徒要做的，是让灵魂摆脱感性桎梏，回到与上帝合一的原初状态。而要想实现回归，灵魂必须掌握通达神圣的神秘方法。阿布拉菲亚宣称，除非我们懂得在抽象的希伯来字母中，在迷狂体验中赞美"上帝之名"，否则无法将"此在"与"神圣"联系起来。如索伦所言，"阿布拉菲亚相信谁成功地说出上帝圣名，世上最不具体不可感知的事物，沉思的对象，就走上了到达真正的神秘入神之路"。❶ 为了帮助卡

---

❶ 格舍姆·索伦：《犹太教神秘主义主流》，涂笑非译，四川人民出版社，2000年，第130页。

巴拉信徒掌握并赞美"上帝之名",阿布拉菲亚创造出独特的希伯来"字母组合学"(*Hokhmath ha-tseruf*),并为此写下《永生之书》《理性之光》《美的词语》《组合之书》等大量灵修主义作品,指导信徒组合和分开希伯来字母,对希伯来字母及其外形进行沉思冥想。不过,在阿布拉菲亚那里,"字母组合学"虽让人获得迷狂的神秘体验,却不能达致严格的"神秘合一",充其量只是一种"与神相依"(*devekuth*)。索伦指出,"与神相依"这个卡巴拉词语"可以是迷狂,但它的意义更为广泛。它是永远的与神同在,是人与上帝本质的联合及人的意志与神意的意志,但即使是充斥晚期哈西德文献的对这种心灵状态的狂热描述,也仍然保持着相当的距离感,或者说,不相称性。许多作者强调 devekuth,而不是寻求与上帝合一、完全消灭尘世与自我的迷狂状态"。❶ 换言之,人可以接近上帝,甚至"与神相依",却无法真正达到那不可言说的"无限者",而只能面对和追求绝对的"无限者"在世界中的"显现"。

阿布拉菲亚的"字母组合学"为魔法留下了空间。在阿布拉菲亚那里,既然卡巴拉信徒可以通过"字母组合学"赞美"上帝之名",获得超越此世通向神圣的神秘力量,那么它在理论上就可以不仅仅用于灵修,而是同时运用于此在世界,成为一种操作性的魔法。诚然,阿布拉菲亚本人坚定地拒绝魔法,并且谴责一切使用圣名学说用于魔法的尝试,仅仅允许一种自我实施的魔法,即一种内向的魔法。但是他的继承者们,无不"希望从内在的道路中获得改变外部世界的力量,魔法师梦想只用语言和努力的意向获得控制自然的力量,并将其梦想不断与神秘主义祈祷中的理

---

❶ 格舍姆·索伦:《犹太教神秘主义主流》,第 119—121 页。

论与实践结合"，"历史上卡巴拉几乎毫无例外是两者的结合，阿布拉菲亚的'字母组合学'被后代认为不只是解答神性的奥秘的钥匙，也是解释魔法实践的钥匙"。❶无论是中世纪犹太教内部的卡巴拉主义者，还是文艺复兴时期的基督教卡巴拉主义者，纷纷从阿布拉菲亚的"字母组合学"中汲取灵感，进行各种类型的魔法实践。

相比于阿布拉菲亚，以《佐哈尔》为代表的卡巴拉派影响更为广泛。《佐哈尔》成书于1280年前后，作者为西班牙的卡巴拉学者摩西·德·莱昂（Moses de Leon）。它的主体部分，即《托拉佐哈尔》（*The Zohar on the Torah*），是对《托拉》（*Torah*）所做的卡巴拉神秘注释，旨在于"叙述创世之功的奥秘，阐释造物主的十次流溢，以说明创世过程和宇宙的存在；兼论罪恶问题并从宇宙论角度论述祈祷和善功的意义"。❷在犹太教神秘主义历史上，《佐哈尔》堪称最重要和最伟大的著作，以至于有些哈西德圣徒认为，仅仅因为《佐哈尔》，他才能"继续做一个犹太人"。和阿布拉菲亚的作品一样，《佐哈尔》诞生于《光明之书》的历史语境下，具有浓厚的诺斯替主义和新柏拉图主义风格。表现在上帝观念上，《佐哈尔》发展了默卡巴时期的"王座"观念，将上帝本身与它在"王座"上的显现以及"神光"这一意象严格区分开来：真正的上帝是隐匿的、无法认知的，所谓的"宝座"或"神光"不过是它的隐秘本性的显现。作为"无限者"，上帝在自身之内创造了整个世界。具体过程如下：隐秘的上帝从"无"中首先产生出"原点"，然后从中流溢出不同的存在。这些不同的存在，也就

---

❶ 格舍姆·索伦：《犹太教神秘主义主流》，第142页。

❷ 周燮藩主编，《犹太教小辞典》之"光辉之书"，上海：上海辞书出版社，2004年，第157页。

是"流溢层"，乃是"上帝的显现"（*Shekhinah*）。上帝显现于所有的受造物之中，万物不仅因为上帝的创造而存在，而且分有了神性的光辉。不可避免地，这一泛神论的倾向与犹太教绝对一神论的主张之间充满张力，成为《佐哈尔》的卡巴拉主义者面临的难题。

《佐哈尔》卡巴拉神秘主义一个巨大的贡献，是对《创造之书》《光明之书》业已存在的新柏拉图主义"流溢说"做了更加详尽的卡巴拉式解读。根据这种解读，"从一到十的希伯来数字不再是新柏拉图派学说中介于上帝和物质世界之间的神秘力量，而是直接从'无限者'本身'流射'出的不同等级的存在范畴"。❶1—10 这十个数，象征了上帝创造的自上而下的十个流溢层，一共分为三组。第一组为 1—3 这三个数。其中，数字 1 象征王冠（Keter/kether），是无限者的神圣意志，创造万物的原动力；2 是上帝的智慧（Hokhmah/Chokhmah），指无限者不变的神圣思想，是神圣意志在创造的开端；3 是上帝的智性（Binah），与智慧相对应。这三个数即三个流溢层构成了上帝创造中的精神性范畴。第二组为 4—6 这三个数。其中，数字 4 象征第四个流溢层，意指上帝的伟大（Gedullah/Chesed）或爱，是生命得以产生的元素；数字 5 对应第五个流溢层，意指上帝的大能（Gerurah），它代表了神性的正义属性，是所有存在的必要条件；数字 6 对应于上帝的"美"（Tiferet/Tiphareth），又被称为"同情"，是神性创造中的和谐属性，体现了神圣意志流溢中的平衡。第三组为 7—10 这四个数。其中，7 和 8 分别对应于上帝的永恒（Netzah/Netzach）与威严（Hod），9 对应于根本（Yesod），是神性创造稳定性的象征。永恒、威严、根本这三个流溢层是宇宙中的物质性和其他各种力

---

❶ 刘精忠：《犹太神秘主义概论》，北京：中国社会科学出版社，2015 年，第 121 页。

量的原型。数字 10 对应于"王国"（Malkhut/Malkhuth），又被称为"神圣存在"。作为最后一个流溢层，"王国"是神圣者与世界交流的场所，是无限者在宇宙中的显现之地。十个流溢层与无限者的这种关系，通常用"创造之树"（又称"卡巴拉生命之树"，如下图所示）来表示。无限者如同树根，各个流溢层如同从树根中生出的树枝和树干。通过这一解释，《佐哈尔》力图表明：上帝通过各级流溢层不断展开和显现，进入此在世界之中。由此，此在世界也就间接分有了神性的某种属性。发生在自然和历史中的事件，都可以看作上帝生命脉搏的象征。❶

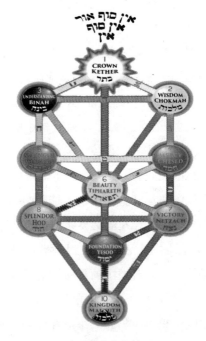

卡巴拉生命之树

---

❶ 刘精忠：《犹太神秘主义概论》，第 122—123 页。

作为"上帝的显现",十个流溢层与无限者之间原本和谐统一。但由于"原人"(*Adam Kadmon*)亚当犯下的罪,这种统一性被破坏了。从此,"上帝的显现"与无限者之间相互"隔离",处于一种流放状态。这种流放,既隐喻了个人的堕落,又隐喻了犹太民族在历史上遭遇的流放。对于卡巴拉信徒而言,灵魂要想获得拯救,就必须修复与无限者的关系,让"上帝的显现"和无限者之间不再相互隔离。换言之,虽然亚当的罪致使人和无限者之间出现一条鸿沟,但人仍然可以通过宗教和道德方面的努力逾越这条鸿沟,恢复与无限者的原初统一。人要想做到这一点,必须充分动用灵魂的力量。在《佐哈尔》作者眼中,人有三个不同层次的灵魂。最低的灵魂是所有生命都具有的自然形式的灵魂,即"元气"(*Nefesh*),它对应于最后一个流溢层,象征宇宙的物质力量和存在;第二个层次的灵魂对应于数字6代表的流溢层("美"),与道德属性相关联;最高层次的灵魂则对应于第二个流溢层——上帝的智慧,源于第一个流溢层"神圣的思想"。这个层次的灵魂通往上帝和宇宙的秘密,因此分有神性的属性。三种不同层次的灵魂皆藏于人之中,需要人不断地深化才能认识和发现。对一个卡巴拉的信徒来说,他只有恪守禁令,不断摆脱肉体的桎梏,才能一步步从下往上地上升,经过十个流溢层,达到"与神合一"的通神状态。而在这个最终状态中,人至多是"对上帝持久的依恋和追随",依旧与无限者保持距离而无法彻底合一。《佐哈尔》对流放的历史性说明,以及通过犹太传统中的种种诫命来实现通神的主张,与犹太历史和犹太民族的传统高度契合。因此不难理解,在整个中世纪晚期,它的影响力一直远超阿布拉菲亚的迷狂式卡巴拉。

2. 皮柯与基督教卡巴拉

（1）皮柯的卡巴拉研究

尽管如此，卡巴拉的发展仍旧步履维艰。一方面，从内部来看，犹太教尽管天然地具有神秘主义的倾向，但卡巴拉始终不是犹太教的正统和主流。在相当长的时间内，卡巴拉与体制化的犹太教正统之间相互抵牾，被迫面临"正统化"的压力。可是，卡巴拉神秘主义自带的精英主义色彩，导致它很难在犹太民众中普及。另一方面，从外部来看，中世纪犹太教和天主教之间长期对立，水火不容。不仅天主教徒仇视犹太教，对卡巴拉信徒在内的犹太人充满敌视，而且卡巴拉信徒也和其他犹太人一样，笃定地相信犹太教才是唯一权威的宗教，拒斥天主教。上述两种因素的存在，使得卡巴拉信徒与天主教世界相互隔绝，很少进行实质性的互动。

文艺复兴时期，双方的僵局逐渐被打破。拜占庭帝国灭亡以后，大量来自西班牙、葡萄牙、法国、德国等地的犹太难民进入意大利。他们的首要目标，是在天主教面前论证自身的合法性，在西方世界立足。与此同时，随着伊斯兰教的兴起，天主教会面临的威胁日益增大。于是，许多人文主义者趁机站了出来，提倡通过文化的方式统战犹太人，在保持基督教权威地位的前提下肯定犹太教，以缓解天主教的压力。❶正是在这样的背景下，皮柯进入到犹太教卡巴拉的思想世界中。

皮柯对卡巴拉的兴趣由来已久。为了进行卡巴拉研究，皮柯

---

❶ 关于中世纪和文艺复兴时期犹太学者与基督教世界的碰撞与交流，可参考卢镇：《文艺复兴时期意大利人文主义与犹太思想的互动》，载于《世界历史》，2018 年第 3 期。

甚至努力学习希伯来语和迦勒底语——这在现代欧洲历史上尚属首次。❶据威斯祖布斯基（Wirszubski）的考证，1486年皮柯从巴黎回意大利后，便开始学习希伯来语。同年10月，皮柯已经可以熟练地进行希伯来语散文练习。至11月，皮柯写完《九百题》，里面已经充斥着大量的希伯来卡巴拉内容了。皮柯在希伯来语方面的进步，固然与他自身的语言天赋有关，也和弗拉维·密斯里达特（Flavius Mithridates）的教导密不可分。弗拉维·密斯里达特原是一名犹太人，后来改宗受洗成为天主教徒，长期担任皮柯的希伯来语教师。他不仅教授皮柯基本的希伯来语知识，而且还为皮柯翻译了大量希伯来卡巴拉文献。考虑到皮柯学习希伯来语的时间不长，即便他能够零零星星地读一些卡巴拉书籍，大部分的时间里他仍然需要密斯里达特的语言指导，使用后者为他提供的拉丁译本。密斯里达特高超的希伯来语水平和勤奋的工作，使得皮柯在对原文缺乏深入把握的情况下，获取了丰富的卡巴拉知识，为他在卡巴拉方面的综合和创新工作提供了准备。❷现有材料表明，皮柯在密斯里达特的帮助下，涉猎了众多卡巴拉文献，包括经典的《光明之书》（梵蒂冈编号191）、《光辉之书》、《根源之书》（Sefer ha-Sorasim，梵蒂冈编号190），还有阿布拉菲亚的著作以及梅纳衡·雷卡纳蒂的《〈摩西五经〉评注》。❸在这些著作的激发下，皮柯的思想迅速成熟，不满足于仅仅是学习和介绍，而

---

❶ 皮柯深知学习希伯来语和迦勒底语对于卡巴拉研究的重要性。在1486年为朋友吉罗拉莫·贝尼维耶尼的《爱歌》写作的《〈爱歌〉评注》中，皮柯说道，"对卡巴拉的渴望驱使着我学习希伯来语和迦勒底语，否则就不会对它有所认识"。见 Pico Mirandola, *Commento Sopra una canzone d'amore*, p. 133。

❷ 关于皮柯的希伯来语学习以及他和密斯里达特的合作关系，可参考 Chaim Wirszubski, *Pico della Mirandola's Encounter with Jewish Mysticism*, Harvard University Press, 1989, pp. 3-9。

❸ Chaim Wirszubski, *Pico della Mirandola's Encounter with Jewish Mysticism*, pp. 19-20.

且对卡巴拉主义提出许多新的创造性见解。皮柯的这些论述，散见于"罗马三部曲"（《九百题》《论人的尊严》《申辩》）中，其中又以《九百题》为最。在这部作品中，皮柯先是从中世纪文献出发，摘录和改写了47条卡巴拉命题，然后又从自己的立场出发，提出了71条关于卡巴拉的新命题。这些格言式的命题，构成了皮柯卡巴拉思想的核心，以及后世分析和解读皮柯卡巴拉思想的主体。

（2）从犹太教卡巴拉到基督教卡巴拉

皮柯在卡巴拉领域最重要的贡献，在于他是"第一个有计划且系统地推动对希伯来卡巴拉做创新性基督教解释的作家"。[1] 在他的努力下，犹太卡巴拉转型为基督教卡巴拉，获得了崭新的形式和意义。皮柯，堪称历史上第一个名副其实的基督教卡巴拉主义者。在他之前，中世纪的一些基督教思想家如西班牙多明我修会的雷蒙·马丁（Raimond Martin）也做过类似的尝试，但并不系统。决定性的变化发生在文艺复兴时期。众多的犹太改宗者进入基督教世界，不仅将卡巴拉带入人文主义者的视野，而且刺激了他们对于卡巴拉的兴趣。[2] 而皮柯，正是欧洲现代历史上第一个被犹太改宗者吸引，并进行基督教巴拉研究的天主教徒。

所谓基督教卡巴拉，并非某种犹太卡巴拉的简单重述，而是对它进行启发式利用及深度反思，对它的内容进行基督教式重构和转化的新型卡巴拉。基督教卡巴拉的要害，在于对犹太卡巴拉做基督教式的解释，通过表明犹太卡巴拉与基督教的一致性，达到证实基督教的目的。对此，皮柯在《论人的尊严》中这样说道：

---

[1] Flavia Buzzetta, *Magia naturalis e scientia cabalae*, Firenze: Leo S. Olschki editore, 2019, p. 122.

[2] G. Scholem, "Considérations sur l'histoire des débuts de la cabale chréstienne", in Chaim Wirszubski, *Pic de la Mirandole et la cabale*, Paris-Tel Aviv, 2007, p. 448.

我以不菲的价格买下了这些书卷［卡巴拉著作］，当我孜孜不倦地精读时，我在其中读到的（上帝作证）与其说是摩西宗教，不如说是基督宗教。这里（卡巴拉著作）有三位一体的奥秘、道成肉身，有弥赛亚的神性；这里有原罪、基督对原罪的救赎、天上的耶路撒冷、魔鬼的堕落、天使的等级、炼狱和地狱的惩罚，与我们每日在保罗、狄奥尼修斯、杰罗姆和奥古斯丁那里读到的一模一样。读那些涉及哲学的问题，你完全就像在聆听毕达哥拉斯和柏拉图，他们的学说与基督信仰如此相近，以至于我们的奥古斯丁因为偶遇柏拉图学派的书籍，对上帝无限感恩。总之，我们与希伯来人的任何争论，卡巴拉的书卷都能驳倒和说服他们，让他们不再有容身之处。❶

　　在皮柯看来，基督教最核心的教义——三位一体、基督论、原罪论、末日审判等等全部存在于卡巴拉著作当中，在此意义上，犹太教和基督教并无根本区别。作为犹太教一部分的卡巴拉，非但没有证实犹太教，反而证实了基督教，让犹太人"不再有容身之处"。就此而言，皮柯发明基督教卡巴拉的首要目的在于为基督

---

❶ Pico Mirandola, *Oratio de hominis dignitate*, 253-256. "Hos ego libros non mediocri impensa mihi cum comparassem, summa diligentia indefessis laboribus cum perlegissem, vidi in illis (testis est Deus) religionem non tam Mosaycam, quam Christianam. Ibi Trinitatis mysterium, ibi Verbi incarnatio, ibi Messiae divinitas; ibi de peccato orginali, de illius per Christum expiatione, de caelesti Hyerusalem, de casu demonum, de ordinibus agngelorum, de purgatoriis, de inferorum paenis eadem legi quae apud Paulum et Dionysium, apud Hieroymum et Augustinum quotidie legimus. In his vero quae spectant ad philosophiam, Pythagoram prorsus audias et Platonem, quorum decreta ita sunt fidei Christianae affinia, ut Augustinus noster immensas Deo gratias agat quod ad eius manus pervenerint libri Platonicorum. In plenum nulla est ferme de re nobis cum Hebreis controversia de qua ex libris Cabalistarum ita redargui convincique non possint, ut ne angulus quidem reliquus sit in quem se condant."

教辩护。而他之所以能做到这一点，又在于他善于利用卡巴拉传统的解释方法，让它们为基督教服务。比如，关于三位一体教义，皮柯说：

> 每个希伯来卡巴拉信徒，只要遵从卡巴拉知识的原则和言辞，都必然会没有例外、毫无保留地承认天主教会关于三位一体，以及圣父、圣子和圣灵等每个位格的信仰。(《九百题》11＞5) ❶
>
> 凡是深谙卡巴拉知识的人都能理解，上帝三个伟大的四字名，存在于卡巴拉信徒的奥秘之中。若对它们进行神奇的运用，便能归为三位一体的三个位格：〈Ehyeh〉是圣父的位格，〈YHVH〉是圣子的位格，〈Adonai〉是圣灵的位格。(《九百题》11＞7) ❷

按照皮柯，三位一体虽然是基督教的教义，看似与犹太教的一神论相互抵触。但实际上，如果我们深谙卡巴拉，知道上帝具有的三个四字名，就会清晰地看到，圣父、圣子、圣灵这三个位格同样存在于犹太教之中。由此可见，犹太教与基督教并不冲突，而是不谋而合。同样的方法也适用于对基督的解释：

---

❶ Pico della Mirandola, *Conclusiones*, 11＞5. "Quilibet hebreus cabalista, secundum principia et dicta scientiae Cabalae, cogitur inevitabiliter concedere de trinitate et qualibet persona divina, patre, filio, et spiritu sancto, illd precise sine additione, diminatione, aut variatione, quod ponit fides catholica christianorum."

❷ Pico della Mirandola, *Conclusiones*, 11＞6. "Tria magna dei nomina quaternaria, quae sunt in secretis cabalistarum, per mirabilem appropriationem tribus personis trinitatis ita debere attribui, ut nomen Ehyeh sit patris, nomen YHVH sit filii, nomen Adonai sit spiritus sancti, intelligere potest qui in scientia cabalae fuerit profundus."

没有哪个犹太卡巴拉信徒会否认，如果我们遵循卡巴拉的方法和原则，耶稣之名准确来说仅仅是指作为圣子和圣父智慧的上帝，通过它的第三位格即最炽热的爱火（圣灵），在构想的统一中与人性结合。(《九百题》11＞7）❶

Yod vav he 这个无法言说的名字，被卡巴拉信徒视为弥赛亚之名。从这个名字中可以清楚地看到，他是上帝之子通过圣灵化身为人，在他之后，圣灵为了人类的完善降临人世。(《九百题》11＞15）❷

通过卡巴拉对希伯来单词和字母的解读，皮柯有力地证明：希伯来语中的耶稣一词，指的就是圣子与人性的结合，即作为救世主的弥赛亚。从而，耶稣作为弥赛亚的基督教教义，就是犹太教的应有之义。或者说，基督教并非对犹太教的背叛，而是犹太教精神的发挥，具有天然的正当性。类似地，只要深谙卡巴拉，人们就会发现，原罪论、末日审判等基督教教义同样在犹太教中有迹可寻。

这样，皮柯就通过基督教卡巴拉的方式，打破了中世纪传统中犹太教与基督教之间森严的壁垒。既然根据卡巴拉的指示，犹太教包含了和基督教同样的教义，那它就不应该被基督教所排斥。

---

❶ Pico della Mirandola, *Conclusiones*, 11>7. "Nullus hebraeus cabalista potest negare quod nomen Iesu, si eum secundum modum et principia cabalae interpretemur, hoc totum precise et nihil aliud significat, id est, deum dei filium patrisque sapientiam per tertiam divinitatis personam, quae est ardentissimus amoris ignis, naturae humanae in unitate suppositi unitum."

❷ Pico della Mirandola, *Conclusiones*, 11>15. "Per nomen Iod he vahu he, quod est nomen ineffabile quod dicunt Cabaliste futurum esse nomen messiae, evidenter cognoscitur futurum eum deum dei filium per spiritum sanctum hominem factum, et post eum ad perfectionem humani generis super homines paraclytum descensurum."

更重要的是，一旦犹太卡巴拉的核心就是基督教的教义，基督教便获得了更加深厚的理论支撑，具有稳固的合法性。在这个意义上，皮柯将犹太卡巴拉发展成基督教卡巴拉，最根本的目的仍在于为基督教自身辩护。可是，在诸多异教传统中，皮柯为何偏偏选择犹太教，尤其是卡巴拉？皮柯如此孜孜不倦地将卡巴拉基督教化，到底隐含了什么样的思想动机？

（3）基督教卡巴拉与普世主义

皮柯对卡巴拉的运用和改造，源自他独特的真理观。在皮柯眼中，真理是唯一的道（Via）；它不仅体现在基督教文明中，也体现在犹太教在内的各种异教文明里。由此，不同的文明并非完全异质甚至相互冲突，而是可以建立一种"哲学的和平"（Pax philosophica）。诚如皮尔·博里所言，在皮柯的思想中，"每种文化都构成了一条不同的道路，但它们的本质、功能、结构乃是相同的。由此，不同文化之间就有了和平的可能性基础"。❶ 作为犹太教神秘主义的代表，卡巴拉自然分有了这个唯一的真理，具有和其他文明同样重要的意义。

不宁唯是。皮柯还将卡巴拉放在古代神学（Prisca theologia）的脉络中，赋予它更为显赫的地位。"古代神学"是文艺复兴哲学家常用的一个重要概念，意指查拉图斯特拉、三尊赫尔墨斯、俄耳甫斯以及柏拉图神学、古代犹太神学等古代思想体系。斐奇诺认为，古代神学的各种体系虽然先于基督教而产生，却包含了与基督教相似的真理。只不过，在这个古代神学的序列中，斐奇诺赋予犹太教的比重较弱。皮柯的思路大为不同。皮柯相信，古代神学经由查拉图斯特拉、三尊赫尔墨斯、俄耳甫斯一直传向毕达

---

❶ 皮柯·米兰多拉：《论人的尊严》，第9页。

哥拉斯、柏拉图、亚里士多德，希伯来的卡巴拉是其中必不可少，甚至是最为重要的一个环节。

皮柯对卡巴拉传统如此看重，与他的"诗学神学"（Poetica Theologia）与"秘传学说"密不可分。所谓"诗学神学"，是指"古代神学家"常以类似于诗的隐晦方式表现的神学。在《〈爱歌〉评注》中，皮柯说，"神圣的主题和隐蔽的奥秘绝不会轻率地公开……这就是为何埃及人在所有的神殿前，都会放上斯芬克斯的雕像，以此表明：神圣的知识若允许书写，一定要披上谜一般的外衣和诗歌的掩饰……他们的做法，我们将在《诗学神学》一书中揭示"。❶ 同样，在谈及摩西律法时，皮柯也说："将隐匿于律法及语言表面下那些最高神性的奥秘、最晦涩的秘密公布于众，岂不是圣物予犬、掷珠于豕吗？"❷ 在皮柯看来，古代神学包含的智慧古老而充满奥秘，不能直接传递给大众，否则不仅不被理解甚至会被曲解和污蔑。因此，它必须采取一种隐晦的形式（诗歌、谜语、象形等），使得民众因无法理解而远离。为了保证真理的纯洁性，古代神学家甚至不去书写，而是通过口传的方式秘密传给少数几个人，此即秘传。而民众，只能从他们书写下来的文字中获得一种外传的学说。在古代神学中，秘传和外传的区分由来已久：

> 因此，向大众隐瞒真理，只把它告诉完人（这些人中只有保罗说，要谈论智慧），这不是出于人意，而是一种神法，古代哲学家严格地遵守这个做法。毕达哥拉斯除了一些无足轻重

---

❶ Pico Mirandola, *Commento Sopra una canzone d'amore*, pp. 132-133.

❷ Pico Mirandola, *Oratio de hominis dignitate*, 237. "At mysteria secretiora et sub cortice legis rudique verborum pretextu latitantia, altissimae divinitatis archana, plebi palam facere, quid erat aliud quam dare sanctum canibus et inter porcos spargere margaritas?"

的作品，什么也没留下，并在临终之际，把这些作品托付给了女儿达玛。埃及神庙上刻着的斯芬克斯像警示他们，神秘学说要用"迷语"的形式来保护，以使它不受民众的侵犯。柏拉图就最高实体问题写信给狄奥尼修斯时说道，"用迷语的方式写作很有必要，这样即使这信偶然落入他人之手，他们也会不知所云"。亚里士多德曾说，他处理神圣实在问题的《形而上学》各卷，发表了又没有发表。还有什么呢？奥利金说，生命的教师耶稣基督曾向门徒显明了许多真理，但他们为了避免将其传给所有人，不愿写下来。阿古巴略的狄奥尼修斯特别证实了这一点。他说，最隐蔽的奥秘是从我们宗教的创始人 ἐκ νοὸς εἰς νοῦν διὰ μέσου λόγου，即"从灵魂到灵魂，以言辞中转，无须书写"的方式传下来的。❶

在秘传学说的脉络中，卡巴拉具有无与伦比的重要性。根据皮柯之见，卡巴拉是上帝首先通过口传的方式隐秘地传给摩西，然后又通过摩西一步步传给后世的犹太先知。相比于文字版的《圣经》，卡巴拉具有天然的优越性，正所谓"圣经文本粗俗，而卡巴拉精微"；❷犹太人经历巴比伦之囚后，以斯德拉意识到，有必要将口传的卡巴拉行诸文字，于是召集当世的智者记录成书，共七十卷。这七十卷卡巴拉原始文献尽管不再是口传，但是仍保留了"诗学神学"的底色，一般民众无法理解也无法接近。最重要的，在皮柯和其他基督教卡巴拉主义者看来，卡巴拉不仅是唯一上帝启示给犹太人的，也是与唯一真理相关的唯一秘传学说体

❶ Pico Mirandola, *Oratio de hominis dignitate*, 238-244.

❷ Edgar Wind, *Pagan Mysteries In The Renaissance*, p. 25.

系。❶ 其他宗教和哲学中的秘传学说，要么已经在历史上中断，没有延续下来；要么它们不像卡巴拉一样，直接源自唯一的上帝（如《赫尔墨斯秘籍》）。唯独卡巴拉，将唯一上帝启示的秘传学说变成文字，成为今人接近古代智慧，进而把握唯一真理的重要途径。

作为古代神学的一部分，卡巴拉和其他文明一起，构成了通向唯一真理的道路。在此意义上，皮柯对卡巴拉的引入和研究，深刻体现了"哲学的和平"（*Pax Philosophica*）和普世主义的理想。但这种普世主义，并非指基督教文明、犹太文明和其他各种文明之间不分主次、绝对平等的普世主义。如同柏莱图和斐奇诺提出古代神学概念，"并不是想客观、公正、全面地了解这些宗教神学的内容，他们更在乎的是如何运用这些宗教神学传统的学说，来解释和支持基督教的教义"。❷ 同样，皮柯将卡巴拉放入古代神学的谱系中，表明前者和基督教同属于同一个古代智慧的脉络，是同一个真理的不同表达。他这样做，不是为了证明犹太教是正确的；相反，"我引述它们（卡巴拉），是为了证实神圣不可侵犯的大公信仰……对于抵抗希伯来人的频频诽谤以捍卫我们的宗教，是多么的必不可少"，❸ "我们与希伯来人的任何争论，卡巴拉的书籍都能驳倒和说服他们，让他们不再有容身之所"；卡巴拉——特别是经过皮柯基督教化之后的卡巴拉，最根本的意义在于：表明自身所代表的犹太教真理和基督教真理是一致的。这种一致

---

❶ Flavia Buzzetta, *Magia naturalis e scientia cabalae*, p. 125.

❷ 梁中和：《灵魂·爱·上帝》，上海：华东师范大学出版社，2012年，第112页。

❸ Pico Mirandola, *Oratio de hominis dignitate*, 234. "Venio nunc ad ea quae... ad sacrosanctam et catholicam fidem confirmandam attuli...ad propugnandam religionem contra Hebreorum importunas calumnias sint necessaria."

不是不分主次的一致，而毋宁说，是犹太教迁就于基督教的一致性。皮柯"不是站在基督教信仰之外，寻求所有宗教中存在的普遍真理"，❶ 他的普世主义不是一种没有高低的"宗教多元主义"（Pluralismo religioso，皮尔·博里语），而是站在基督教的立场上，让犹太教在内的异教文明俯就于基督教的基督教中心论。就此而言，皮柯的普世主义绝非"包含的"（inclusive）。与此同时，他的普世主义也不是"排他的"（exclusive）。他对犹太卡巴拉置入基督教体系的做法，的确扩充了包括犹太教在内的其他文明的文化空间，赋予它们此前没有的地位。毕竟，只要犹太教能够依循卡巴拉的精神理解自身，它就接近了与基督教相同的真理，具有理论上的正当性。其他文明同样如此。总体而言，皮柯的立场介于"包含"与"排他"之间，是一种在基督教中心的主导下，开放性地承认其他异教文明，并力图将其他文明纳入基督教文明的"普世主义"。这种普世主义立场，实际上构成了文艺复兴至利玛窦以降西方普世主义的基本特征。

3. 卡巴拉的内容与分类

如上所言，皮柯对基督教卡巴拉的发明，是在犹太卡巴拉的背景下展开的。但在文艺复兴时期，人文主义文化圈里的犹太卡巴拉异常破碎。它们和历史上的犹太卡巴拉一样，分化成许多的不同流派。这种局面，深刻地折射在皮柯身上，使得皮柯的卡巴拉思想异常驳杂，难以把握。❷ 一方面，由于皮柯受到各种类型的卡巴拉思想影响，我们很难准确定位他具体的思想资源；另一方

---

❶ Pico della Mirandola, *Oration On The Dignity Of man*, "interpretations" of Francesco Borghesi, p. 61.

❷ Flavia Buzzetta, *Magia naturalis e scientia cabalae*, pp. 143-144.

面，非常棘手的是，皮柯的卡巴拉思想是片段式、格言式的，我们很难从中发现整体的结构以及他的真实意图。幸运的是，经过语文学家和历史学家长期的努力，这些困难逐渐被克服。今天的我们，已经可以对皮柯的卡巴拉思想进行比较清晰的还原。

首先，皮柯明确了卡巴拉的基本内容。在《论人的尊严》中，皮柯提到，以斯德拉组织智者编订的七十卷卡巴拉书籍中，"有智性的血脉、智慧的泉眼和知识的河流"。三类东西各有所指，"一条智性的脉络，即有关超实在神性的无法言说的神学；一眼智慧之泉，即关于智性和天使形式的精确形而上学；还有一股科学之流，即关于自然的无比稳固的哲学"。❶ 神学、形而上学和哲学三个部分，与不同的存在和认识等级相对应：神学对应的，是最高实体——上帝（或曰无限），形而上学对应的是智性和天使形式，哲学对应的是自然；神学和形而上学与人的智性相连，哲学与人的理性相连。皮柯的这一定义，明确将卡巴拉与自然哲学／自然魔法区分开来。不同于自然哲学／自然魔法，卡巴拉的主体部分不是对于自然，而是对于超自然的认识；它所依赖的认识能力也不局限于理性，而是智性。从而，卡巴拉并不像自然哲学／魔法那样，处在"道德哲学－辩证法－自然哲学－神学"这个序列的第三环；相反，它的主体内容已经冲破了自然哲学，进入了神学的内核之中。

其次，在《申辩》中，皮柯将卡巴拉区分为人的创制知识（*Scientia humanitus inventa*）与启示知识（*scientia revelata*）／启示神

---

❶ Pico Mirandola, *Oratio de hominis dignitate,* 250. "venam intellectus, idest ineffabilem de supersubstantiali deitate theologiam, sapientiae fontem, idest de intelligilibibus angelicisque formis exactam metaphysicam, et scientiae flumen, idest de rebus naturalibus firmissimam philosophiam esse clara in primis voce pronuntiavit."

学（*theologia revelata*）两种。所谓"创制知识"，指的是人"通过后天而非先天的推论，通过结果追溯原因"[1] 而获取的知识；而"启示知识"，顾名思义，是上帝直接启示给人的知识。这种知识最早由摩西从西奈山上获得，并不同程度地存在于犹太先知和其他少数犹太人身上。简单来说，"启示知识"强调上帝与人的直接沟通，以及人对于启示的直接领受；"创制知识"则强调人立足于从成型的卡巴拉文献中获取隐秘知识。前者是直接的，后者是间接的；前者主要依赖神启，后者主要依赖人为。皮柯的这一区分，针对的是《九百题》中关于卡巴拉的著名命题："没有什么知识比魔法和卡巴拉更能向我们证实基督的神性。"[2] 在他看来，命题中的"卡巴拉"指的就是创制知识，而非启示知识。作为启示知识的卡巴拉，并非皮柯关心的重点。皮柯关心的是创制知识，即人如何通过卡巴拉的文献掌握上帝的奥秘，进行沉思和操作。这就是为什么，皮柯习惯性地将魔法与卡巴拉放在一起，强调如果不与卡巴拉结合，魔法将毫无效力；这也是为什么，皮柯将卡巴拉视为"自然魔法的最高部分"[3]。既然自然魔法的重心是对自然原理的认识，那么卡巴拉学者就不应该仅仅局限于启示，而应该通过研读卡巴拉文献，主动地进行沉思和操作。

再次，皮柯将卡巴拉分为理论的和实践的两种。皮柯在《九百题》中说，"无论其他卡巴拉信徒怎么说，我首先将卡巴拉知识区分为流溢层（Sefirot）的知识和名称（Shemot）的知识，

---

[1] Pico della Mirandola, *Apologia* V. "vel acquisitae per demonstrationem, non a priori sed a posteriori per effectus."

[2] Pico della Mirandola, *Conclusiones*, 9>9. "Nulla est scientia quae nos magis certificet de divinitate Christi quam magia et cabala."

[3] Pico della Mirandola, *Apologia* V. "pars suprema naturalis suprema."

如同把它分为实践的知识和理论的知识一样"。❶ 在这个充满争议的命题中，❷ 皮柯将卡巴拉区分为实践的卡巴拉与理论的卡巴拉两类。其中，理论的卡巴拉又分成四个部分，"第一个部分是我称之为字母旋转的知识，与普世哲学部分对应；第二、第三和第四个部分是三重默卡巴（Merkabah），分别对应于专门哲学的三个部分，与神圣的、中间的和感觉的本性相关"。❸ 这里所说的第一个部分，"字母旋转术"（Alphabetaria revolutio）作为一种"组合的技艺"（Ars combinandi），旨在通过对希伯来字母组合和调换的知识，进入整个存在的内在结构中，因此被称为"普世哲学"。"字母旋转术"之所以能够产生这样的力量，是由希波来语自身的特性决定的。犹太人相信，希伯来字母最为深邃地反映了上帝和宇宙的奥秘，一旦我们认识它的法则和秩序，就能洞察上帝和宇宙的奥秘。如皮柯所言，"谁若深刻且彻底地懂得希伯来语的规则，知道如何在知识中恰如其分地维持这种规则，他就会拥有完满地

---

❶ Pico della Mirandola, *Conclusiones*, 11>1. "Quicquid dicant caeteri Cabaliste, ego prima divisione scientiam Cabalae in scientiam sephiroth et semot, tanquam in practicam et speculativam, distinguerem."

❷ 最大的争议在于，究竟是实践卡巴拉对应于流溢层知识，理论卡巴拉对应于名称的知识；还是反过来，实践卡巴拉对应于名称的知识，理论卡巴拉对应于流溢层的知识。索伦、威斯祖布斯基、柯本哈弗等学者持第二种观点，而法默等学者持第一种观点。在索伦等人看来，皮柯的思想受中世纪卡巴拉学者阿布拉菲亚的影响，因而名称的知识具有操作性；而在法默看来，实践卡巴拉与流溢层以及上帝的流溢状态相连。尽管存在争论，但双方都承认理论卡巴拉与实践卡巴拉的区分并不是绝对的，实践卡巴拉要以理论卡巴拉为基础。关于双方的争论，参考 Flavia Buzzetta, *Magia naturalis e scientia cabalae*, pp. 196-197; Farmer, pp. 518-519。

❸ Pico della Mirandola, *Conclusiones*, 11>2. "Prima est scientia quam ego voco alphabetariae revolutionis, conrespondentem parti philosophiae quam ego philosophiam catholicam voco. Secunda, tertia, et quarta pars est triplex merchiava, conrespondentes triplici philosophiae particularis, de divinis, de mediis, et sensibilibus naturis."

洞察一切可知事物的法则与规律"。[1] 理论卡巴拉的其余三个部分，被皮柯统称为"默卡巴"。如前所言，默卡巴出现于早期犹太神秘主义阶段，意指上帝的"战车"和"宝座"。皮柯使用这个术语，更加看重它的宇宙论意义，而非神秘意义。他在这里提到的"神圣的、中间的和感觉的本性"，是三个不同的存在等级。在威斯祖布斯基看来，三种本性对应于三个流溢层。[2] 所谓三重默卡巴，就是关于三个流溢层的知识。[3] 从理论卡巴拉获得的知识，构成了实践卡巴拉的基础。

皮柯对卡巴拉所做的分类与辨析，相互之间既有交叉，也存在一定的张力。大体而言，皮柯心中的卡巴拉，是心灵中的智性于对上帝和天使等神圣事物的神秘知识，既可趋向于对奥秘的认识与沉思，也可趋向于对宇宙的操作。皮柯的这一分类，廓清了卡巴拉的理论和实践意义，为他的魔法思想提供了前提。

二、魔法与卡巴拉

1. 实践卡巴拉

相比于理论卡巴拉，皮柯对实践卡巴拉抱有更为浓厚的兴趣。

---

[1] Pico della Mirandola, *Conclusiones*, 3>55. "Qui ordinem hebraicae linguae profunde et radicaliter tenuerit, atque illum proportionabiliter in scientiis servare noverit, cuiuscunque scibilis perfecte inveniendi normam et regulam habebit."

[2] Wirszubski, *Pico della Mirandola's Encounter with Jewish Mysticism*, pp. 135-139.

[3] 威斯祖布斯基的论点和索伦、耶茨基本一致，而布泽塔认为，默卡巴的三个部分也可能是指三个世界，即天使界、天界和元素界。就皮柯将默卡巴的三部分与"神圣的、中间的与感觉的"相连而言，布泽塔的讲法也有一定道理。但若从默卡巴的传统含义来说，它的确又应该与理智世界的流溢层相关。考虑到这个问题的复杂性，我们在这里不做判断。见 Flavia Buzzetta, *Magia naturalis e scientia cabalae*, pp. 200-202.

皮柯曾这样说，"卡巴拉实践部分的知识践行所有形式的形而上学与低等的神学"。❶ 在这个晦涩不清的命题中，皮柯用"践行"描绘了实践卡巴拉的基本特性，将它与理论卡巴拉的沉思区别开来。"践行"的本质，是一种"激活"（Acutare），一种行动的状态，它运用技术－操作（tecnico-operative）的程序，将实在世界中潜藏的和没有表达的东西实现出来。❷ 可所谓的"形式的形而上学与低等的神学"究竟指什么？

要理解"形式的形而上学"，首先要理解何为"形式性"（formalitas）与"形式的"（formalis）。所谓"形式性"，指的是"一种智性的充足对象"❸。所谓"形式的"，指的是事物具有的智性。"形式的形而上学"、"形式的算术"（Arithmetica formalis）说的就是通过智性认识的形而上学或算术。从实践卡巴拉的形式特性来看，它的对象很可能由形式的数组成。"形式的数"高于可感现实，具有形式的可知性，属于智性和首要的心智（即天使）。在《〈爱歌〉评注》中，皮柯指出，每种事物有三种存在方式：原因的（causale）、形式的（formale）和分有的（partecipato）。对于理念而言，它在上帝中存在是原因的，在天使中存在是形式的，在理性的灵魂中存在是分有的。这种说法看似陌生，实则与传统的基督教哲学一脉相承：上帝是所有理念的原因，首先在天使的本性中将它们创造出来，然后才由天使赋予不同的理性灵魂，让它们分有这些理念。按照这种说法，智性的形式存在于天使之中，实践卡巴拉所践行的"形式的形而上学"，和《论人的尊严》中卡

---

❶ Pico della Mirandola, *Conclusiones*, 11>3. "Scientia quae est pars practica cabalae practicat totam methaphysicam formalem et theologiam inferiorem."

❷ Flavia Buzzetta, *Magia naturalis e scientia cabalae*, p. 203.

❸ Pico della Mirandola, *Conclusiones*, 3>58. "Formalitas est adaequatum obiectum intellectus."

巴拉的第二个部分，"关于智性和天使形式的精确形而上学"相对应。考虑到"践行"一词的实践性，践行"形式的形而上学"，便意味着要"激活"包含在天使中以形式方式存在的理念，换言之，要对作为"形式的数"进行操作。

"形式的数"这一表达，与卡巴拉传统上的数秘论传统紧密相关。如前所述，在默卡巴至《佐哈尔》的神秘主义中，数不仅仅是单纯的数，也是流溢层和整个宇宙的象征。在这个意义上，数和希伯来字母相似，是我们认识和洞察宇宙奥秘的密码。实践卡巴拉践行"形式的形而上学"，对"形式的数"进行操作，要么吸引数所象征的流溢层的力量，要么单纯地利用字母－数的组合技艺，将它们所具有的潜在德能实现出来。❶无论哪种情形，"形式的形而上学"最终都指向了数或数背后的流溢层力量，指向了上帝在圣名或流溢层中的显现。

上帝的流溢层并非绝对完全孤立的抽象存在。如前所言，卡巴拉经典《佐哈尔》对诸流溢层的描述，演变出"卡巴拉生命之树"的象征体系。这棵"生命之树""可以说是宇宙的骨架，它在全部造物中生长，通过全部分叉伸展着枝条，一切世间的造物只因为流溢层力量的一部分在它们之中起着作用才得以存在"。❷在这个意义上，流溢层渗透于整个宇宙之中，也可以说，整个宇宙是流溢层的象征，二者互为表里。这突出表现在，人的灵魂中也活跃着流溢层的力量，不同层次的灵魂对应着不同的流溢层：最

---

❶ 这两种不同的解读对应于对《九百题》11＞1 的不同解读。坚持实践卡巴拉与流溢层知识对应的，主张第一种解读；坚持实践卡巴拉与名称知识对应的，主张第二种解读。诚然，这两种解读有很大的差别，但如果我们考虑到字母－数所具有的力量与流溢层的力量之间的内在关联，两种解读其实都有一定的道理，我们在这里均予以保留。

❷ 索伦：《犹太教神秘主义主流》，第 207 页。

低层次的灵魂被称为"元气"，对应于象征宇宙物质力量或存在的流溢层；较高层次的灵魂是"精神"（Ruah），对应于数字6所代表的第六个流溢层（"美"）；最高的灵魂对应着神性创造的第二个流溢层，即神的智慧（Hokhmah）。❶在有的卡巴拉信徒看来，甚至人的身体也象征了不同的流溢层体系。

作为现代第一位基督教卡巴拉主义者，皮柯同样认同流溢层和宇宙的内在关联，他说：

> 无论其他卡巴拉主义者怎么说，我要说的是，十个天球和十个流溢层是这样一一对应的：从这个体系开始，木星对应于第四个（流溢层）；火星对应于第五个；太阳对应于第六个；土星对应于第七个；金星对应于第八个；水星对应于第九个；月亮对应于第十个。在体系之上，苍穹对应于第三个（流溢层），原动天对应于第二个，最高天对应于第十个。❷

十大天球和十个流溢层一一对应，前者构成了后者的象征。二者的这种对应性，使得卡巴拉成为与宇宙相关联的神智学。因为天球和流溢层的对应性，魔法师可以利用那些与诸天体有机相连的精神性力量。十大天球构成了十个流溢层的外在指引，让我们可以循着它们所象征的内容，一步步向上攀升，发现通向各个流溢层的密码，揭示和利用上帝与天使的力量。

---

❶ 刘精忠：《犹太神秘主义概论》，第129页。

❷ Pico della Mirandola, *Conclusiones*, 11>48. "Quicquid dicant caeteri cabalistae, ego decem spheras sic decem numerationibus correspondere dico, ut ab aedificio incipiendo, Jupiter sit quartae, Mars quintae, Sol sextae, Saturnus septimae, Venus octavae, Mercurius nonae, Luna decimae; tum aedificium, firmamentum tertiae, Primum mobile secundae, caelum empyreum decimae."

至于"低等的神学",则是比《论人的尊严》中"有关超实在神性的无法言说的神学"更低的一种神学形式。如果说,"超实在神性"指向了"无限","无法言说的神学"指向了否定神学;那么这里所谓"低等的神学",就是通过圣名的方式来接近"无限"的肯定神学。威斯祖布斯基考察了皮柯与伪狄奥尼修斯的《论圣名》的文本关联,指出"实践的卡巴拉作为一种名称的知识、圣名的知识,践行所有形式性原则(形式的形而上学)和神圣属性(低等的神学)"。❶ 言下之意,实践卡巴拉所谓的践行"低等的神学",就是对于圣名潜能的一种操作。进一步,如果我们考虑到"低等的神学"永远无法指向"无限",而只能指向它在圣名中的显现,那么它将只能指涉天使的本性。后者在整个被造物的序列中,构成了人的上升以及人与上帝神秘合一的中介。在这个意义上,"践行'低等的神学',就意味着通过诉诸于天使的德能来操作现实,或者推动人化形为天使(angelomorfosi)的进程"。❷

综上所言,皮柯的实践卡巴拉强调利用象征性的希伯来语字母和数,通过对圣名和天使之名的操作,发挥作为"上帝的显现"之流溢层和天使的德能对于世界和人的作用。实践卡巴拉指向的,不是对于上帝和宇宙的沉思,而是对于宇宙和人自身的实践与操作,是对于宇宙和人自身的改造。因此,实践卡巴拉虽然离不开理论卡巴拉,且与理论卡巴拉虽然在手段上有相似之处(比如都可能运用希伯来语的字母组合术),但却有着完全不同的旨趣。唯有实践卡巴拉具有的实践和操作精神,才使它占据卡巴拉的中心,成为皮柯和文艺复兴思想家关注的焦点。

---

❶ Wirszubski, *Pico della Mirandola's Encounter with Jewish Mysticism*, p. 254.

❷ Flavia Buzzetta, *Magia naturalis e scientia cabalae*, p. 208.

2. 实践卡巴拉与魔法

实践卡巴拉利用理论卡巴拉的知识，将上帝的流溢层和天使的力量作用于宇宙，这一操作方式具有明显的魔法特征。因此，尽管皮柯本人没有公开使用类似的表述，但学界一般认为，皮柯所谓的实践卡巴拉就是一种卡巴拉魔法／卡巴拉主义魔法（Cabbalistic magic）。这种卡巴拉魔法既可以理解为卡巴拉在实践中的运用，也可以理解为用卡巴拉的方式来操作魔法。在后一种意义上，卡巴拉魔法是对自然魔法的升华，是自然魔法最为完善的形态。皮柯说过，"除非与卡巴拉的作工有或明或暗的联系，任何魔法操作都是无效的"。这里的魔法，就是自然魔法。皮柯的命题意在指明，要想让魔法产生真正的效力，就必须跨越自然魔法的阶段，让"卡巴拉的作工"参与魔法之中；换言之，只有让魔法和卡巴拉结合，变成一种卡巴拉魔法，自然魔法才能展现出它真正的力量。

实践卡巴拉的这种魔法特性，在《九百题》中随处可见。在"根据个人主张的魔法命题"（*Conclusio magica secundum opinionem propriam*）中，皮柯说，"无论完成哪些神奇的作工，无论它们是魔法的、卡巴拉的或其他种类，都主要归于荣耀和蒙福的上帝，它的恩典日复一日地将天外之天的神奇之水慷慨地倾倒给意志善良的沉思者"。❶ 由此观之，不仅魔法（自然魔法）而且卡巴拉，都能够完成"神奇的作工"，具有实践性的操作力量。但是，"通

---

❶ Pico della Mirandola, *Conclusiones*, 9>6. "Quodcunque fiat opus mirabile, sive sit magicum, sive cabalisticum, sive cuiuscunque alterius generis, principalissime referendum est in deum gloriosum et benedictum, cuius gratia supercaelestes mirabilium virtutem aquas super contemplativos homines bonae voluntatis quotidie pluit liberaliter."

过卡巴拉的工作——如果它是纯粹和直接的卡巴拉，某些魔法不能实现的东西便能得以实现"。[1] 相比于普通的自然魔法，实践卡巴拉的力量更为强大。此外，在论及俄耳甫斯颂歌中的魔法时，皮柯比较了魔法和卡巴拉的运用，指出"如同大卫的诗篇神奇地有助于卡巴拉的作工，俄耳甫斯颂歌也有助于真正的、合法的自然魔法"。[2] 俄耳甫斯颂歌可以运用于自然魔法，而大卫《诗篇》中的数秘论则作为一种实践卡巴拉，展现出卡巴拉魔法的力量。[3]

强调卡巴拉的实践性、将它运用于魔法，这种做法在历史上并不罕见。实际上，在中世纪的犹太教传统中，实践卡巴拉或曰卡巴拉魔法已颇为流行。拉丁语中的 *cabala pratica*（实践卡巴拉），不过是对希伯来语词汇 *qabbalah ma'asit*（实践卡巴拉）的转译而已。不同的魔法资源萦绕着犹太世界，赋予卡巴拉传统魔法性的内涵。12—13 世纪之际，与拉丁 - 基督教世界里魔法文化（如罗吉尔·培根）相对峙，犹太世界里的魔法文化开始活跃。在瑞纳尼亚的哈西德社区为代表的犹太地区，卡巴拉与新柏拉图主义传统相结合，推动了卡巴拉魔法的传播。[4] 特别地，随着西班牙地区卡巴拉主义的兴起，包括阿布拉菲亚的"字母组合学"给卡巴拉魔法提供了巨大的空间。

然而，在正统的犹太教文化中，魔法的形象历来是负面的。

---

[1] Pico della Mirandola, *Conclusiones*, 9>26. "per opus cabale, si sit pura cabala et immediata, fit aliquid ad quod nulla magia attingit."

[2] Pico della Mirandola, *Conclusiones*, 10>4. "Sicut hymni David operi Cabalae mirabiliter deseruiunt, ita hymni Orphei operi verae, licitae, et naturalis magiae."

[3] 在《申辩》中，皮柯曾援引中世纪圣希拉里的观点，认为《诗篇》的传统数秘论具有魔法的力量和效力。但考虑到萨沃纳罗拉对皮柯的文本进行了删订，我们不清楚皮柯在他的《〈诗篇〉解》的初稿中保留了多少这样的观点。见 S. A. Farmer trans and edited, *Syncretism in the West: Pico's 900 Theses (1486)*, p. 506。

[4] Flavia Buzzetta, *Magia naturalis e scientia cabalae*, pp. 230-231.

早在《旧约·申命记》中，摩西就严厉斥责犹太地区流行的魔法实践：

> 你到了耶和华你上帝所赐之地，那些国民所行可憎恶的
> 事，你不可学着行。你们中间不可有人使儿女经火，也不可有
> 占卜的、观兆的、用法术的、行邪术的、交鬼的、行巫术的、
> 过阴的。凡行这些事的，都为耶和华所憎恶，因那些国民行这
> 可憎恶的事，所以耶和华你的上帝将他们从你面前赶出。你要
> 在耶和华你的上帝面前作完全人。（《申命记》18：9-13）

这里的"邪术"、"巫术"（magia）就是魔法——上帝眼中那
"可憎恶的事"。诺拉考证指出，"为了反对犹太人从美索不达米
亚地区带来的魔法实践，《旧约》的宗教律法发动了一场漫长但并
非总是有效的战役……在《圣经》文本中，所有的魔法技艺都代
表了对以色列上帝的冒犯"。[❶] 为了追求魔法的正当性，中世纪的
犹太魔法思想家不得不付出艰苦的努力。在梵蒂冈犹太文献编号
为 189 的《人书》（*Liber de homine*）[❷] 中，新的魔法观念已经浮出
水面：虽然魔法的实践实际有效，但只要人们不将它们投入实践，
就值得嘉奖。毕竟，"对魔法的非操作性认识是忠诚于上帝的一种
证明，因它看起来不是非法的，不像魔法的实践运用那样受人谴
责"。[❸] 换言之，当魔法维持在沉思的界限之内，就是合法的；而
一旦魔法指向实践，无论是用于预测未来，还是召唤天使、鬼魂

---

❶ A. Di Nola, *Magia e Cabbala nell'Ebraismo medievale*, Napoli: S. T. E. M, 1964, p. 9.

❷ 《人书》为 12—13 世纪犹太魔法著作，15 世纪末由古列尔莫·莱蒙多（Guglielmo Raimondo）翻译成拉丁文，供皮柯·米兰多拉使用。

❸ Flavia Buzzetta, *Magia naturalis e scientia cabalae*, p. 233.

还是恶魔，则必须要被禁止。

与此同时，《人书》还提到了一种与魔法技艺不同的操作方式。这种操作，就是通过实践卡巴拉的知识而进行的特殊操作。作为一种魔法性质的操作，它主要通过求助于七十二天使（*Shem ha-mephorash*）或天使之名来进行。这种魔法操作立足于名称的潜能之上，因此看起来与那些求助于恶魔的非法魔法大相径庭。但就它同样关涉一种占卜的和召神的潜能，这种魔法与那些非法的魔法实践也有共通之处。比如，《人书》提到，关于宇宙的奥秘，有些是可以认识的，有些是上帝禁止认识的。对于上帝禁止的部分，我们无能为力；但我们可以强制天使或者恶灵违反它们的意愿，揭示上帝并不禁止的那些知识。在这个过程中，我们不仅可以求助于七十二天使，也可以求助于法术师（hartummim）的魔法技艺（ars magica）。❶ 其中，求助于七十二天使的知识，就是实践卡巴拉的知识。这个段落清楚地表明，在中世纪的传统中，实践卡巴拉已逐渐摆脱过去非法的身份，开始利用天使之名进行魔法操作。

皮柯的实践卡巴拉或曰卡巴拉魔法，受到中世纪魔法思想的影响。对《人书》的阅读和研究，促使皮柯考虑卡巴拉在魔法中的运用，发展出卡巴拉主义的魔法。值得注意的是，相较于中世纪的犹太卡巴拉魔法，皮柯的卡巴拉魔法有几点明显的改动。

首先，就《人书》而言，犹太卡巴拉魔法的操作对象非常广泛，不仅有七十二天使，也有各种各样的恶灵。但皮柯的卡巴拉魔法，要么召唤"上帝的显现"（流溢层），要么召唤天使的力量，没有给恶灵留下任何位置。求助于恶灵的魔法，与自然魔法的要

---

❶ *Liber de homine*, ms. Vat. Ebr. 189, ff. 462-463r.

求背道而驰，被皮柯排除在合法的魔法之外。其次，相比于《人书》的犹太卡巴拉魔法，皮柯显然糅合了更多的卡巴拉资源，充实了卡巴拉魔法的操作方式。在《人书》中，卡巴拉魔法仅限于召唤天使或恶灵之名，而在皮柯那里，卡巴拉魔法不仅召唤天使之名，而且召唤上帝之名，并利用"字母组合术"对圣名以及象征性的"形式的数"进行操作。随之而来，皮柯的卡巴拉魔法也就具有更大的实践力量。再次，《人书》虽然给实践卡巴拉留下了一定空间，但就整个犹太教来说，实践卡巴拉或曰卡巴拉魔法的形象仍旧是负面的。相比于实践卡巴拉，一种仅仅沉思而不操作的理论卡巴拉更受赞誉。但在皮柯这里，实践卡巴拉既是理论卡巴拉的必然结果，也是比后者更高的形态。皮柯有言，"就任何实践的对象而言，如果所有其他方面是一样的话，对它的操作都比对它的沉思更高贵"。❶ 相比于理论卡巴拉，实践卡巴拉或曰卡巴拉魔法更为可贵。这一转变，彻底扭转了犹太卡巴拉固有的理论导向，凸显了它强烈的实践倾向，赋予卡巴拉魔法更大的空间。正是由于皮柯的上述修正，卡巴拉魔法在文艺复兴时期日益盛行，成为日后罗伊西林等众多哲学家和科学家热衷的主题。同为魔法，皮柯所言的卡巴拉魔法和自然魔法有什么不同呢？

3. 卡巴拉魔法与自然魔法

皮柯多次断言，"除非与卡巴拉的作工有或明或暗的联系，任何魔法操作都是无效的"。这个命题不仅强调了卡巴拉对于魔法的影响，也明确将卡巴拉与一般性的自然魔法区分开来。作为"自

---

❶ Pico della Mirandola, *Conclusiones*, 3>46. "Dato quocunque obiecto practicabili, nobilior est operatio quae eum practicat quam quae eum contemplatur, si caetera sint paria."

然魔法的最高部分"，卡巴拉魔法具有自然魔法不具有的力量，在形而上学和认识论层面均凌驾于自然魔法之上。

（1）存在论之分

关于自然魔法与卡巴拉的差别，皮柯在《九百题》中曾经给出过三个连续的命题：

> 命题 A："处于永恒的时间视域的本性接近于魔法师，但低于他。"（《九百题》9＞16）
> 命题 B："魔法与那处于时间与永恒之间的视域的本性相配，从那里魔法可以通过智者们所知的适当方式来获取。"（《九百题》9＞17）
> 命题 C："处于时间的永恒视域的本性接近于魔法师，但高于他，与之匹配的是卡巴拉。"（《九百题》9＞18）❶

三个命题围绕三种不同的本性进行论述。第一个命题论及的是比魔法师更低的本性；第二个命题论及的是魔法自身的本性；第三个命题论及的是比魔法师更高的本性，也就是卡巴拉。根据芙拉维亚·布泽塔（Flavia Buzzetta）的考证，皮柯对这三种不同本性的论述，深受普罗克洛斯的影响。在《神学原理》第五十五节"论时间"中，❷ 普罗克洛斯区分了两种时间，一种是永恒的时间，也就是永恒绵延着的时间，另一种是有限的时间。这种区分

---

❶ Pico della Mirandola, *Conclusiones*, 9>18. "Illius natura quae est orizon aeternitatis temporalis, est mago proxima, sed super eum, et ei propria est cabala."

❷ Proclo Licio Diadoco, *I manuali. Elementi di fisica, Elementi di teologia. I testi magico-teurgici*, traduzione, prefazioni, note e indici di Chiara Faraggiana di Sarzana, Saggio introduttivo di Giovanni Reale, Milano: Rusconi, 1985, p. 122.

带来的结果是，在永恒事物与那些有限的生成事物之间，还有第三种存在，即"永恒生成"的存在。后者一方面具有比它更低的那些生成事物的特性，具有时间性；另一方面又模仿了永恒事物，具有永恒性。但是，它的永恒与真正的永恒不同：真正的永恒意味着绝对的同时，这种永恒则是一种"永恒生成"，与其说它是永恒，不如说是一种时间性的无限绵延。在普罗克洛斯看来，这样一种"永恒的时间"所指的只有宇宙。只有宇宙，既不是生成的，也不会在时间中朽灭，可以在时间中无限延展下去。

　　不仅如此，皮柯对三种本性的理解也带有鲜明的新柏拉图主义特色。根据皮柯奉行的《论原因》(*Liber de causis*),[1] 一共有三类高级的存在，它们与永恒或时间相连。按照阿奎那的解读，"各种高级的存在，要么高于永恒且先于它，要么与永恒同在，要么在永恒之后、时间之上"。[2] 这里"高于永恒且先于它"的无疑是上帝，"与永恒同在"的是智性（即天使）。因为天使被上帝永恒地造出，又永恒地存在着。而"在永恒之后、时间之上"的，则是灵魂。[3] 一方面，灵魂在时间中被造，不具有永恒的特性，"在永恒之后"；另一方面，灵魂并非完全受制于时间，而是具有不朽

---

[1] 根据法默的考证，《论原因》是对普罗克洛斯《神学原理》的改编，成书于 9 世纪左右，作者不详。皮柯这里所说的 Abucaten Avenan 并非这本书的真正作者或译者。《论原因》在中世纪晚期影响很大，是学者评注最多的形而上学作品，托马斯·阿奎那、罗马的基尔的评注就是其中的代表。参考 S. A. Farmer trans and edited, *Syncretism in the West: Pico's 900 Theses (1486),* p. 460。

[2] Tommaso D'Aquino, *Commento al <Liber de causis>*, a cura di C. D'Ancona Costa, Milano: Rusconi Libri, 1986, p. 181, "Omne esse superius aut est superius aeternitate et ante ipsam, aut est cum aeternitate, aut est post aeternitatem et supra tempus."

[3] Tommaso D'Aquino, *Commento al <Liber de causis>*, pp. 181-182. "Esse vero quod est post aeternitatem et supra tempus est anima, quoniam est in horizonte aeternitatis inferius et supra tempus."（无疑，灵魂在永恒之后、时间之先，因为它低于永恒的视域而高于时间。）

的潜能，所以"在时间之上"。同样，皮柯的三个命题，也在用永恒、时间、永恒与时间的逻辑来谈论不同的本性。但必须看到的是，新柏拉图主义的论述主要集中在"高级存在"，也就是所有在时间之上的永恒；而皮柯在这里谈论的，不仅针对魔法，还针对比魔法更低的本性。相比于新柏拉图主义，皮柯扩充了存在论的范畴，将它指向了永恒世界之外的可感世界，从而与时间问题紧密相连。

　　基于这种考虑，我们既不能同意威斯祖布斯基所言的，皮柯在这三个命题中，仅仅是为了强调魔法和卡巴拉的联系，而不是确立三种本性的等级关系，甚至三种存在是"一样的东西"；❶也不能简单地把新柏拉图主义对三类存在的划分，与皮柯对三种本性的划分一一等同起来。而是说，皮柯很可能在新柏拉图主义的基础上，根据自身魔法思想的需要，对三种本性做了适合自己的处理。第一个命题中所言的，比魔法师更低的本性，是"永恒的时间"的视域。如果说，普罗克洛斯将"永恒的时间"视为宇宙，那么这个宇宙也不大可能是无形的宇宙（包括天使在内的），而只可能是指宇宙中的形体；❷那"处于永恒与时间之间的本性"，就是魔法师的本性，指的是灵魂中的理性，也就是那"永恒之后、

───────

❶ 威斯祖布斯基的反驳参见 Wofson, *Alef Mem Tau. Kabbalistic Musings on Time, Truth and Death*, Berkley-Los Angeles: University of California Press, 2006, p. 83。

❷ 维托拉·佩罗内·孔帕尼（Vittora Perrone Compagni）给出了一个激进的解释（布泽塔也认同），认为这里的"永恒的时间"指的仅仅是月下世界，而那介于"时间与永恒"之间的本性指的是天体。我们不同意这种看法。因为就魔法师具有理性而言，不仅月下世界，而且天体都比他的灵魂更低。在这个意义上，我们接受法默的看法，将这里三种本性分别等同于形体本性、理性本性与智性本性。参见 Perrone Comapgni, *"Abracadara: Le parole nella magia (Ficino, Pico, Agrippa)"*, in *Rivista di estetica* (vol 42, num 19), 2002, p. 123; Buzzetta, pp. 264-267; S. A. Farmer trans and edited, *Syncretism in the West: Pico's 900 Theses (1486)*, p. 500。

时间之上"的理性；而那"时间的永恒"代表的，则是智性。这里的智性，既可以说是天使，又可以说是作为"上帝的显现"的各个流溢层。只有卡巴拉，才能指向天使和流溢层，从而与这种"时间的永恒"的本性相配。也只有卡巴拉的本性，才能高于从事自然魔法的"魔法师"。

综上，皮柯对三种不同存在的划分，是为了从形而上学的角度，将卡巴拉魔法与自然魔法彻底区分开来。自然魔法所指向的，是宇宙中的有形物体（天体和月下世界）；卡巴拉魔法运用的是卡巴拉知识，它指向的是宇宙中的无形事物——天使和"上帝的显现"，甚至是上帝自身。卡巴拉魔法在形而上学上的优先性，根本上决定了它相较于自然魔法的优先性。

（2）第一因 VS 第二因

卡巴拉魔法之于自然魔法的优先性，还可以从认识论的角度予以说明。实践卡巴拉或曰卡巴拉魔法，诉诸天使界和上帝的力量，后者充当着事物存在和变化的第一因（prima causa）；而自然魔法诉诸天体和月下世界的力量，天界对于月下世界的影响只是事物存在和变化的第二因（secunda causa）。皮柯的命题，"除非与卡巴拉的作工有或明或暗的联系，任何魔法操作都是无效的"，强调自然魔法的实践离不开卡巴拉的作用，同时也表明，自然魔法诉诸的第二因不是根本的，而是依赖于第一因。简言之，卡巴拉对于自然魔法的支配，根本上是由于整个的存在体系中，第一因对于第二因的支配。皮柯的这种观点，在他的《九百题》之"论《论原因》的命题"（*Conclusiones secundum opinionem propriam in doctrina Abucaten Avenan, Qui dicitur Auctor De Causis*）中体现得淋漓尽致。皮柯说，"阿布卡顿有言，'每个第一因都影响更大'，这里的'更大'应理解为原因类型的卓越，它在事物中产生的，则是对它的模仿"。❶ 抛开皮柯误将阿布卡顿视为《论原因》的作者这点不论，这条引文充分表明了《论原因》的立场：在对结果的影响方面，第一因具有相比于第二因的优先性。或者说，在等级上，第二因要低于第一因并服从于第一因。❷

皮柯对第一因和第二因的理解，承袭的是中世纪晚期主流的原因理论。无论是皮柯倚重的《论原因》，还是与该书几乎同时的托马斯·阿奎那，都奉行如下观点：就原因与结果的距离而论，第一因与结果更为遥远，它与被造物之间的因果关系是间接的；而第二因与结果更近，它们之间的因果关系是直接的。在此意义上，我们可以把第一因称之为"远因 / 远隔因"（causa remota），而把第二因称之为"近因 / 临近因"（causa proxima）。但就对结果的影响而言，第一因比第二因的作用更加根本。作为第一因，上帝决定性地且持续不断地作用于万物。因此，对一个事物而言，它可以脱离第二因而存在，但绝不可与第一因相分离。一旦脱离第一因，事物将彻底失去存在，陷入虚无。我们可以这样来说：第一因可以脱离第二因，但第二因却无法脱离第一因。脱离第二因，上帝作为第一因仍可以直接作用于事物；第二因一旦脱离第一因，就会彻底失去作用于结果的力量。归根结底，上帝才是决定事物存在和运动的根本力量，而被造物之间的力量是相对的，它们之间的因果关系只有依靠上帝才能成立。

在上帝的诸多被造物之中，天使的地位和性质最为特殊，也

---

❶ Pico della Mirandola, *Conclusiones*, 6>3. "Cum dixit Abucaten Omnem causam primariam plus influere, per plus intelligas eminentiam modi cansandi et intimitatem eius quod in re producitur."

❷ Tommaso D'Aquino, *Commmento al <Libro delle Cause>*, p. 171. "Omnis causa primaria est influens super causatum suum quam causa universalis secunda."（每个第一因都比普遍的第二因影响更大。）

与卡巴拉魔法最为相关。一方面，天使作为"首要的心智"，是被上帝所造的。❶ 而且，上帝还相当于天使的"建议原因"（causa consigliativa），天使中产生的一切理念，都是上帝给予的；天使的原因活动，都是按照上帝"建议"的方式进行的。因此，相比于上帝这个第一因，天使只能是第二因。但另一方面，上帝是天使被造的直接原因。而所有其他的造物则是上帝先造了天使之后，通过天使造出来的，上帝只是它们被造的间接原因。天使的这种特殊地位决定了，它虽然只是第二因，但却构成了天界和月下世界中所有形体事物的原因。只有天使在自身中形成了它们被造的理式，它们才会得以被造。❷ 在这个意义上，天使和其他被造物虽同处第二因的序列，但因为权能的高贵，无形中充当了后者"准第一因"（quasi-prima causa）的角色。

除此之外，在上帝、天使和各类形体之间，还有灵魂的存在。灵魂同样为上帝所造，但在存在序列上却略低于天使，后者是它的临近因或曰"准第一因"，真正的第一因仍旧是上帝。在灵魂中，宇宙灵魂具有理性的特征，能够推动和统治各类形体。它所起的作用不仅是第二因，而且受制于天使这个本质上同为第二因的临近因。天使和世界灵魂的运作方式表明：除了直接作用于天使，作为第一因的上帝均不是直接作用于被造物，而是通过各类第二因间接地作用于被造物的。在这个意义上，不仅第二因根本上依赖于第一因，而且第一因在某种程度上也依赖于第二因。只

---

❶ Pico della Mirandola, *Conclusiones*, 4>3. "Ideales rerum formalesque rationes effective a deo in prima creata mente formaliter primo reperiri, cum theologica veritate tenemus."（我们信奉这样的神学真理：事物理念性和形式因的理式，首先被上帝在被造的心智中有效和形式性地发明出来。）

❷ Pico della Mirandola, *Commento Sopra una canzone d'amore*, p. 116.

不过，第一因对第二因的依赖，与第二因对第一因的依赖有本质性的不同：第二因依赖于第一因，是因为上帝具有创造和维持世界的巨大力量，一旦第一因有所变化，第二因将难以为继，甚至彻底消失；而第一因依赖于第二因，是就上帝的治理秩序而言。除了直接创造天使，上帝对于世界的创造和治理，无不是通过"中介"的方式来进行的。没有第二因的存在，第一因将陷入缺乏工具、无从操作的窘境（当然，我们无法从神学上否定，上帝绕过所有的第二因，直接和被造物沟通的可能）。

第一因与第二因的关系一旦得以澄清，我们对于卡巴拉魔法的运作以及它与自然魔法的关系就会有更加透彻的理解。自然魔法的对象是天体和月下世界，指向的是第二因；而卡巴拉魔法的对象，是上帝和天使的力量，指向的是第一因和"准第一因"。考虑到第一因和第二因的关系，自然魔法的效力注定是有限的、相对的，甚至用耶茨的话来说，是种"虚弱的东西"（a weak thing）。❶ 这样我们也就能理解，皮柯为何非反复强调，"除非与卡巴拉的作工有或明或暗的联系，任何魔法操作都是无效的"。在皮柯那里，只有通过实践卡巴拉或曰卡巴拉魔法，利用上帝和天使对于世界的权能，魔法操作才能真正展现出它的力量。

三、卡巴拉魔法与人的上升

无论如何，卡巴拉魔法终究是一种魔法。作为魔法，卡巴拉魔法和自然魔法一样，同样致力于寻求宇宙的交感，通过各种各

---

❶ Frances A. Yates, *Giordano Bruno And The Hermetic Tradition*, p. 91.

样的方式将它们实现出来。卡巴拉魔法和自然魔法在形而上学和认识论的差异，最终表现为双方在实现形式上的差异。考虑到这一点，我们有必要对卡巴拉魔法的理论基础和运行方式进行考察，并以此为基础，揭示卡巴拉魔法对于宇宙和人的根本意义。

1. 卡巴拉魔法与宇宙的交感

如前所述，自然魔法依赖于一个新柏拉图主义的前提——宇宙的普遍交感。一旦魔法师发现宇宙的交感，就能够"嫁娶天地"，将天界的德能引向月下世界，施行魔法。同样，卡巴拉魔法的运行，也离不开宇宙的普遍交感。

皮柯对普遍交感的描述，立足于中世纪以降的宇宙论模式。在《创世七论》中，皮柯将宇宙区分为三个世界：天使界、天界和元素界，将上帝归到天使界之中。而在《〈爱歌〉评注》和《九百题》中，他明确在三个世界之外加了一个神圣世界，凸显了上帝的超越地位。无论是三个世界还是四个世界，有一点一以贯之：在皮柯看来，整个宇宙是一个由"和谐的纽带"和"多彩的链条"连接而成的统一体。宇宙的各个部分，三个世界或四个世界之间，无不存在隐秘的联系。后者要么是因为同感而产生的相互吸引，要么是因为反感而产生的相互排斥。而且，由于"一切以自己的方式在一切之中"（Omnia sunt in omnibus modo suo，普罗克洛斯语），存在于某个世界的事物以不同的方式存在于另一个世界，魔法师就可以利用这种对应性去寻求宇宙的交感，进而利用它来影响自然。比如，自然魔法寻求天界和月下世界之间，以及月下世界中不同事物之间的交感。天体的热和月下世界的热，同样都是热，但是前者表现为热的权能，而后者表现为热的元素性质。它们之间的交感，就是热的权能与热的元素性质之间的交感。由于前者高于后者，这种交感最终就表现为，天体中热的权能对于月下世界中热的元素的影响（或曰"作工"）。

卡巴拉魔法同样依赖于交感。只不过，它所涉及的范围比自然魔法更为广泛。在自然魔法中，交感仅仅限定于自然界（天界和元素界）；而在卡巴拉魔法中，宇宙的交感从自然界一直传递到天使界乃至神圣世界（上帝的居所）。据此，不仅天界而且天使界乃至更高的上帝，都与其他世界存在隐秘的交感。一旦我们找到这种交感，就可以将更高的权能引至下界，达到我们要想的结果。但是，在天使界和神圣世界，事物的存在方式迥然不同。仍以热为例，天使界中的热，不是热的权能或元素性质，而是热的理念。由此，对于卡巴拉信徒而言，他们需要做的就是找到天使等智性存在中热的理念，利用它与天界中热的权能和月下世界中热的元素之间的交感，来影响天界和月下世界。

卡巴拉魔法对希伯来字母和数的运用，正是上述逻辑的根本体现。在皮柯看来，希伯来语中的字母，向来不是质料性的字母，而是对于宇宙结构乃至上帝权能的反映；同样，数里面"形式的数"，向来也不是质料性的数，而是对于"上帝的显现"（流溢层）的表现。在这个意义上，希伯来字母和数（作为"形式的数"），绝不是天界中某种权能或元素界里的某种元素，而是天使界甚至是神圣世界中理念性的、智性的存在。这样一种理念性的、智性的存在，犹如卡西尔所言的"符号"（Symbol），象征了整个的宇宙实在。由此，卡巴拉信徒一旦能够识别这些"符号"，就等于发现了它们和其他世界之间的类比性关联，也就是它们之间的隐秘交感。进一步，一旦卡巴拉信徒能够对这些"符号"即希伯来字母和数进行操作，他们就能将上帝或天使的力量引至天界和月下世界，实现他们的意图。❶关于这一点，皮柯曾经说过：

> 对于每个自然或神圣的权能而言，只要比例适当，属性的类比都是相同的：名称是相同的，颂歌是相同的，作工是相同的。(《九百题》，10＞6）❷
>
> 任何不知道如何通过隐秘的类比方法完美地理解感觉属性的人，对于俄耳甫斯颂歌传来的声音将一无所知。(《九百题》，10＞7）❸

无论自然世界还是神圣世界，"属性的类比"都是相同的。对于魔法师而言，他只有掌握这种隐秘的类比方法，才能由此及彼，由感觉世界推及神圣世界，抓住不同世界隐秘的交感。只有这样，他才能利用俄耳甫斯颂歌来践行魔法。如此类推，魔法师只有深谙卡巴拉，发现神圣世界和感觉世界的隐秘交感，才能真正践行卡巴拉魔法。接下来，魔法师在发现这些交感之后，又该如何操作呢？

2. 卡巴拉魔法的操作方式

归根结底，作为魔法的实践卡巴拉，离不开希伯来语形式性的象征力量。它既包含上文提到的数，还包括字符、图形，甚至语词与声音。只有能够掌握这些符号对于世界的象征性，以及它

---

❶ Ernst Cassirer, *Dall'Umanesimo all'Illuminismo*, Firenze: La Nova Italia, 1995, p. 65.

❷ Pico della Mirandola, *Conclusiones*, 10>6. "Quarumcunque virtutum naturalium vel divinarum eadem est proprietatis analogia, idem etiam nomen, idem hymnus, idem opus, servata proportone."

❸ Pico della Mirandola, *Conclusiones*, 10>7. "Qui nescierit perfecte sensibiles proprietates per viam secretae analogiae intellectualizare, nihil ex hymnis Orphei sanum intelligit."

们与上帝、天使的隐秘关联，卡巴拉魔法才能利用上帝和天使的德能，操控甚至统治整个世界。

数（形式的数）的力量前文已多有论述。毋庸置疑，数是卡巴拉魔法的基石，是卡巴拉的魔法师能够操控神圣力量的根本手段。和毕达哥拉斯主义相似，卡巴拉主义者认为，数学是整个世界的内在结构。在《申辩》中，皮柯说，"由于智慧，上帝必然在数中构思和度量万物"。❶数和流溢层的对应关系，是卡巴拉魔法沉思和操作魔法的入手点。从事卡巴拉魔法的魔法师，需精读《圣经》文本，发现其中隐藏的数与各个流溢层的关联，为魔法操作提供准备。无论是字符（Charateres）还是图形（figurae），都与数紧密相连。皮柯主张的"字母旋转术"，所利用的无非就是字母和数的特殊对应。同样，字符之所以能产生力量，也是因为它与希伯来字母之间具有对应性。字符和图形这两个术语，除了在某些语境下有所区分，都紧密结合在一起，或基本视为同义词。❷比如，《九百题》就说，"从隐秘哲学的原则来看，我们有必要知道：字符和图形在魔法作工中，比质料性的性质更为有力"。❸字符作为一种书写符号，可以归为几何学、数或希伯来字母符号；而图形在某些情形下，虽可以由几何图像构成，但在形态学上仍可以划归字符的序列。

随之而来的则是语词（Verba）。语词在自然魔法和卡巴拉魔法中均有使用，不同的是，自然魔法使用的语词，经常表现为一

---

❶ Pico della Mirandola, *Apologia* V. "Nihil casu sed omnia Deus per suam sapientiam ut in pondere et mensura ita in numero disposuit."

❷ Flavia Buzzetta, *Magia naturalis e scientia cabalae*, p. 223.

❸ Pico della Mirandola, *Conclusiones*, 9>24. "Ex secretioris philosophiae principiis necesse est confiteri plus posse caracteres et figures in opera Magico, quam possit quaecunque qualitas materialis."

种咒语（incantationes），用一种音乐性的声音发出；而卡巴拉魔法使用的语词，一定是希伯来语方式的语词，其根底是希伯来语字母。唯其如此，语词才会具有解密和操控世界的力量。而语词，又必定与声音（Voces）相连，只有通过声音，语词才能展现它神圣的力量。关于声音的这种作用，皮柯先说，"声音和语词在魔法作工中具有效力，因为在那个自然首先践行魔法的作工中，声音是上帝的"；❶接着又说，"每个声音在魔法中都有德能（virtutem），因为它被上帝的声音所塑造"。❷在这个意义上，皮柯的魔法可以称之为"上帝之声中的魔法"（magia in voce Dei）。❸可是，声音为什么具有这么大的力量，以至于魔法对它如此依赖呢？

这是因为，由希伯来语发出的声音，和语词、字符一样，具有一种实践和操作的力量。而且，相比于语词、字符或图形，声音超越了书写符号，因此更为抽象，与上帝也更为接近。说到底，魔法师通过希伯来语发出的这些声音，绝不仅仅是魔法师自己的声音，而是"被上帝的声音所塑造"的声音，或者说是对"上帝之声"的模仿。而"上帝之声"既表现在《圣经》中，也表现在被造物中，具有操控和统治世界的魔力。进一步，皮柯指出，"无意义的声音比有意义的声音更有力"。❹对皮柯来说，无论是声音

---

❶ Pico della Mirandola, *Conclusiones*, 9>19. "Ideo voces et verba in magico opere efficaciam habent, quia illud in quo primum magicam exercet natura, vox est dei."

❷ Pico della Mirandola, *Conclusiones*, 9>20. "Quaelibet vox virtutem habet in magia, inquantum dei voce formatur."

❸ Perrone Comapgni, "Pico sulla maiga: Problemi di causalità", in *Nello Specchio del Cielo. Giovanni Pico della Mirandola e le Disputaiones contro l'astrologia divinatoria. Atti del Convegno di studi*, A cura di M. Bertozzi, Firenze, 2008, pp. 95-115.

❹ Pico della Mirandola, *Conclusiones*, 9>21. "Non significativae voces plus possunt in magia quam significative."

还是语词，最终都是对《圣经》中潜藏的圣名或曰上帝之名的表达。受新柏拉图主义者杨布里科"否定神学"的影响，皮柯相信，语言是有欠缺的，它仅仅能够充分地描述低等世界。[1]对于更高的世界，尤其是那作为"无限者"的上帝，它"不可言说的名"，语言无能为力。因此，相比于"有意义的声音"，"无意义的声音"因为彻底丢弃了语言的逻各斯属性，反而更能接近神圣的"无限者"，因此具有更大的力量。

至此，我们可以对卡巴拉魔法的内容和形式都有了初步的把握。所谓的卡巴拉魔法，乃是一种从犹太卡巴拉发展而来的实践卡巴拉形式。它立足于希伯来语的力量，运用数（形式性的数以及相应的希伯来语字母）、书写（字符与图形）、声音（语词和声音）等多种形式的象征性力量，发现和利用神圣世界与其他世界的交感，将上帝和它的流溢层以及天使的德能召唤至天界和月下世界，达到操控与统治世界的目的。

3. 人的上升和救赎

从自然魔法到卡巴拉魔法，人性的等级随之上升。自然魔法指向自然世界（天界与月下世界），与它相对应的是"永恒与时间之间"的本性，即人的理性。卡巴拉魔法指向神圣世界（上帝与天使），与它相对应的是"时间的永恒"的本性，即人的智性。皮柯明确指出，"如果有任何毗邻着我们的本性，或单纯是理性的，或大部分是理性存在着的，它的顶点就是魔法"。[2]这个命题既表明，人一旦具有充足的理性，就有能力践行魔法；同时又暗示，

---

[1] Pico della Mirandola, *Conclusiones*, note 9>21 by Farmer, p. 501.

[2] Pico della Mirandola, *Conclusiones*, 9>14. "Siqua est natura immediata nobis quae sit vel simpliciter vel saltem ut multum rationaliter rationalis, magicam habet in summo."

人如果仅仅局限于理性，就会止步于自然魔法。要想践行卡巴拉魔法，人就必须超越理性的顶点，向智性攀升。皮柯明言，"凡是在理性层面达不到智性的人，都不能通过纯粹的卡巴拉进行操作"。❶ 只有依靠智性，心灵才能懂得各种各样的上帝和天使之名，真正践行魔法。

智性与理性之间具有鲜明的差异。根据皮柯，理性是《圣经》中所言的"天"，一种"从因到果、从果回复至因，围绕推理的轨道而运转"❷ 的能力。简言之，理性是一种推理的能力，或者用皮柯的话说，是一种"永恒之后、时间之上"的能力。言下之意，理性既在"时间之上"，不局限于生灭流变的世界；另一方面，它又在"永恒之后"，不能真正思考永恒的对象。智性高于理性，它是一种"与天使同在"的能力。这种能力对应的，是"时间的永恒"。后者虽然不如上帝那般绝对永恒，而是被上帝在时间中创造。但就其本性而言，它始终和上帝同在，因此最大程度地分有了上帝的永恒本性——如我们所知，这种造物就是天使。在此意义上，我们也可以说，人的智性是与天使最为相似的能力。

从自然魔法到卡巴拉，不仅意味着灵魂从理性上升到智性，也意味着人最终脱离感性世界和形体，变形为天使（Angelomorfosi）。对于人的这种变形，皮柯有言，"理性的部分是属人的部分，智性的部分与天使相通，这样的人不再过着人的生活，而是天使的生活。他已经死于感性世界，以更加完满的生命

---

❶ Pico della Mirandola, *Conclusiones*, 11>12. "Non potest operari per puram Cabalam, qui non est rationaliter intellectualis."

❷ Pico della Mirandola, *Heptaplus*, 4.1. "animus rationalis, a causis ad effectus se transferens, rursusque ab effectibus recurrens in causas, ratiocinationis orbe circumvolvitur."

在智性世界中重生"。❶这里的"在智性世界中重生",就是变形为天使;而这里所言的"死",并非真正的死,是灵魂摒弃以往的生命,在新的生命中重生。在卡巴拉的术语中,这种死亡又被称之为"亲吻之死"(Mors osculi)。其中,"亲吻"又被卡巴拉主义者说成是 Binsica,后者又有"神秘之吻""神显的天使"等含义。之所以如此,是因为人的灵魂最终与上帝合一,这个美妙的过程如同"亲吻"。所谓的"亲吻之死",就是指人被上帝的魔力所抓住,完全失去了自我,仿佛死亡;随之而来,他变形为天使并与上帝合一,最终神化。在卡巴拉主义者看来,《旧约》里的许多先知亚伯拉罕、以撒、雅各、摩西在生命的重要时刻,都经历了这场"亲吻之死"。

在《论人的尊严》中,皮柯曾多次论及人的变形和"亲吻之死"。皮柯援引《旧约》中以诺的故事❷,这样说道,"事实上,甚至最神秘的希伯来神学也一度将以诺变成上帝的天使,希伯来人称其为美塔(Metatron)"。在卡巴拉信徒看来,这里所谓的"将他取去",就是人变形为天使。而人在变形过程中产生的"亲吻之死",皮柯这样说道,"如果我们的灵魂表明自身配得上这样一位来宾(上帝的仁慈广阔无边),她将身着婚袍一般的金衣,周身环绕着各样知识,接待她英俊的来宾——不只作为来宾,而且作为新郎。为了不与上帝分离,她希望与她的子民分离;她忘掉了自己的娘家,事实上也就忘掉了自己;她希望自己在自身之中死,

---

❶ Pico della Mirandola, *Commento Sopra una canzone d'amore*, p. 184. "La parte razionale è propria dellà uomo e per la parte intellettuale con gli angelii comunica, questo tale non più di umana vita ma di angelica vive e, morto nel mondo sensibile, nello intelligibile rinasce a più perfetta vita."

❷《创世记》5:22,"以诺与上帝同行,上帝将他取去,他就不在世了"。

以便在她的新郎里面生，在后者眼中，圣徒之死才算真正可贵"。❶
灵魂"在自身之中死"，融合了犹太先知"亲吻之死"的意象，具
有鲜明的卡巴拉性质。❷

　　无论是人的变形、"亲吻之死"或是与上帝合一，都局限于理
论卡巴拉。当人运用卡巴拉的知识实现理性的上升，就可以在智
性中完成对于上帝的沉思以及自身的变形和神化。实践卡巴拉或
者说卡巴拉魔法的效用则更为广大。在卡巴拉魔法中，魔法师运
用形式的数等各种方式，援引上帝（流溢层）或天使的力量作用
于自然，产生巨大的实践力量。在这个过程中，人不仅仅利用了
神圣的力量，而且在某种意义上，他代替上帝来掌控自然，真正
成为"自然的管家"。一个践行卡巴拉魔法的魔法师，是比践行自
然魔法的魔法师更为强大的主体。或者说，从自然魔法到卡巴拉
魔法，是人作为主体更为彻底的实现。

　　相比于自然魔法，卡巴拉魔法将人与神学的距离进一步拉近，
甚至部分已经将人拉至神学之中，从而赋予人更为丰富的神性。
自然魔法作为"自然哲学的绝对完善"，致力于通过揭示上帝在自
然中的奥秘，为进入最高的神学提供准备。但也仅仅是准备。自
然魔法的直接对象始终是自然，而非上帝。卡巴拉魔法则截然不
同，它对宇宙奥秘的沉思和操作，是通过与上帝和天使的照面实

---

❶ Pico della Mirandola, *Oratio de hominis dignitate*, 97. "Quo tanto hospite si se dignam praestiterit, qua est illius immensa clementia, deaurato vestitu quasi toga nuptiali multiplici scientiarum circumdata varietate, speciosum hospitem, non ut hospitem iam, sed ut sponsum excipiet, a quo ne unquam dissolvatur dissolvi cupiet a populo suo et domum patris sui, immo se ipsam oblita, in se ipsa cupiet mori ut vivat in sponso, in cuius conspectu preciosa profecto mors sanctorum eius, mors, inquam, illa, si dici mors debet plenitudo vitae cuius meditationem esse studium philosophiae dixerunt sapientes."

❷ Wirszubski, *Pico della Mirandola's Encounter with Jewish Mysticism*, pp. 153-160.

现的。一个从事卡巴拉魔法的魔法师，已经先行掌握了上帝和天使的隐秘称号，并能召唤这些神圣的力量。诚然，依照卡巴拉固有的否定神学倾向，一个从事卡巴拉魔法的魔法师绝不可能抵达"无限"，但在对于上帝的流溢层和天使的照面中，他也早已脱离了自然，趋向于神化。卡巴拉魔法的这种功能，不仅一般性地将魔法师－人推向了神学，而且赋予他基督教神学无法给予的巨大权能，堪称人性完善的秘密通道，具有无法替代的意义。

也正是因此，相比于自然魔法，卡巴拉魔法具有更大的救赎意义。不同于自然魔法仅仅在对自然世界的认识和操控中间接领会上帝的奥秘，卡巴拉魔法将人带向神圣世界，直接认识和操控神圣的力量，并最终与上帝合一。考虑到灵魂的救赎和宇宙的救赎是一体的，卡巴拉魔法对灵魂的救赎也指向了对宇宙的救赎。如果说，在自然魔法阶段，魔法师作为"天地的纽带和连接"，连接的仅仅是天界和月下世界，救赎的仅仅是自然世界；那么在卡巴拉魔法阶段，魔法师因为对上帝之名的隐秘认识，不仅将天界和月下世界，而且将更高的神圣世界全部连接起来。他救赎的，是包含自然世界和神圣世界在内的整个宇宙。这种巨大的救赎意义，也构成了皮柯研究和推广卡巴拉魔法的重要动力。

小结：卡巴拉魔法与人的魔化

和自然魔法一样，卡巴拉魔法致力于操控与统治世界。它动用卡巴拉的方式召唤上帝和天使的德能，旨在于改变整个的自然世界和神圣世界。就此而言，卡巴拉魔法和整个文艺复兴的自然哲学有相似的旨趣。不同之处仅仅在于，自然魔法强调通过自然的方式操控世界，而卡巴拉魔法则强调通过超自然的方式操控世界，二者在手段上有根本的差别。这种差别决定了，卡巴拉魔法已经超越了自然哲学的范畴，预先进入神学之中。

卡巴拉魔法意在于人的完善。在"净化－照亮－完善"的人性上升之旅中，自然魔法作为"自然哲学的绝对完善"，对于人的上升具有重要意义。它将人的灵魂提升至理性，继而运用自身的能力探究整个自然，在对自然奥秘的沉思和操作中"照亮"自身，让灵魂经过一与多的练习形成包含万物的能力，成为一个自由的主体。同样，在卡巴拉魔法阶段，人从理性上升到智性，运用自己的能力探究整个自然世界和神圣世界，思考整个宇宙的奥秘，并用自身的能力与神圣世界沟通，按照自己的意愿来操控整个宇宙。在这个过程中，从事卡巴拉魔法的魔法师被完全地"照亮"了。作为魔法师，他是一个完全自由的主体。在自然魔法那里，魔法师虽然具有连接自然的神奇能力，但他的所作所为必须服从自然的秩序与法则，并受制于比自然更高的神圣世界的力量；而在卡巴拉魔法阶段，魔法师完全进入神圣世界，与上帝和天使平起平坐，完全凌驾于自然之上。相比于从事自然魔法的魔法师，他的天地更大。从自然世界到神圣世界，整个宇宙都是他的舞台。只要这个魔法师懂得上帝和天使之名，懂得通向各个流溢层的道路，理论上就能在整个宇宙中自由地穿梭，像上帝那样随心所欲地安排一切。这样一个睥睨一切的卡巴拉魔法师，才是皮柯心中最完美的自由人，某种意义上，也预示了最为激进的现代人形象。❶

---

❶ 科彭哈弗说过，"年轻的米兰多拉伯爵心目中最自由的人是魔法师"（前引）。不过，如果我们考虑到自然魔法和卡巴拉魔法之间的区分，那么严格说来，最自由的人还不是一般意义的魔法师，而是有能力从事卡巴拉魔法的魔法师。

卡巴拉魔法同样意在于宇宙的完善。和自然魔法一样，卡巴拉魔法肩负着拯救宇宙的义务。在皮柯这里，人的堕落－拯救和宇宙的拯救－堕落是一体的。由于人是万物的纽带和连接，他的堕落将不可避免地导向宇宙的堕落，使宇宙变得支离破碎。自然魔法的意义，在于魔法师－人由于灵魂的上升，通过自然的方式将天界和元素界中各个分散的部分连接起来，使之成为一个相互关联的整体。卡巴拉魔法的意义则更为鲜明。在卡巴拉魔法阶段，魔法师－人直接与上帝和天使相连，灵魂获得了更加可靠的救赎。相应地，他就有更大的能力在自身中将宇宙的各个部分连接起来。经过卡巴拉魔法，不仅天界和元素界，而且全部的神圣世界都得到了救赎。一个卡巴拉魔法师－人，如同被上帝选择的"代理人"（Agents），代替上帝完成对于宇宙的拯救。❶他所充当的，实际上就是基督的替代者，一个作为"上帝的形象"的完美神人（divine man）。

随着卡巴拉魔法的展开，人的魔化程度越来越深。如果说，自然魔法对符咒、咒语等方式的运用，已经远离了理性，让人初步被魔化；那么在卡巴拉魔法阶段，魔法师的"魔化"则更为强烈。在卡巴拉魔法中，灵魂从理性上升到更高的智性，表现出高度的神秘主义特征。无论是对于形式的数的把握，还是对于流溢层和天使之名的认识，都不是通过某种理性的计算和筹划，而是通过神秘直观和体悟得来。对于卡巴拉信徒来说，这种直观和体悟虽然是非理性的，却有着比理性更高、更确实的价值。相应地，一个具有神秘直观和体悟的卡巴拉信徒，一个从事实践卡巴拉的

---

❶ John S. Mebane, *Renaissance Magic and the Return of the Golden Age*, p. 38. 梅班（Mebane）指出，"皮柯的作品特别有助于推进下述观念，即人的技艺有助于完善自然：艺术家，包括魔法师，被上帝选为他的代理人"。

魔法师，仅仅通过对希伯来语和形式的数的沉思和操作，就可以发动神圣世界的力量，作用于整个自然世界，他的魔力何其广大！作为上帝的"代理人"，这位卡巴拉魔法师已经完完全全地被魔化了。

同样都是魔化，皮柯的卡巴拉魔法与中世纪的实践卡巴拉已不可同日而语。这不仅是因为，皮柯促成了犹太卡巴拉到基督教卡巴拉的转型，从而赋予卡巴拉魔法更为明确的基督教内涵；更重要的，无论皮柯的卡巴拉魔法如何神秘、如何地让人魔化，它也不像中世纪的卡巴拉那样，仅仅是一种神秘的技艺；而是说，相比于自然魔法，它更加有力地展现了人对于宇宙的操控，体现了人的主体性自由。皮柯绝非孤立地推崇卡巴拉魔法，而是将它放置于"净化－照亮－完善"的上升之路，用于自由的完善。也正是因此，卡巴拉魔法尽管与中世纪的实践卡巴拉一样推进了人的魔化，但它的内涵已不再仅仅是中世纪的，而是和他的自由理论一样，具有了明确的现代内涵。

卡巴拉魔法对人的魔化的推进，既暗含了通往现代的可能，又与这条道路分道扬镳。一方面，卡巴拉魔法推进了自然魔法，极大地提升了人在宇宙中的地位，使他不仅在潜能而且在现实中与天使和上帝并驾齐驱。卡巴拉魔法对于神圣世界和自然世界的操作，使人更加不受自然世界的控制，也免受神圣世界的制约，成为一个更加自由、权能更大的主体。这样一个魔法师－人的形象，无疑暗含了现代的主体意识。甚至在一个宽泛的意义上，我们可以说，卡巴拉魔法师－人的主体形象，构成了现代主体性的预备。但另一方面，如同我们在自然魔法中看到的，卡巴拉魔法在这个自由主体中注入了神秘主义内涵，将人彻底地魔化了。卡巴拉魔法的操作方式，彻底远离了以计算和推理为核心的现代理性；从而，这个新的卡巴拉魔法师－人，绝不可能是一个真正现代意义的理性主体，而仍旧和自然魔法师－人一样，是一个理性与非理性、现代和前现代品格杂糅的矛盾体。一言以蔽之，皮柯的卡巴拉魔法，既从总体上表明了文艺复兴哲学的现代性倾向，又深刻标识了它与以笛卡尔为代表的现代性的不同。我们只有在现代性发展的整体视野下，肯定皮柯思想中的现代性，又将它细致地和后世的现代道路区分开，才能够对它的意义进行准确的定位。也唯其如此，我们才能对于文艺复兴魔法的独特价值进行恰当的评判。

驳占星术：自由与除魔

自然魔法和卡巴拉魔法将人的自由推向了顶点。一个形象未定的人，因着上帝赋予的自由不断净化、照亮和完善自身，抵达神圣的幸福。通过自然魔法和卡巴拉魔法，人摆脱了自身的无形象，在对自然世界和神圣世界的沉思与操作中"魔化"，成为一个具有无限魔力的自由主体。至此，皮柯的人性理想终于变成现实。

但在这条上升的道路上，人的自由仍面临重重阻碍。首要的阻碍来自于浩瀚的宇宙。诚然，上帝将自由交付与人，后者可以按照自己的意志塑造自身，决定自己的命运；甚至凭借自身的理性与智性，成为上天入地、无所不能的魔法师。可是，按照中世纪晚期流行的"存在巨链"（Scala naturae/Great Chain of Being）观念，宇宙是一个从最高的上帝到最低的无生物组成的巨大链条，上下等级森严。在这条"存在巨链"中，人只是一个居间者，不仅受制于最高的上帝和天使，而且受制于比他更高的天体。占星术（Astrology）甚至认为，天体的位置和运行不仅预示，甚至决定了人的命运。这些说法，无疑与皮柯的自由理论背道而驰，也与魔法的精神相互抵触。如果人的命运最终不由自身，而是由天体决定，自由意志还有何意义？如果人连天体都无法摆脱，又如何能够摆脱天使和上帝，成就他主体性的自由，又如何能够利用天界和天使界的力量，施展魔法？可见，皮柯要想彻底捍卫自由和魔法，就必须进一步颠覆中世纪的宇宙论，打破存在巨链，为人在宇宙中寻求一个新的位置。

一、存在巨链：从古希腊到中世纪

1. 发端：古希腊

存在巨链观念发端于古希腊。根据洛夫乔伊的解释，存在巨链观念有三个基本原则——充实性原则、连续性原则和等级划分原则，前两者为柏拉图和亚里士多德奠定，后者为普罗提诺奠定。

首先是柏拉图。初看起来，柏拉图主张理念世界与可感世界分离，与充实性原则毫不相干。但实际上，在《蒂迈欧》中，柏拉图明确地开始了从可感世界向理念世界的回转之旅，从而被迫回答下述两个问题：1）为什么在永恒的理念世界之外，还要有一个变化的世界？2）这个可见的变化世界包含多少种不完满的存在？两个问题密切相连，第二个问题的答案暗含在第一个问题的答案之中。对于第一个问题，柏拉图的回答是，造世工匠（Demiurge）根据努斯（voῦς）造世，表明至善不能单独存在，而需要创造一个世界才能实现真正的完善。由此，"一个无时间性的、无形体的太一就成为一个暂时的、物质的和极端杂多的、丰富多彩的宇宙之存在的动力学起源和逻辑根据"。❶变化世界的存在，可谓理念自身展开和丰富自身的结果。

对于第二个问题，柏拉图的回答是，可见的世界包含了一切

---

❶ 阿瑟・O. 洛夫乔伊：《存在巨链》，北京：商务印书馆，张传友、高秉江译，2015年，第61页。

可能的种类。在《蒂迈欧篇》中，柏拉图这样说道，"他［造世工匠］把一切有理性的生命体都包含在自身中，就如这个宇宙把我们和一切可见物体都包含在内一样。神希望把宇宙造得尽可能和那个最完善最完美的生命体一样，使它成为唯一的可见的生命体，并使一切有相同结构的生命体都包含其中"。❶造世工匠不仅亲自创造了各种等级的不朽的存在（如天体），又将任务派遣给次一级的诸神，让它们依次创造出各种有朽的存在，以便让"宇宙中完全充满了有朽和不朽的存在物"。在洛夫乔伊看来，正是柏拉图对宇宙的伟大设想，奠定了"存在巨链"所需的充实性原则。后者不仅意味着"世界是一个 Plenum formarum【形式的充实】，在其中可以设想的多种多样的生物种类的范围得到了详尽例证这一推论，而且从这种设想出发，它还包含许多别的推论，如，没有一个真正的潜在存在可以留着不实现出来；创造的广度和丰富程度必定和存在的可能性一样大，并和一个'完满'而无穷的源泉的创造力相对应；以及这个世界是更好、更多的东西"。❷按照这个原则，宇宙中将没有真正的虚空，一切位置都将被填满。

亚里士多德紧随其后。他在拒斥充实性原则的同时，贡献了新的连续性原则。一方面，在亚里士多德的哲学中，神作为不动的推动者，虽然构成了世界的根据，却没有解释为何世界上的事物恰好有如此之多；而且，在亚里士多德那里，有潜能而无实现的事物是可能的。这两种说法，间接否定了充实性原则。另一方面，亚里士多德又认为，自然界中的生物和线面体、运动、时间、空间一样，都是连续的。这不仅表现在动物或植物内部的各个物

---

❶ 柏拉图：《蒂迈欧篇》，谢文郁译，上海：上海世纪出版集团　上海人民出版社，2005年，第21页。

❷ 阿瑟·O.洛夫乔伊：《存在巨链》，第61页。

种是连续的，而且甚至还表现在，从植物到动物的转变也是连续的。[1] 亚里士多德特别提到，海里的某些生物攀附在岩石上，看似是没有生命的植物；可一离开岩石，它们就会死亡。这种"植物形动物"的存在，充分证实了连续性原则。

从连续性原则出发，亚里士多德构建了他的宇宙论体系：从神到无生命物，宇宙成了一个连续的自然等级序列。在月下世界，最低的是没有灵魂的无生命物，如矿石；比它们更高的，是有灵魂的生物，如植物、植物形动物、动物和人。其中，植物灵魂仅有消化和繁殖功能，因此植物的地位最低；植物形动物既具有动物灵魂的特性，又具有植物灵魂的特性，地位居中；动物灵魂除了消化和繁殖，还有感觉和欲望等感性功能，地位高于植物形动物；而相比于一般的动物，人的灵魂除了前述功能外，还有一种更高级的理性功能，因此地位最高。在月上世界，神是纯粹的形式或曰纯粹的思想，它的完满性引起天体的爱欲，使它们做持续的圆周运动，维持自身的不朽。天体由于自身的运动，出现光、电等大气现象，引起月下世界的运动。从整体序列来看，神高于天体，天体高于人，人又高于其他动植物和无生命物。这样，亚里士多德虽然一般性地反对柏拉图的充实原则，但他关于连续性原则的阐述，反过来构成了充实性原则的佐证：如果整个宇宙确是个从高到低的连续性整体，宇宙将完全充实而没有虚空。亚里士多德的这一阐发，为存在巨链思想确立了根本的宇宙论前提。

2. 成熟：新柏拉图主义

在古希腊哲学的基础上，新柏拉图主义贡献了存在巨链的第

---

[1] 亚里士多德：《动物志》，588b。

三个原则：等级划分原则。等级制的观念在亚里士多德那里已经初露端倪。后者对于宇宙层级的划分，展现了从神、天体到月下世界的等级秩序。但是，亚里士多德抛弃了柏拉图哲学中可知世界与可感世界的划分，也没有像柏拉图那样说明神与万物的创造论关联，因而没有完全确立等级制的原则。有鉴于此，新柏拉图主义者一边重回柏拉图的立场，强调充实性原则以及两个世界的统一性；一边吸收亚里士多德哲学，强调世界的连续性和等级次序，从而更为系统地完善了存在巨链理论。

从哲学体系上来说，新柏拉图主义是对柏拉图哲学的发挥和改造。普罗提诺认为，柏拉图在《理想国》中所言的最高本原——"善"是一个绝对的、没有分化的统一体，即"太一"。太一由于自身无限的完满性"流溢"出努斯（理智），努斯"流溢"出灵魂，灵魂"流溢"出可感的质料世界。在此意义上，整个世界都是从"太一"中流溢出来的"多"。新柏拉图主义的这一体系，明显融合了柏拉图的充实原则与亚里士多德的连续性原则。首先，和柏拉图一样，普罗提诺强调世界的完满性。既然太一是无限完满的，它必然向外不断流溢，从而生出各种可能的事物，正所谓"任何东西每当它自身完满起来的时候，我们就可看到，它就不能容忍将其留在自身之中，而是生育和产生出某种别的东西来"。[1] 由此，"从'太一'中产生的'多'，只要在降序中还留存有存在的任何变化没有实现出来，就不可能走到尽头"[2]。这样一来，世界也就不会存在任何虚空，必然被各种各样的事物所充实。其次，普罗提诺明显沿袭了亚里士多德，强调世界的连续性。在

---

[1] Plotinus, *Enneads*, 5.4.1.
[2] 阿瑟·O. 洛夫乔伊：《存在巨链》，第 76 页。

亚里士多德那里，宇宙万物的连续性是通过灵魂的次序和事物的运动形成的，事物和事物之间的连续性缺乏必要的内在关联。普罗提诺则认为，既然所有事物都是从"太一"流溢而出，被流溢出的事物就内在于它所由出的事物之中：理智内在于太一，灵魂内在于努斯，可感世界内在于灵魂，万事万物都内在于太一。"流溢说"的生成模式，决定了事物之间不仅是连续的，而且是内在连续的。由此，亚里士多德连续性原则中的问题便得到了克服。

相较于亚里士多德，普罗提诺的思想还有一个明显的不同，即他不仅确立了可感世界的连续性，而且重新援引柏拉图的可理知世界，确立了可理知世界内部以及可理知世界与可感世界之间的连续性。普罗提诺的这一阐发，不仅重新为柏拉图的可知世界赢得了尊严，更重要的是，他由此跳出亚里士多德的宇宙系统，为存在巨链观念确立了第三条重要原则：等级分化原则。在此之前，神、天体和月下世界确也存在明显的等级，但这种等级仅仅限定在可见世界层面。经过普罗提诺的阐发，不仅可感世界，而且可知世界也存在明显的等级：从太一、努斯、灵魂（从宇宙灵魂到个体灵魂），再到可见世界的各种生物，构成了一个连续的等级体系。如果说，"流溢说"的生成模式强化了事物的内在连续性，那它同时也强化了等级分化原则。按照普罗提诺，每一种事物都在等级体系之中，低一级的事物从高一级的事物"流溢"而出。这意味着，一方面，每种事物的善好与它的存在等级相对应，存在等级越低的事物越缺乏善好。太一是至善，努斯（理智）是次善，灵魂是低等之善，而质料因为缺乏存在，只能是纯粹的恶。另一方面，每一事物既然都是从高一级事物"流溢"而出，它就必须从后者获取存在及其特性，因而也就受制于高一级的事物。这样，从太一到最低的质料，万物都是根据等级分化原则环环相扣，形成了一个秩序井然的存在链条。新柏拉图主义者马可罗比乌斯（Macrobius）如是说道：

> 从至高的上帝那里产生出理智，从理智产生出灵魂，自此轮流创造下面的东西，而且使它们全都充满了生命，由于这单一的光辉照亮了一切，而且它被反射到每一个之中，像一个单一的脸能被系列设置的许多镜子所反射一样；由于一切事物在连续的系列中紧随着，逐一退化到这系列的最底部，细心的观察将会发现一个各部分的连接，从至高的上帝往下直到事物最后的残渣，相互连接在一起而没有断裂。这是荷马的金链，它说，上帝从天国下垂到尘世。❶

至此，新柏拉图主义已经完成了对柏拉图和亚里士多德哲学的改造，确立了"存在巨链"的全部原则，为中世纪基督教哲学的"存在巨链"理论提供了准备。

3. 盛行：中世纪哲学 ❷

中世纪基督教哲学沿袭了新柏拉图主义的"存在巨链"理论，又在此基础上进行了革新。最为主要的，新柏拉图主义的最高本原——太一，被基督教转化为至高的上帝。后者不仅具有太一的至高统一性，而且道成肉身化而为人，成为圣父、圣子、圣灵的

---

❶ 马可罗比乌斯对西塞罗的评注，转引自洛夫乔伊：《存在巨链》，第78页。
❷ 我们对新柏拉图主义与中世纪哲学的区分沿袭了西方哲学史的惯常说法，本身并不严格。本书中提到的新柏拉图主义者，主要是古典时代的，与中世纪的新柏拉图主义者有所不同。仅仅在古代哲学和中世纪哲学这个笼统的区分内，我们才能将新柏拉图主义和中世纪哲学区分开来。

三位一体。与之相应，宇宙万物不再是通过"流溢"的方式从太一生出，而是被上帝"无中生有"（Creatio ex nihilo）地创造出来。按照次序，上帝先后创造出天使（魔鬼）、天体、各类动植物和无生命物，最后造人。它们从高到低紧密相连，形成了一个以上帝为中心的存在巨链。

奥古斯丁堪称中世纪"存在巨链"理论的先行者。和奥利金不同，[1]奥古斯丁主张：上帝创造的事物是不平等的，因为"若一切平等，则万物便不存在"（Non essent omnia, si essent aequalia）。[2]上帝造世的不平等，使得被造物的处境各个不同：上帝最高，天使（含魔鬼）次之，各类精灵与鬼怪再次之，然后才是天体、人、动植物和各类无生命物。在这个宇宙秩序中，人的位置居中，不可避免地受到上帝、天使和天体的影响。罗马帝国晚期，占星术强势兴起，与这一"存在巨链"的宇宙论体系密不可分。针对这种现象，奥古斯丁一边认可"存在巨链"的宇宙秩序，承认天体的崇高地位；一边又以上帝为根据，批驳了占星术的错误。在《上帝之城》第五卷，奥古斯丁指出，占星术士主张星座预示和创造未来的说法毫无根据。以孪生子为例，他们出生的星座完全相同，命运却往往有着天壤之别。可见，"所谓的'命运'，不是决定人们的受孕、出生、开端的星星的构成，而是所有的关系和一系列因果链，这个因果链使得一切是其所是"。[3]命运的本质，是事实构成的因果链；决定这个因果链的不是天体，而

---

[1] 奥利金为了维护上帝的公义，主张上帝造世时的平等，将被造物处境的不平等归为各自的自由意志，造成了种种理论难题。参考拙文《奥利金的灵魂先在说》，载于《哲学动态》，2020 年第 3 期。

[2] Augustine, *De diversis questionibus octoginta tribus*, question 41, linea 3.2. 参考国际奥古斯丁网站 http://www.augustinus.it/latino/ottantatre_questioni/index2.htm。

[3] 奥古斯丁：《上帝之城》（上），吴飞译，上海：上海三联书店，2007 年，第 181 页。

是上帝，因为"只有上帝的最高意志，他们可以称为命运，而他的力量穿越一切事物，不可阻挡"。❶奥古斯丁对占星术的反驳，极大地削弱了"存在巨链"对人的自由的限制，成为后世西方批判占星术的典范。

奥古斯丁之后，伪狄奥尼修斯另辟蹊径，从天使学的角度细化了"存在巨链"理论。在此之前，天使普遍被认为是低于上帝的精神造物，但它们的等级和职能如何，人们所论甚少。伪狄奥尼修斯立足于《圣经》和教会传统，对天使的等级做了细致的区分。根据他的解释，天使一共分为三级九种，最高的一级天使有三组，分别为炽爱天使、普智天使和宝座天使；中间一级的天使也有三组，分为是主治者、掌权者和执政者；最低一级的天使同样为三组，包含至尊天使、天使长（大天使）和天使。❷三级九种天使根据其职能大小，从高往低排列，既主导着万物，又服侍着至高的上帝。伪狄奥尼修斯的天使学架构，推动了基督教"存在巨链"理论的进一步完善。

经院哲学时期，"存在巨链"理论愈加盛行，充实性原则、连续性原则和等级划分原则得到进一步发挥。托马斯·阿奎那指出，"类的善高于个体的善，就像形式高于质料一样。因此，类的增加比起某一个种类中的个体的增加会使世界中的善增加得更多。宇宙的完满性不仅需要众多的个体，而且需要多种多样的类，而且因此需要多种多样事物的等级"。❸这一实在论的说法表明，宇宙终将被各种各样的事物所充满，并遵从等级分化的原则。受

---

❶ 奥古斯丁：《上帝之城》（上），第181页。

❷ 参考伪狄奥尼修斯：《神秘神学》，包利民译，北京：商务印书馆，2012年，中译本导言，第23页。

❸ Thomas Aquinas, *Summa theologiae*, II. 45.

亚里士多德的影响，托马斯·阿奎那致力于研究"事物的关联"（connexio rerum），发现了"较高类的最低成员总是被发现与较低类的最高成员相近（contingere）"的连续性原则。以此为基础，托马斯论证了身心之间的连续性。由此，托马斯和前人一样，确立了一个从上帝到诸天使，再到天体、人、动物、植物，最后到火焰、岩石等无生命物的"存在巨链"序列。

在这个从高到低、等级森严的"存在巨链"中，天体再次获得相比于人类的优先性，从而给占星术留下了空间。不过，不同于奥古斯丁对占星术的全然否定，托马斯主张对它的内容进行甄别。一方面，"若有人观测星体以预见偶然的未来事件，或试图确定地知晓未来的人类行动，他的做法便错误而虚妄"。❶ 这类占星术的本质是占卜，它主张天体对人类行动有指示甚或决定作用，希望通过对天体的观测以知晓未来。毫无疑问，这类占星术与上帝的意志相悖，属于虚假的迷信，必须予以废除。另一方面，托马斯又说，"若有人试图将对星体的观测用于预知由天体引发的未来事件，如刮风或下雨，他的行为便算不得非法或迷信的占卜"。❷ 这类占星术的本质是自然，利用的是天体对于月下世界的物理影响，与其称之为占星术，不如称之为天文学（Astronomy）。后者符合上帝对宇宙秩序的安排，是合法的。这样，托马斯既以上帝为依据，破除了神卜占星术的迷信错误；又确保了天体在"存在巨链"中的效力，为新的自然科学逻辑保留了空间。托马斯对两类占星术的区分，深刻影响了中世纪晚期至文艺复兴时期占星术的发展。

---

❶ Thomas Aquinas, *Summa theologiae*, II. 2. Q. 95. A5.

❷ Thomas Aquinas, *Summa theologiae*, II. 2. Q. 95. A5.

二、斐奇诺：占星术的妥协者

托马斯·阿奎那对占卜占星术的批评代表了正统教会的主张，影响深远。但无论这些批评多么严厉和正确，占星术仍然在民间广为流行。作为一门预测未来的学问，占星术反映了人们对未知事物的渴望和恐惧，难以根本消除。事实上，生活越是动荡不安，人们越想从天体的观测中寻求未来的线索，克服内心的紧张。中世纪晚期，随着现实生活的不断恶化，人们越来越迫切地想从占星术中获取拯救的信心。上自教宗、君主，下至普通百姓；大自战争与政治决策，小至结婚嫁娶，占星术无不广受推崇。❶ 自然而然地，人们对于占星术引发的天体与上帝、决定论与人的自由之间的关系进行激烈争论，社会生活和信仰生活陷入巨大的不安。

作为 15 世纪中后期意大利哲学的领袖、佛罗伦萨柏拉图主义的代言人，斐奇诺不可避免地卷入到这场激烈的思想运动中。在占星术面前，斐奇诺的态度和他的性格一样，矛盾重重、犹豫不决。一方面，他虔诚地信奉柏拉图主义，坚信灵魂独立于天体的自由，对当时流行的占星术多有微词；另一方面，无论是他的个人生活还是理论思考，又始终无法摆脱占星术的影响。在 15 世纪后期的思想论战中，斐奇诺数次站在他的学生——皮柯·米兰多拉的反面，为占星术摇旗呐喊。我们要想准确把握皮柯对占星术的批判，必须首先对斐奇诺的立场做一番清理。

---

❶ 关于占星术在中世纪晚期和文艺复兴的流行，参考布克哈特：《意大利文艺复兴时期的文化》，第 554—564 页。

1. 存在的等级与巨链

和中世纪一样，斐奇诺的占星术理论源自"存在巨链"思想。受新柏拉图主义的影响，斐奇诺明确将存在分为五个等级：上帝、天使、灵魂、属性与形体。其中，形体对应于新柏拉图主义的可感物体，是最低的存在，由质料（Materia）和量（Quantitate）组成。质料仅仅在空间中延展并受影响，量则是质料的延展。形体是可分的，它自身无法起作用，而只能被外物作用。比形体略高的，是属性。属性对应于新柏拉图主义的可感形式。诚然，就形体是由质料和量组成而言，它已经包含了一种属性，但两者仍有所不同：属性是不可分的，而形体是可分的；不同的属性可以在一个空间里共存，不同的形体却不能。究其根本，"属性不是形体而是使形体运动的作用，也是一种分散在形体中的不纯粹不真实不完善的形式"，❶ 它的本质为形式；而形体则是形式与质料的结合体，二者性质有别。

灵魂是五个等级中的居间者，也是斐奇诺最为看重的部分，与新柏拉图主义的第三个本体相对应。所谓灵魂，是一种不可分的形式。可是，属性也被说成一种形式，两者有何区别呢？斐奇诺认为，属性作为形式存在于事物之中，充其量只是可感形式，没有可知形式高级。这表现在，属性不够纯粹和真实，并非首要的形式（primam formam），❷ 只有灵魂，尤其是理性灵魂才配得上这个称号。这是因为：灵魂没有部分，不会分解，力量不会消散或变弱；灵魂不受限于某种基底，不至于在某一瞬间停止存在；

---

❶ 梁中和：《灵魂·爱·上帝》，第193页。

❷ Marsilio Ficino, *Platonica theologia*, 1.1.3.

灵魂不与任何相反的形式混合，不致受到污损；灵魂不受空间限制，不会趋向流变或运动。❶不过，正如属性能够引发形体运动，灵魂并非绝对不动，而是部分运动、部分不运动。❷灵魂就其本质而言，可以说是不动的；就其活动而言，却是趋向运动的。灵魂的运动性表现在，它占据存在的中间，可上可下：向上，它模仿天使而朝向上帝；向下，它因爱慕形体而滑向罪恶。

天使的等级比灵魂更高。它的心智不仅不可分，而且不变（non individuam modo, sed etiam immutabilem）。这一特性，与新柏拉图主义的第二个本体——理智（voῦς）完全对应。天使是一种比理性灵魂更加高级的精神性存在。它自身不动、数量众多，与上帝最为接近。至于上帝，理所当然在存在等级中占据最高的位置。它在天使之上，也在所有存在之上，是唯一且绝对的统一、真理和至善，是绝对的存在，是不动的推动者。❸它所对应的，自然就是新柏拉图主义的最高本原——太一。至此，斐奇诺确立了从上帝到天使、灵魂、属性、形体的五个存在等级，为他的"存在巨链"思想提供了形而上学的前提。

在此基础上，斐奇诺指出：存在的五个等级不仅高低有别，而且彼此相连。在斐奇诺看来，伊壁鸠鲁之所以否定不朽事物，就是因为他们没有看到有朽事物与不朽事物的内在关联，即"存在的链条在它的部分中如此被安排，以至于虽然自然中有不同的等级，每个较高等级的最低部分总是以某种方式与较低等级的最高部分相连"。❹比如，天界中的最低部分——月亮，与元素界最

---

❶ Marsilio Ficino, *Platonica theologia*, 1.3.25.

❷ Marsilio Ficino, *Platonica theologia*, 1.4.3.

❸ 关于斐奇诺理解的上帝形象，参考梁中和：《灵魂·爱·上帝》，第204—227页。

❹ Marsilio Ficino, *Platonica theologia*, 10.2.1.

第4章 驳占星术：自由与除魔 **209**

高的部分火便极为接近。据此，从上帝到天使，再到灵魂、属性和形体，五个存在等级从高到低，就形成了一个彼此相连的存在巨链。

斐奇诺依照中世纪流行的托勒密体系，将宇宙分为天界（月上世界）和月下世界两个部分。月下世界由四大元素组成，与天体最近的是火，气靠近火，水靠近气，土又靠近水。在它们之下，首先是浓密的蒸汽与烟，然后是由它们凝聚而成的岩石，再然后是与岩石相似的金属。往上看，植物高于金属，它的块茎与金属最为相近。在植物里头，最名贵的树种又与最低等的动物——牡蛎相近。相应地，动物里的聪慧者如猴子、狗、马又与人中的懒汉相近，而人中间的英雄与领袖又与天界的神灵相似。这样，斐奇诺就以此确立了月下世界的存在巨链：蒸汽／烟－岩石－金属－植物－动物－人。

天界由各种各样的神灵组成。首先是神灵或英雄，它们与人最相近，会被人的情感所左右，辅助或阻挠人行动。高级的神灵统治着低级的神灵，自身又被天使所统治。天使这一等级该如何理解呢？斐奇诺认为，天使与天体密不可分。根据柏拉图，天体没有质料，是精神性的而非形体性的。它们做着圆周运动，周身发光。[1] 因此：

> 若你愿意，从诸天体的光和运动中，抽去量的大小；在思想中这样做是合法的，因为天体的光和运动是一回事，它们的大小又是另一回事。这样，剩余的就是某种精气（Spiritus）；正如天体比元素更明亮、更迅速，这精气也比诸天更明亮、更迅速。这种

---

[1] Marsilio Ficino, *Platonica theologia*, Appendice 9.

无形的实体似乎就是理性灵魂。然后，再从这个灵魂中抽去运动并脱去它的光和属性——你有能力抽去它们，因为光和属性是一回事，运动又是另一回事。这样，剩下来的就是天使，一种比理性灵魂更清晰更迅速的形式，因为它既不会在运动中脱离它的光，也不会像灵魂那样，在时间中脱离它的行动。❶

斐奇诺说的非常清楚，天体的特性是光、运动和量。如果我们把量的部分抽除，天体剩下的是一种明亮和迅速的精气，似乎就是理性灵魂。而一旦我们把天体的光和运动等属性剥除掉，剩下来的就是天使（或曰天使的心智），一种比理性灵魂更清晰、更迅速的形式。它们与天体相近，又在存在等级上高于天体。在天使的等级上，斐奇诺沿袭了伪狄奥尼修斯的划分。他将天使分成四层，前三层从低到高依次为天使、天使长和至尊天使，最后也是最高的一层为神智，对应于伪狄奥尼修斯所言的第二级天使——主治者、掌权者和执政者，以及第三级天使——炽爱天使、普智天使和宝座天使。神智又被称为诸神，因为它们"总是与至高的上帝同在，啜饮着它神圣的琼浆"。上帝与诸神最为相近，从高到低统治着它们，犹如它统治万物。这样，斐奇诺确立了天界秩序，从而确立了一条从月下世界到天界的完整"存在巨链"：蒸汽／烟－岩石－金属－植物－动物－人－神灵／英雄－天体－天使－天使长－至尊天使－神智（诸神）－上帝。

2. 星球亲子关系

和前人一样，斐奇诺认为："存在巨链"是一个连续的链条，

---

❶ Marsilio Ficino, *Platonica theologia*, Appendice 9.

链条中的各个等级彼此相连，低一级的事物受高一级事物的影响。根据这个逻辑，月下世界的事物必然受到天体的左右，占星术遂由此而来。

斐奇诺指出，在诸天体中，日星（太阳）、水星、木星、土星、月星、金星和火星与人的关系最为密切。尤其是土星，对人的影响尤为巨大。如果小心利用，它可以像鸦片一样起到止痛剂的作用。而如果利用不当，则对人类十分有害。斐奇诺提到，古代的许多魔法师、婆罗门和毕达哥拉斯者对土星尤其防备，为了防止土星侵犯他们的哲学研究，有意身着白衣，唱着木星和月星的歌曲，持续在户外居住。❶天体的性能虽不相同，要求我们依据相应的功业向它们靠近。比如，通过神学、秘传哲学、农业，我们可以承受土星的影响；通过公共职务、自然哲学、律法，我们可以承受木星的影响；通过愤怒与竞赛，我们可以承受火星的影响；如此等等。最重要的是，我们必须要搞清楚，自己在出生的时候由哪个天体管辖，从而向它而非别的天体祈求恩典。换言之，我们要知道究竟哪个天体才是自己的亲子星，牢牢地确立彼此之间的"星球亲子关系"，为自己的人生谋取福利。

天体之所以对人有如此巨大的影响，根本上归于它的精气。所谓精气，是指介于灵魂和形体之间的一种中间形态，通过它神圣的灵魂进到粗糙的形体之中，赋予它以生命。就其本质而言，精气也可以说成是一种非常稀薄的形体，清晰、炎热而潮湿。精气弥漫于世界身体之中，成为万事万物的一部分。无论是人还是

---

❶ Ficino, *De vita coelitus comparanda*, II, p. 253. 拉丁－英文对照本参考 Marsilio Ficino, *Three Books on Life*, A Critical Edition and Translation With Introduction and Notes by Carol V. Kaske and John R. Clark, Tempe and Arizona: Arizona Board of Regents for Aziona State University, 1998。

天体，都有各自的精气。但是，相比于天体，人的精气不够精纯。因此，当天体发光或运动时，它们就能通过精气这一中介，将它们的恩赐传输给我们的身体和心智。比如，当太阳在白羊座、月亮或狮子座，尤其是在狮子座下方时，它的精气就会传导给我们，使我们的精气变成太阳式的，从而能够祛除瘟疫的毒素。这样的事情，在古代巴比伦和埃及多次上演。

通过精气，诸天体对人产生巨大影响。七大天体中，月亮和金星代了一种自然和繁殖的能力；木星掌管肝脏与胃，对心脏的影响也非同小可，是后者获得生命精气的关键。木星有利于哲学和宗教。据柏拉图说，哲学家都生于木星；太阳代表生命精气和心脏，对人的头部亦至关重要；水星代表大脑、感官和动物精气；而月亮的作用，则是将天上的事物有规律地、简易地传导给下界。天体的影响不仅关乎身体，同样关于心智。就前者而言，占星术要求我们正确把握与天体的关系，从而有利于发展医学，看护身体。这一种占星术，是斐奇诺占星术的主体部分，也被称为"医学占星术"；而就后者而言，占星术要求我们找到与天体的特殊关联，从而做出适合人生的选择。

3. 天体决定论与人的自由

在"星球亲子关系"中，我们已经看到天体对心智的广泛影响。后者塑造人的气质，使人朝向与天体的性能相似的方向。实际上，从早期的《驳神卜的占星术》（*Disputatio contra iuduicium astrologorum*）到后期的《生命三书》，斐奇诺对占星术的认可度越来越高，甚至滑向了天体决定论。相应地，留给自由的空间也就越来越小。斐奇诺的这种态度，令他最终和皮柯彻底分道扬镳。

斐奇诺对占星术的倾斜，首先体现为他对土星力量的大肆渲染。斐奇诺宣称，对于不同的人，土星的影响截然不同。对于那些过着公共平庸生活的人，或是逃离拥挤人潮却又没有放弃平庸情感的人，土星极为敌视；而对于那些喜欢过着沉思生活的人，土星又极为友好。如果说，土星的这种力量仍取决于人的选择，因此没有损害自由的话，那么接下来，人的自由就无从谈起了。斐奇诺指出，土星是七大行星中最高的星，如果没有它的辅助，一个人不可能幸运。甚至，一旦受了土星的敌视，一个人将生而懒惰、悲伤、嫉妒和污浊。这就表明，土星不仅对人的身体，而且对人的性情甚至机运有重大的影响。一旦机运不在自身的掌握之中，人的自由自然也就会受到威胁。

不仅如此。天体甚至将影响人的命运，呈现决定论和命定论的意涵。斐奇诺提到，旧约先知亚伯拉罕和撒母耳以及其他星象师都证明，要想躲避金星和土星的伤害，就必须将心智提升到上帝的高度。杨布里科也曾有言，"天体和神力包含更高的力量，低等的事物所不能及"。斐奇诺认为，上述言论表明：天体将我们与命运捆绑，只有借助于神力，我们才能挣脱命运的力量。这个论断虽然肯定上帝和诸天使要高于天体，但也暗示了，人的命运由天体决定。除非人的灵魂朝向诸天之上，依赖上帝和天使的力量，否则将无从摆脱命运的力量。这也等于是说，人将受制于天体，没有自由可言。

作为一名柏拉图主义者，斐奇诺坚信理性灵魂的力量。在他看来，存在三重事物的秩序，天意的、天命的和自然的。天意是精神的王国，天命是灵魂的王国，自然是物体的王国。对人而言，他的灵魂和身体相关联，从而受到物体世界的作用，受制于物体王国的自然必然性。然而，"我们毕竟凭借着我们理性的力量，成了我们自己的主宰，并从每一个枷锁中解脱出来，因为我们能够时而接受这一个，时而接受另一个枷锁"。[1] 换言之，理性灵魂有在不同王国游移的自由，也有能力摆脱天体引发的自然必然性。不过，斐奇诺很快转而又说，对人而言，这种自由不易达到。人的理性灵魂除非上升至天使和上帝，否则将无法摆脱天体的影响。这也就等于说，绝大部分人注定要被天体的魔力所控制——聪慧如斐奇诺本人，终其一生也不得不与土星的魔力做斗争。于是，人真正应该做的，便是识别自己的星象，确证自己与它的亲子关联，并"顺天而行"，遵从星象的要求经营自己的生活。因为"追寻天体赋予的开端，他将诸事顺利，生活兴旺；否则，他会发现机运相逆，天体成为他的仇敌"。[2]

就这样，斐奇诺从新柏拉图主义的体系出发，构建了"存在巨链"的体系，并以此为基础，发展了中世纪以来的占星术理论。如果说，中年的斐奇诺尚且能够冷静地审视占星术的问题，晚年的斐奇诺则直接成为占星术的倡导者，站在了皮柯的反面。[3] 纵观斐奇诺的一生，他之所以深陷占星术而无力自拔，根本上是因为对天体力量的过分崇拜。这种崇拜使得斐奇诺相信：虽然人和天体同样具有精气，但天体的精气比人的精气更精微；虽然人的理性灵魂能够达到天体理性灵魂的高度，却不足以彻底摆脱后者的影响。正是这种"对于灵魂与精气，真正的精神与自我的精神以及形体之间的不确定性"，[4] 使得斐奇诺无法让人的灵魂真正脱离天体的影响，并最终滑向了占星术。

---

❶ 卡西尔：《文艺复兴哲学中的个体和宇宙》，第 121 页。

❷ Ficino, *De vita coelitus comparanda*, p. 371.

❸ 参考斐奇诺在 1494 年 8 月 20 日写给波利齐亚诺的信。斐奇诺认为，皮柯的信对他无效。皮柯充其量只是将占星术与骗术分开而已。实际上，占星术在医学等领域仍有广泛的用处。见 Pico della Mirandola, *Disputationes Adversus Astrologiam Divinatricem* (Libri I-V), A cura di Eugenio Garin, Firenze: Vallecchi Editore, 1946, pp. 8-13.

❹ Pico della Mirandola, *Disputationes Adversus Astrologiam Divinatricem* (Libri I-V), p. 14.

三、捍卫自由：皮柯驳占星术

作为斐奇诺的学生、佛罗伦萨新柏拉图主义阵营的核心成员，皮柯的思想在许多方面与斐奇诺相近。但在占星术的问题上，皮柯的立场一开始就与斐奇诺分道扬镳。他不满于后者在占星术面前的犹豫与妥协，始终都对占星术持激烈的批判态度。[1] 如果说，在《论人的尊严》《申辩》等早期作品中，皮柯的不满只是初露端倪，那么到了后期作品《创世七论》《驳占星术》中，皮柯对占星术的批评则表现得淋漓尽致。特别是在《驳占星术》这部十二卷的大部头著作中，皮柯旁征博引，深入地批判了中世纪以来的占星术理论，在欧洲思想界掀起了一场地震。围绕这部著作，学界分化成正反两个阵营，进行了旷日持久的论战。[2]

皮柯对占星术的批判渊源有自。对占星术家预言的反叛，[3] 萨沃纳罗拉的影响，都可能是他的动机。但最为主要的动机，仍是皮柯捍卫自由的决心。在皮柯眼中，自由是上帝赐予人的独有禀赋，不受任何力量的约束，更不可被剥夺。反观占星术，将人的

---

[1] 占星术家贝兰迪（Bellanti）讽刺皮柯的态度变化不定，早期支持占星术，后来受萨沃纳罗拉的影响转而批判占星术。但正如加林所表明的，皮柯对占星术的态度始终如一，从未有过转向。非要说，皮柯在《驳占星术》中的立场也不过是对此前态度的激化而已。关于 Bellanti 的批评，见 Lucas Bellantius Senensis, *Responiones in disputations Joannis Pici Mirandulae comitis adversus astologos*, Basileae, 1554, I, pp. 169-170; 关于加林的阐述，见 Pico Della Mirandola, *Disputationes Adversus Astrologiam Divinatricem*, pp. 3-8。

[2] Pico della Mirandola, *Oration On The Dignity Of Man*, p. 43. Lubac, *Pico della Mirandola*, p. 357.

[3] 曾有三个占星术家根据皮柯出生的星盘，预言皮柯死于 33 岁，让皮柯勃然大怒。关于此事的记载可见 Lucas Gauricus Nativitatm, tract, IV, *Opera*, Basileae, 1575, vol. II, p. 1626。原文作 "quoniam tres potissimum vaticinabantur ei mortem anno 33 suae aetatis, scilicet Lucas Bellantius Senesis, Antonius Syrigatus Florentinus et Angelus de Catastrinis, Carmelita"。悖谬的是，皮柯 31 岁便英年早逝，竟多少应和了这几位占星术家的谶言。

命运归于天体的运行，与自由的理念背道而驰。卡西尔一针见血地指出，皮柯批驳占星术的力量，"不在于皮柯对自然的态度，而在于他总体的伦理观念"，"他批驳占星术的著作，建立在他伦理人性论的基础之上"。❶换言之，皮柯在自由理论上的革命性和先锋性，内在地决定了他对于占星术的批判态度。对皮柯而言，天体不仅没有任何决定论的意涵，也不可能像斐奇诺那样，和人类之间存在某种"亲子关联"，间接危及人的自由。而要想论证这一点，皮柯必须从头开始，对包括斐奇诺在内的文艺复兴占星术理论进行一场彻底的清理。

1. 三个世界：元素界、天界与天使界

皮柯对占星术的批驳立足于他整体的宇宙论体系。在《创世七论》的第二篇序言中，皮柯遵循中世纪基督教信奉的托勒密天文学体系，将宇宙分成三个部分：天使界、天界和元素界。其中，天使界是上帝和诸天使居住的世界，是光的世界；天界是天体居住的世界，是光暗并存的世界；元素界则是我们居住的月下世界，是黑暗的世界。三个世界的状态截然不同：天使界充满永恒生命，天界生命静止但充满活动和位置变化，而元素界中则是生死交替。在天使界中，上帝不动却推动九级天使朝它运动；在天界，最高的净火天掌管其他九个天球，无休止地运动；在元素界，也共有三级九种的存在物，包括三种无生命物，三种植物，以及人、野兽和植虫在内的三种有生命物。❷

皮柯相信，三个世界的理论既是自然的真理，也是《圣经》

---

❶ Ernst Cassirer, *The Individual and the Cosmos in Renaissance Philosophy*, p. 115.

❷ Pico della Mirandola, Second proem of *Heptaplus*.

独有的启示，两者内在一致。只要我们懂得以寓意化的方式解释《圣经》特别是《创世记》，就会从中发现宇宙的奥秘。在这一思路的引导下，皮柯详细地阐发了三个世界。第一个世界是元素界，基底为质料。和奥古斯丁一样，[1] 皮柯认为，"起初，上帝创造天地"（《创世记》1：1）所言的"天地"，便是无形式的质料或曰原始质料。因为原始质料没有形式，《圣经》才会说"地是空虚混沌，渊面黑暗"（《创世记》1：2）。"上帝的灵运行（孵化）在水面上"（《创世记》1：2）明确表明圣灵用"孵化"的方式，将形式赋予质料。形式和质料的结合，最终表现为"上帝说：'要有光'，就有了光"（《创世记》1：3）中的"光"，即有形事物的生成。[2] 在此基础上，皮柯进一步解释了"诸水之间要有苍穹[3]，将水分为上下"（《创世记》1：6）这句经文。在皮柯看来，苍穹将上面的水和下面的水分开，这一举动从根本上塑造了我们的月下世界。月下世界按照空间秩序分成三层，最高的部分是最纯净的火即以太，在空气之上；中间的部分为空气，那里既是飞鸟飞翔之地，也是各种气象发生之地；最低的部分，则是空气下的形体世界。那里没有纯净的元素，一切混合在一起。这个世界，也是人类和其他动植物生活的世界。[4]

第二个世界是天界。天界与占星术的问题紧密相关，对它的解释显得格外重要。初看起来，《圣经》对天界的言说少之又少，但仔细查究经文，还是能发现众多有关天界踪迹的。首先是第十

---

[1] 奥古斯丁对《创世记》的形质论解释可参考拙文《内在与超越：奥古斯丁的宇宙目的论》，载于《哲学研究》，2020 年第 11 期。

[2] Pico della Mirandola, *Heptaplus*, 1.2.

[3] 和合本作"空气"，但原文的意思当作"苍穹"。

[4] Pico della Mirandola, *Heptaplus*, 1.3.

重天，即净火天（最高天，Empyrean heaven）。根据中世纪传统的解释，净火天静止不动。无论是基督教的思想家还是犹太思想家，甚或占星术家，无不肯定它的存在。可是，《圣经》哪里谈到了净火天呢？皮柯援引 9 世纪犹太自然学家和哲学家以扫（Isaac）的说法指出，以西结提到的"蓝宝石"❶ 正是第十重天，因为它的光和不动的属性与后者相似。此外，撒迦利亚的异象 ❷ 同样也寓指了十重天的存在。撒迦利亚提到的七盏灯是七颗行星，灯台是第八重天，至于两棵橄榄树，则分别对应于第九重天和第十重天。十重天的描述，同样可见于摩西的《创世记》。根据皮柯，"起初，上帝创造天地"的"天"，指的正是那首要的和最高的天，即净火天；其中的"地"，指的是恒星天及其下方的八重天，分别为恒星天、土星天、木星天、火星天、日星天、金星天、水星天、月星天。问题随之而来：第九重天去了哪里？皮柯提示我们，答案要到"上帝的灵运行在水面上"这句经文中去找。如果说地已经是八重天，这里摩西又说上帝的灵要"运行在水面上"，情况只可能是：上帝要在最高的天和八重天之间设立一个中介，让净火天的光能够通过它传递到下方。如此，经文中的"水"，指的就应该是居于第十重天和第八重天之间的原动天（或曰水晶天）。❸ 原动天的问题既已解决，皮柯又将目光投向日星天也就是太阳。他注意到，上帝用苍穹把上面的水和下面的水分开后，说了一句"天下的水要聚在一处"（《创世记》1：9）。既然天下的水，指的是苍穹

---

❶ 见《以西结书》1：26，"在他们头以上的苍穹之上有宝座的形象，仿佛蓝宝石，在宝座形象以上仿佛有人的形状"。

❷ 见《撒迦利亚书》4：2-3，"他问我说：'你看见了什么？'我说：'我看见了一个纯金的灯台，顶上有灯盏，灯台上有七盏灯，每盏上有七个管子。'旁边有两棵橄榄树，一棵在灯盏的右边，一棵在灯盏的左边"。

❸ Pico della Mirandola, *Heptaplus*, 2.1-2.

之下的水，也就是恒星天之下的七大行星；那么"天下的水要聚在一处"，指的是七大行星的能量要聚集于日星天之中。换言之，太阳才是其他六大行星光热等能量的来源。至此，皮柯就通过对《圣经》的寓意解释，证实了当时广为流行的托勒密天文学体系。

第三个世界是天使界。和前面两个世界一样，天使界同样可以在《圣经》中找到。在皮柯看来，经文"上帝说：'苍穹之间要有光空气'"不仅分开了三个世界，也分开了三级天使。其中，苍穹之上的水对应于最高的天使，苍穹对应于中间级别的天使，苍穹之下的水对应于最低的天使。这种对应是由三级天使的品性所决定的：最高的天使唯一的活动是沉思，适宜让苍穹之上的水来象征，因为后者超越了一切指向俗事的行动；中间级别的天使被分派给天体的作工，适宜由苍穹即天来象征；最低级别的天使虽高于诸天，但它们的活动仅仅与月下世界的事物相连，因此适宜让苍穹之下的水来象征。[1] 三级天使一共九种，与伪狄奥尼修斯《天阶体系》(*Caelestis hierarchia*)所言的天使等级相互对应。它们分别是：最高级别的炽爱天使、普智天使与宝座天使，中间级别的主治天使、权柄天使与执政天使，以及最低级别的首领、天使长与天使。[2] 皮柯强调，天使的权能远高于天体，掌管着天体和其他的星体。究其缘由，天使的活动全部是精神性的。其三重活动——净化、照亮与完善，分别与三级天使相对应，净化对应于最低级别的天使，照亮对应于中间级别的天使，而完善则对应于最高级别的天使。至此，皮柯通过对《圣经》的寓意解释，呈现了一个伪狄奥尼修斯的天使学体系。

---

❶ Pico della Mirandola, *Heptaplus*, 3.3.
❷ 伪狄奥尼修斯的天使体系可见《神秘神学》，中译本第 23 页。

三个世界由高到低，共同构成了皮柯的宇宙论图景。但若只是如此，皮柯与占星术士的宇宙论并无根本分别，后者同样奉行天使界高于天界，天界高于元素界的信念。也正是出于这一信念，他们认定元素界的人和其他事物的命运，最终受到天体运行的支配。同样，若只是如此，皮柯也无法驳倒斐奇诺，切断天体和人之间的"亲子关联"，扫清占星术在宇宙论上的障碍。换言之，皮柯要想真正驳倒占星术，还必须对上述宇宙论做进一步的改造。

2. 空间秩序的去价值化

皮柯看到，占星术的理论基础在于存在巨链。只要人们将万物分为从高到低的存在等级，天体便自然地具有相比人类的优越性。在存在巨链中，空间的秩序和价值的秩序严格对应：在上的事物在空间上高于在下的事物，具有更大的价值，有权统辖后者。天体在空间上远高于月下世界的人类，因此能够影响甚至决定人的命运。斐奇诺秉承了新柏拉图主义的哲学体系，他的思想和中世纪流行的存在巨链思想有一定张力：一方面，他坚持新柏拉图主义的灵魂理论，认为灵魂有超越于形体的力量，能够规避天体带来的必然性；但另一方面，斐奇诺坚持天体在空间秩序上的优先性，相信天体上的精气对于人的性情和机运具有巨大的影响。空间秩序和价值秩序的这种对应，在斐奇诺那里未被彻底剪除。也正是因此，一种完全独立于天体的人的自由在斐奇诺那里尚未可能。

皮柯欲捍卫人的自由，必须彻底剪除空间秩序与价值秩序的对应，实现对空间的去价值化。事实上，在皮柯之前，这一对应性早已被库萨·尼古拉的革命性思想所松动。根据后者的解释，宇宙没有绝对的"上"与"下"，每一个空间位置和其他位置都是平等的。❶ 由此，宇宙将不可能按照空间的高低排成所谓的天使界、天界和月下世界，更不可能以此对它们进行价值上的排序。如果把这个逻辑推到底，占星术自然也就没有了容身之地。皮柯的论点和库萨如出一辙。❷ 但不同于前者，皮柯仍然秉承了中世纪基督教的宇宙论观念，承认空间的等级，相信宇宙从高到低分成天使界、天界和月下世界。既如此，皮柯又如何能够拆解这种对应性，将价值完全从空间中清除出去呢？

一切的关键在于人。表面上看，人居于月下世界，要受天界的掌控。但皮柯说，人是天使界、天界和月下世界之外的第四个世界。❸ 人之所以享受如此独特的地位，是因为他是"众生"，是包含一切的"小宇宙"（lesser world），具有包含感性、理性、智性、天使的心智以及上帝的形象在内的一切属性。人的这种特性，决定了他虽然生活在月下世界，但并非在空间意义上受制于月下世界，也不意味着他在价值意义上低于天界和天使界。对于这一点，皮柯在《论人的尊严》中早已明言，"你就是自己自由而尊贵的形塑者，按照任何你偏爱的形式塑造自身。你能堕落低等的野兽，也能照着你心灵的意愿，在神圣的更高等级中重生"。克利斯特勒认为，皮柯的上述宣言意味着，"对他来说，人不再是这个等级中的确定元素，甚至不再是这个等级系列中的特权中心：人完全脱离了这个体系，他能根据自己的自由意志上下移动"。❹

---

❶ Ernst Cassirer, "Giovanni Pico Della Mirandola: A Study in the History of Renaissance Ideas", p. 337.

❷ 尽管皮柯的思想和库萨的思想有极大的相似性，但我们并没有充分的证据表明，皮柯明确受到了库萨的影响。

❸ Pico della Mirandola, Second proem of *Heptaplus*.

❹ 克利斯特勒：《文艺复兴时期的思想与艺术》，第 109—110 页。

一言以蔽之，人的自由内在地瓦解了空间和价值的等级秩序。那么，人的这种自由究竟源于何处？他又是凭借何种能力，将自身从宇宙中解放出来的呢？

答案只能是：灵魂。和斐奇诺的唯唯诺诺不同，皮柯对于灵魂有着坚实的信心。如果说占星术的痼疾在于将"灵魂屈从于天"，[1] 皮柯的工作则是颠倒这一次序，恢复灵魂应有的尊严。在《创世七论》中，皮柯指出，"正如《阿尔喀比亚德》所言，人不是我们所见的虚弱的属地之物，而是一个灵魂，一个超越于诸天和全部时间的智性"。[2] 根据柏拉图的教诲，人的本质不在于形体，不在于水火土气的元素，而在于他是一个灵魂、一个智性。灵魂和智性高于形体，因此在价值秩序上高于天体。这样，皮柯不仅实现了空间的去价值化，而且规避了新柏拉图主义的影响，循着柏拉图本人的教义，论证了人在价值上超越于天体的可能。[3]

至《驳占星术》时期，皮柯的上述信念越发明显。皮柯谈到，人们惯于将世上的很多事情归于上天，但实际上：

> 如我们所言，心灵的奇迹要远大于上天、机运和形体，机运和形体虽大，但比之于上天又显得渺小，如法沃利努斯

---

[1] Pico della Mirandola, *Disputationes adversus astrologiam divinatricem*, 4.8, "mentem ispam eos caelo subicere".

[2] Pico della Miranola, *Heptaplus*, 2.7. "neque enim homo, ut scriptum in *Alcibiade*, hoc quod videmus fragile et terrenum, sed animus est, sed intellectus, qui omnem ambitum caeli, omnem decursum temporis excedit."

[3] 卡西尔敏锐地指出，皮柯虽然在许多地方深受新柏拉图主义的影响，但在占星术的问题上却成功避开了后者，从普罗提诺返回了柏拉图，从希腊化返回了古典希腊文化。不同于普罗提诺对于占星术的暧昧，柏拉图和亚里士多德等古典哲人从未提及过占星术，而报之以鄙夷的沉默。这种沉默，从根本上就源于他们对于灵魂的信心。见 Ernst Cassirer, *The Individual and the Cosmos in Renaissance Philosophy*, p. 116。

（Favorinus）所言……在地上，没有什么比人更伟大，在人身上，没有什么比心灵和灵魂更伟大：如果你攀升，你会超越上天，如果你转向形体而仰望上天，你就会像一只苍蝇，甚至比苍蝇还要卑微。❶

皮柯承认天体对于下界的影响，甚至认为它的力量比机运和其他形体还要大。但是，"心灵的奇迹要远大于上天"，具有比天体更大的力量。人是世上最伟大的生物，心灵和灵魂就是人身上最最伟大的部分。因为心灵和灵魂相比于天体的优先性，人可以不受制于自身的空间秩序，向着更高的力量迈进，直至"超越上天"。相反，如果人无视自身中心灵和灵魂的力量，任由自己滑向形体世界，屈服于上天，完全受占星术的掌控，这样的人与其说是人，不如说是苍蝇，甚至比苍蝇还要卑微。如果说，《论人的尊严》中所言的"你能堕落低等的野兽，也能照着你心灵的意愿，在神圣的更高等级中重生"，昭示了人可上可下的自由，这种自由意味着人对空间秩序的突破；那么，这种自由的实现，完全依赖于这里所言的心灵和灵魂自身的力量。

综上，皮柯虽然仍然秉持了中世纪基督教的教义，坚持三个世界在空间秩序上的划分，但从根本上拒斥了空间秩序与价值秩序的对应，瓦解了天界相比于月下世界的优先性。不仅如此，皮柯还严格遵从柏拉图哲学的教导，坚持灵魂在价值秩序上的优先

---

❶ Pico della Mirandola, *Disputationes adversus astrologiam divinatricem*, 3.27. "Nam miracula quidem animi, ut diximus, caelo maiora sunt; fortunae vero corporis, ut quam maxima sint, caelo collata minima deprehenduntur, ut quod recte dixit Favorinus……nihil magnum in terra praeter hominem; nihil magnum in homine praeter mentem et animum; huc si ascendis, caelum transcendis; si ad corpus inclinas et caelum suspicis, muscam te vides et musca aliquid minus."

性，完全断绝了天体支配人类命运的可能。皮柯的这些阐释，为他正面驳斥占星术理论提供了坚实的基础。

3. 自由、命运与机运

灵魂的优先性既已确立，皮柯便可以顺理成章地驳斥占星术了。在《创世七论》中，皮柯在论述完灵魂的意义后，紧接着说：

> 因此我们要小心，免得像许多人那样，将那些超出必要的东西归于天体，从而违背造物主的意志和宇宙的秩序。这样做看似取悦，实则惹怒了那些天体，因为它们心里握着的是上帝的计划和世界的秩序。迦勒底人提醒我们说，"不要夸大命运（Ne augeas fatum）"。耶利米也这样断言："不要为天象惊惶，因列国为此事惊惶。"❶ 我们的先知在别处教导过这一点，提醒我们应该小心，以免敬奉上帝为了万民的侍奉而创造的日头、月亮或天象。❷

皮柯指出，占星术将一切归于天体的做法，违背了上帝的意志。因为说到底，天体与其说昭示或决定了世人的命运，不如说

---

❶ 《耶利米书》10∶2。
❷ 《申命记》17∶3："［若有人］去侍奉敬拜别的神，或拜日头，或拜月亮，或拜天象，是主不曾吩咐的。"

Pico della Miranola, *Heptaplus*, 2.7. "Cavendum igitur ne, quod multi faciunt, plus caelo dantes, plus tribuentes quam sit necesse, et voluntati opificis et ordini universi repugnemus, simulque ipsi caelo, cui Dei consilia et mundi ordo maxime cordi sunt, dum studere placemus, displiceamus. Hoc admonent Chaldaei dicentes 'Ne augeas fatum'. Hoc praedicat Hieremias 'Ne tiumeatis, inquit, signa caeli, quae gentes timent'. Hoc praecipit alibi Propheta noster, admonens cavendum homini ne suspiciens solem lunam et stellas colat ea quae Deus creavit in ministerio cunctis gentibus."

是上帝意志的执行者。迦勒底人说"不要夸大命运",意思是不要夸大星象对于命运的作用,忽视了灵魂自身对命运的造就。无论是耶利米还是先知摩西,都告诫人们不要信奉占星术。因为他们所信奉的"日头、月亮或天象",归根结底不过是上帝为人类而造,作为被造物,它们的等级绝不比灵魂更高。皮柯号召,"我们不要在金属中塑造星体的形象,而要在我们的灵魂中塑造上帝即圣言的形象;不要从诸天,而要从诸天之主、一切善好之主中寻求形体之善或机运,后者无法从诸天中获取"。❶ 言下之意,既然灵魂高于天体,我们就应该从灵魂而非形体性的天体中寻求上帝;既然天体仅仅是灵魂之下的被造物,那么我们就不能从天体中寻求善和机运,而应该寄希望于最高的上帝。

将人的命运和机运归为上帝,这是中世纪基督教反驳占星术的基本做法。皮柯若只停留于此,他对占星术的批驳便很难说有多少新意。或许是意识到这一点,皮柯在《驳占星术》中明显加大力度,开始集中论述灵魂之于天体的独立性,凸显人的自由。

皮柯发现,人类在遭遇各类大事或奇事时,习惯性地把它们归为上天的力量。比如占星术家会说,亚里士多德天赋异禀,对自然无所不知,原因实在于他出生时的天体或星座。对此,皮柯首先援引波爱修斯的说法反击道,亚里士多德"命里有个好的灵魂,但它不来自上天,因为不朽的灵魂是无形的"。❷ 其次,亚里士多德有个与灵魂相配的身体,后者不来自上天,而是来自父母。如此一

---

❶ Pico della Miranola, *Heptaplus*, 2.7. "Quare neque stellarum imagines in mentaliis, sed illius, idest Verbi Dei imaginem in nostris animis reformemus; neque a caelis aut corporis aut fortunae, quae nec dabunt, sed a Domino caeli, Domino bonum omnium."

❷ Pico della Mirandola, *Disputationes adversus astrologiam divinatricem*, 3.27. "sortitus est animam bonam, et hanc utique non a caelo, siquidem immortalis e incorporeus animus."

来，亚里士多德身体上的天赋同样也不能归为天体。再次，最重要的，亚里士多德"研究哲学，这是我们所说的原则——心灵、形体及其自由意志的结果；他在哲学上的进益，亦是他的意愿和努力的结果"，❶和天体同样没有干系。至于为何同样付出巨大努力，其他人的成绩远不如亚里士多德，则有两方面的原因。一方面，皮柯认为，亚里士多德比前辈的成就更大，是因为他生活的时代经典流行、学术昌明，他可以更为自如地利用这些经典来丰富自身的学说；另一方面，在同等条件下，亚里士多德的成就比同龄人和学生辈更大，离不开他的天才。但是，"这无形的天才，并不源自星体，而是来自上帝，如同他的身体来自父亲而不是来自上天"。❷原因如前所述：天才是灵魂的特性，它的原因不能到低等的事物如天体中去找，而只能到比它高的事物如上帝中找。同样的逻辑也适用于苏格拉底，后者被公认为是哲人之首。他的智慧不来自于它出生时的天体，而是那护佑他的神力——上帝。

　　如果说，占星术家论及亚里士多德时，强调的是天体对他的命运（fatum），即出生、成长、治学等经历中必然性的巨大影响；那么在亚里士多德的学生——亚历山大大帝这里，占星术家强调的则是天体对他的机运（fortuna），即人生中各种机会、运气等偶然性的巨大影响。占星术家认为，亚历山大的机运如此伟大而突然，若不诉诸星象根本无从解释。但在皮柯看来，占星术家的判断毫无根据。亚历山大的机运不来自星象，而是"来自帝王

❶ Pico della Mirandola, *Disputationes adversus astrologiam divinatricem*, 3.27. "Elegit philosophari: hoc et principiorum opus quae diximus, hoc est animi et corporis, et sui arbitrii fuit; profecit in philosophia: hic arrepti proposti et suae industriae fructus."

❷ Pico della Mirandola, *Disputationes adversus astrologiam divinatricem*, 3.27. "nec ingenium ab astro, siquidem incorporale, sed a Deo, sicut corpus a patre, non a caelo."

无数且必要的权能，来自他的坚韧、慷慨、艰苦的耐心，来自他的军事才能，卓越的文化，以及其他种种无须列举的能力"。❶简言之，亚历山大各种离奇的机运，首先是他的个人努力以及各种能力的结果，与天体无关。此外，各种外在条件对亚历山大也极为有利：父亲腓力二世从小着力培养他的各种德性，令他骁勇善战；诸民族普遍懒散，易于征服。与此同时，机运的力量也举足轻重。皮柯说，机运是纯粹的偶然性，它好比掷骰子，有时能掷出想要的数，有时不能，完全不可预测。无论是亚历山大、恺撒还是奥古斯丁，他们的功绩莫不是盲目的机运和上述各种原因共同起作用的结果。可是，"机运自身不依赖于上天，既不同于命运，也不违背神意"。❷机运作为自然中的偶然性，而非命定的必然性，其原因不在占星术家主张的天体，而在于上帝的意志。但如此一来，皮柯的思想似乎陷入了矛盾：一边否定天体对命运和机运的影响，一边又将命运和机运归为上帝，人的自由还能否得到保障？如果自由被否定了，皮柯对占星术的反驳又有何意义？

皮柯首先回应了命运的问题。表面上看，将命运归为上帝的做法与人的自由背道而驰。但是皮柯不以为然。他坚持认为，"原因的系列与秩序依赖神意，并不会危及我们的自由；因为我们置身于这些原因中，不是受制而是引领这命运之舞"。❸即便上帝的

---

❶ Pico della Mirandola, *Disputationes adversus astrologiam divinatricem*, 3.27. "A virtutibus Alexandri, quales habuit multas necessarias imperatori: fortitudinem, liberalitatem, laborum tolerantiam, peritiam rei militaris, egregiam litteraturam, et quas alias enumerare non est necesse."

❷ Pico della Mirandola, *Disputationes adversus astrologiam divinatricem*, 3.27. "Quam per se nec dependere da caelo, nec idem esse quod fatum, nec providentiae derogare divinae."

❸ Pico della Mirandola, *Disputationes adversus astrologiam divinatricem*, 4.4. "ut pendentem a divino consilio seriem ordinemque causarum notet, sub quo nihil nostra libertas periclitetur, cum simus et nos inter has causas, nec in hac chorea fati patiamur tantum, sed agamus."

神意规定了命运，我们仍然是主动的，享有充分的自由。进一步，即便上帝安排并预知了人的意志，我们的自由仍旧不受损害。皮柯宣称，"如果你考虑的是预知，那么为何我不能自由地做那上帝预知我去做的？如果确实是它预知的，我就会自由地去做，因为它预知了我会自由去做"。❶在自由意志和上帝预知的关系上，皮柯沿袭了奥古斯丁在《论自由意志》第三卷的说法：上帝的预知不损害人的自由，反而证成了人的自由。究其原由，上帝既然预知了一个意志，则这个意志不能不如此发生。而对于意志而言，只有当我们去意愿它，即它在我的权能之下，它才会如此发生。由此说来，上帝前知的仅仅是一个在人权能之内的自由意志。❷据此，肯定命运对神意的依赖，绝不会损害人的自由。

机运的问题更为复杂。和命运一样，机运是多方面因素起作用的结果。除了天体，上帝的神意、天使的治理以及人的自由都是机运形成的原因。不同于中世纪晚期的唯名论者，后者高度强调上帝的自由，将上帝的意志和机运导向绝对不可知。❸皮柯坚信，既然人的自由参与了机运的形成，机运就并非绝对不可知；相反，人的理性有能力对未来的事件进行预测，虽然其确实性并不总是

---

❶ Pico della Mirandola, *Disputationes adversus astrologiam divinatricem*, 4.4. "nam, si praevidentiam, cur non libere facio quod praevidit Deus me faturum? Nam si erit quod ille praevidit, utique libere faciam quod libere me facturum ille pravedit."

❷ 奥古斯丁的论述见《论自由意志》第三卷第三节。但严格来说，奥古斯丁的辩护并不完全有效。上帝的前知一旦被理解为必然性，它与人的自由就有一定的张力。奥古斯丁坚持认为，一个意志在自身的权能之内就是自由的。但如果上帝前知到了这个意志，且这个意志不能不如此发生，后者就很难说完全在人的权能之内，从而并非完全自由。

❸ 关于中世纪晚期上帝和机运的形象，可参考拙文《帝国、教会与上帝：但丁的"二元论"及其理论困境》第四节"帝国、上帝与机运"的分析，载于《学海》，2016年第5期。

充分。只不过，对未来的预测绝不可无中生有，而是要立足于上帝的意志和自身的努力，"若想获得成功、避免不幸，最重要的是我们心灵的纯净、健康的劳作和善良的意愿与上帝的仁慈相一致"。❶一旦能做到这点，人就可以谨慎地对未来进行预测。诚然，机运的形成始终离不开上帝的意志，甚至在有的事情上，上帝的作用是决定性的，但"在这些事情上，一种正确的生活方式仍至关重要"。❷皮柯的意思是说，在自己的作为和上帝的意志之间，人首先要依赖于前者，因为"谨慎所在，神力不远"。❸只要我们凭着自己的努力积极追求，而非动辄依赖上天，我们就可以合理地期盼上帝的辅助，赐予我们幸福的机运。说到底，如同柏拉图在给叙拉古人的信中所言的，不是"诸神解放心智"，而是人类自身解放心智；正如修昔底德所言，"命运是灵魂之女"。❹这一充满古典色彩的谚语，在皮柯这里成了新时代自由人的宣言。

至此，皮柯从人的自由出发，瓦解了空间秩序与价值秩序的对应性；并依据柏拉图的灵魂观，实现了空间的去价值化。在此基础上，皮柯彻底否定了天体因其在空间等级上的优先性，影响甚至是决定人类命运的可能。在皮柯看来，无论是象征必然性的命运还是偶然性的机运，归根结底都是人的自由、天使和上帝的意志共同作用的产物。不仅如此，上帝的意志不会干涉人的自由，

---

❶ Pico della Mirandola, *Disputationes adversus astrologiam divinatricem*, 4.4. "Sic in procurando felici rerum successu infortuniisque vitandis illud potissimum est, Deum sibi conciliare propitium animi puritate, piis operibus, votisque sanctissimis."

❷ Pico della Mirandola, *Disputationes adversus astrologiam divinatricem*, 4.4. "ipsam tamem rectam vivendi rationem magnum."

❸ Pico della Mirandola, *Disputationes adversus astrologiam divinatricem*, 4.4. "Quare recte dixit ille nullum abesse numen, si sit prudentia."

❹ Pico della Mirandola, *Disputationes adversus astrologiam divinatricem*, 4.4. "sortem animae filiam."

反而证成人的自由；命运和机运，主要是灵魂基于自由意志对自身的造就。既如此，人绝不能信赖占星术的预言，将命运和机运归为上天，而要首先凭靠自己的理性和自由，努力实现自身的完善，再在上帝的护佑下获取人生幸福。皮柯的这一态度，既倡导了人的自由，又肯定了自由基础上的恩典，堪称康德宗教哲学的先声。

四、除魔：从占星术到现代天文学

皮柯对灵魂的推崇，使得人脱离天体的约束，自主地决定自己的命运与机运。但对于驳斥占星术而言，这些理由还不够充分。斐奇诺之所以无法与占星术完全切割，根本上是因为他相信月上世界的天体并不仅仅是形体，而且还萦绕着一种神秘莫测的精气，后者对于人的灵魂有着微妙且深刻的影响。因此，皮柯要想彻底清除占星术，除了强调灵魂的力量之外，还需要进一步否定天体的精神性特征，不给精气对灵魂的干扰留下任何空间。正是从这一自然化的思路出发，皮柯扫除了占星术的残余，彻底为天界除魔，为现代世界的自然化开辟了道路。

1. 天体的除魔与均质化

皮柯最首要也是最根本的工作，是对天体进行除魔。此前，皮柯已经初步消解了天体的魔力。通过援引柏拉图的教导，皮柯指明，高高在上的天体仅仅具有空间的优先性，而不具有价值的优先性。我们的灵魂从本性上高于形体，因此不受天体的影响。现在，皮柯致力于表明，天体不仅是形体，而且是不附带任何精神性的、纯粹的形体，一切妄图给天体赋予精神从而为占星术铺陈道路的努力都是误入歧途。

在《创世七论》中，皮柯初步讨论了天体的性质。在他看来，无论是古代哲学经典还是先知的著作，都将天体视作"发光体"，从不在它们上面添加任何智性的力量。作为自然的形体，"宇宙中的天体有两个明显的活动：运动与发光"。[1] 天体的运动分为两种，一种是天体和以太以圆周的方式围绕宇宙的整体空间而运转，时间为二十四小时（自转），另一种是各类星体尤其是太阳围绕着黄道带而运转，时间为十二个月（公转）。至于发光，按照古人的说法，则是天体影响下界事物的唯一方式。所谓的热和其他的能量，无不从天体的光中产生，然后通过光传递给我们。这样，皮柯奠定了对天体进行自然化解释的基本方式。

在《驳占星术》中，皮柯保留并强化了《创世七论》的立场。皮柯宣称，"除了运动、光以及光产生的生机性的热，没有任何经验表明，星体会有其他作用或者力量加之于我们"。[2] 这就表明，运动、光和热是天体仅有的自然属性。既如此，"除了热和生机性的光，天体没有任何隐秘的力量，借以产生低等事物中的隐秘的质"。[3] 在皮柯看来，占星术的错误恰恰在于，假定天体具有"隐秘的力量"，夸大了天体对于月下世界的影响。实际上，天体的全

---

[1] Pico della Miranola, *Heptaplus*, 2.4. "Caelestium corporum duae in universum manifestae operationes: motus et illuminatio."

[2] Pico della Mirandola, *Disputationes adversus astrologiam divinatricem*, 3.5. "praeter motum et lucem, quique prodit a luce vivificus calor, alios a sideribus ad nos influxus devenire, aut illis inesse corporeas alias effectivas qualitates."

[3] Pico della Mirandola, *Disputationes adversus astrologiam divinatricem*, 3.24. "Occultas vires caelestibus non inesse per quas occultas inferiorum rerum propietates producant, sed calorem tantum lumem vivificum."

部性质都只不过是自然的光与热，根本就没有任何"隐秘的力量"可言，也不可能对于月下世界有任何隐秘的影响。斐奇诺主张天体有隐秘的"精气"，错误也在于此。按照皮柯，天体既然只有自然的属性，它对月下世界就只有自然性的影响，即通过运动和光，引发各种气象变化，对元素界产生影响。比如随着天体运行到某个位置，干燥的蒸汽集中于大地深处，地震爆发；比如天体的运动引发土地过于潮湿或干燥，饥荒产生；又比如随着天体的位置变化，人和野兽身上产生各种疾病；如此等等。❶

　　天体的这种自然属性还意味着，它对下界的影响是均质性的。这表现在天体以匀速方式运动，它的光和热始终保持同一。既如此，同一天体对于月下世界的影响就应该是相同的。偏偏在这里，占星术反其道而行之，坚持人的命运和机运受制于天体的运行。对此，皮柯效仿奥古斯丁质问道：天体的影响既是均质的，我们又如何解释同一天体影响人的不同命运呢？比如，孪生子出生的时间极为接近，被归于同一星座的影响。但事实上，就像以扫和雅各，孪生子的命运往往千差万别，根本看不出星座的作用力。❷一言以蔽之，占星术与天体的均质性根本抵牾，理论上是非法的。

　　天体是均质的，但月下世界的生物多种多样，这又如何解释呢？皮柯认为，须对事物的原因体系做正确地辨析。皮柯借用了托马斯·阿奎那对第一因和第二因的区分，认为只有上帝是第一因，而被造物之间的因果关系是第二因。不同的是，在被造物之中，天体作为第二因的地位又支配着月下世界，表现为天体的运动、光和热对月下世界的均质性影响。但是，月下世界的第二因仍然至关重

---

❶ Pico della Mirandola, *Disputationes adversus astrologiam divinatricem*, 4.2.

❷ Pico della Mirandola, *Disputationes adversus astrologiam divinatricem*, 3.3. Cf. Augustine, *De civitae Dei*, 5.2-4.

要，因为只有它才是一个事物生成变化的近因，能够解释事物的个别性和多样性。皮柯说，"如果没有天体，形体世界中无物产生；但成为这个或那个不依赖于上天，而是依赖于第二因，通过它们，上天产生出因为那些原因而产生的东西，无论种属还是个体"。[1] 这里所言的"第二因"，又分为许多不同的层面。在形体层面，它可以是种子的差异；在灵魂层面，它可以是性情、教育或自由意志的不同；在偶然的属性层面，它又可以是父母的选择、谨慎或机运等等。[2] 凡此种种，无不表明：只有从"第二因"的视角出发，自然的多样性才能得到充足的解释。不同于阿奎那，皮柯没有简单地将月下世界的"第二因"轻易地归之于"第一因"（上帝的意志），而是力主将它归为自然本身，为自然必然性本身腾出空间。正是在此基础上，皮柯逐渐开辟出一条现代化的天文学道路。

2. 新科学方法与现代天文学

皮柯激烈批评批判占星术，还有一个重要的理由：占星术不是一门严格的科学或技艺。他的理由在于：占星术既无法达到科学应有的理性普遍性和必然性，也无法像技艺那样，总是基于经验来追问或然性。[3] 占星术的预言全部建立在偶然性之上，是彻头彻尾的谎言。

皮柯的批判，深刻表现出文艺复兴时期日渐兴起的现代科学观念。根据皮柯，我们对自然的认识只有两条可行的道路，要么依据理性（vel ratione），要么依据经验（vel experientia）。经验是

---

[1] Pico della Mirandola, *Disputationes adversus astrologiam divinatricem*, 3.4. "Ita patet in corporeo mundo nihil quidem fieri sine caelo; verumtamen quod hoc aut illud fiat, id a caelo non esse, sed secundis causis, cum quibus omnibus caelum talia facit qualia ipsae natae sunt, sive illae ad species, sive ad individuum, causae pertineant."

[2] Pico della Mirandola, *Disputationes adversus astrologiam divinatricem*, 3.3.

[3] Pico della Mirandola, *Disputationes adversus astrologiam divinatricem*, 10.1.

我们研究的出发点，因为"没有什么比经验更加可靠与稳定"。**❶**
但仅仅靠经验远远不够。单个的经验往往是偶然的，达不到真正的普遍性与必然性。为此，我们需要重复这些经验，让它们变为一种"实验"（experimentum），所谓"频繁重复的经验成了实验"。**❷** 有了重复性的可靠的经验，接下来我们才能开始使用理性。只有在理性解释之上的逻辑联系中，真正的科学才能得以实现。**❸**
先经验后理性，是皮柯推崇的新科学方法。

在天体问题上，皮柯认为，新科学方法要求我们找到自然现象的近因，对它们进行深入的把握。不同于旧科学，新科学方法最核心的标志是"出于自身的原则"（ex propriis principiis）。皮柯注意到，同样都是预测未来，航海家、医生和农夫的预测比占星术家准确得多。究其原由，他们的预测乃"出于自身的原则，而不像占星术家那样，出于远因和宇宙共同的原因"。**❹** 这些人懂得分析研究事物的近因，构建事物的具体关联，懂得事物的法则和过去经验的确定事实，将经验和理性结合起来，以此为基础对未来进行合理的预测。占星士最大的问题是，常常罔顾具体的经验和事实，不愿意用理性的眼光对这些事实进行分析，执着于"远因和宇宙共同的原因"，把一切现象都推到遥远的天体或上帝那里去。在皮柯看来，真正的科学——作为科学的天文学，应该学习航海术、医学和农术，"像医生从病人判断病人那样，出于自身的

❶ Pico della Mirandola, *Disputationes adversus astrologiam divinatricem*, 2.2. "ipsam experientiae, qua nulla certior, nulla constantior."

❷ Pico della Mirandola, *Disputationes adversus astrologiam divinatricem*, 10.1. "saepe iterata experientia faciet experimentum."

❸ Eugenio Garin, *Giovanni Pico Della Mirandola: Vita E Dottrina*, p. 186.

❹ Pico della Mirandola, *Disputationes adversus astrologiam divinatricem*, 3.19. "hoc est ex propriis principiis non, quod faciunt astrologi, ex remotis et communibus universalibus."

原则，从空气判断空气，错误才会稀少"。❶ 这意味着，天文学应该立足于天体的基本属性——运动、光与热，根据近因的原则，发现天体运行的普遍规律，考察天体对于月下世界的影响。

不只如此，新科学的方法还进一步表现为数学。在皮柯这里，是否运用数学，成为区分天文学和占星术的根本标志。在《驳占星术》的序言中，皮柯首先对占星术和天文学做了区分。所谓的占星术，"不是那种用数学方法度量星体和大小"的科学，而是通过观测天体的方位预测未来的伪科学。皮柯抱怨，同时代的人惯于美化占星术，喜欢用"天文学家"或"数学家"称呼他们，仿佛他们从事的是一种自由的技艺。实际上，只有真正使用数学方法研究天象的人才配得上"天文学家"之名。

皮柯对新科学方法的描画，深刻地启发了后世的天文学研究。卡西尔指出，皮柯的理论看起来与泰莱西奥和帕特里奇的自然哲学无异，但稍加深入就会发现，它当中隐藏了更多的内容。"因为他发现和明确建立的，无非是一种'真实原因'（vera causa）的概念，开普勒和牛顿将延续这个概念，他们对归纳法的根本见解立足于其上。"❷ 特别是开普勒，在为第谷所做的辩护中，严重依赖皮柯对占星术的批驳。后者根本上表现出这样一种立场，即：我们对于任何现象的解释并非总是"真的"；只有当一种解释能够通过观察和测度证实了自身，它才可以说是真的。进一步，皮柯还教导我们：要想探究事物的"真实原因"，必须从近因出发，这意味着："要想谈论一种现实的因果关联，我们必须追踪那个从宇宙中特定的点出发

❶ Pico della Mirandola, *Disputationes adversus astrologiam divinatricem*, 3.19. "quare raro fallunt, aerem scilicet ex aere, sicut medici aegrum ex aegro, praeiudicantes, hoc est ex propriis principiis."

❷ Ernst Cassirer, *The Individual and the Cosmos in Renaissance Philosophy*, p. 117.

的，一步步地、一环环地发生的连续的变化序列；我们必须能够建立起所有这些变化遵从的统一规律。"[1] 近因原则导向的是自然必然性，是理性的规律。真正的天文学，应该通过理性的方式发现天体的规律，并且通过经验去证实这些规律。脱离这些前提，试图将天体看作未来的预兆，只会陷入占星术的泥淖。说到底，如皮柯所言，"天体所能指示的，仅仅是它充当原因的东西"。[2] 诚然，皮柯没有开始用数学研究天文学，但他却成功地"区分了占星术的魔法符号与数学的理智符号和数学物理学，从此一种通过数学物理符号的方式解开'自然密码'的道路就被打开了"。[3] 在他之后，不仅天文学而且其他科学纷纷走上了自然数学化的道路。[4] 在此意义上，皮柯对新科学方法的阐述，不仅孕育了现代天文学，而且推动了现代自然科学的诞生，具有重要的科学史意义。

小结：自由与自然

皮柯对占星术的批驳，不仅具有重要的科学史意义，而且具

---

[1] Ernst Cassirer, *The Individual and the Cosmos in Renaissance Philosophy*, p. 118.

[2] Pico della Mirandola, *Disputationes adversus astrologiam divinatricem*, 4.12. "non potest coelum eius rei signum esse, cuius causa non sit."

[3] Ernst Cassirer, *The Individual and the Cosmos in Renaissance Philosophy*, p. 118.

[4] 耶茨延续了卡西尔的解释传统，高度强调皮柯以及其他文艺复兴思想家对于自然数学化的贡献。但在当代科学史的研究中，这种解释范式受到越来越多的批评。科恩特别指出，耶茨"混淆了数个世纪以来数学学科的进展与科学革命主要特征之一——自然数学化"，"耶茨把数理解成了犹太教神秘意义上复杂的象征符号或严格毕达哥拉斯意义上构成世界的抽象实体，她的说法并没有抓住要害——毕竟，对数字命理学的拒斥构成了使自然的数学化成为可能的近代早期思想习惯的一个关键要素"。参见弗洛里斯·科恩：《科学革命的编史学研究》，第379—380页。

有重要的哲学史意义。在皮柯看来，传统的占星术要被清除，是因为它从根本上混淆了自然与自由的边界：一方面，天界虽然由天体和星体组成，但它并非纯粹的自然世界。无论是斐奇诺还是其他的文艺复兴占星家都普遍认为，天体具有不可见的精神属性和魔力。另一方面，人的灵魂虽然有自由意志，但灵魂同时也是自然的一部分，受制于存在巨链中更高天体的力量。由此，人的意志也就无法达到真正的自由。两个世界的混淆，植根于一种旧的宇宙论和人性论形态：在不可知的自然面前，人既无法彻底掌控自己，也无法真正认识和掌控他所面对的世界。

皮柯要彻底驳倒占星术，必须纠正这一旧的宇宙论和人性论形态。他的革命发端于人性论：人被上帝赋予自由意志，具有自我塑造的自由。相应地，人在宇宙中没有固定的位置，可以自由地上下移动。可是，面对存在巨链中更高的天体，人如何确保自身的自由不受损害？皮柯的工作分两步来进行。第一步，皮柯在保留存在巨链的空间等级的前提下，摧毁了空间的价值等级。皮柯有力地证明，人的灵魂是自由的，能够根据意志决定自身的命运和机运，不受天体的影响。灵魂处于精神领域，天体处于物质领域，前者相比于后者具有优先性。第二步，皮柯为整个天界"除魔"。从逻辑上说，这一部分工作是前一部分工作的结果，也是前一部分工作的必然要求。因为皮柯要确立人的自由不受天体的损害，不仅仅要坚持精神高于物质，而且必须确立天体作为形体，没有裹挟任何精神属性的可能。换言之，只有对天体彻底"除魔"，把天体中的"精神""精气"等精神元素彻底抽空，成为一个完全物质性的形体，才不会危及灵魂的自由。在这种思路的强劲推动下，皮柯将天体还原为纯粹自然化的、仅仅具有运动和光的自然形体。作为自然形体，天体和月下世界具有的，仅仅是自然的因果必然性联系，而现代天文学要做的，就是科学地考察天体与月下世界的因果联系，澄清自然界的规律，进行科学的预测，并最终为人服务。

皮柯对天体的"除魔"，彻底为人的自由扫清了障碍。一旦天体的魔力被取消，以天体为中枢的"存在巨链"体系便趋于崩溃。空间的价值等级消失了，人不再仅仅限定在月下世界的位置，而是根据自己的需求，随意地在宇宙中游走。在皮柯这里，封闭的世界逐步被打开，人摆脱了它在宇宙中的固有位置，相应地，宇宙从有限趋于无限。[1] 因为一种对于自由的信念，皮柯推动了"从封闭世界到无限宇宙"的宇宙论革命；反过来，也正是因为宇宙论的革命，人得以从"存在巨链"的体系中被解放出来，获得了完全的自由。一个不再局限于月下世界的人，才是一个真正自由的人；只有这样一个人，才是皮柯眼中那个"没有任何固定位置"、形象未定的人。

进一步，皮柯的工作还凸显了一种极为现代的哲学意识：自然与自由的两分。[2] 众所周知，自然与自由的两分既是康德哲学的基本结构，也是现代哲学最典型的理论形态。这种哲学将世界分为两个部分：一部分是现象界。这个世界的一切服从于自然必然性，人毫无自由可言。另一部分是本体世界。在这个世界，灵魂是完全自由的，可以按照自己的意志自由地进行选择。诚然，皮

---

[1] 柯瓦雷：《从封闭世界到无限宇宙》，张卜天译，北京：商务印书馆，2016 年，第 2—3 页。虽然柯瓦雷将这种宇宙论的革命最早追溯至库萨的尼古拉，但正如此前指出的，尽管没有实质的证据证明皮柯受到尼古拉的影响，在对无限宇宙观的推进上，二者是完全一致的。因此，我们有理由把皮柯放在柯瓦雷所划定的"从封闭世界到无限宇宙"的现代谱系中。

[2] Ernst Cassirer, "Giovanni Pico Della Mirandola: A Study in the History of Renaissance Ideas", p. 342.

柯哲学尚不具备康德哲学的体系性和思辨性，但在对两重世界的理解与划分上，皮柯与康德确有相似之处。和康德一样，皮柯高度肯定人的自由，将人的自由从自然世界中解放出来；同样，为了肯定人的自由，皮柯极力将中世纪充满魔力的自然世界"除魔"，彻底将天体自然化，并以此为基础，初步勾画了以自然规律为基础的现代天文学。在这个意义上，作为文艺复兴哲学精神的代表，皮柯哲学可谓康德哲学的先声。或者说，皮柯以一种敏锐的本能，提前勾勒出了康德哲学的基本轮廓。文艺复兴之后，人类沿着皮柯的道路继续突进，在将自然世界机械化的同时，将心灵世界自由化，最终实现了自由世界与自然世界的彻底分离。

但皮柯绝不是康德。在他这里，自然与自由的两分是相当初步的，并不彻底。一方面，从自然层面来说，皮柯的宇宙论体系不仅包含天界和月下世界，而且包括天使界。皮柯虽然将天界自然化，从而阻断了占星术的可能，但他仍然秉承中世纪神学的理解，认为天使界不仅在空间上，而且在价值上高于人类世界。就此而言，皮柯并未完全取消"存在巨链"的宇宙论体系。在他那里，天使的活动是精神性的，对于人的灵魂有着巨大的影响。一旦承认天使界的这种地位，皮柯就不可能将整个世界自然化，从而构建起牛顿意义上的机械世界。❶另一方面，从自由层面来说，皮柯强调人的意志可以自我塑造，不受任何外在事物乃至上帝的约束。人不仅可以独立于天体进行自由选择，而且不畏命运与机运，甚至在相当大的程度上可以掌控命运与机运，做自己的主人。可一旦承认天使在精神上的崇高，人的自由就很容易受到威胁。更不必说，皮柯还肯定上帝的意志对人的影响。他多次重申，人的命运和机运虽主要依赖于自身，但也离不

❶ Sheila J. Rabin, "Pico on Magic and Astrology", in *Pico della Mirandola: New Essays*, p. 166.

开上帝的恩典。既如此，皮柯就绝不可能像康德主张的那样，彻底实现意志的自由（无论是消极自由还是积极自由）。一言以蔽之，皮柯虽然初步区分了自然与自由，但他既没有将世界彻底地自然化，也没有将自由绝对化，从而根本上与康德代表的现代哲学拉开了距离。或者说，皮柯因为极力捍卫人的自由，在自由和自然的关系上虽然体现了某种现代性，但相比于康德，这种现代性仍是不充分的；它残留了许多前现代的因素，本质上是现代和前现代的杂糅。

然而，恰恰是这种"不充分的现代性"，不仅最能标识出皮柯思想的特殊性，也最能彰显出皮柯乃至整个文艺复兴思想的价值。诚然，在皮柯这里，自由和自然的因素开始萌芽，但二者并非截然对立，也不像康德哲学所呈现的那样相互割裂。相反，自由和自然仍旧以某种方式统一在人自身之中。或者说，自由和自然并非两个不同的世界，或两个独立的王国，而是内在融合、互为一体的。人要想实现自由，无须也不能像康德所主张的那样，仅仅通过理性的自我立法，通过对自然必然性的规避而实现。相反，人只有借助于对自然的操控，在对自然的认识和沉思中，才能实现自由的完善。对于皮柯而言，没有理论理性和实践理性的分离，更没有自然与自由的分离。人虽然被开始确立为主体，但这个主体仅仅是相对于上帝而言的独立主体，而非一个完全脱离于自然的绝对主体。恰恰因为这种独特的地位，人最大限度地体现了自主和独立，获得了操纵自然的巨大力量；同时又不逾越自然，不与自然相分离，而是与之紧密结合，一同走向完善。皮柯对人和自然关系的这种理解，使得他既不同于古代和中世纪，也与笛卡尔以降的心物二元论大相径庭。相比于笛卡尔和康德，皮柯的现代性是不充分的，但恰是这种"不充分的现代性"，为我们提供了一种区别于主流现代性的精神图景，一种与心物二元论截然不同的现代想象。

第 5 章

魔法、科学与神学

　　皮柯对占星术的批驳，为人的自由开辟了道路。自此，人从宇宙的束缚中解放出来，利用自身的魔力，随心所欲地践行魔法。这样一个自由的人，在对自然奥秘和神圣奥秘的思索中上天入地，灵魂日益丰满，与上帝越来越近。在自然魔法和卡巴拉魔法的实践中，魔法师－人因着自身的魔力和对世界的操控，成为一个魔化的主体。后者尽管不同于现代的理性人，却因其浓郁的主体性和自由色彩，昭示了现代人的形象。与此同时，人由于自身的魔化，迫切要求对于自然世界的除魔。皮柯对天界的自然化解释，不仅为现代天文学奠定了基础，而且引发出极具现代性的自然态度。在这种态度的召唤下，现代哲学日益要求对自然世界进行除魔，剔除自然的精神性内涵。无论是魔化还是除魔，皮柯的哲学都深刻地推动了现代世界的诞生，具有不可比拟的现代意义。

　　不独如此。晚近以来，越来越多的学者意识到：皮柯的魔法思想还昭示了一种现代科学的世界观。某种程度上，魔法可谓现代自然科学的准备，具有重要的意义。基于此，本章聚焦于魔法和科学、神学的关联，从哲学史和科学史的双重视角揭示文艺复兴魔法的意义和局限；并以此为基础，揭示现代科学和现代性的兴起。

一、耶茨及其批评者

1. 耶茨与耶茨论题

西方学界对皮柯魔法思想的接受过程异常曲折。长时间里，人们对皮柯的自由理论大加赞赏，对他的魔法思想却置若罔闻，不以为然。布克哈特就是这种立场的重要代表。在《意大利文艺复兴时期的文化》中，他一边高度称赞皮柯，认为他对自由的强调代表了一种新的世界精神，象征着文艺复兴时期对"世界和人的发现"；一边在"道德与宗教"一章中贬斥包括皮柯在内的魔法实践，视其为封建迷信的残余。❶ 这种消极态度几乎支配了 19 世纪末和 20 世纪初的西方学界，直到卡西尔才出现转机。卡西尔延续了布克哈特的评价，认为皮柯是现代性的开拓者，开启了康德式自然与自由的两分。不同的是，卡西尔反对布克哈特，主张将文艺复兴魔法视为自然哲学的一部分，认为它映射了一种根本的信念，即"魔法无非就是自然认识的积极方面"，❷ 以及一种新的主体和客体的关系，即"在主体和客体的统一性的基础上主体何以能够不仅理解客体，还支配客体，自然如何又不仅服从于主体的理智，也服从他的意志"。❸ 在此意义上，魔法是现代主体精神的体现。尽管如此，卡西尔仍然认为，以皮柯为代表的文艺复兴魔法与 17 世纪的精确科学还有相当的距离。卡西尔的矛盾态度深刻地影响了克利斯特勒，以至于后者同样一边高度肯定皮柯的现代

---

❶ 布克哈特：《意大利文艺复兴时期的文化》，第 567—592 页。
❷ 卡西尔：《文艺复兴哲学中的个体和宇宙》，第 197 页。
❸ 卡西尔：《文艺复兴哲学中的个体和宇宙》，第 222 页。

性，一边对于他的魔法思想一筹莫展。❶

决定性的变化归于英国科学史家弗朗西斯·耶茨（Frances Yates）。耶茨高度重视文艺复兴时期赫尔墨斯主义传统的价值。在耶茨看来，肇始于古代、由斐奇诺翻译的《赫尔墨斯秘籍》（*Corpus Hermetica*）与新柏拉图主义、卡巴拉主义一起，深刻影响和塑造了文艺复兴对于人、自然和上帝的思考方式。而在这条赫尔墨斯主义传统的线索中，皮柯和斐奇诺、布鲁诺等哲学家一样，占据了十分中心的位置。耶茨的论述主要体现在《乔尔达诺·布鲁诺与赫尔墨斯主义传统》（1964）、论文《文艺复兴时期科学中的赫尔墨斯主义传统》（1968）以及《玫瑰十字会启蒙》（1974）等三篇文献中，其中尤以第一篇文献最为经典。在这本著作中，耶茨旗帜鲜明地指出，《赫尔墨斯秘籍》对文艺复兴时期自然观的转变产生了根本性的影响，"《赫尔墨斯秘籍》庇护了归于其下的魔法、占星术与炼金术研究，从而使各种隐秘科学在文艺复兴时期经历了普遍的赋形，并且赋予了人利用魔法操控自然和通神的观念。这种观点进而赋予了人从理论到实践的操纵意愿，从而使魔法师（术士）与希腊和中世纪的哲学家区别开来"。❷

耶茨对皮柯魔法思想的研究，是在赫尔墨斯主义传统的视域下展开的。在耶茨看来，《赫尔墨斯秘籍》与卡巴拉主义传统具有高度的相似性。皮柯在他的著作中不仅大量使用卡巴拉资源，而且援引了《赫尔墨斯秘籍》里的内容，特别是关于魔法的部分。其中，《论人的尊严》一开篇所引用的"阿斯克勒庇俄斯啊，人是

---

❶ Cassirer-P. O. Kristeller-H. Randall, *The Renaissance Philosophy of Man*, Chicago: The University of Chicago Press, 1948, pp. 60-62; 68-71.

❷ 高洋：《赫尔墨斯主义与近代早期科学编史学》，载于《科学文化评论》，2016 年第 1 期，第 48 页。本章关于耶茨论题的回应与批评同样受益于高洋博士的梳理。

一个伟大的奇迹"就明显出自《赫尔墨斯秘籍》中"阿斯克勒庇俄斯"的章节。由此观之，人作为魔法师和操作者的形象，并非源自传统的教父哲学，而是来自赫尔墨斯主义传统。基于这种判断，耶茨认为：皮柯并非通常所言的"人文主义"的倡导者，而是"人与宇宙关系的新观点的代言人，将人视为具有操控宇宙能力的伟大奇迹"，比斐奇诺"更为勇敢地倡导了人作为魔法师的理念"。❶ 在皮柯那里，"人作为魔法师（magus）和操作者的尊严在于，他在自身中有神圣创造的权能，有将地许配给天的魔法力量"，皮柯"是第一个勇敢地为欧洲人设置新位置的人，从此欧洲人使用魔法和卡巴拉作用于世界，通过科学掌控他的命运"，❷ "斐奇诺和皮柯解释的新柏拉图主义构成了思想核心，它介于中世纪和 17 世纪之间，为科学的出现铺平了道路"，❸ 在西方哲学史和科学史上具有重大的意义。

耶茨对皮柯魔法思想的研究，与她对斐奇诺、阿格里帕、布鲁诺的魔法思想研究一道，组成了她对文艺复兴魔法研究的整体版图。这些研究从根本上指向一点，文艺魔法和现代科学究竟有何关系？作为一名科学史家，耶茨最为关心的问题是，17 世纪的现代科学究竟是如何兴起的？耶茨宣称，"科学史能够解释并循着不同阶段导向 17 世纪现代科学的诞生，但它并未解释为何（why）［科学］会在这个时候发生，为何会有对于自然界及其运作产生这般强烈的新兴趣"。❹ 为此，耶茨决定跳出传统的辉格史

---

❶ Frances A. Yates, "The Hermetic Tradition in Renaissance Science", in *Art, Science and History in the Renaissance*, Singleton, C. The Hopkins Press, 1968, p. 229.

❷ Frances A. Yates, *Giordano Bruno And The Hermetic Tradition*, p. 111, 116.

❸ Frances A. Yates, "The Hermetic Tradition in Renaissance Science", p. 229.

❹ Frances A. Yates, *Giordano Bruno And The Hermetic Tradition*, p. 447.

观，重新为科学革命寻求思想根源。而她给出的答案，就是文艺复兴时期由赫尔墨斯主义推动的魔法：

> 这是一场意志运动，它其实源自一场理智运动。在昂扬激情的笼罩中，一种新的兴趣中心诞生了；意志将心灵指向哪里，心灵就指向哪里，新的态度、新的发明随之而来。在现代科学诞生的背后，是一种新的意志方向，它朝向了世界、奇迹以及神秘的运作，一种理解它们的运作以及操控这些运动的崭新渴望与决断。
>
> 这种新的方向来自何处，又如何产生的呢？本书给出的一个答案是"三尊赫尔墨斯"（Hermes Trismegistus）。在这个名字下，我囊括了斐奇诺新柏拉图主义的赫尔墨斯核心；皮柯对赫尔墨斯主义与卡巴拉主义的重要结合；把太阳视作神秘－魔法力量源泉的注意方向；魔法师试图抓取和操控的充斥于自然中的魔法活力……因此，一个虔敬的赫尔墨斯主义者可以合法地沉思他所处的世界，在他（三尊赫尔墨斯）的帮助下研究创造的奥秘，甚至在魔法中操控世界的力量（尽管并非所有人都愿意伸展得这么远）……在他（三尊赫尔墨斯）的统治时期，那些引发现代科学诞生的新世界观、新态度和新动机产生了。❶

耶茨的经典论述被科学史界概述为"耶茨论题"（Yates paradigm/thesis）。简单来说，"耶茨论题"是一套关于文艺复兴魔法与赫尔墨斯主义关系的叙事："带有强烈魔法色彩的赫尔墨斯主义传统，起初斐奇诺将魔法从一种从中世纪看来并不起眼的戏法

---

❶ Frances A. Yates, *Giordano Bruno And The Hermetic Tradition*, pp. 448-449.

提高到了崇高的哲学层次；然后又通过乔万尼·皮柯·德拉·米兰多拉与犹太教神秘学联系起来；最后因为布鲁诺而在一种带有强烈行动主义魔法色彩的新世界观中完全得到实现"。❶ 由赫尔墨斯主义主导的文艺复兴魔法，构成了现代科学革命的前提。科恩将"耶茨论题"拆解成五个相关的问题：1）从数到数学，数的魔法为科学革命所需要的"真正的数学"提供了前提；2）普遍和谐，耶茨认为，普遍和谐广泛出现在赫尔墨斯主义中，为哥白尼与开普勒的天文学提供了动力；3）以太阳为中心，在赫尔墨斯主义中，有对太阳的明显崇拜，而哥白尼也是一个赞美太阳的诗人，布鲁诺又深受哥白尼主义的影响；4）人作为操作者；5）两个阶段的科学革命。❷

耶茨强调，文艺复兴魔法之所以可以作为科学革命的源头来看待，相当程度上是因为，赫尔墨斯的著作启发了一种新的对人的看法：

> 把宇宙看成一个魔法力量的网络，人可以对这些力量进行操作，文艺复兴时期的魔法师植根于文艺复兴时期新柏拉图主义的赫尔墨斯主义核心，我认为，正是文艺复兴时期魔法师表露出了人对宇宙的态度改变，这是科学兴起的必要准备。❸

> 发生改变的是人，他现在已不再是上帝奇迹的虔诚观众和上帝本身的崇拜者，而是操作者，试图从上帝的秩序和自然秩序中获取力量……通过魔法师，人已经学会如何使用联系天与地的链条，通过卡巴拉，人已经学会操纵将天界（经由天体）

---

❶ 弗洛里斯·科恩：《科学革命的编史学研究》，第 374 页。

❷ 弗洛里斯·科恩：《科学革命的编史学研究》，第 377—386 页。

❸ Frances A. Yates, "The Hermetic Tradition in Renaissance Science", p. 228.

与上帝联系起来的更高链条。❶

　　耶茨指出，以弗朗西斯·培根为代表的现代科学，其核心的标志是行动主义。即：不同于古代科学被动地沉思自然，现代科学主张，人应该通过更好地认识自然规律来揭示自然并进而利用自然（"知识就是力量"）。在文艺复兴魔法中，我们已经能看到这种行动主义的雏形。在耶茨看来，保罗·罗西（Paolo Rossi）在《弗朗西斯·培根：从魔法到科学》中的研究，为她的上述观点提供了最有力的佐证。罗西指出，"培根关于'科学作为自然的仆人，协助其运动，通过狡猾手段秘密迫使其服从人的统治这一观念；以及知识就是力量的观念'，都可以追溯到魔法和炼金术的传统"。❷ 不同之处仅仅在于，罗西明确认为，培根不再坚持行动主义观念背后的传统，反对魔法师将秘密限制于少数人，而把科学变成面向所有人的开放事业。耶茨坚信，正是文艺复兴魔法对人的形象的改变，为现代科学的兴起提供了准备。

　　在耶茨看来，行动主义最核心的标志是魔法的操作。对此，她这样说：

　　　　根本上，希腊人不想操作（do not want to operate）。他们将操作视为低俗的和机械的，相对于唯一配得上人的尊严的事业，即纯粹理性和哲学的沉思而言，操作是一种堕落。中世纪沿袭了这种观点，认为神学是哲学的王冠，人的真正目的是沉思；任何操作意愿只可能由魔鬼所激发。抛开文艺复兴魔法能

---

❶ Frances A. Yates, *Giordano Bruno And The Hermetic Tradition*, pp. 144-145.

❷ Paolo Rossi, *Francis Bacon: From Magic to Science*, translated from the Italian by Sacha Rabinovitch, London: Routledge & Kegan Paul, 1968, p. 21.

否引发一种真正科学的进程不论，文艺复兴魔法师对于现代（至少我这样看）的真正作用在于，他改变了意志（he changed the will）。现在，操作对人来说是尊贵和重要的；人作为伟大的奇迹运用他的力量，是虔敬且不违背上帝意志的。这种根本的心理重新定位（psychological reorientation），在精神上朝向了一个既非希腊也非中世纪的意志方向，一切的差异都源自于此。❶

耶茨将操作视为古今之变的分水岭。她旗帜鲜明地指出，在古代和中世纪，人类精神生活的重心在于沉思，操作被认为是低俗或邪恶的。但从文艺复兴以降，这种沉思主义的态度逐渐被扭转。魔法师开始重视操作，不再认为它无足轻重，而是"尊贵的和重要的"；不再认为它是邪恶或渎神的，而是"虔敬且不违背上帝意志的"。究其根本，文艺复兴魔法师－人"改变了意志"，或者说，进行了"心理重新定位"，让意志不再朝向沉思，而是朝向于实际的操作。正是这种既不同于希腊也不同于中世纪的新的操作精神，推动了现代科学的诞生。

与此同时，耶茨深知，魔法的操作与现代科学的操作方式迥然各异，文艺复兴魔法还不能和现代科学之间画等号。文艺复兴魔法的操作，是基于数秘论、卡巴拉等手段的魔力操作；而17世纪以来的现代科学的操作，是以实验为基础的精确科学操作。但是，17世纪的现代科学与文艺复兴的魔法并不是断裂的，而是从后者渐进地发展而成。在论及培根和笛卡尔时，耶茨说：

> 培根是那些微妙转变的一个突出例子，通过那些转变，文

---

❶ Frances A. Yates, *Giordano Bruno And The Hermetic Tradition*, pp. 155-56.

艺复兴时期的传统几乎在不知不觉中呈现出一种 17 世纪的气质，步入了一个新的时代……也许正是从文艺复兴时期到 17 世纪的这些过渡中，我们会意外发现那个秘密，即科学是如何产生的。❶

在过渡时期，一种对待世界的赫尔墨斯主义的、几乎是"玫瑰十字会"的冲动导致了有效的科学直觉。但是，赫尔墨斯主义对想象世界的能力的集中培养难道不是为笛卡尔跨越那个内在的边界铺平了道路吗？❷

在耶茨那里，传统科学编史学中现代科学与赫尔墨斯主义之间，或者更广义而言，现代科学与前现代科学的对立消失了。现代科学不再是 17 世纪突然的产物，而是从众多前现代科学的素材中逐渐酝酿而成的。这就是耶茨所谓的"两个阶段的科学革命"的说法，即"把科学革命看成两个阶段或许会富有启发性，第一阶段是由魔法操纵的万物有灵论的宇宙，第二阶段是由力学操纵的数学宇宙"。❸ 根据这种说法，科学革命不仅仅发生于 17 世纪，而是发生于中世纪晚期和文艺复兴时代；同样，从前现代科学到现代科学之间的过渡不是断裂，而是连续的。归根结底，如耶茨所言："所有科学难道不都是一种灵知，一种对万物本性的洞见，通过连续不断的启示而进行吗？"❹

耶茨对文艺复兴魔法和赫尔墨斯主义的研究，具有深刻的科学史意义。一方面，耶茨修正了传统科学史对于科学的定义，甚

❶ Frances A. Yates, "The Hermetic Tradition in Renaissance Science", p. 241, p. 243.

❷ Frances A. Yates, *Giordano Bruno And The Hermetic Tradition*, p. 453.

❸ Frances A. Yates, *Giordano Bruno And The Hermetic Tradition*, p. 452.

❹ Frances A. Yates, *Giordano Bruno And The Hermetic Tradition*, p. 452.

至模糊了科学与非科学的边界，极大地扩充了科学史研究的范围；另一方面，更重要的是，耶茨打破了传统辉格史观对于现代科学兴起的简化论述，赋予了魔法等看似非科学的要素以科学的内涵，将它们视为现代科学的起源，赋予我们以新的现代想象。因此，不难理解，自耶茨的这些著作发表以后，西方学界围绕"耶茨论题"进行了深入而广泛的争论。从20世纪60年代起，在耶茨的影响下，西方科学史界和哲学界逐渐打破传统的研究范式，开始关注中世纪和文艺复兴时期的魔法、占星术、炼金术，产生了大量的研究成果。直到今天，由耶茨引发的这股科学史热潮仍方兴未艾。

2. 对耶茨的批评

正如历史上伟大的学者常常毁誉参半，耶茨的命运也不例外。自"耶茨论题"诞生以来，学界对她的批评一直不绝如缕。首先，耶茨的研究方法受到众多学者的质疑。乌特·哈内赫拉夫（Wouter Hanegraaff）认为，"耶茨论题"立足于秘传理论（Esotericism），但西方的秘传理论并不是唯一的；耶茨对赫尔墨斯主义与现代自然科学关系的肯定，只是她选择性地使用历史材料的结果。[1] 马略里·琼斯（Marjorie Jones）宣称，耶茨的工作源自她"超强的历史想象"，缺乏实证支持。[2] 黑塞（Mary Hasse）则认为，耶茨的分析方法太过于侧重科学社会史，而缺乏对"内

---

[1] Henrik Bogdan, *Western Esotericism and Rituals of Initiation*, New York: SUNY Press, 2007, pp. 9-10.

[2] Marjorie G. Jones, *Frances Yates and the Hermetic Tradition*, Lake Worth, Florida: Ibis Press, 2008, p. 68.

史"（internal history）的研究，❶如此等等。其次，耶茨的研究内容也受到广泛的批评。维尔克斯（Brian Vickers）明确指出，耶茨过于简单地将数学魔法中对数的操纵与自然的数学化联系在一起；《赫尔墨斯秘籍》以及新柏拉图主义文本包含了将物质世界描述为邪恶的段落，且新柏拉图主义者对量化世界和实验并未表现出明确兴趣，它们不会像耶茨所主张的那样，激励人们研究世界，相反会让人逃离世界。❷经过长达数十年的学术论争，有些批评（如对数学魔法的批评）已经成为学界的共识。随之而来，"耶茨论题"逐渐丧失了原有的光环，其合法性变得岌岌可危。

（1）法默的批评

在这样的背景下，耶茨关于文艺复兴魔法特别是皮柯魔法思想的论述不断遭受质疑。1998年，斯提芬·法默（Stephen Farmer）在他编订的皮柯《九百题》导言中，系统批评了耶茨的研究。法默指出，耶茨所言的操作性的、具有现代自然科学精神的魔法，只能在皮柯和斐奇诺的医学魔法中找到，其他的魔法均不具有这样的特征。在他看来，文艺复兴时期作家使用的术语——"魔法的作工"（magic work），仅仅是一种获得隐秘知识的手段，而不涉及任何实际意义的操作。皮柯的魔法就是如此。法默引用了皮柯的两个命题来印证他的观点：

借助七首归于父的心智的颂歌——普罗托格诺斯、帕拉

---

❶ Mary Hesse, "Hermeticism and Historiography: An Apology for the internal history of Science", in *Historical and Philosophical Perspectives of Science*, University of Minnesota Press, 1970, pp. 134-160.

❷ Brian Vickers, *Occult and Scientific Mentalities in the Renaissance*, New York: Cambridge University Press, 1984, p. 6.

斯、萨腾、维纳斯、瑞亚、律法和巴库斯——一个渊博而深刻的沉思者能够预测世界末日之事；（《九百题》10＞20）❶

上述颂歌的作工，不过是卡巴拉的作工，后者的职能在于践行各种形式性的量（连续和分离的）。（《九百题》10＞21）❷

法默认为，这些论题中的魔法"作工"，明显包含了希伯来数秘论的成分，"指向了寓意解经法，而不是任何准技术意义上的物质操作"。❸类似地，皮柯将自然魔法等同为"自然知识的实践部分"（《九百题》9＞3），其目的也不在于肯定魔法的物质操作，而是表明它包含了一种阅读文本的秘传方式。被耶茨认为是魔法操作的秘传智慧，仅仅是一种解经的方法。所谓的"魔法的作工"，根本指向的是一种沉思而非实际的操作。这特别表现在《论人的尊严》有关魔法目的的段落中：

前者（自然魔法）则敦促人敬拜上帝的工，而这种心智状态恰恰最能激发诚挚的信望爱。因为，没有什么比专心沉思上帝的奇迹，更能将我们引向宗教和对上帝的敬拜。一旦我们借助此刻谈论的自然魔法恰当地考察这些奇迹，我们就会被激起对造物主更热切的敬拜和爱，而忍不住唱道，"天地都满是你

---

❶ Pico della Mirandola, *Conclusiones*, 10＞20. "Per septennarium hymnorum paternae menti attributorum, Protogoni, Palladis, Saturni, Veneris, Rheae, Legis, Bacchi, potest intelligens et profundis contemplator de saeculi consummatione aliquid coniectare."

❷ Pico della Mirandola, *Conclusiones*, 10＞21. "Opus praecedentium hymnorum nullum est sine opera Cabale, cuius est proprium practicare omnem quantitatem formalem, continuam et discretam."

❸ S. A. Farmer trans and edited, *Syncretism in the West: Pico's 900 Theses with Text, Translation and Commentary*, p. 129.

荣耀的辉煌"。❶

法默指出，这段话清楚地表明，自然魔法作为"自然哲学的绝对完善"，被放置在人性上升之旅的第三阶段。自然魔法的目的，是为了让人能够"专心沉思上帝的奇迹"，将人"引向宗教和对上帝的敬拜"，从而为人的神秘上升提供准备。沉思，而非物质性的操作，才是皮柯魔法思想的根本内涵。

法默承认，皮柯的不少文本的确透露出魔法的操作特征。比如"魔法是自然知识的实践部分"（《九百题》9＞3），"魔法是自然知识最高贵的部分"（《九百题》9＞4），以及"天地间没有任何以种子和分散的方式存在的力量，魔法师不能够实现和连接"（《九百题》9＞5）。特别地，皮柯还明确指出，"就任何实践的对象而言，如果所有其他方面是一样的话，对它的操作比对它的沉思更高贵"（《九百题》3＞46）。但法默坚持认为，皮柯所言的魔法即便是一种操作，也并非现代自然科学意义上的操作，而"最好解释成传统的宇宙堕落和救赎概念，在《创世七日》的基督论背景下被讨论"。❷法默看到，皮柯将人理解为小宇宙，在自身中具有"实现"和"连接"宇宙、"嫁娶世界"的能力——就像基督一样。从而，人作为魔法师的这种能力，根本上不是为了操作宇

---

❶ Pico della Mirandola, *Oratio de hominis dignitate*, 231-232. "Haec in eam operum Dei admirationem excitat, quam propensa charitas, fides ac spes, certissime consequuntur. Neque enim ad religionem, ad Dei cultum quicquam promovet magis quam assidua contemplatio mirabilium Dei, quae ut per hanc de qua agimus naturalem magiam bene exploraverimus, in opificis cultum amoremque ardentius animati, illud canere compellemur: 'Pleni sunt caeli, plena est omnis terra maiestate gloriae tuae."

❷ S. A. Farmer trans and edited, *Syncretism in the West: Pico's 900 Theses with Text, Translation and Commentary*, p. 131.

宙，而是为了实现宇宙的救赎。人只有效仿基督，在自身中将宇宙"实现"和"连接"起来，宇宙和人才会避免分裂和无序，走向救赎与统一。魔法师－人的真正本质，是"宇宙祭司"（cosmic priest），它的性质从根本上是宗教的，与现代科学毫无干系。

（2）科彭哈弗的批评

科彭哈弗（Brian Copenhaver）的批评大体上沿袭了法默的进路，只是侧重有所不同。和耶茨一样，科彭哈弗也承认《论人的尊严》开篇那句格言（"阿斯克勒庇俄斯啊，人是一个伟大的奇迹"）具有的赫尔墨斯主义背景。然而，不同于耶茨将这种赫尔墨斯主义态度理解为"一种朝向世界的新转向和对世界的操作"，科彭哈弗通过详细比较《赫尔墨斯秘籍》与皮柯文本后认为：皮柯所引的这句文本"不是关于魔法的，赫尔墨斯劝导他的门徒们逃离这个世界，而非朝向它"。❶皮柯对世界的摒弃态度一以贯之，与赫尔墨斯对世界的消极态度亦不谋而合。

科彭哈弗注意到，《论人的尊严》多处提及赫尔墨斯主义的段落，鲜明地体现了皮柯的这种消极态度。比如，皮柯说"这些手，这些脚，是全部的感觉部分，在它们中有种力将灵魂回拽，（如他们所言）'拧着灵魂的脖颈'"，❷明显体现了对感官的鄙视和对世界的悲观倾向。但是，耶茨在论述皮柯的赫尔墨斯主义时，有意将这些文本忽略了。与此同时，皮柯论及魔法的段落，又与赫尔墨斯主义没什么关系。这样说来，皮柯或者没有使用赫尔墨斯主义，从而与它无关；或者使用了赫尔墨斯主义，但其目的仅仅是

---

❶ Brian P. Copenhaver, "Magic And The Dignity of Man: De-kanting Pico's *Oration*", p. 316.

❷ Pico della Mirandola, *Oratio de hominis dignitate*, 80. "Has manus, hos pedes, idest totam sensualem partem in qua sedet corporis illecebra quae animam obtorto (ut aiunt) detinet collo."

为了提倡人对世界的逃离，与耶茨所主张的"操控世界"背道而驰。无论如何，耶茨都无法依据已有的文本论证他的观点。

基于这种认识，科彭哈弗进一步指出：人逃离世界的目的，是为了与上帝合一。皮柯哲学的意图，是逃离自然而非操控自然。和法默一样，科彭哈弗认为，自然魔法作为自然哲学的完善形态，"只是那更高和超自然的通神魔法和卡巴拉的预备，后者将使人变成天使，最终与上帝合而为一"。❶ 在这个意义上，自然魔法即便有某种操作的层面，也不过是更高魔法的准备，后者的目的和自然魔法本身一样，只是为了"与上帝合一"。合而言之，魔法从来不像耶茨主张的朝向世界，而是为了逃离世界；无论是自然魔法还是更高的卡巴拉魔法，其旨趣向来不是对自然的操控，而仅仅是为了神学层面的"与上帝合一"。神学而非科学，才是皮柯魔法的根本目的。

法默和科彭哈弗的批评，虽然仅仅针对耶茨对皮柯魔法思想的论断，却从根本上危及了"耶茨论题"的合法性。如果如法默所言，皮柯主张的魔法仅仅是沉思而非操作，所谓的"魔法的作工"根本不是一种物质性的操作，只能在救赎论和基督论的层面予以理解，那么耶茨所言的具有现代科学精神的魔法操作将失去根基；如果如科彭哈弗所言，人只是渴望逃离世界而不朝向世界，作为魔法师的人对世界的操控将不再可能；如果自然魔法还是卡巴拉魔法指向的都不是世界本身，而只是为了宇宙和人的救赎以及人与上帝的合一，那么耶茨所说的，文艺复兴魔法带来的对世界的新态度也将失去意义。一言以蔽之，如果法默和科彭哈弗对皮柯的批评能够成立，不仅耶茨关于皮柯的论断，而且关于文艺

---

❶ Brian P. Copenhaver, "Magic And The Dignity of Man: De-kanting Pico's *Oration*", p. 320.

复兴魔法和科学革命关系的全部主张都将失去根基。因此，我们有必要重新结合皮柯的文本，认真检讨法默和科彭哈弗的批评，对耶茨论题也对文艺复兴魔法的意义，以及对魔法、科学和神学的关系做出恰当的分析。

二、魔法：沉思与操作

耶茨论题的一个重要论断，在于文艺复兴魔法表现出了与古代和中世纪科学不同的操作特性，即便这种操作与现代实验科学的操作有本质区别，仍旧为现代科学的诞生提供重要的准备。而法默和科彭哈弗则力图论证，以皮柯为代表的文艺复兴魔法本质上是一种沉思，所谓"魔法的作工"绝非一种"物质性的操作"，而"最好解释成传统的宇宙堕落和救赎概念，在《创世七论》的基督论背景下被讨论"。这些批评提示我们，皮柯的魔法思想决不是孤立的，而是内在于他整个的宇宙论和救赎论图景之中。我们只有阐明魔法的操作性以及它与救赎论的关系，彻底厘清魔法中沉思和操作的关系，才能对"耶茨论题"以及它所面临的批评进行合理的评判。

1. 魔法的沉思特性

诚如法默和科彭哈弗所言，皮柯的魔法具有明显的沉思特性。魔法的这种特性，与皮柯对魔法的定位密不可分。如前所述，皮柯是在"道德哲学 – 辩证法 – 自然哲学 – 神学"的人性上升道路中，为自然哲学和魔法划定位置的。自然哲学处在第三阶段，其职责是对自然的奥秘进行沉思和探索；而魔法部分，则是自然哲学的最高形态。皮柯明确说过，自然魔法是"对自然哲学的绝对完善"，卡巴拉魔法是"自然魔法的最高部分"。因之，无论是自然魔法还是卡巴拉魔法，必然都会具有自然哲学的沉思特性。

这一点，在《论人的尊严》中体现得淋漓尽致。在"摩西"一节，皮柯借犹太会堂的布置来陈述人性上升的道路时说道：首先，犹太人在进入圣所前不能用手触碰神圣事物，隐喻人必须先学习道德哲学，洁净自身；其次，他们必须像利未人一样辅助圣事，隐喻人必须学习辩证法。随后，"一旦他们被允许接近圣物，就让他们在哲学的神职中**沉思**上帝更高之国的多彩外观，**沉思那**神圣而华美的服饰和七焰烛台，**沉思那**帐幕；这样，当他们最终借着神学崇高的功绩被准进入圣殿的中心，就能够欢享神圣的荣耀而没有任何面纱的阻隔"。❶ 这里所言的"多彩外观""华美的服饰和七焰烛台"以及"帐幕"，隐喻的是自然；对它们的沉思，也就是自然哲学对自然的沉思。在"希腊秘仪"的一节，皮柯借助毕达哥拉斯的训导"不要让水朝阳"和"不要在献祭时修剪指甲"指出：我们需要通过道德哲学排泄掉放荡的欲望，然后像修剪指甲一样削掉愤怒，才能进入自然哲学阶段。在这个阶段，人"才能投身于**沉思**，而太阳，则被正确地称为这**沉思生活**的父与向导"。❷ 这里明确指出，自然哲学的任务是沉思，自然哲学家的生活是一种沉思的生活。随后，在"迦勒底人"部分，皮柯又说，

---

❶ Pico della Mirandola, *Oratio de hominis dignitate*, 101. "Tum ad ea et ispi admissi, nunc superioris Dei regiae multicolorem, idest sydereum aulicum ornatum, nunc caeleste candelabrum septem luminibus distinctum, nunc pellicea elementa in philosophiae sacerdotio contemplentur, ut postremo, per theologicae sublimitatis merita in templi adyta recepti, nullo imaginis intercedente velo divinitatis gloria perfruantur."

❷ Pico della Mirandola, *Oratio de hominis dignitate*, 123. "et, cuius pater ac dux merito Sol dicitur, nostrae contemplationi vacare incipiamus."

在经过道德哲学和辩证法之后，"我们要在**对自然的沉思**中，让眼睛习惯于承受那旭日的初光般仍旧微弱的真理之光，这样通过神学的虔诚与对诸神最圣洁的敬拜，我们最终会变得像天国之鹰那样可以承受中天之日的耀眼光芒"。❶ 这段话再次清楚地表明：自然哲学的任务是"对自然的沉思"，通过沉思让心灵逐渐习惯真理之光，为进入最高的神学做准备。沉思，始终是自然哲学的基本特性。

自然魔法作为"自然哲学的绝对完善"，当然也具有自然哲学的沉思特征。皮柯指出，自然魔法与鬼怪魔法有根本的不同，后者让人屈服于魔鬼，而前者"充满了至高的奥秘，包含了最秘密的事至深的**沉思**以及一切对自然的认识"。❷ 和自然哲学一样，自然魔法致力于沉思自然，认识自然中各种各样的奥秘。后者以隐秘的方式藏在自然中，需要魔法师认识和发掘。魔法师的沉思所指向的，就是我们此前所言的宇宙的交感。一旦魔法师能够认识到它们，就如同在施行奇迹。皮柯宣称，自然魔法对自然的沉思最终将人引向神学，因为"没有什么比专心**沉思**上帝的奇迹，更能将我们引向宗教和对上帝的敬拜"。❸ 人一旦通过沉思把握了自然，就等于发现了上帝在自然中的奥秘，也就间接地发现了上帝。经由这种沉思，人会更加理解上帝的德能，因此也就自然而然地

---

❶ Pico della Mirandola, *Oratio de hominis dignitate*, 135. "tum in naturali contemplatione debile adhuc veritatis lumen, quasi nascentis solis incunabula, pati assuescamus, ut tandem per theologiam pietatem et sacratissimum deorum cultum, quasi caelestes aquilae, meridiantis solis fulgidissimum iubar fortiter perferamus."

❷ Pico della Mirandola, *Oratio de hominis dignitate*, 228. "haec, altissimis plena misteriis, profundissimam rerum secretissimarum contemplationem et demum totius naturae cognitionem complectitur."

❸ Pico della Mirandola, *Oratio de hominis dignitate*, 232. " Neque enim ad religionem, ad Dei cultum quicquam promovet magis quam assidua contemplatio mirabilium Dei."

敬拜上帝。自然魔法的沉思意义可见一斑。

不仅自然魔法，而且卡巴拉魔法也包含了沉思性的因素。如前所言，皮柯将卡巴拉分为理论卡巴拉和实践卡巴拉两种，前者主要是指"字母旋转术"和希伯来的默卡巴，而后者则主要是通过形式性的数和希伯来语字母等方式，运用神圣的力量对宇宙进行实践。无疑，理论卡巴拉的特性完全是沉思的。但这不意味着，实践卡巴拉因此完全只能是实践性的。毕竟，实践卡巴拉或曰卡巴拉魔法，很大程度上依赖于理论卡巴拉对于上帝和宇宙奥秘的认识。换言之，卡巴拉魔法的实践从根本上要以理论卡巴拉的沉思为前提。一个真正从事卡巴拉魔法的人，本质上既是一个实践者又是一个沉思者。

综上可见，法默和科彭哈弗正确地注意到了皮柯魔法的沉思特性。魔法作为"自然哲学的绝对完善"，天然地指向对自然的沉思。后者又进一步指向对上帝的沉思，将人从自然哲学阶段带入神学。而卡巴拉魔法作为"自然魔法的最高部分"，虽然具有更为明显的实践特性，但它也并不与沉思相对立，而是内在地依赖于理论卡巴拉对于宇宙和上帝的沉思。相应地，作为魔法师的人，首先也是一个宇宙的观测者和沉思者，具有和古代和中世纪人相似的沉思特性。

2. 魔法的操作性

然而，承认魔法具有沉思的特性，不意味着就要否认魔法具有操作性。实际上，早在《九百题》中，皮柯就指出，"魔法是自然知识的实践部分"，❶ 明确肯定了魔法的操作性。根据皮柯，"天

---

❶ Pico della Mirandola, *Conclusiones*, 9>3. "Magia est pars pratica scientiae naturalis."

地间没有任何以种子和分散的方式存在的力量，魔法师不能够实现和连接"，[1]"魔法技艺的奇迹仅仅体现在，将那些自然中以种子和分散的方式存在的事物连接和实现出来"。[2] 魔法的关键，是要将宇宙中以种子形式存在的潜能呈现出来，变成现实；是要将那些"以分散的方式存在的事物连接起来"，让它们聚合成一体。这样一种工作绝不仅仅是沉思的，而是必然伴随着操作。

在《论人的尊严》中，魔法的操作性一览无余。魔法作为自然哲学的完善形态，它的操作性早在自然哲学中就初露端倪。皮柯认为，自然哲学的要义，是"通过自然的可见象征，向我们之中那些追求的人展示上帝的不可见之事"，[3] 是将隐藏至深的奥秘公之于众。从不可见到可见，从奥秘到公开，无疑需要自然哲学家对于自然的反复探索、思考和实践。这个过程不仅是沉思的，而且包含操作的意味。这种意味，在自然魔法部分变得更为强烈。按照皮柯，魔法"呼唤因上帝的仁慈而撒播于世界各处的德能，以将它们从藏身之处带至光明中，这时与其说它在创造奇迹，不如说是在孜孜不倦地充当自然的仆从，因为奇迹乃为自然所造"。[4] 自然魔法将自然中的德能揭示出来，看来好像在创造奇迹，实际则不然。因为，"它们之作为奇迹，仅是对我们而言；而对上帝而言，则实无奇迹而言。对它而言，他所造的就是自然的"。"所谓的奇迹，不过是上帝意志的体现。"[5] 是上帝把奇迹放在自然之中，对人不可见，然后

---

❶ Pico della Mirandola, *Conclusiones*, 9>5. "Nulla est virtus in caelo aut in terra seminaliter et separata quam et actuare et unire magus non possit."

❷ Pico della Mirandola, *Conclusiones*, 9>11. "Mirabilia artis magicae non sunt nisi per unionem et actuationem eoum quae seminaliter et separata sunt in natura."

❸ Pico della Mirandola, *Oratio de hominis dignitate*, 112.

❹ Pico della Mirandola, *Oratio de hominis dignitate*, 229.

❺ 吉尔松：《中世纪哲学精神》，前引，第300页。

借着魔法师将它表明出来。这个过程，就是魔法师对于宇宙的操作——若仅仅是沉思，自然魔法就谈不上在"创造奇迹"了。

进一步，自然魔法"赋予每一事物天赋的魔力，并将隐匿于世界深处、自然的子宫、上帝之隐秘仓房的奇迹公之于众，仿佛它自身即是它们的原因"。[1] 宇宙各个部分虽然已经有了内在的亲缘性，但它存在的方式是"隐匿的"，自然魔法必须用操作的方式将这些"隐匿的"东西公布出来。"就像农夫把榆树嫁接到葡萄藤上，魔法师也将地许配给天，即把低等事物嫁接到更高事物的禀赋和权能上"，[2] 天和地作为宇宙的不同部分，它们之间的亲缘性需要魔法师去寻找和表明。"操作魔法无非就是嫁娶世界"，[3] 魔法对天地的"嫁娶"即对宇宙不同部分的连接，不能只在沉思中完成，而必须依赖于实际的操作。即便皮柯强调，卡巴拉在魔法操作中的重要性，因为"若不或明或暗的方式与卡巴拉的作工相连，没有任何**魔法的操作**是有效的"。(《九百题》9＞15）但是，一种无效的操作仍旧是一种操作；卡巴拉的缺乏，无损于自然魔法的操作性。更不必说，没有卡巴拉，自然魔法仍可以借助其他方式来获取操作性的有效性（《九百题》10＞2，"在自然魔法中，没有什么比俄耳甫斯颂歌更有效了"）。

由此可见，"自然魔法本质上是一种实践－操作的知识，它不是一种纯粹'沉思'的认识行动，而是一种'做'、一种'实现'"。[4] 自然魔法的实践维度，才是它作为"自然知识的实践部

---

[1] Pico della Mirandola, *Oratio de hominis dignitate*, 230.

[2] Pico della Mirandola, *Oratio de hominis dignitate*, 230.

[3] Pico della Mirandola, *Conclusiones*, 9>13. "Magicam operari non est aliud quam maritare mundum."

[4] Flavia Buzzetta, *Magia naturalis e scientia cabalae*, p. 70.

分"的核心标志。实际上，无论是历史上的自然魔法，还是皮柯提倡的自然魔法，都绝非法默想象的那样，仅仅是一种沉思性的认识，而是同时包含着各种各样的实践性操作。无论是算术魔法、音乐魔法还是占星魔法，都是皮柯自然魔法中的重要组成部分；算术、字母、图形、俄耳甫斯颂歌与音乐，都是自然魔法的操作方式，它们的操作性不容置疑。

在卡巴拉魔法阶段，魔法的操作性更加确凿。耶茨对皮柯魔法的操作性的论断，也主要是基于他对卡巴拉魔法的观察和认知。皮柯将卡巴拉分为理论卡巴拉与实践卡巴拉，并用"践行"描绘了实践卡巴拉的基本特性，将它与理论卡巴拉的沉思区别开来。"践行"的本质，是一种"激活"（Acutare），一种行动和现实的状态，它运用技术–操作（tecnico-operative）的程序，将实在世界中潜藏的和没有表达的东西实现出来。因此，实践卡巴拉不仅具有明显的操作性，而且因为它对卡巴拉知识的使用，具有比自然魔法更大的操作效力。卡巴拉魔法立足于希伯来语的力量，运用数的方面（形式性的数以及相应的希伯来语字母）、书写方面（字符与图形）、声音方面（语词和声音）等多种形式的象征性力量，通过援引上帝和天使的力量，达到对于世界的操控与统治。可惜的是，无论是法默还是科彭哈弗，对于卡巴拉魔法都关注甚少，缺乏对皮柯和文艺复兴魔法的操作性应有的肯定。他们的做法在理论上是站不住脚的。

3. 魔法操作与宇宙救赎

对于魔法的操作性，法默并非一无所知。但他坚持认为，所谓"魔法的作工"并非一种物质性的操作，而"最好解释成传统的宇宙堕落和救赎概念，在《创世七日》的基督论背景下被讨论"。他的理由在于：正如宇宙的堕落是由人的堕落引起，同样，作为小宇宙的人需要通过魔法来完成对宇宙的救赎和他自身的救赎。在这个意义上，"皮柯魔法的操作面向，与宇宙救赎的整体计划相连"。❶ 这一点，在《九百题》中可以得到印证，在那里皮柯明确说，"所有魔法力量的形式都来自一个站立的而非堕落的灵魂"（《九百题》9＞12），"通过参与魔法，一个人可以变得更完美"（《九百题》9＞14），证明了魔法的救赎意义。

魔法对于人和宇宙救赎的意义，在《创世七论》中确有体现。皮柯说，"因为人是天地的纽带和连接，尘世之物都屈从他，天地也护佑他"。❷ 作为万物的中介，人在自身中将宇宙中的事物连接起来，使得宇宙保持和平。人作为魔法师的这种力量，取决于他的灵魂，"除非那在自身中认可这种和平和联盟的人在自身中保持和平，他们无法获得和平"。❸ 但问题恰恰在于，人的灵魂并不稳固，随时可能犯罪。同样具有将万物连接起来的中介能力，人和上帝具有根本的存在论差异，"上帝是作为万物的源头，而人是作为万物的中心将万物包含在自身之中"。❹ 一旦人的灵魂堕落，丧失包含宇宙万物和连接万物的能力，也就是说，人无力践行魔法，则宇宙自身也将跟着人一起堕落。相应地，除非人自身被救赎，宇宙无法获得救赎。

---

❶ S. A. Farmer trans and edited, *Syncretism in the West: Pico's 900 Theses with Text, Translation and Commentary*, p. 131.

❷ Pico della Mirandola, *Heptaplus*, 5: 7. "Homini mancipantur terrestria, homini favent caelestia, quia et caelestium et terrestrium vinculus et nodus est."

❸ Pico della Mirandola, *Heptaplus*, 5: 7. "nec possunt utraque haec non habere cum eo pacem, si modo ipse secum pacem habuerit, qui illorum in se ipso pacem et foedera sancit."

❹ Pico della Mirandola, *Heptaplus*, 5: 6. "Quod Deus in se omnia continent uti omnium principium, homo autem in se omnia continet uti omnium medium."

皮柯宣称，人要想完成救赎，必须依靠基督。正如人类在第一亚当中堕落，丧失了连接万物的中介能力；同样，"那不可见上帝的形象，一切创造的头生子——基督，与那一个被造为上帝形象的，一切创造的连接，并将万物包含在自身之中的人，不可言说地合而为一，便是十分适当的"。❶ 人与作为中保的基督相连，获得上帝的救赎，这是中世纪基督教的基本教义。但在皮柯这里，无论是人的形象还是基督的形象，都与中世纪的教义有天壤之别。皮柯笔下的人，是"一切创造的连接、并将万物包含在自身之中的人"，直接来说就是魔法师；而根据《九百题》，"若非通过魔法或卡巴拉，基督的作工不可能被完成"，❷ "基督的奇迹是他神性最确实的证明，但这不是因为他行的事，而是他行事的方式"，❸ 毋宁说基督也是一个魔法师，一个最神圣的魔法师。现在，一个堕落的人与这位最神圣的魔法师合而为一，自身的罪被消除，重新成为一个魔法师，通过践行魔法将宇宙包含在自身之中，不仅拯救了自己而且也拯救了宇宙。在这个意义上，的确如法默所说，皮柯的魔法"最好解释成传统的宇宙堕落和救赎概念，在《创世七论》的基督论背景下被讨论"。

但这一切不意味着皮柯的魔法不是真正的物质操作。一方面，法默虽然注意到了魔法的基督论语境，却没有完全理解基督在皮

---

❶ Pico della Mirandola, *Heptaplus*, 5: 7. "Nam et congruum fuit ut qui est imago Dei invisibilis, primogenitus omnis creaturae, in quo condita sunt universa, illi copularetur unione ineffabili qui ad imaginem factus est Dei, qui vinculum est omnis creaturae, in quo conclusa sunt universa."

❷ Pico della Mirandola, *Conclusiones*, 9>7. "Non potuerunt opera Christi vel per viam magiae vel per viam cabalae fieri."

❸ Pico della Mirandola, *Conclusiones*, 9>8. "Miracula Christi non ratione rei factae, sed ratione modi faciendi, suae divinitatis argumentum certissimum sunt."

柯哲学中的意义。基督之所以在《创世七论》文本中充当救赎者的作用，不仅仅它是传统意义上的中保，而且因为《九百题》中所暗示的魔法师形象。因为基督自身是个完美的魔法师，人与基督的合一能让人的灵魂重生，变得和基督相像，从而恢复他作为魔法师的身份。皮柯魔法的基督论背景并不能取消人作为魔法师的属性，反而印证和强化了这一点。另一方面，人作为魔法师践行魔法，诚然与宇宙的堕落和救赎相连。但问题的关键在于，对灵魂获得新生的人而言，他践行魔法时所面对的宇宙，仍旧是一个尚未被连接的宇宙。要想完成对宇宙的救赎，魔法就必须"作工"，将这些分散的东西连接起来，将它们从种子变成现实。这就要求魔法进行实际的物质操作。

无论如何，并非魔法与救赎论和基督论相连，它就不是操作性的了。救赎论也好，基督论也好，仅仅说明了皮柯魔法具有的神学内涵，它本身并不会削弱更不会剥夺魔法对于世界的操作。同样，人作为"宇宙祭司"的形象，与他作为魔法师的形象也并不冲突。在皮柯的哲学语境中，人既可以在神学上成为关乎宇宙救赎的祭司，也可以充当操作自然的魔法师。更直接地说，"宇宙祭司"和"魔法师"的形象在皮柯那里本就是一体的。法默过于强调皮柯魔法的基督论背景和宇宙救赎的意义，将人的神学形象与魔法师的形象隔离开来，以至于否定了魔法自身的操作特性，在理论上是偏颇的。

4. 沉思与操作的互动

经过上面的分析，我们已经证明，皮柯的魔法既具有沉思的特性又具有操作的特性。而且这种操作并非某种神学性质的救赎论，而是实实在在的物质性操作。接下来我们需要澄清的是：在皮柯的魔法思想中，沉思与操作之间具有什么样的关系？对这个问题的回答至关重要，它不仅关乎对皮柯的魔法乃至文艺复兴时期魔法性质的最终定位，也涉及如何理解魔法思想和魔法实践的关联。

自然魔法作为"自然哲学的绝对完善"，首先具有鲜明的沉思特性。如同自然哲学致力于对自然的等级进行哲学思考，从可见的自然中把握不可见的内容；自然魔法"包含了最秘密的事至深的沉思以及一切对自然的认识"，[1] 首先指向了沉思。可以说，沉思是自然魔法最基本的特性和出发点。与此同时，自然魔法不可能仅仅停留在沉思层面，而一定会过渡到实践。这就意味着，自然魔法会将通过沉思获得的知识变成一种操作，或者说，利用沉思性的知识来实现一种操作。以皮柯所举的农夫将榆树枝嫁接到葡萄藤上这一行动为例：农夫之所以能够进行魔法的操作，是因为此前他已经认识了榆树枝和葡萄藤之间的"交感"即亲缘关系，知道前者嫁接到后者那里能够良好地生长。只是因为有了这种知识，他才敢在行动中运用它，进行这场操作。同样，广泛而言，"没有任何以种子或者分散的方式存在于天地中的力量，魔法师不能实现或连接"，[2] "魔法技艺的奇迹，仅仅通过对那些以种子或分散在自然中的东西进行实现或连接才得以存在"。[3] 魔法师要想进行操作，就必须预先认识自然中那些"以种子或分散的方式存在于天地中的力量"，知道将它们实现或结合的原理，否则他们无法进行魔法操作。正是掌握了事物的原理，魔法师运用算术魔法、音乐魔法和占星魔法等具体手段，将天界的力量吸引到下界，达

---

[1] Pico della Mirandola, *Oratio de hominis dignitate*, 228.

[2] Pico della Mirandola, *Conclusiones*, 9>5.

[3] Pico della Mirandola, *Conclusiones*, 9>11.

到操控自然的目的。在这个意义上，沉思是操作的基础，而操作则是对于沉思的具体运用。

诚然，操作并非沉思的最终目的。相反，基于沉思的操作最终仍旧落实为沉思。如皮柯所言，"前者（自然魔法）则敦促人敬拜上帝的工，而这种心智状态恰恰最能激发诚挚的信望爱。因为，没有什么比专心沉思上帝的奇迹，更能将我们引向宗教和对上帝的敬拜"，❶ 自然魔法的操作将令人对自然（"上帝的工"）更加崇敬。归根结底，自然魔法的操作所利用的是自然的力量，揭示的是自然的奥秘。魔法师一旦通过操作将它们揭示出来，自己会对自然的力量和奥秘更加惊叹，转而更深地沉思自然，后者又最终指向了上帝。一言以蔽之，沉思虽然是操作的基础，但操作的目的却是为了沉思。进一步说，当魔法师经过操作转向沉思，对自然有了进一步的认识，又会反过来走向更完备的操作。由此，沉思与操作之间就形成了双向的互动：**沉思→操作→沉思→操作……**❷ 每一次的沉思，促使人进一步的操作；每一次的操作，又促使人更深地沉思。在这个意义上，最高的神学目的非但没有取消魔法的操作意义，反倒因为自身的沉思需要，督促魔法师不断操作，以期在操作中走向最高的沉思。操作性，始终是魔法的核心所在。当然，鉴于自然魔法的最终意图是对上帝的沉思，沉思可谓自然魔法的最终目的。但即便如此，自然魔法具有的操作性仍然无法否认。无论如何，沉思与操作的这种双向互动，不仅反映出文艺复兴魔法的理论和实践的双重面向，也暗示出现代科学在理论和实践上的互动性关联。

---

❶ Pico della Mirandola, *Oratio de hominis dignitate*, 232.

❷ Flavia Buzzetta, *Magia naturalis e scientia cabalae*, p. 73.

在卡巴拉魔法中，沉思和操作的关系有所不同。作为实践卡巴拉，卡巴拉魔法具有更为明显的操作特性。诚然，卡巴拉魔法的操作要以理论卡巴拉为基础。在这个意义上，沉思仍旧构成了魔法操作的前提。不同于自然魔法，卡巴拉魔法的操作目的更强，在它的操作之外，不存在一个更高的神学意图。毕竟，就其源头而言，卡巴拉魔法已经不属于"道德哲学－辩证法－自然哲学－神学"的自然哲学阶段；相反，就其利用的是关于上帝和天使的神学知识，已经处在神学之中。由此一来，卡巴拉魔法就是在神学范围内的操作，操作是神学的必要体现；它无须像自然魔法一样，服务于比自身更高的神学。我们可以想象，践行卡巴拉魔法的魔法师因为对圣名和天使之名的掌控，认识到上帝和天使的伟大力量，从而引发了对它们的沉思；但就卡巴拉魔法作为实践卡巴拉的定位来看，沉思向来不是它根本的意涵。皮柯对卡巴拉魔法的此种分析，内在确定了卡巴拉魔法独立的操作特性，也使得耶茨在分析皮柯魔法的操作性时，将目光首先指向了它。

综上，皮柯的魔法绝非仅仅是沉思的，而是具有明确的操作性。自然魔法的操作服务于最终的神学沉思，但沉思并未否定操作的必要；魔法服务于宇宙和人的救赎，但后者并非减弱甚至取消魔法的操作性。无论是对于自然和上帝的认识而言，还是对于人和宇宙的救赎而言，魔法的操作都是必要的。至关重要地，魔法的操作具有明确的物质性，而非某种精神性的救赎或沉思。特别在卡巴拉魔法中，操作——利用神圣力量对自然世界的作用和影响，乃是最为中心的内涵。这就表明，耶茨对于文艺复兴魔法的分析是基本成立的。相反，她的批评者过度强调魔法的沉思性以及魔法的神学意图，以致忽视甚至否定了魔法操作的正面意义，在理论上是错误的。

三、魔法：朝向世界的操作

耶茨将文艺复兴时期的魔法视为现代科学的起源，另一个重要的原因在于，"在现代科学诞生的背后，是一种新的意志方向，它朝向了世界、奇迹以及神秘的运作，一种理解它们的运作以及操控这些运动的崭新渴望与决断"。在耶茨看来，现代科学一个核心的标志，是它开启了一种新的朝向世界的态度。然而，在法默和科彭哈弗（包括维尔克斯）看来，如果说以皮柯为代表的文艺复兴魔法受到了赫尔墨斯主义的影响，那么它呈现的恰恰是一种逃离世界的态度。魔法的最终目的，是为了"与上帝合一"，和耶茨所言的现代科学毫无干系。这样，为了辨明耶茨命题的正当性，进而更为仔细地考察现代科学的起源，我们还必须对皮柯魔法对于世界的态度做进一步的辨析。

1. 逃离世界

不可否认，皮柯的魔法的确如科彭哈弗等学者所言，具有"逃离世界"的倾向。这种倾向，是由皮柯整体思想对物质世界的摒弃内在决定的。根据皮柯，虽然上帝赋予人自我塑造的自由，但自由并非没有高低贵贱之分。人要想完善这种自由，以免沦为野兽，必须让灵魂追求至高的存在。而这也就意味着，人必须摒弃物质世界，朝向神圣世界。正如皮柯所言，"让我们摒弃属地之物，轻视天界之物，漠视此世的一切，飞至那接近最高神性的彼世之庭"。❶

---

❶ Pico della Mirandola, *Oratio de hominis dignitate*, 48. "Dedignemur terrestria, caelestia contemnamus, et quicquid mundi est denique posthabentes, ultramundanam curiam eminentissimae divinitati proximam advolemus."

皮柯的"否定神学"（Negative theology）主张，使得"逃离世界"的倾向变得异常突出。在《论存在与一》中，皮柯遵循伪狄奥尼修斯在《神秘神学》中的指引，强调上帝"既无法言说，也没有名称或知识"的绝对超越性。而要想抵达超越性的上帝，必须完整地走完一条上升之路：1）首先认识到上帝不是形体和形式；2）其次要认识到上帝不是生命和理智；3）然后接近上帝所在的幽暗，不用人的智慧去想象它；4）最后意识到上帝超越于一切完满性和一切名称。❶ 纵观这条上升之路，其起点正是要否弃上帝的形体性。人只有从形体世界逃离，逐步上升到理智世界，才有可能一步步接近上帝。"逃离世界"，可谓认识上帝的必然要求。

作为"自然哲学的绝对完善"，自然魔法同样具有"逃离世界"的倾向。自然魔法的这种特性，首先可以从它的认识特性中推导而出。皮柯说过，"魔法与那处于时间与永恒之间的视域的本性相配，从那里魔法可以通过智者们所知的适当方式来获取"。（《九百题》9＞17）所谓魔法要与"时间与永恒之间的视域的本性相配"，说的是自然魔法要与人的理性相配。换言之，只有人的心灵从感性阶段进展到理性阶段，才能真正践行自然魔法。而从感性到理性的进阶，与人对感官世界的摒弃恰好同为一体。其次，自然魔法的要义乃是沉思自然的奥秘，这一定义内在地包含了对世界的逃离。当皮柯说，"没有什么比专心沉思上帝的奇迹更能将我们引向宗教及对上帝的敬拜了"，❷ 他的意思不过是说，自然魔法能够引领我们逃离自然。

相较于自然魔法，卡巴拉魔法"逃离世界"的倾向更为明显。

---

❶ Pico della Mirandola, *De ente et Uno*, Chapter 5.

❷ Pico della Mirandola, *Oratio de hominis dignitate*, 232.

卡巴拉魔法的这种特性，也可以根据它的认识特性予以理解。在论述完自然魔法的特性后，皮柯说，"处于时间的永恒视域的本性接近于魔法师，但高于他，与之相配的是卡巴拉"（《九百题》9＞18）。这里所谓的"处于时间的永恒视域"，是上帝和天使所在的神圣世界；而与它们相应的本性，则是智性，是卡巴拉。简言之，人只有从感性、理性上升到智性，才有能力理解卡巴拉，从而践行卡巴拉魔法。这种进阶，对应的就是人逃离（自然）世界、进入神圣世界的上升之旅。此外，就卡巴拉魔法的含义而言，它强调的是对圣名、天使之名等神圣事物的沉思和实践，本身已经不在自然世界之中。当魔法师运用卡巴拉知识进行沉思或操作，他已经与上帝和天使同在了。从这个意义上来说，卡巴拉魔法天然地具有"逃离世界"的神圣性。

综上，诚如法默和科彭哈弗所言，皮柯魔法具有明确的"逃离世界"倾向。这种倾向既有可能受到赫尔墨斯主义的影响，也有可能受到佛罗伦萨柏拉图学园中新柏拉图主义的影响，或者卡巴拉主义的影响，又或者是受到这些立场的共同影响，难以辨别。如果一切如他们所言，魔法的倾向和最终目的只是"逃离世界"而不是"朝向世界"，魔法当然也就不可能孕育出现代科学面向世界的操作精神。情况果真如此吗？

2. 朝向世界

魔法具有"逃离世界"的倾向，并不意味着它不会"朝向世界"。实际上，"逃离世界"仅仅是魔法的倾向和目标，不会削弱更不会剥夺魔法朝向世界的操作。相反，人只有朝向世界，魔法才会展现出巨大的意义；人只有在朝向世界的操作中获得提升，才会真正"逃离世界"。此种"朝向世界"的操作精神，贯穿于自然哲学、自然魔法到卡巴拉魔法的始终。

在自然哲学阶段，人对世界的朝向已经初步显现。诚然，如皮柯所言，人要完成灵魂的上升，需要"摒弃属地之物，轻视天界之物，漠视此世的一切，飞至那接近最高神性的彼世之庭"。[1]但是"最高神性的彼世之庭"不过是人最终抵达的目标，要想实现这一目标，人还需要像柏拉图笔下的哲学家一样，走一条弯曲的道路，经过"道德哲学－辩证法－自然哲学－神学"的进阶之旅。自然哲学在其中的意义，是为了"照亮"人的灵魂。而要从事自然哲学，就必须根据自然的等级进行哲学思考，在上升和下降的运动中领悟自然的奥秘。只有面向自然，努力探索自然，而不是从自然中逃离，自然才会向他展现自己的奥秘。这个过程，非朝向自然不能完成。

在自然魔法阶段，人对世界的朝向更为明显。自然魔法的用处，在于"呼唤因上帝的仁爱而撒播于世界的德能，并将它们从藏身之处带至光明中"，[2]将上帝的奥秘揭示出来。这个过程看起来像是创造奇迹，但实则不过是将自然已有的奇迹"公布于众"。这样一个操作的过程，必然是朝向世界而不是"逃离世界"。从操作方式来看，自然魔法清楚地指向了对于世界的朝向。无论是运用音乐、咒语还是算术的力量，自然魔法最终都是要利用天体的力量影响月下世界，或是让月下世界中不同的事物连接起来。无论哪种方式，自然魔法的主旨都在于面向世界，为了世界进行操作。对皮柯来说，人只有经过自然魔法的阶段才能进入神学。这也就是说，人只有先面向自然，探索自然，从自然中寻求到上帝的奥

---

[1] Pico della Mirandola, *Oratio de hominis dignitate*, 48.

[2] Pico della Mirandola, *Oratio de hominis dignitate*, 229.

秘，才能认识上帝，实现"逃离世界"的目的。没有"朝向世界"的环节，"逃离世界"根本无从实现。

在卡巴拉魔法阶段，人对世界的朝向更加无可置疑。诚然，卡巴拉魔法天然具有"逃离世界"的倾向。它所利用的卡巴拉知识，无论是圣名还是形式的数，都是对于神圣世界及其结构的认识。它所追求的，就是让灵魂从物质世界中上升，经由理性到智性，与上帝和天使同在。但就魔法的性质而言，卡巴拉魔法仍旧是一种操作，一种比自然魔法更加有力的物质操作。它所期望的，始终是借助上帝和天使的神圣力量，操控天界和月下世界的事物。面向世界的操作，是卡巴拉魔法的核心内涵。

综上，皮柯所谓的"逃离世界"，仅仅是指灵魂在上升的过程中，克服灵魂低级的欲望，而非真的摒弃整个世界。相反，"道德哲学－辩证法－自然哲学－神学"的灵魂上升之路，内在地决定了灵魂必须经由对自然的认识，才能进入神学。换言之，为了最终"逃离世界"，人必须首先朝向世界。法默和科彭哈弗坚持，若魔法的目的在于逃离世界，那它自身就不可能朝向世界，更不可能操控世界。然而，逃离世界和朝向世界、操控世界并非他们想象的那样非此即彼，似乎魔法的目的是逃离世界，人就只能从这个世界中逃离。而是说，灵魂只有首先朝向世界，在自然哲学和魔法中理解上帝的权能，进而通过操控世界的方式进入神学，才能最终从世界中逃离。赫尔墨斯式的神学目的，非但不会取消魔法朝向世界的特性，反倒因为灵魂上升的需要，内在地要求它面向世界、探索世界，对世界进行操作。法默和科彭哈弗单纯强调"逃离世界"的目的，未能理解魔法对于实现这一目的的作用，在理论上是无法成立的。

通过对法默和科彭哈弗的批评，我们进一步明确了文艺复兴魔法的操作性，以及它与科学之间的特殊关联。一方面，法默和科彭哈弗的批评使我们认识到，耶茨的确夸大了赫尔墨斯主义对文艺复兴魔法的影响，忽视了魔法具有的沉思性以及它使人"逃离世界"的倾向；另一方面，法默和科彭哈弗的批评夸大了魔法的沉思性，忽略了魔法具有的操作性；在正确认识到魔法"逃离世界"的同时，忽视了魔法面向世界的本质。因此，尽管我们承认"耶茨论题"包含了诸多缺陷，仍然同意她关于文艺复兴魔法与现代科学关系的整体论断，即以皮柯为代表的文艺复兴魔法呈现出一种面向世界的操作精神，这种精神乃是现代科学得以发生的前提。文艺复兴魔法虽然并未直接，但间接地构成了现代科学诞生的起源。自然地，我们也拥护"耶茨论题"关于"两个阶段的科学革命"的讲法，认为魔法和科学、前现代科学和现代科学之间并非截然对立，而是构成了科学革命发生的两个连续阶段。耶茨对于魔法的整体研究，对于我们重新理解现代科学革命的发生，仍然有着持续的说服力。❶

四、魔法与神学

　　魔法和科学的特殊关联，敦促我们进一步考察魔法与神学的关联。如若我们同意耶茨，认为魔法在某种程度上构成了现代科学的预备；对魔法和神学关联的考察，内在便指向了科学和神学

---

❶ 这也是为什么，科学史家科恩对于耶茨的研究方法颇有微词，始终都没有否定耶茨的思路对于我们的启发。科恩这样说道，"仍然存在着一种挥之不去的怀疑，即耶茨可能瞥见了关于近代早期科学起源的真理，而我们目前仍然未能把握其充分意义"，见科恩：《科学革命的编史学研究》，第 386 页。

的关联。澄清这一点意义重大。20世纪以降，无论是西方哲学界还是科学史界，都越来越自觉地突破传统的"科学VS宗教"对立的话语模式，重视现代科学诞生背后的宗教原因。自怀特海在《科学与近代世界》（1925）中对基督教在科学发展中的作用进行辩护以来，默顿（Robert K. Merton）、布鲁克（John Hedley Brooke）、彼得·哈里森、布鲁门伯格、吉莱斯皮等学者从不同线索出发，考察近代科学革命与基督教神学的关联，逐渐打破了传统的思维范式。❶这些研究让我们意识到：现代科学与基督教之间并非总是截然对立（虽然存在这样的时刻）；相反，现代科学的诞生，高度依赖于中世纪晚期、文艺复兴至近代的基督教神学的内在驱动。现代科学的诸多理念和基础，不同程度地脱胎于基督教。考虑到这一点，我们有必要综述前文，重新检讨皮柯的魔法和神学的关联，以期对现代科学与基督教的关联进行历史性的反思。

1. 魔法：神学的预备与操练

如前所述，皮柯借用新柏拉图主义的灵修模式勾画了"净化－照亮－完善"的人性进阶之路。自然哲学作为从"净化"到"完善"的中间环节，起到了沟通道德哲学、辩证法和神学的枢纽作用。无论自然哲学还是自然魔法，其根本意义在于通过洞察上帝撒播于自然的奥秘，为最终进入神学提供预备。这个环节之所以不可少，首先是由人的理性能力决定的。正如同柏拉图洞穴中的囚徒，初出洞穴时无法适应太阳耀眼的光芒，只有先观看太阳在水中的倒影，逐渐提高视觉能力以后才能直视太阳（善）；皮

---

❶ 关于现代科学和基督教的关系，重点参考马建波：《缠绕：历史中的科学与基督教》，北京：中国社会科学出版社，2019年。

柯笔下的人也只有首先观看上帝在自然中的印迹和影像，等心灵完善之际，才可与上帝直接照面。

对于自然哲学和神学的这层关系，皮柯在"雅各之梯"中这样说过，"一旦我们受普智天使之灵的激发，借由言说或推理的技艺进身至此——即，沿着梯子（自然）的层级进行哲学思考，从一个中心到另一个中心穿透整体——我们会下降，以提坦之力将奥里西斯分一为多；继而会上升，以阿波罗神之力将奥西里斯的四肢聚多为一，最终，我们栖息于梯子顶端的天父怀里，在神学的幸福中变得完善"。❶ 自然哲学对自然进行研究，以洞悉自然奥秘为己任。一旦读懂自然之书的奥秘，就等于读懂了上帝放置于自然中的德能，也就间接读懂了上帝的意志。因此不难理解，经过自然哲学的研究之后，人才能进入神学，在天父的怀里"栖息"。如果说，在自然哲学阶段，人对上帝的认识是间接的，需要假借于自然的中介，那么在神学阶段，人对上帝的认识则是直接的，如同柏拉图洞穴中的囚徒直面太阳之光。关于二者的关系，皮柯借助犹太人的秘传仪式做了类比：

> 让我们以摩西为例，他略低于神圣而不可言状的智性，后者泉源般丰盈，琼浆令天使沉醉。我们将听到这位可敬的审判者，向生活于肉身荒芜孤独中的我们颁布他的律法，"那些因不洁净而需要道德哲学的人，当他们像塞萨利的祭司一样洁净自己时，要让他们和会幕外露天的大众住在一起。"那些举止已经端正、被允许进入圣所的人，一开始也不要让他们的手触碰圣物，而要首先服从辩证法，像勤奋的利未人那样服务于哲

---

❶ Pico della Mirandola, *Oratio de hominis dignitate*, 82.

学的圣事。一旦他们被允许接近圣物，就让他们在哲学的神职中沉思上帝更高之国的多彩外观，沉思那神圣而华美的服饰和七焰烛台，沉思那帐幕；这样，当他们最终借着神学崇高的功绩被准进入圣殿的中心，就能够欢享神圣的荣耀而没有任何面纱的阻隔。❶

如同祭司进入圣殿，需要首先洁净自身，即学习道德哲学和辩证法；然后沉思圣殿内的服饰、灯台和帐幕，即学习自然哲学；最后，才能进入圣殿中心，即进入神学阶段，在"没有任何面纱的阻隔"下与上帝直接照面。没有自然哲学的预备，最高的神学无从谈起。一旦人经过自然哲学的洗礼，进入最高的神学，就会忘却自身，乃至于与上帝合而为一，达到最高的幸福。这也就是皮柯说过的，"受到如此温柔的呼唤，如此善意的邀请，我们就像地上的墨丘利一般足下生翼，飞向至福的母亲的怀抱，欢享渴望已久的和平。这是最神圣的和平、不可分割的纽带，是和谐的友爱，在这种友爱中，所有灵魂在同一个心智（高于所有的心智）之中，不仅协调一致，而且以某种不可言说的方式内在地和合如一"。❷ 与上帝合一，乃至于神化为上帝，才是魔法的目标所在。而这一切的前提和预备，都在于自然哲学。

自然魔法的立意同样如此。作为"自然哲学的绝对完善"，自然魔法具有一般的自然哲学不可比拟的力度和深度，但它的宗旨，仍在于通过对自然之书的阅读，把握上帝隐藏的奥秘。皮柯多次提到的，自然魔法"呼唤因上帝的仁爱而撒播于世界的德能，并

---

❶ Pico della Mirandola, *Oratio de hominis dignitate*, 98-101.

❷ Pico della Mirandola, *Oratio de hominis dignitate*, 94.

将它们从藏身之处带至光明中，与其说它在创造奇迹，不如说它孜孜不倦地充当自然的仆从，因为奇迹乃是自然所造"❶，正是这一逻辑的生动体现。正是因为自然魔法帮助人把握上帝隐藏的奥秘，它便能"敦促人敬拜上帝的工，而这种心智状态恰恰最能激发诚挚的信望爱"，❷将人带入对上帝的无限热爱和沉思之中，为神学提供重要的预备。

　　和自然魔法不同，卡巴拉魔法已经进入了神学的阶段。卡巴拉魔法的立足点，在于卡巴拉的秘传智慧。不同于自然魔法仅仅把握上帝在自然中的奥秘，卡巴拉魔法致力于把握上帝在神圣世界中的奥秘。表现在理论层面，卡巴拉致力于对上帝和流溢层的沉思；表现在实践层面，卡巴拉魔法力图运用数（形式性的数以及相应的希伯来语字母）、书写（字符与图形）、声音（语词和声音）等多种形式的象征性力量，发现和利用神圣世界与其他世界的交感，将上帝和它的流溢层以及天使的德能召唤至天界和月下世界，达到操控与统治世界的目的。

　　皮柯将卡巴拉引入基督教，成功地使得卡巴拉成为基督教神学的一部分。由此一来，卡巴拉魔法实际上就成了对于基督教神学的特殊操练。不同于正统天主教会神学主张人通过理性或信仰的方式进入上帝；卡巴拉魔法首先主张人借助犹太卡巴拉的资源，通过希伯来语以及表达的形式性的数，对上帝、流溢层和天使界的关系进行沉思。这种沉思的方式可谓是异教的，但效果和基督教神学如出一辙，同样能够让人认识到上帝的三位一体，认识到拯救和末日审判等核心教义。甚至在某种程度上，卡巴拉的特殊

---

❶ Pico della Mirandola, *Oratio de hominis dignitate*, 229.

❷ Pico della Mirandola, *Oratio de hominis dignitate*, 232.

操练和基督教的神秘主义传统一样，更能让人体察到上帝的奥秘，让人接近上帝的无限。

进入实践阶段的卡巴拉魔法，是一种特殊的神学操练。它不满足于理论的沉思，而是要用各种各样的方式进行操作。这种操作的本质是神学的，无论是数、书写和声音，其来源和效力都依赖于魔法师对于上帝、流溢层和天使关系的理解。卡巴拉魔法操作的目的也不是别的，无非通过对于神圣力量的运用掌控一切，让自身化形为天使，甚至"与上帝合一"。卡巴拉魔法和自然魔法一样，最终目的都是神学。作为魔法师，践行卡巴拉魔法的人在一次次的操作中日益理解上帝的力量，一次次找到通向上帝和天使的通道，自身焕发着神学的光辉。

2. 神学：魔法的目的和动力

上述考察表明，无论是自然魔法还是卡巴拉魔法，最终都指向并服务于神学。神学才是皮柯魔法思想的根本旨趣。法默和科彭哈弗的意思正在于此：如果神学以及相应的救赎才是魔法的根本目标，则魔法自身的意义就会被严重削弱，遑论魔法所具有的科学性。然而，他们的立论是没有根据的。

问题的核心始终在于，如何理解从魔法到神学的过渡？诚然，神学被视为魔法的目的，但这绝不意味着，作为神学准备和操练的魔法可有可无。相反，它作为通向神学的准备和手段，对于人的完善意义重大。对皮柯来说，既然自然和《圣经》具有高度的一致性，人便可以通过自然哲学的道路抵达神学。无论是作为神学准备的自然魔法，还是已经作为神学操练的卡巴拉魔法，都是人完善自身的必要道路——甚至，对于文艺复兴时期的人来说——是一条更可行、更主要的道路。

更为重要的是，神学固然是魔法的目的，但这种目的反过来也是一种动力。既然人要走"净化－照亮－完善"的进阶之路，必须经过自然哲学和魔法阶段的"照亮"才能通向神学，魔法的沉思和实践就成了神学的必然要求。换言之，为了进入神学，实现人和上帝的合一，我们就必须首先践行魔法。既然自然魔法"敦促人敬拜上帝的工，而这种心智状态恰恰最能激发诚挚的信望爱"，对于人的完善如此重要，我们就应该将目光转向自然，努力探求自然的奥秘；既然"没有什么比专心沉思上帝的奇迹，更能将我们引向宗教和对上帝的敬拜。一旦我们借助此刻谈论的自然魔法恰当地考察这些奇迹，我们就会被激起对造物主更热切的敬拜和爱，而忍不住唱道，'天地都满是你荣耀的辉煌'"，❶ 我们就应该将对上帝的敬拜视为自然魔法的动力，努力践行魔法，在对自然的操作中努力发现上帝的奥秘。一言以蔽之，正是由于神学目的的存在，自然魔法乃至整个自然哲学才从中世纪的神学束缚中解放出来，获取了前所未有的正当性。

卡巴拉魔法亦不例外。既然神学的要义在于上帝，我们就应当运用各种方式通向上帝。新柏拉图主义的灵修、柏拉图式的迷狂、赫尔墨斯主义的灵知，便是神秘主义传统给出的不同通道，卡巴拉亦如是。"与上帝合一"的神学目标，驱使着信徒践行卡巴拉魔法。每一次的践行，都会使得魔法师日益懂得上帝和天使的奥秘，懂得通向各个流溢层乃至上帝的道路；每一次体会上帝和天使的奥秘，魔法师又会更加肯定世界和自身，产生践行魔法的强烈冲动。对于这些魔法师而言，卡巴拉魔法是对神圣权能的绝佳证明。每一次的魔法实践，最后都不会仅仅归于魔法师自身，

---

❶ Pico della Mirandola, *Oratio de hominis dignitate*, 232.

而要归于魔法力量的源泉——上帝和天使。在整个过程中，神学以强有力的方式推动着卡巴拉魔法的理论和实践，构成了卡巴拉魔法的隐秘动力。反过来，魔法对神圣奥秘的揭示，又一次次将人更深地推向最高的神学。

综上，神学既构成了魔法的目的，又构成了魔法的动力。而如果说，魔法具有某种科学精神，或者孕育了现代科学的萌芽，则神学便构成了科学的目的和动力。一方面，对于整个文艺复兴和早期现代的西方人来说，神学救赎始终都是科学的目的所在。魔法和科学的这层关联决定了，早期现代科学虽然具有强烈的宗教和道德属性，尚未成为完全世俗的科学；但也正是因此，它长期笼罩在神学的阴影之下，无法从神学中独立出来。[1]另一方面，当神学作为科学的目的而存在，它反过来就推动了科学的诞生。法默和科彭哈弗错就错在，只是机械地强调神学作为魔法的目的，却忽视了神学对于魔法的内在要求。他们仅仅注重皮柯的神学意图，未能看到在文艺复兴这个特殊的时期，神学的河床下涌动的科学潮流；仅仅强调皮柯思想的传统因素，而未能注意这些看似传统的思想底下渗透的现代因素。借助于皮柯的魔法思想，我们已经清楚地表明：无论是在逻辑上还是在现实的发端上，神学和科学都是内在一体的。科学是神学的必然要求，神学是科学的内在动力。只是由于神学的变革，现代人才开始摆脱中世纪对于自然的鄙夷态度，热烈地投身于自然，通过对自然的科学探究寻求神学的拯救。正是在这个意义上，我们认同彼得·哈里森、吉莱

---

[1] 在笛卡尔那里，科学的永恒真理仍或多或少地受到上帝的支配。但到了斯宾诺莎那里，上帝被彻底还原成自然，丧失自身的超越性。至此，神学对科学的桎梏才完全被解除。关于斯宾诺莎的形而上学革命与现代科学的关系，参考吴增定：《自因的悖谬——笛卡尔、斯宾诺莎与现代形而上学的革命》，载于《世界哲学》，2018年第2期。

斯皮等一众学者的判断：基督教非但不与现代科学相矛盾，反而构成了现代科学兴起的隐秘动力。

五、从魔法到现代科学

我们为"耶茨论题"做了较为充分的辩护，证实了文艺复兴魔法对于现代科学兴起的预备性作用。对魔法和神学关系的考察，又进一步让我们看到神学对于现代科学兴起的重要意义。但即便如此，正如"耶茨论题"中包含的"两个阶段的科学革命"所提示的：魔法和以机械力学为核心的现代科学，仍不可同日而语。魔法的确蕴含了现代科学的操作精神，但它毕竟还不同于以精确科学为特征的现代科学。在魔法和现代科学的关系上，我们不应盲目追随传统的辉格史观，像霍尔夫妇那样，简单地将魔法视为一种非科学和非理性的迷信，将魔法与科学彻底对立起来；同样，也不可像韦伯斯特那样，陷入另一个极端，将魔法视为现代科学的全部，以至于不愿给伽利略这样的新科学家留下任何位置。❶ 相反，我们更应当遵从耶茨本人的教导，既肯定魔法对于现代科学兴起的预备性作用，又看到魔法与现代科学的距离，客观地审视文艺复兴魔法乃至于整个文艺复兴思想对于整个现代世界的意义。

耶茨肯定魔法是现代科学的预备，核心的理由在于：魔法提供了一种面向世界的新意志，一种具有行动主义的操作精神。但正如耶茨指明的，二者的操作方式有本质的不同。有鉴于此，我

---

❶ 关于韦伯斯特和霍尔夫妇针锋相对的立场，可参考弗洛里斯·科恩：《科学革命的编史学研究》，第 226—227 页。

们有必要进一步考察皮柯所言的魔法操作，特别是它和培根主张的现代科学操作在形式、内容和目的方面的差异，以求更为准确地把握文艺复兴魔法的现代特征及其局限，并以此为基础，澄清从文艺复兴魔法到现代科学的历史演变。

1. 魔法：个人隐秘 VS 合作公开

皮柯代表的文艺复兴魔法打破了古代哲学的沉思倾向，主张面向世界的操作。但必须看到，魔法的操作首先源自魔法师特殊的个人魔力，与现代科学对科学家的要求截然不同。皮柯笔下的魔法师，之所以能够践行上天入地的魔法，首先是因为他具有非凡的理性和智性，能够洞察自然隐藏的奥秘并将它们揭示出来。如果说魔法的操作是一种科学的发现，那么在皮柯乃至德拉·波尔塔（Della Porta）、卡尔达诺（Cardano）、帕拉塞尔苏斯（Paracelus）等一众哲学家看来，这些科学发现不过是"个人努力、超常天赋的特权或者'被光照者/被启示者（illuminati）'秘密合作的结果"。❶ 也正是因此，魔法师向来被看作天才、英雄甚至是上帝的化身，在整个社会文化生活中享有崇高的地位。

反观现代科学，它的发生当然离不开科学家的天才，甚至可以说，几乎所有重要的科学进步都是由天才性的科学家推动的。但从操作特性上来说，现代科学绝非科学家个人天才的产物，科学家的活动也绝不可能仅仅凭借个人，而是靠着一种"制度化的合作研究"来实现。❷ 诚然，科学家常常具有他人不及的天才，但他们的工作离不开和他人的合作。这种合作的本质是制度化的，

---

❶ Paolo Rossi, *From Magic to Science*, p. 34.

❷ J. H. Randall, "The Place of Leonardo da Vinci in the Emergence of Modern Science", *JHI*, 1953, pp. 191-192.

与魔法师的秘密合作迥然各异。这一点，在 20 世纪以后的科学中表现得淋漓尽致，以至于海德格尔在论及现代科学特征时，直接将这种基于组织合作的科学研究总结为"企业活动"（Betrieb），即"一门科学，无论这是一门自然科学还是一门精神科学，只是当它今天已成为能进行学院研究的科学，它才获得了一门科学的真正面貌"。❶ 毋宁说，从基于个人魔力的魔法操作，到基于"企业活动"式的合作研究，深刻地昭示了从魔法到现代科学的转变。与这种转变相伴随的，是现代科学在操作层面日益平民化的特征。对于魔法而言，除非具有魔力的魔法师，无人可以进行操作；但对于现代科学而言，一个人无须具有魔力，而只需懂得科学的原理（甚至无须知道），便可以进行操作。科学日益下沉到普罗大众之中。

　　与"个人天才 vs 集体合作"相对应的，是魔法的隐秘性与现代科学之公开性的对题。魔法的要害，在于魔法师个人通过操作解开自然的奥秘，让它们大白于天下。就此而言，魔法也是"公开的"。但这种公开仅仅是指将隐秘的东西变得为人所知晓。就操作方式而论，魔法完全是私密甚至是隐秘的。对于践行魔法的魔法师来说，他是通过个人的魔力来进行操作，他所掌握的知识——无论是自然知识还是神圣知识——完全是个人的。对于自然魔法而言是如此，对于卡巴拉魔法更是如此。一个践行卡巴拉魔法的魔法师，他所掌握的卡巴拉知识本身就是秘传的知识，不为外人所知。因此，当他去践行卡巴拉魔法，便完全沉浸在隐秘的世界中，与外界相互隔绝。即便他运用卡巴拉魔法达到了自身的目的，魔法的作工也完全隶属于他个人，无法变成一种公开的

---

❶ 海德格尔：《世界图像的时代》，第 893 页。

成果与他人共享。在此意义上，魔法尤其是卡巴拉魔法完全是魔法师个人的隐秘事业。它所凸显的，始终是魔法师个人的魔力。魔法尽管有迹可循，但它的操作过程仿佛一种"私人语言"，无法真正地公开和普遍化。魔法的这种隐秘性，在现代科学中逐渐被打破。在谈到自己的科学主张时，弗朗西斯·培根这样说：

> 我发表的动机有如下述：我希望在人们中间传播一切使智识关系和思想自由成为可能的东西，以便它能够口耳相传；其余的，则通过观察和常识，靠着双手去实现。事实上，我发起的某些东西，其他人将会经历。从本性上说，我并不总是关心外在事件，我不是名利之徒，也不想建立一个类似于异端的教派；我认为，试图从如此高尚的事业中获取私利是粗鄙可笑的。❶

培根的这段话堪称现代科学的宣言。不同于魔法的隐秘操作，现代科学的基本精神是将一切科学发现传播到民众中间，公开地与他们共享。真正的现代科学，是高尚而公开的事业，绝不会像魔法师那样，企图"建立一个类似于异端的教派"；也不会像魔法师那样，"试图从如此高尚的事业中获利"。相比于魔法的私密，科学无论从进程到结果都是公开的。正是这种公开性，使得现代科学远离了魔法的"私人语言"，成为为人类共同可用的资源，一种可以公度的普遍工具。在这个意义上，现代科学尽管离不开个人的努力，但它向来不是个人的事业，如魔法那样仅仅为了个人的福祉；毋宁说，现代科学是人类的集体事业，它源自人类全体，

---

❶ Francis Bacon, *De interpretationie naturae proemium*, Sp. 519-520.

并最终指向全人类的共同福祉。以培根为代表的新科学家正是看到这层差异，才逐步从魔法走出，迈向科学的新纪元。

2. 从魔法操作到科学实验

魔法和现代科学的第二个重要差异，在于操作手法。正如耶茨所言，魔法操作的手法主要为充满神秘主义色彩的数秘论、符咒、音乐、卡巴拉；而现代科学的操作，标志性的手法是科学实验。

魔法操作的神秘主义特性，源自它特有的认知体系。如上所述，魔法的操作具有高度的个人化和私密化特征。一个魔法师之所以能去操作，在于他特有的魔力，后者源自他对于自然奥秘的深入洞察。但这种洞察并不严格，而是带有强烈的个人倾向和主观色彩。更不必说，不同魔法师的魔力大小，对于魔法操作的效果有着根本性的影响。魔法的这种特性，决定了它的操作具有极大的随机性和偶然性，无法成为一种稳定的、可以反复验证的科学形式。科学的操作与魔法不同，它主张通过实验的方法考察我们对自然的认识；只有那些经过实验证实之后仍然可靠的东西，科学家才会将它投入实践。科学实验诉诸的不是魔法式的个人灵感或权威，而是经验与观察，以及奠基于其上的理性计算。随之而来，现代科学便具有了稳定的、可以反复验证的形式。恰是这种严格的纪律和实效性，构成了现代科学的普遍标志。

魔法操作和科学实验的差异，特别表现为二者对于数学的不同运用。固然，魔法亦强调数学，但这种数学本质上是数秘论的数学，而非现代意义的计算科学。数秘论的基础，是数和自然以及神圣世界的隐秘联系；基于数秘论的魔法操作，是对于形式性的数以及与之相关的图形和符咒的神秘操作。而科学实验中的数学，首先是近代"自然数学化"运动的产物。后者奠基于古希腊的毕达哥拉斯主义和柏拉图主义传统，强调通过数学的方式描述和把握自然。科学实验中的数学和数秘论有共通之处，甚至分有共同的基础，但二者在实现形态上有天壤之别。不同于数秘论主张利用形式数的魔力操作自然，科学实验极力主张：数是事物本质的集中表现，科学家可以通过数学的计算，预先把握和推演事物的内在联系，进而达到利用自然的结果。作为科学实验基础的"自然数学化"，不是简单地把数学运用于自然，毋宁说，它"首先意味着一种全新的自然认识方式……同新形而上学概念图景的确立是并肩而行的"。❶后者将古代数学从亚里士多德主义的图示中解放出来，成为新的实验科学的基础。对于实验科学的这种"数学化"，以及它背后的"新形而上学概念图景"，康德在《纯粹理性批判》中曾经有过著名的断言：

> 当伽利略把由他自己选定重量的球从斜面上滚下时，或者，当托里拆利让空气去托住一个他预先设想为与他所知道的水柱的重量相等的重量时，抑或在更晚近的时候，当施塔尔通过在其中抽出和放回某种东西而把金属转化成石灰又把石灰再转变为金属时，在所有这些科学家面前就升起了一道光明。他们理解到，理性只会看出它自己根据自己的策划所产生的东西，它必须带着自己按照不变的法则进行判断的原理走在前面，强迫自然回答它的问题，却绝不只是仿佛让自然用攀带牵引而行……理性必须一手执着自己的原则，另一手执着它按照这些原则设想出来的实验，而走向自然，虽然是为了受教于她，但不是以小学生的身份复述老师想要提供的一切教诲，而

---

❶ 晋世翔：《"自然数学化"与新实验运动》，载于《自然辩证法研究》，2015年第8期。

是以一个受任命的法官的身份迫使证人们回答他向他们提出的问题。这样，甚至物理学也必须把它的思维方式的这场带来如此丰厚利益的革命仅仅归功于这个一闪念：依照理性自己放进自然中去的东西，到自然中去寻找（而不是替自然虚构出）它单由自己本来会一无所知、而是必须从自然中学到的东西。自然科学首先经由这里被带上了一门科学的可靠道路，因为它曾经许多个世纪一直都在来回摸索，而没有什么成就。（《纯粹理性批判》，第二版序，BXIII）❶

众所周知，康德将现代物理学的变革描述为"哥白尼革命"。正如在天文学领域，以托勒密为代表的古代天文学认为太阳绕着地球转，而哥白尼的现代天文学将它颠倒过来，认为地球绕着太阳转，掀起了一场影响深远的天文学革命。在整个现代科学领域（以物理学为代表），也发生了和天文学一样的科学革命。康德指出，整个科学革命的基础在于形而上学和认识论，即只是当理性不再围绕着对象转，而是让对象围绕着理性转，让理性根据自己预先的策划，让那些不变的法则走在前面，让自然回答它的问题，现代科学才真正走上了属于它自己的康庄大道。伽利略的科学实验，正是现代科学逻辑的集中表现。不同于魔法的数秘论操作，伽利略在做小球落体实验时，预先通过数学的方式对小球的重点、空气的阻力等因素做了清楚的测算，从中发现了确定的数学和物理原理，然后才会通过实验加以证实。正是现代科学在形而上学上的决定性变革，实验科学以及它自身的数学化特征才得以确立。

❶ 康德：《纯粹理性批判》，邓晓芒译，北京：人民出版社，2004年，第二版序，第13—14页。

又或者可以说，现代形而上学的变革和实验科学的形式是一体两面甚至是同步的。

海德格尔沿着康德的路线，进一步阐明了现代科学的形而上学基础。和康德一样，海德格尔将实验视为现代科学的标志。表面看来，无论古代还是中世纪都存在着各种类型的实验，比如声名卓著的罗吉尔·培根以及格罗斯泰斯特。但在海德格尔看来，与其说罗吉尔·培根是实验科学的先驱，不如说他是亚里士多德的继承者。罗吉尔·培根所言的实验，"并不是作为研究的科学的实验，而是要求用根据实物的判断（argumentum ex re）来代替根据语词的判断（argumentum ex verbo），要求对事物本身的悉心观察，即亚里士多德的经验（ἐμπειρία）来代替对学说的探讨"。❶ 真正的科学实验，始于对规律的奠基。对此，海德格尔明言：

> 进行一项实验意味着：表象出一种条件，据此条件，在其过程中必然性中的某种运动关系才能成为可追踪的，亦即通过计算实现可以控制的。但规律的确立却是根据对象区域的基本轮廓来进行的。这种基本轮廓给出尺度，并且制约着对条件的先行表象——实验即始于这种表象并借助于这种表象——绝不是任意的虚构。因此，牛顿说，奠基工作并不是任意杜撰的（hypotheses non fingo）。奠基工作乃根据自然之基本轮廓来展开并从中得以勾勒。实验是那种方法，这种方法在其实验装置和实施过程中受已经获得奠基的规律的支持和指导，从而得出证实规律或拒绝证实规律的事实。自然之基本轮廓越是精确地

---

❶ 海德格尔：《世界图像的时代》，第891页。

被筹划出来，实验之可能性就变得越精确。❶

　　海德格尔的思路和康德异曲同工。康德已经看到，现代科学
的基础在于理性的策划，海德格尔则进一步将它阐述为主体基于
表象的筹划。所谓表象（Rapreaesentatio/Vorstellen），是指"把现
存之物当作某种对立之物带到自身面前来，使之关涉于自身，即
关涉于表象者，并且把它强行纳入到这种与作为决定性领域的自
身的关联之中"❷表象能力，是主体性的根本体现。依据这种表象
能力，主体可以通过数学的方式先行认识对象，将后者把握为一
种图像，并通过对它的设定和追踪，确立事物的规律，然后交由
实验进行检测。要言之，整个实验科学的严格性和精确性，虽然
从形式上表现为并且依赖于数学，但从根本上源自主体通过表象
进行的预先筹划（Entwurf）。主体对于自然的筹划越是精确，实
验的结果就越是精确，科学的效力也就越精确。现代科学之所以能
够成为一种不同于古代和中世纪的精确科学，其原因正在于此。

3. 操作主体：魔法师 vs 理性人

　　魔法和现代科学均依赖于一个操作的主体。魔法的主体是魔
法师。他的主体性表现在，可以独立于自然甚至上帝，随心所欲
地施行魔法。一个操作的魔法师，宛如一个上天入地、睥睨一切
的孤胆英雄。现代科学的操作也需要主体，通常被说成是科学家
或者科学工作者。作为主体，他们所具有的无非理性召唤自然的
能力；或如海德格尔所说的，表象和预先筹划的能力。然而，同

---

❶ 海德格尔：《世界图像的时代》，第890—891页。
❷ 海德格尔：《世界图像的时代》，第901页。

样都是操作主体，魔法师的形象和科学家的形象判然有别。双方的差异，从根本上反映并决定了魔法和现代科学的差异。

魔法师作为操作主体，享有无可比拟的自由。魔法师是自由的，首先因为人是自由的。他生而不受任何空间、本性或地位的约束，可以根据自己的意志塑造自身。魔法师的魔法，正是这种自由的最高实现。因为自由，魔法师可以通过自己对自然奥秘的洞察，随心所欲地践行魔法。除了魔法自身的奥秘，一个魔法师原则上无须遵循什么。魔法操作的时间、流程、意图完全是由魔法师一人决定的，遭遇问题如何去处置，亦完全由魔法师自己来掌控。理论上，一个人只有达到理性和智性的高度，方能践行魔法。但这不意味着，魔法师需要受制于理性和智性。相反，在魔法师那里，无论理性还是智性，都仅仅是操作的工具。魔法师凭借理性与智性去行事，却并未思考它们的本性是什么，限度在哪里；以及为了获得真正的效用该怎么去运用它们。简言之，魔法师虽然强烈地渴望着操作，却并未对自身的操作能力形成明确的反省意识。随之而来，魔法的操作经常是散漫的、个人化的和不确定的。魔法师的这重形象，在现代科学的操作中被彻底翻转。

现代科学以精确性为目标，主张对事物进行预先筹划，并通过实验的方式进行规划和检测。这背后的预设是：自然界存在一套普遍且可以公开的法则，我们只要通过适当的方法，就可以发现并运用它们。为了达成这一目标，科学家必须严格地遵从事物的数学原理，严格地进行实验，并将实验的结果合理地运用于现实。方法的科学性反过来要求着操作主体的科学性，即科学家本人要想通过适当的方式获取科学发现，必须首先成为一个科学人，更具体地说，一个理性的人。在这个意义上，笛卡尔的理性主体，是现代科学在形而上学上的必然要求和必然产物。主体在现代科学中经历的理性化，本质上也可以说是主体的自我塑造。现代人相信：唯独当一个主体抛弃他随心所欲的自由，让自身的理性遵从现代科学机制的内在要求，他才能获得真正的科学发现。对此，弗朗西斯·培根说道：

> 我坚定地认为：人的才智不需要额外的羽毛或翅膀，而是铅的重量。人们很少意识到，对真理和自然的研究多么严格和严明，留给人的判断是多么的稀少。❶

培根深刻地意识到，现代科学的本质是对自然规律的认识和发现。它真正需要的，不是"额外的羽毛或翅膀"，即理性的盲目扩张；而是"铅的重量"，即理性的合理使用。培根眼中的现代科学，作为"对真理和自然的研究"，必须遵从"严格和规整"的理性法则，不能像魔法那样，随着魔法师的喜好和偏见肆意妄为。既然现代科学的目标是探索自然的必然性，它的操作主体就必须遵从科学研究的必然规律，尽可能地清除个人的判断。培根所谓"给理性挂上重物"，即通过经验归纳法尤其是"三表法"进行研究，根本上都是上述理念的产物。而一旦理性为了科学的缘故约束自身，科学操作的主体也就完成了自我塑造，从一个完全自由的魔法师，一个被魔化的人，变成了一个理性的现代人。唯独当一个魔化的人变成一个理性人，他自身的魔力才会完全祛除；或者说，他才会完全被"除魔"。从魔法师到理性人，这既标志着人从前现代到现代的转变，也标志着前科学到现代科学的转变，二者是内在一致的。

---

❶ Francis Bacon, *Redargutio philosophiarum*, III, 573.

4. 操作自然：从无限到有限

　　无论是魔法还是现代科学，都有着明确的操作意图。作为一种实践的技艺，魔法和现代科学以命令自然为首要目标。对魔法来说，自然既是沉思的对象也是操作的对象。魔法"嫁娶天地"，将自然中不同的部分连接起来，充当着自然的管家。现代科学在实验的基础上，通过把握自然的普遍规律，操作和命令自然。但同为命令自然，魔法和现代科学之间有着明确的分野。

　　自然魔法的操作在自然的界限之内。皮柯相信，"魔法师不是自然的制造者而是自然的管家"。[1] 此语表明，践行自然魔法的魔法师并不凌驾于自然之上，仿佛他可以按照自己的意志将自然制造出来一样。魔法师仅仅是"自然的管家"，代替自然管理它的家事，真正起决定性和支配性作用的，仍是自然本身。自然魔法不会违背自然，更不会破坏自然的法则。尽管自然魔法将上帝隐藏在自然中的奥秘揭示出来，宛如施行奇迹。但这种奇迹并非真的奇迹，而只是说，人们对于事物背后的自然法则一无所知，误将它们视作奇迹罢了。实际上，这些奇迹无不是自然法则的反映。魔法师的作用在于，将这些自然法则呈现出来，或者利用自然法则本身，将内在相连的事物结合在一起，达到命令自然的效果。从这一点来看，自然魔法与现代科学尤其是自然科学有着极为相似的逻辑，以至于许多学者都倾向于认为，自然魔法是现代自然科学的前身。但必须看到的是，自然魔法所言的自然法则，还不能和现代科学中的自然法则完全画等号。自然魔法中的自然法则，更多地指向自然事物的隐秘联系。这些联系有一些可以还原为现代科学中的自然法则，有些则不能。魔法的私密性质决定了，

---

[1] Pico della Mirandola, *Oratio de hominis dignitate*, 226.

某些被魔法师认为是自然的法则并不自然，更不普遍，而仅仅是魔法师个人的经验。比如，魔法师相信符咒与某些天体之间具有隐秘的联系，或者音乐与自然界存在隐秘的交感，就很难在现代科学的自然法则中找到对应。现代人相信，如若一种自然法则不能通过程式化的方式公开表达出来，它就不是真正的自然法则。换言之，在现代科学面前，许多被魔法视为自然法则的内容失效了，被迫打回非科学的领域。

相比于自然魔法，卡巴拉魔法有着更大的雄心。它主张利用上帝和天使的力量作用于天界和月下世界，即通过操作神圣世界的方式，给自然世界下命令。神圣世界相比于自然世界的优先性，决定了卡巴拉魔法从根本上超越于自然世界的法则。当一个魔法师呼唤上帝的圣名，或者驻扎在各个流溢层之间的天使，将它们的力量牵引至天体和月下世界，他真真切切地在施行奇迹。毕竟，上帝和天使作为最高的第三重世界，完全超越于天体和月下世界，不受自然法则的约束。卡巴拉魔法师的魔化，从根本上就是因为他不再受制于自然法则，跻身于上帝和天使的行列，获得了无限的权能。卡巴拉赋予魔法师的无限性，彻底瓦解了自然魔法包含的科学特征，将魔法带入了非科学。

现代科学的面貌迥然不同。作为新科学的代表，弗朗西斯·培根特别指出：

> 人，既然是自然的奴仆和解释者，他所能做的和了解的，就是他事实上或思想上对自然过程所观察到的那么多，也只有那么多；除此之外，他什么都不知道，也什么都不能做。❶

---

❶ Francis Bacon, *The New Organon*, I. 2, edited by Lisa Jardine and Michael Silverthorne, Cambridge: Cambridge University Press, 2000. 中译本参考培根：《新工具》，许宝骙译，北京：商务印书馆，2016 年。

第 5 章 魔法、科学与神学 **295**

不同于皮柯相信人可以任意塑造自身，培根认为，人的权能是有限的。这特别表现在，人不是自然的管家，而是"自然的奴仆和解释者"，高度臣服于自然。既如此，他的思想和行动就完全依赖于自然，除了从自然中获得的东西，人一无所知，无所作为。人既是"自然的奴仆和解释者"，当然也必须遵从自然法则（*obsessus legibus naturae*），不能打破或解除统治自然的因果链条。❶对于培根来说，自然魔法对自然法则的遵循已然不够严格，卡巴拉魔法对自然法则的僭越更是荒谬和愚蠢。在培根身上，一种崭新的自然科学态度开始出现了：包含人在内的整个世界，都要服从自然法则的支配。相应地，一个无所不能的魔法师，被迫转型为一个严格服从自然法则的科学家，在自然的界限之内，进行着符合自然法则的操作。

相比于魔法师，人的地位似乎降低了，实则不然。培根相信，人虽然只是解释自然，但这种解释将产生巨大的力量。正所谓，"知识就是力量，因为不知道原因，就不能产生结果"。❷科学家仅仅需要通过对自然的认识，就可以达到操作自然的目的。在这个过程中，科学家尽管必须严格地服从自然法则，但这种服从是命令的基础。培根说过，"要命令自然就必须服从自然。在思考中作为原因的，就是在行动中当作规则的"。❸科学家不会因为服从自然而被自然所限，反而因此获得了更为充沛的权能，在自然法则的范围内自由地操作。这种操作的权能是有限的，因为它不同于魔法操作，可以突破自然法则而无所约束；但只要科学能够不断探索，对自然法则的把握越发精深，这种操作就会突破现有的界

---

❶ Francis Bacon, *De interpreatione naturae sententiae* XII, III, p. 785.

❷ Francis Bacon, *Novum Organum*, I. 3.

❸ Francis Bacon, *Novum Organum*, I. 3.

限，不断地向前推进。可以说，只要自然的奥秘无穷无尽，科学的操作就会无穷无尽，从有限进至于无限。这种无限，不是魔法意义上不受限制的无限，而是在自然的无限性面前，一个有限的人没有止境地探索自然的无限。

至此我们看到，文艺复兴魔法诚然为现代科学提供了思想的预备，但魔法和科学仍然存在着实质性的区别。被耶茨高度赞扬的魔法操作，在形式、内容和目的上，均与现代科学大相径庭。文艺复兴魔法的操作，是个人的隐秘操作，指向的是个人的荣耀；现代科学的操作，是集体的合作，指向的是人类的福祉；文艺复兴魔法的操作，依赖于数秘论的传统，因此是随机的、偶然的、不确定的；而现代科学的操作，以实验和数学计算为基础，通过预先筹划的程式把握对象，完全颠倒了魔法乃至一切古代科学的认识，具有精确科学的一切特性，是严格的、必然的、确定的。文艺复兴魔法操作的主体，是一个被高度魔化的人，享有随心所欲的自由，而现代科学操作的主体，是一个魔力消除的、完全理性的人。文艺复兴魔法的操作，时常逾越自然法则，从而陷入非科学，而现代科学的操作，严格限定在自然法则之内，以服从自然的方式命令自然。如果说，现代科学最鲜明地体现了现代性的特征，那么文艺复兴魔法则兼具现代和前现代的双重特征：一方面，它极力强调人对自然的认识和操作，这种行动主义的倾向为现代科学提供了前提，体现了鲜明的现代性；但另一方面，从方法、手段到目的，魔法操作仍保留了诸多的前科学特征。文艺复兴魔法的这种两重性，充分表现了文艺复兴思想的过渡特征，具有特殊的历史意义。

从文艺复兴魔法到现代科学，现代性的逻辑日渐展开。一种前现代和现代性杂糅的魔法，最终被完全现代的科学所取代。这个进程，本质上也就是从魔化到除魔的演变。要而言之，文艺复兴魔法虽然促成了一种现代性，但它对人和自然的魔化让它无法全部跨入现代世界；现代科学则完全清除了魔法师和自然世界的魔力，以一种完全除魔的方式来看待整个世界，完美地契合了现代世界的发展。一方面，相比于魔法师－人的魔化，现代科学的操作主体是高度除魔的。如果说，魔法师－人致力于通过隐秘法则的洞察，借助各种各样的魔法手段来操控世界，充满了神秘的魔力；现代科学的操作主体则完全不相信这种魔力，而是力主将这种无法测算、无法说明的魔力转化成主体的理性思考。唯其魔法师的魔力被"除魔"了，科学家才会笃定地相信，人能够达到对于世界的精确认知。另一方面，相比于魔法中自然的魔化，现代科学的操作对象也是高度除魔的。自然的除魔，内在地构成了心灵除魔的前提。现代科学认定，自然没有任何奇迹；如果有，也只是以一种隐秘的方式存在，起作用的始终是自然的法则。相应地，现代科学肯定自然魔法，认为后者对自然法则的探索符合科学的原理；与此同时，现代科学力图祛除卡巴拉魔法的魔力，将神圣世界全部降格成自然世界。在科学家眼中，世界就是物体的组合，一种可以通过数学计算进行把握的经验对象。一言以蔽之，在现代科学中，无论是心灵和世界都丧失了原有的魔力，共同组成了"世界的除魔"。在这个新的图景中，现代人科学地生活着，理性地打量着自己和他眼前的世界。

结语 "世界的除魔"与现代性的三重危机

　　文艺复兴仅仅是个开端。皮柯·米兰多拉的哲学，虽开启了现代世界的除魔，但终究并不彻底，决定性的变化出现在 17 世纪。当是时，新科学猛烈地兴起，狂风暴雨般地席卷了整个世界。乔尔达诺·布鲁诺凭借天才的敏感和决心，不仅捍卫了哥白尼"太阳中心说"，而且发展了尼古拉的内在性思想，提出了著名的"无限宇宙观"；弗朗西斯·培根扎根于英国的唯名论传统，确立了科学实验的基本程式和方法（归纳法），为新科学的发展打下了基础；伽利略横空出世，通过速度、重力、惯性等力学研究，奠定了现代机械论的基本原则。正是在这样的背景下，笛卡尔才革命性地提出了新的形而上学原则"我思"，并借助心物二元论为现代科学提供了认识论的根据。也正是在笛卡尔这里，心灵的理性化和世界的理性化得到了彻底的实现，一种除魔的世界图景顺势而生。

　　毋庸讳言，这种新的世界图景具有无与伦比的现代意义。"世界的除魔"，从根本上标识了一种与前现代世界不同的、理性的认识和生存方式。它不仅导致了心灵的理性自治，也导致了整个自然和社会秩序的理性化。"世界的除魔"作为现代性的表征，乃一切现代新科学、新道德、新秩序得以建立和维系的前提。肯定现代性，就必须肯定除魔的世界图景，反之亦然。与此同时，我们也切不可忘记，韦伯在《科学作为天职》的演讲中，提到"世界的除魔"时显露出来的忧思。无论是价值理性还是科学意义的丧失，直到今天仍然是时代最焦灼的问题。因此，我们在搞清楚它的"来龙"之后，现在有必要追问它的"去脉"：这场以"世界的除魔"为标志的思想运动，对于现代世界究竟意味着什么？特别地，"世界的除魔"在推动现代性的同时，又蕴含了哪些危机？只有这样，我们才能更为客观和全面地检讨这场运动的成就、意义与局限。

一、世界的消失

"世界的除魔"蕴含的第一重危机指向世界，我们可以称之为"世界的消失"。这里的"世界"首先指自然世界。所谓"世界的消失"，并不是说世界真的消失了，而是说它的意义消失了。在此之前，自然世界曾具有不可替代的意义。在古希腊人眼中，自然世界作为自行开启者向人显现，人从中倾听和领受存在，二者相互敞开；在中世纪晚期和文艺复兴时期，人们相信自然世界包含上帝的魔力，对自然世界的探索构成了个人拯救的必由之路。但经过"世界的除魔"运动，这两层意义均无可挽回地消失了。

首先，自然世界的魔力消失了。经过笛卡尔哲学和新科学的洗礼，自然世界的精神要素被掏空，神圣的自然被降格为广延性的物质。人们对自然世界的研究不再需要任何魔力，而仅仅依赖于理性；相应地，对自然世界的研究也不再关乎上帝的意志，而仅仅关乎自然法则。人们研究自然世界，亦不再如文艺复兴时期的魔法那样，为了灵魂的上升和救赎，而仅仅为了认识和改造自然。这从根本上意味着，现代世界的自然研究越来越成为一项中立性的事业，一种纯粹的科学活动。

随之而来，自然世界的生存论意义也消失了。诚然，从现代科学的眼光看，自然世界具有不可比拟的意义。甚至，相比于古代和中世纪，自然世界的这层意义更加突出了。正是借助现代科学的探索，人类得以洞悉自然世界的奥秘。培根的名言——"知识就是力量"，无非鼓励我们更多地认识和改造自然，增进人类的福祉。但自然世界的这层意义与它原有的生存论意义不可同日而语。毋宁说，正是因为现代科学将自然世界的这层意义凸显出来了，它原有的生存论意义便随之丧失了。如海德格尔所言，现代科学奠定在现代形而上学——主体性哲学的基础之上。在这种新的形而上学图景中，自然世界向来只是主体的工具、产物或对象，服从于主体的"表象"（Rapresentatio/Vorstellung）。借助"表象"，主体先天地认识自然世界，牢牢地将它把控在自身之内。一个牢牢被主体把控的自然世界，无法像古希腊的自然世界那样成为一个自行开启者，引发人对存在的惊异，更无法与人一道相互敞开，而是被主体所遮蔽，成为主体的附庸。自然世界的好坏，仅仅关乎主体的便利，与心灵的沉思再无干系。

退一步说，即便人作为主体仍以某种方式与自然世界打交道，自然世界的意义也变得微乎其微。归根结底，现代人不再如古代人和中世纪人那样，直接和自然世界交往，而是以一种"图像"（Bilde）的方式对它进行把握。这里所谓的"图像"或"世界图像"，并非某种关于世界的图像，而毋宁是说世界被把握为图像了。在海德格尔看来，"根本上世界成为图像，这样一回事情标志着现代之本质"。❶换言之，唯独在现代主体性形而上学中，世界才会被把握为一种"图像"。此种"图像"的把握方式意味着，主体在自身之中表象外部世界，将它召唤至自身面前。主体无须和世界直接照面，而是通过对世界的表象对它进行把握。在现代科学的进程中，这种表象方式不是别的，就是"自然的数学化"和"普遍数学"的方法。借此，主体不仅可以在不与世界直接照面时就洞悉它的特征；更主要地，主体还可以借着这种表象，预先把握研究的程式，对世界的基本轮廓进行筹划（即实验）。简言之，主体可以先天地把握自然世界的"图像"，对自然世界的特征进行计算和推演；甚至可以对"图像"进行操作，以达到操控自然世界的目的。在此进程中，自然世界虽然作为诱因和条件一度出现了，但它不再直接——至少首先不是直接地——和主体碰面；主体虽然仍关照和利用自然世界，甚至比此前更为强烈，但这种关照和利用仅仅在自身内部就可以完成。一个沉浸在图像世界的主体，与真实的自然世界越来越远。相应地，自然世界虽然如常存在着，但它原有的生存论意义已经丧失殆尽。

不宁唯是。"世界的消失"中的世界，也指向了生活世界和历史世界。伴随着"世界的除魔"，现代人越发相信，主体之外的世界都可以还原成自然世界，通过科学的方式进行把握。在这个意义上，全部的世界都变成了唯一的科学世界，而那个作为科学世界之前提的生活世界，却被严重地忽略了。毫无疑问，这种对生活世界的忽略也是主体性形而上学的必然产物。一旦主体成为全部行动的支点，凭借"我思"构建外部世界的法则，他眼中就只剩下一个纯粹的物理世界。或者说，从"我思"这个形而上学的

---

❶ 海德格尔：《世界图像的时代》，第 899 页。

瞬间出发，人注定难以构建起充满意义的生活世界。❶ 在胡塞尔看来，这正是"欧洲科学的危机"之所在。为此，他主张用现象学的方法，去还原、描述和勾勒那个前科学的、被给予的经验世界，揭示生活世界对于科学世界的基础性意义。❷ 同样，在海德格尔看来，历史世界也和自然世界一道，遭受了被遗忘的命运。本来，历史世界和生活世界一样，是活生生的。但受现代科学的冲击，历史学早已演变为一种实验性的科学，与物理学等自然科学毫无二致。现代历史学将历史视为一种对象性的史料，主张通过"史料批判"的方法对之进行挖掘、清理、证实、评价、保存和阐释，即"作为研究的历史学是在一种可说明和可忽略的效果联系意义上来筹划过去，并且使之对象化，所以历史学要求史料批判作为它的对象化的工具"。❸ 通过这种对象化，历史学家从史料中清算出清楚易懂的东西，将它作为历史的轮廓确定下来。随之而来，历史世界也便和自然世界一道，沦为主体的"图像"和附庸，失去了自身的意义。在这种现代历史学中，我们再也不可能触碰到任何历史中伟大的东西，因为后者向来是不可说明的；现代历史学所把握的，只能是用那些平常尺度把握到的、总是可以说明

---

❶ 李猛通过对笛卡尔形而上学的考察，实际上揭示了主体性形而上学与生活世界的内在张力。他指出，笛卡尔形而上学的努力"一生一次"，而"这样的一次性瞬间，通过一次性的怀疑和重建，成为所有稳定的自然秩序（物理学和数学关注的事物'本质'）的形而上学前提。生活在每一个形而上学的绝对开端上的不确定性，是其自然确定性的基础。但这样一个形而上学的瞬间，本身却是无法让人生活的，它最多可以成为关注自然之光的理性生活的基础，甚至成为不受不完善理智误导的自由生活的前提，但就其本身的性质而言，却始终处于这样构成的现代生活之外。'一次性'可以成为生活的'开端'或'原则'，但绝不能成为生活本身"。见李猛：《"一生一次"：笛卡尔与现代形而上学的"新计划"》，载于《哲学研究》，2021 年第 12 期。

❷ 胡塞尔的工作尤其体现在他生前出版的最后一部著作中，见胡塞尔：《欧洲科学的危机和超越论的现象学》，王炳文译，北京：商务印书馆，2017 年。

❸ 海德格尔：《世界图像的时代》，第 892 页。

的东西。历史学的此种窘境，堪称现代所有人文社会科学的缩影。

综上，"世界的消失"本质上是"世界的除魔"的结果，是主体性形而上学的必然产物。只要现代人笃定地相信，心灵统治世界，而世界只是僵死的世界，则无论自然世界、生活世界还是历史世界都没有真正的价值。为此，欲"拯救世界"，恢复世界对于人类生活的基础性意义，就必须从根本上破解笛卡尔以来的主体性形而上学。胡塞尔以降的现象学，就是这种努力的卓越表现。既然"世界的消失"已经成为现代社会的普遍危机，现代人就必须明白：人类只有先拯救世界，才能拯救自身。

二、自我的隔绝

"世界的除魔"蕴含的第二重危机指向自我，我们可以称之为"自我的隔绝"。所谓"自我的隔绝"，是指当心灵被除魔，成为一个理性主体之后，不仅丧失了与外部世界的关联，而且日益丧失与其他主体的关联，将自我封闭和隔绝在自身内部的一种现代现象。这重危机与第一重危机互为因果。一方面，正是由于理性主体的确立，外部世界的意义随之消失；另一方面，正是因为外部世界的意义丧失了，主体才会被迫返回至自身内部，将自我与外部世界隔绝起来。

"自我的隔绝"，可谓"世界的除魔"推进到心灵层面的直接产物。文艺复兴时期，心灵的魔力操纵着自然的魔力，自然的魔力滋养着心灵的魔力，心灵与自然之间无所谓隔绝。新教改革松动了心灵和自然之间的纽带，强调心灵与上帝的直接联系。但它所推崇的"因信称义"可谓一把双刃剑：它既贬低了心灵，使得心灵臣服于上帝；又在无形中贬低了其他事物，提升了心灵的魔力。与前人不同，笛卡尔力图将除魔的逻辑贯穿到底。他在保留了心灵地位的同时，祛除了前现代哲学赋予心灵的魔力，塑造了一个新的理性主体。但他推导出理性主体的进路——"我思故我在"，却先天地蕴含了自我隔绝的危险。笛卡尔认为，无论我们如何怀疑外部世界乃至于数学知识的真实性，以至于怀疑一切，但怀疑本身是无可怀疑的。换言之，怀疑活动本身是真实存在的。这样，就一定有一个怀疑者存在，即"我"存在，也就是"我思故我在"（Cogito ergo sum）。❶借此，笛卡尔意图表明：思维才是人真正的本质。只要我们在思维（肯定、否定、愿意、不愿意等），我们就存在着。或者说，证实我们存在唯一且有效的方式是思维。我们每个人，除了通过确定自身的思维活动来确证自身存在，别无他途。在最严格的意义上，不仅外部世界，而且上帝都无法确证我们自身的存在。这也就意味着，我们只有不断思维且反观自身的思维，才能获得存在。"我思故我在"的明见性结构，本质上要求我们封闭在心灵内部，将自我作为首要且全部的支点。这样做的结果，就是"自我的隔绝"。

对于主体性哲学而言，"自我的隔绝"必不可少且意义重大。唯其因为心灵仅仅凭借思维就确证了自身，上帝才会退至次要位置，不再凌驾于"我思"之上，"我思"才能成为一个真正的主体；同样，唯其因为心灵仅仅凭借思维就确证了自身，它才无须外部世界的证实，更不会因为外部世界的影响失去根基。相反，因为"自我的隔绝"，"我思"成为无法撼动的第一支点，心对物

---

❶ 笛卡尔的推论过程主要表现在《谈谈方法》第四部分，在那里，笛卡尔说："既然我因此宁愿认为一切都是假的，那么，我那样想的时候，那个在想的我就必然应当是个东西。"见笛卡尔：《谈谈方法》，王太庆译，北京：商务印书馆，2012年，第26—27页。

的统治才成为可能；以及，唯其因为每个心灵仅仅凭借思维就确证了自身，都是一个主体，与其他心灵相互隔绝，现代人才会获得自由和个体的尊严。在这个意义上，所谓"自我的隔绝"非但没有削弱自我，反而使得自我越来越强大。一个强大的自我，恰是现代哲学的首要标志。

与此同时，"自我的隔绝"也将现代人推入危险的境地。首当其冲地，自我一旦和外部世界相互隔绝，就会失去外部世界的给养。而这种给养，普遍存在于古代、中世纪和文艺复兴的人当中。随着"世界的消失"，自然世界、生活世界和历史世界的意义向人类关闭，人类不得不返回内心，从心灵出发来构建自我和世界的秩序。无论是广阔的宇宙、生活还是历史，都服从于自我的构建。无疑，这样一种主体性的态度最大限度地将人从外部世界中解放出来；但它也抽空了人曾经赖以生存的自然、生活和历史基础。失去了外部世界的给养，人类不得不一次次地返回自身，仅仅依据自我来审视和操控这个世界，随之而来，全部的重力将压至心灵内部。为了给自我和世界奠基，为了应对自我和世界的问题，心灵不得不完全相信自身的判断，并固执地将自身的感受绝对化。在这样的一个思想场景中，唯独真正属我的东西才被视为真实和可靠的。每个人都会努力地回溯至自我，使自我更加内在化；随之而来，自我的深度就会一次次加剧，成为无法直视的深渊。诚然，自我的这种内在深度早在奥古斯丁那里就初见端倪，但直到笛卡尔的"我思"确立以后，它的力量才真正显示出来。更为棘手的是，根据"我思故我在"的原则，每一个思维的自我都是一个独立的主体，与其他主体相互对峙。自我不仅与外部世界隔绝，而且与其他自我相互隔绝。由此，每个自我都封闭在自身内部，无法从另一个自我中获取给养。在这个意义上，现代的自我从一开始就蕴含了个体性，而后者又必然意味着人和人的相互隔绝。在这种"自我的隔绝"中，每个自我既强大而不可侵犯，又格外的脆弱不安。但除了依靠自身，自我的这些症状无从缓解。于是，每个自我都仿佛一只陀螺，孤独地在自身中打转，渴望世界但又走不出自身。这种孤独，是现代人永远无法逃脱的宿命。

现代人未尝不知道自身的处境。笛卡尔以后，无数哲人都力图解决"自我的隔绝"危机。斯宾诺莎、谢林、黑格尔试图通过将自我放置在更高的实体之内，阻断自我和外部世界乃至其他主体的隔绝；莱布尼茨试图将灵魂归为高级的精神性单子，通过单子之间的相互表象将不同自我汇通起来；以洛克、贝克莱和休谟为代表的经验论者则强调外部世界的意义，通过将知识的来源归为经验，化解自我和外部世界的断裂；反观康德、费希特等先验唯心论者，则更多地接续了笛卡尔的主体性传统，突出心灵对于外部世界的表象和综合作用；至于叔本华和尼采的意志论，虽然与黑格尔的理性主义针锋相对，但究其实质而言，不过是主体性哲学的另一种形态。尼采笔下的"超人"，就是一个自身意欲自身、自身为自身设定价值的主体。自然而然地，他们非但没能解决笛卡尔的问题，反倒加深了自我的危机。❶ 不同传统和进路的哲学论争清楚地表明，现代性并非铁板一块，而是在内部包含了巨大的张力。粗略地说，这种张力就是一元论和二元论的张力：一元论者极力促成自我和世界的贯通，将它们凝聚成一个世界；二元论者则凸显自我的主体位置，并因此不可避免地将自我和世界，乃至于其他自我隔绝开来。

20 世纪以后的哲学仍面临同样的问题。一元论和二元论的对

---

❶ 海德格尔明确认为，尼采代表了西方形而上学的最终阶段，他的强力意志学说是现代主体性形而上学的完成。参考海德格尔：《尼采的话"上帝死了"》，载于《海德格尔选集》（下），第763—819页。

峙，也以不同面目呈现在西方哲学的发展之中。以胡塞尔为代表的现象学家努力打破"自我的隔绝"，促成"主体间性"；海德格尔致力于实现对西方形而上学尤其是主体性形而上学的反动，将自我融化在"天地神人"的一体格局中；而以萨特、加缪为代表的存在主义者，不同程度地行进在笛卡尔的道路上，凸显自我之于世界的优先价值；列维纳斯、马里翁这样的现象学家则努力将一元论和二元论糅合起来，在强调主体性的前提下，突出外部世界、他人乃至于神圣存在者（上帝）对于自我的根本意义。❶ 在当代心灵哲学内部，有关心灵与世界关系的立场也日趋分化，种种版本的一元论和二元论此起彼伏。但无论如何，有一点我们必须承认：所有这些努力都难以撼动笛卡尔二元论的地位。究其缘由，只要现代科学仍立足于主体对于外物的支配，心和物的分立与隔绝就会始终占据上风。科学的每一次成功，只会加剧主体性的信念，促成自我和世界的隔绝。因此，要想彻底解决"自我的隔绝"这重现代性危机，我们绝不能将科学抛在一边，孤立地探索哲学的答案，而是必须与科学同步，从根本上化解科学给哲学带来的影响（因为科学和哲学是一体的），即：除非我们在肯定科学的前提下，消除科学主义世界观的局限；或者说，在一个新的形而上学图景中，给科学安排一个恰当的位置，"自我的隔绝"问题永不会消失。

三、理性的神化

"世界的除魔"蕴含的第三重危机仍旧指向自我，我们可以称

---

❶ 参考丁耘：《论现象学的神学与科学转向》，载于《世界哲学》，2019 年第 6 期。

之为"理性的神化"。就其本意而言，理性与除魔趋同，与神化格格不入。但相当悖谬的是，理性一旦将心灵的魔力祛除，它自身也就获得了一种特殊的魔力。所谓"理性的神化"，不是说人变得非理性了；而是说理性祛除了非理性要素，自身成为绝对的权威，仿佛被"神化"了。"理性的神化"所传达的，毋宁说是一种激进的理性主义态度。

毋庸讳言，"理性的神化"亦是"世界的除魔"推进到极致的结果。当世界（自然世界、生活世界和历史世界）被除魔，消除了一切魔力，成了一个可以认识和计算的对象；当心灵被除魔，消除了一切魔力，所剩下的无非一个理性的主体。这样，如韦伯所言，"人，只要想要了解，就能随时了解到"，"人们原则上可以通过计算支配所有事物"（序言引）。理性，且唯独理性，成为现代人认识和支配世界的工具。理性，以及奠基于理性之上的科学和道德取代了古代的科学和道德，成为一种新的权威。它是如此地普遍和不容置疑，以至于实际上替代了前现代社会中神灵的位置，成为一种新的神祇和新的宗教。正是在这个意义上，理性被神化了，以一种理性的方式焕发出非理性的力量，走向了自身的反面。

作为一种激进的理性主义，"理性的神化"具有特殊的现代意义。唯独理性彻底摆脱非理性的困扰，使得心灵彻底除魔，理性才能按照它自己的方式认识和操控整个世界。但凡理性没有被魔化，种种非理性的方式就会侵袭它的地位，使得"世界的除魔"在实践中难以为继。这一点，尤其体现在现代科学的发展中。作为一种彻底理性的形态，现代科学从根本上相信，自然世界的一切现象都是自然的，必须通过"技术手段和计算"的理性方式加以把握。相比之下，一切前科学的方式无论是魔法、巫术或宗教信仰，在实践中皆是徒劳。为此，现代科学凡从一开始就支持一种激进的理性主义形态，推进"理性的神化"，企图将一切非理性的认识方式扫进坟墓。正是由于这种激进的理性主义态度，西方自 17 世纪起就踏上了启蒙的道路，不仅在自然层面而且在政治社会层面都逐步摆脱了蒙昧主义，开辟了一个更加开放和开明的现代社会。

然而，一旦理性被推进到极致，以至于被魔化，它的负面因素就会加速显现。韦伯对"世界的除魔"这一现代进程的考察，已经充分暴露出激进理性主义的危险。本来，现代社会秩序的理性化源自一种新教式的禁欲主义，但它们之间的亲和力并不会永远存在。随之而来，"作为理性社会秩序核心的程序技术既无须伦理理性化的推动力，也不再'试图寻找什么理由为之辩护'。因此，现实中的资本主义，对于现代人来说，已经从清教徒肩上轻飘飘的斗篷，变成了一只铁的牢笼"。❶一旦丧失了宗教的指引，理性的社会秩序就会丧失伦理的推动力；相应地，所谓的理性也就丧失了原有的价值，蜕变为单薄的工具理性。在这种工具理性的支配下，现代人仿佛被囚禁在"铁的牢笼"之中，没有自由可言。随着价值理性的消失，现代人虽然口口声声都是"理性"，但他们口中的"理性"却并不一致。每个人、每个团体乃至于每个国家都有自己的"理性"，最后的结果，便是"理性"和"理性"的冲突，即所谓的"诸神之争"。后者最大限度地暴露了"理性的神化"引发的危机：虽然理性向来被认为是中立和客观的标准，但在价值领域，这个标准却并不存在或极难达成。现代人笃信理

---

❶ 李猛：《除魔的世界与禁欲者的守护神：韦伯社会理论中的"英国法"问题》，载于《韦伯：法律与价值》，上海：上海人民出版社，2001 年。

性，企图通过理性来消除个人与个人、国家与国家的一切纷争，但这种努力却因为理性的缺陷不可避免地陷入迷途。

问题还不止如此。一旦理性被推进到神化的境地，人和世界的空间便会急速窄化，失去了应有的弹性。对人而言，一旦理性成为绝对的主宰甚至是唯一合理的要素，种种非理性的成分就会成为被压制的对象。无论意志、情绪、灵感甚或是信仰，都被无一例外地从心灵中清除出去。按照这种标准，人之为人，首要的是成为一个理性的人。无论是社会秩序还是现代道德，都必须建立在理性的标准之上。然而，人向来不仅是理性的存在。诸种非理性的要素存在于我们的心灵之中，构成了人之为人的内核。无论是社会秩序还是道德，都与这些非理性的要素息息相关。抛开它们，仅仅将理性视为唯一的标准，只会削弱我们生命的厚度，让心灵陷入紧张。甚至于，一旦理性彻底压制非理性，导致非理性的力量无从排遣，后者便会在自身中密谋更大的暴动，一有机会就大肆爆发。这一点，不仅适用于个体的人，也适用于民族和国家，乃至于整个的人类文明。

现代哲人对此心知肚明。事实上，整个现代哲学的发展历程，既包含了对于这一危机的推进，也包含了对它的自觉克服。如果说，"理性的神化"意味着心灵的除魔；那么在现代性内部，同时也存在着对于除魔的挑战，甚至存在着除魔的对立面——魔化。虽然从现代世界的总体进程来看，现代的除魔最终替代了前现代的魔化，但这个过程并非一帆风顺，更不是直线进行的。相反，魔化一直以反现代性的面目出现在除魔之中，两者既相互对峙相互攻击，又相互融入，共同推动了现代世界的诞生。这一点特别表现在，从文艺复兴到当代，强调除魔的理性主义与强调魔化的非理性主义一直处在紧张的缠斗中。理性主义虽然从总体上占据上风，但非理性主义始终有力地牵制着理性主义，努力寻求着与它的平衡。即便在启蒙主义最为盛行的时代，霍布斯、卢梭和康德这样的理性主义者也未曾取消非理性，而是极力挖掘恐惧、自爱、信仰等非理性要素的意义；在德国古典哲学盛行的 19 世纪，施莱格尔、诺瓦利斯、荷尔德林的浪漫派、雅各比的宗教神秘主义依旧滥觞，与谢林的"艺术直观"、黑格尔的"天启宗教"交相辉映；更不必说，19 世纪中叶以后，伴随着黑格尔哲学的衰落，各种各样的非理性主义广泛兴起。尤其是叔本华和尼采，高举非理性主义的大旗，热情歌颂欲望、本能、意志和冲动，试图颠覆此前的理性形而上学，重现被理性压抑的激情和生命。这场运动深刻改变了人性的面貌，使得心灵在经过长期的除魔之后，再次被魔化了。而纵观 19 世纪末到 20 世纪的哲学，从俄国的存在主义、柏格森的直觉主义，到海德格尔的后期哲学、弗洛伊德的精神分析学，乃至于法国的宗教现象学，都或多或少地闪现了这场非理性主义运动的影子。也正是非理性主义对于理性主义的阻碍，"世界的除魔"运动始终没有获得彻底的成功。

物极必反。伴随着非理性主义的强势反弹，理性主义也在加速前进，力图将"世界的除魔"逻辑推向极致。20 世纪 20 年代以来，逻辑实证主义兴起。从起源上，逻辑实证主义可追溯至近代经验论甚至中世纪的唯名论传统。它坚持分析命题和综合命题的传统两分，认为一切逻辑命题，要么是经验科学命题，可以由经验证实；要么是分析命题（数学和逻辑命题），由逻辑验算检验。换言之，除分析命题之外，一切命题只有表述经验，能被证实或证伪才有意义。按照这个划分，传统形而上学的问题既不是分析命题，也不是经验命题，而是毫无意义的虚假问题，必须从科学中清除出去。而传统形而上学之所以出现种种问题，是由语言的错误使用导致的。逻辑实证主义的目标，就是通过语言逻辑论证的方法，把哲学从传统形而上学中解放出来，清楚地阐明命题特别是科学命题的意义。一言以蔽之，逻辑实证主义是借助现代逻辑对语言进行形式分析并试图建立起一个形式化的人工语言以及系统理论，以便于更好地进行科学概念和科学陈述的重新构造，捍卫科学而否定形而上学。它不仅否定了一切非理性主义，而且否定了传统形而上学的理性主义，将我们心灵的合理认知窄化到逻辑理性的范围之内。在逻辑实证主义的推动下，20世纪的分析哲学完全改变了传统哲学的研究范式，从形而上学的思辨完全转向以数理逻辑为基础、语言分析为中心的问题推导。而自分析哲学诞生以来，相关的争议便不绝如缕，至今仍未平息。支持者坚定地认为，分析哲学对传统形而上学的革命，肃清了传统哲学的含混与模糊，它的数学和逻辑方法给哲学带来了新的希望；但在反对派眼中，分析哲学以一种看似绝对理性的方式取消了哲学真正的问题，是一场不折不扣的灾难。分析哲学家试图用逻辑理性取代整全的理性，甚至排除一切非理性，这本身就是人性和世界的根本误解。无论世界还是心灵，都是异常丰富和鲜活的，不可能仅仅凭借理性尤其是逻辑理性去把握。

综上，现代性的三重危机作为"世界的除魔"的后果，从笛卡尔时代绵延至今，构成了我们时代最基本最重大的问题。某种程度上，这些问题也是人类永恒的问题，只不过随着历史的演变，变得更加激进了而已。归根结底，我们必须追问：世界究竟是一还是二，心灵和世界能否两分，理性和非理性如何共处，以及人类究竟能否拒斥他者，仅仅凭借自身就能够安身立命？令人忧心的是，随着科学的狂飙突进，我们的生活日益狭窄，以至于许多人仅仅信奉一种世界观——科学主义；甚至拒斥一切价值，甘愿陷入虚无不能自拔，不能甚至不敢追问这些最基本最重大的问题。在当下的中国，这种困境尤为深重。我们既要努力融入现代性的浪潮，努力促成"世界的除魔"；又要自觉避免它所带来的问题，捍卫我们自身的传统，以致陷入魔化对除魔的反抗。对我们而言，除魔与魔化的张力，不仅是理性与非理性的张力，更是现代与传统的张力，西方和中国的张力。如何化解这股张力，不仅考验着我们的智慧，更考验着我们的气度和耐心。它要求我们勇敢地面对眼前的时代，在对传统的反思和现实的关照中，给出自己的答案。

唯有在此时，我们才能真正打开耳朵，倾听海子诗歌《九月》中那悲凉的预言：

目击众神死亡的草原上野花一片
远在远方的风比远方更远
我的琴声呜咽　泪水全无
我把这远方的远归还草原
一个叫木头　一个叫马尾
我的琴声呜咽　泪水全无

远方只有在死亡中凝聚野花一片
明月如镜　高悬草原　映照千年岁月
我的琴声呜咽　泪水全无
只身打马过草原

附录一　存在与一：皮柯·米兰多拉论柏拉图和亚里士多德的一致性

柏拉图哲学和亚里士多德哲学自诞生之日起，有关二者的争议便一直不绝于缕。主流传统认为，柏拉图哲学和亚里士多德哲学无论对于最高本原的理解，还是在研究方法上均存在实质差异。与此同时，自晚期学园派到新柏拉图主义，再到中世纪的拉丁和阿拉伯传统，不少哲学家努力在二者之间进行调和，试图证明柏拉图哲学和亚里士多德哲学的一致性。[●] 在他们看来，柏拉图主义和逍遥学派师出同宗（柏拉图），除了言辞的不同，在义理层面并无根本区别。这种调和主义方案往往具有新柏拉图主义的色彩，是站在柏拉图的立场对亚里士多德进行的综合，而亚里士多德始终处于从属性地位。不过 11 世纪之后，随着亚里士多德哲学重新传入拉丁世界并成为经院哲学的支柱，亚里士多德日渐从柏拉图的阴影中解放出来，甚至取代柏拉图成为西方哲学的唯一代表。相应地，对柏拉图和亚里士多德哲学的比较成为一个无关紧要的问题，逐渐无人问津。

[●] 在安提库斯（Antiochus）看来，无论是学园派还是逍遥学派都同出柏拉图，传达的是唯一的哲学智慧。西塞罗也认为，学园派和逍遥学派之间只是语辞之争，并无义理的冲突。这种调和主义的立场，在新柏拉图主义者波菲利和辛普利丘、拉丁教父奥古斯丁以及中世纪阿拉伯学者阿尔肯迪（Al-Kindi）和阿尔法拉比（Al-Farabi）等人身上都有不同程度的体现。（Pico, 2011, pp. 90-91, 419-420）

文艺复兴时代，柏拉图再次回归人们的视线。人文主义者认为，柏拉图哲学不仅在内容上与基督教教义更为契合，而且在形式上，他的希腊文也比亚里士多德优美得多（Garin，pp. 9-11）。在当时，甚至流行诸如"神一样的柏拉图，兽一样的亚里士多德"的谚语。但即便在柏拉图哲学最鼎盛的时期，亚里士多德哲学也从未销声匿迹。相反，在意大利和其他西欧国家，亚里士多德哲学在大学里仍长期处于支配性地位。这样，不可避免地，复兴的柏拉图哲学和传统的亚里士多德哲学之间开始出现频繁对抗，甚至可以说，"文艺复兴时期柏拉图和亚里士多德之争乃是哲学史上的唯一时刻。无论是此前还是此后，没有哪个时代的哲学会被视为在柏拉图和亚里士多德之间滑动的两极世界。对文艺复兴时期的许多人而言，比较柏拉图和亚里士多德已经进入，甚至成为哲学的主要问题"（Monfasani，p. 179）。其中，皮柯·米兰多拉的工作尤其令人瞩目。不同于斐奇诺等新柏拉图主义者，他坚持认为，柏拉图和亚里士多德不分高下，双方在形而上学层面具有完全的一致性。皮柯的这一调和，代表了西方历史第一次突破新柏拉图主义的范式，尝试从柏拉图和亚里士多德的平等入手来理解二者，无论是对他自身的哲学建构，还是对我们重新理解柏拉图和亚里士多德的关系，进而更整全地把握西方哲学历史，都具有重要的意义。

一、斐奇诺的新柏拉图主义：一高于存在

文艺复兴时期，柏拉图和亚里士多德的支持者围绕宗教和政

治利益之争，分化成两派阵营。[1]柏拉图一方的代表如柏莱图认为，柏拉图哲学分有了最古老的智慧和真理，而亚里士多德由于"荣耀的野心"，歪曲和破坏了那真正的智慧；亚里士多德一方的代表如特拉博森的乔治（George of Trebizond）则认为，柏拉图的哲学观点晦涩难懂、表述自相矛盾、道德缺陷严重，且与基督教的精神背道而驰，诸如《蒂迈欧》中的宇宙论、创世论等学说，均有引发异端的危险（参见梁中和，第72页）。双方争执之际，红衣主教贝萨里翁（Bessarion）的作品一举奠定了柏拉图阵营的优势。通过研究柏拉图的形而上学，尤其是由特拉博森本人翻译的《巴门尼德篇》，他有力地证明：在形而上学层面，柏拉图主张的一要高于亚里士多德的存在，柏拉图的哲学比亚里士多德的逻辑学更接近于基督教的教义（Bessarion，p. 297）。只不过贝萨里翁认为，柏拉图在《巴门尼德篇》第一个假设所提到的上帝（一），与第二个假设中谈到的一并无不同。从而，它并非像普罗克洛斯所强调的那样，是超越一切原因和名称的最高本原，而仅仅是与基督教传统"一切的造物主"相等同的上帝（Pico，2011，p. 126）。

作为文艺复兴时期新柏拉图主义最重要的代表，斐奇诺和贝萨里翁一样，对新柏拉图主义者特别是普罗克洛斯对《巴门尼德篇》的解释方案有所犹疑。斐奇诺虽然高度推崇《巴门尼德篇》，但他不像普罗克洛斯那样，认为整篇对话是柏拉图神学的全部，

---

[1] 有学者（威廉·冈斯［Wilhelm Gass］、蒙塔古·伍德豪斯［Montague Woodhouse］等）详细考察了文艺复兴时期柏拉图和亚里士多德之争背后的宗教背景，指出"15世纪的这场哲学论争已经被视为天主教与东正教之间的意识形态之争"（Hankins，p. 194）。在此意义上，柏莱图等柏拉图主义者的工作不仅具有哲学意义，而且也具有现实的宗教和政治考虑，即以柏拉图相比于亚里士多德的优越性，去证明东正教相比于天主教会的优越性（关于柏莱图对柏拉图哲学的推广以及背后的复杂历史因素，Hankins.，pp. 193-216）。

仿佛圣典，一字不容质疑。在斐奇诺眼中，《巴门尼德篇》始终是一篇对话，既是对话，就不过是一场"严肃的游戏"，而"新柏拉图主义者的错误在于，不严肃地考虑文本的游戏性质，以及弥漫在整篇对话中的反讽特征"（Pico，p. 127）。在对《巴门尼德篇》的解释上，斐奇诺走的毋宁说是一条既不同于普罗克洛斯，又不同于纯正辩证法家的中间道路（media via）。这条道路意味着，辩证法和神学相互兼容，读者可以通过辩证法把握柏拉图哲学最神圣的奥秘（Beierwaltes，pp. 389-410）。

但我们必须看到，斐奇诺"中间路线"导向的还是普罗克洛斯对最高本原的新柏拉图主义解释，从而在最根本的地方与贝萨里翁分道扬镳。根据普罗克洛斯，《巴门尼德篇》中柏拉图虽然提出了八组假设，但只有第一组假设即"如果一绝对地单就自身而言"，才是柏拉图真正要说的。从第一组假设出发，柏拉图得出的结论是，一超越于一切存在和规定性。在普罗克洛斯看来，这种超越于一切存在的"一"，正是柏拉图哲学的最高本原。而斐奇诺对《巴门尼德篇》的解释，又深受新柏拉图主义对第一组假设的强调的影响（Pico，1998，p. 19）。这一点，在他 1492 年开始动笔、1494 年就完成的《〈巴门尼德篇〉注疏》中有清晰的体现。❶ 斐奇诺说，柏拉图习惯于在对话中撒播各类智慧的种子：在《理想国》中撒播道德哲学的教导，在《蒂迈欧篇》中撒播自然科学的种子，同样在《巴门尼德篇》中撒播了他整个的神学种子。在这篇对话

---

❶ 斐奇诺的《〈巴门尼德篇〉注疏》比皮柯的《论存在与一》写作时间略微靠后，按理说我们不能将皮柯《论存在与一》对斐奇诺的批评当成是对《〈巴门尼德篇〉注疏》的批评。但是，如果我们考虑到，斐奇诺对《巴门尼德篇》的解释路径一以贯之，在佛罗伦萨学园广泛流行，且当皮柯动笔写作《论存在与一》时，他所了解的斐奇诺的立场就是后者在《〈巴门尼德篇〉注疏》中的立场，那么，我们在这里把斐奇诺《〈巴门尼德篇〉注疏》中的立场视为皮柯《论存在与一》中批评的对象，在理论上就并非不妥。

中，"神圣的柏拉图无比敏锐地考察了万物的唯一本原如何超越万物，万物如何源自于它，以及一以何种方式既外在又内在于万物，万物如何源自一、通过一并朝向一。随后，柏拉图逐渐上升到对超越于存在的一的把握"（Ficino, *Opera* II, p. 1137）。由此，斐奇诺的新柏拉图主义立场一览无余：柏拉图哲学的最高本原——一，高于亚里士多德哲学的最高本原——存在，故柏拉图要高于亚里士多德。

这样，斐奇诺就从普罗克洛斯对《巴门尼德篇》的解释出发，论证了一高于存在的结论。不过，他同时告诫说，不能因为柏拉图主张的一高于亚里士多德的存在，就认为双方存在实质的分歧，实际上，他们的思想只是不在同一个层面而已。具体而言，"逍遥学派的学说通向柏拉图的智慧，这一点，凡是认识到自然事物将我们引向神圣事物的人，都会发现。因此，如果一个人不首先受逍遥学派的训练，断不能允许进入柏拉图至深的奥秘中"（Ficino, p. 952）。一言以蔽之，柏拉图和亚里士多德是一致的，但柏拉图要高于亚里士多德，学习后者是学习前者的入门准备；对存在的理解，是对最高本原一的理解的必经阶段。斐奇诺的这一新柏拉图主义立场，作为柏莱图和贝萨里翁等观点的总结，成为文艺复兴时期柏拉图阵营的代表性观点，深刻影响着文艺复兴乃至现代西方人对柏拉图哲学，以及对柏拉图和亚里士多德哲学关系的基本理解。

二、皮柯：《巴门尼德篇》作为纯粹的辩证法对话

对皮柯来说，情形却大为不同。作为佛罗伦萨柏拉图学园的骨干，皮柯深受斐奇诺的影响，其哲学具有浓厚的新柏拉图主义

风格。然而，皮柯向来不满足于只做一个单纯的新柏拉图主义者，而是愿意对不同的哲学传统开放，努力在它们之间进行调和。根据他对"古代神学"（Prisca theologia）的设想，无论是希腊传统、波斯传统、犹太传统、基督教传统都可以追溯至以琐罗亚斯德和俄耳甫斯为根基的"古代智慧"中，不同文明具有同一性的基础，❶ 不仅希腊传统和犹太传统没有根本区别，而且希腊传统内部的柏拉图和亚里士多德之间，也没有高低之别。❷ 为了论证这个主张，皮柯于 1489 年推出《论存在与一》（De ente et uno），❸ 自觉将焦点转向《巴门尼德篇》。他深知，斐奇诺之所以崇柏拉图而抑亚里士多德，是因为他相信柏拉图主张的最高本原——一，要高于亚里士多德主张的最高本原——存在。因此，除非对《巴门尼德篇》中"存在与一"这个中心的形而上学问题做出说明，彻底驳斥斐奇诺的新柏拉图主义式解读，否则柏拉图和亚里士多德之间的一致性是无法得到根本确立的。

---

❶ 意大利学者皮尔·C. 博里（Pier Cesare Bori）很重视皮柯的"古代神学"对构建"哲学的和平"的意义。在《论人的尊严》的中译本导言中，他说，"皮柯想提醒人们，谁若回溯至古代智慧，谁就能接近一种永恒的智慧，这种智慧在自身中包含了思想同一性的基础"（参见皮柯，中译本，第 11 页）；"我们对《论人的尊严》的兴趣在于，在他的论述里，形象未定且非常卑微的恶人要通过文化的多种现实达到自我实现和自我同一，每种文化都构成了一条不同的道路，但它们的本质、功能、结构乃是相同的。由此，不同文化之间就有了和平的可能性基础"（同上，第 9 页；关于博里的解读，Bori）。

❷ 这一点，早在 1486 年出版的《九百题》（Conclusiones）中便得到了证实。在"个人主张"（secundum opinionem propriam）部分的第一条，皮柯明确指出，"无论是在自然问题还是神圣问题上，柏拉图和亚里士多德均无任何实质分歧，尽管在言辞上他们看起来有所不同"（Pico, 2003, p. 365）。

❸ 皮柯很早就确立了撰写《柏拉图与亚里士多德的一致性》（Concordia Platonis et Aristotelis）的宏伟计划。但因早逝，这一计划并未实现，只留下《论存在与一》。1489 年，佛罗伦萨统治者洛伦佐·美第奇与斐奇诺为代表的新柏拉图主义者在一起讨论柏拉图哲学，矛头直指亚里士多德。这让皮柯深感不安，在好友波利齐亚诺（Angelo Poliziano）的敦促下，赶在完成《柏拉图与亚里士多德的一致性》之前匆忙给出回应（Pico, 1998, p. 37）。

在《存在与一》一开篇，皮柯就表明了柏拉图主义者与亚里士多德主义者的分歧。简言之，亚里士多德主义者认为一与存在、真与善是可以互换的，并在一定程度上是等同的。而柏拉图主义者❶却认为：1）一高于存在。这里的"高于"，是指一更单纯和更普遍，按照这个原则，上帝作为最高本原是一而非存在。2）原始质料是未定型的，它在一之内，却在存在之外。3）与一相反不同于与存在相反，与存在相反的是无，而与一相反的是多（Pico，1998，p. 38）。不难看出，新柏拉图主义者的第二条和第三条论点都是从第一条推衍而出的。因此，对皮柯来说，最核心的问题只在于澄清：新柏拉图主义者认为一高于存在，这种说法在《巴门尼德篇》中是否具有依据？

皮柯的首要工作是辨析《巴门尼德篇》的立场，澄清柏拉图是否确实有过"一高于存在"的断言。不同于以往的哲学家从文本内容进行考察，他开创性地从柏拉图对话的文学形式出发，对《巴门尼德篇》的立场进行甄别（Pico，1998，p. 19）。在皮柯看来，《巴门尼德篇》肯定不在柏拉图学说性的作品中，因为它不过是一次辩证法的练习"；作为练习，"整篇对话中没有任何东西被肯定地断言"。为探明《巴门尼德篇》的辩证对话性质，皮柯提醒读者关注"对话的结构，即它从哪里开始、趋向哪里，它承诺

---

❶ 即新柏拉图主义者。必须指出，所谓的新柏拉图主义（Neoplatonism）是现代学术的发明，这个词最早出现在 1827 年，旨在于区分普罗提诺为代表的柏拉图主义与柏拉图本人的哲学。在此之前，人们并不对柏拉图和普罗提诺、普罗克洛斯、斐奇诺等人的哲学做明显区分。参见《斯坦福哲学百科全书》（Stanford Encyclopedia of Philosophy）之"Neoplatonism"词条，链接为 https://www.iep.utm.edu/neoplato/。因此，皮柯和其他同时代的哲学家一样，用柏拉图主义者（Platonists）来指称包含斐奇诺在内的所有具有柏拉图主义倾向的人。但在我们写作过程中，为了使表述更清晰，还是一般性地把斐奇诺归到新柏拉图主义的阵营中。

了什么、断言了什么"（Pico，1998，p. 39），即搞清楚对话的内部发展逻辑，从文本结构出发来判定《巴门尼德篇》的最终立场。

皮柯简要地归纳了《巴门尼德篇》的发展逻辑：在辩论完一切是一或是多之后，少年苏格拉底转向了理念问题，与巴门尼德展开讨论。巴门尼德对苏格拉底的求知热情非常满意，鼓励他说，"当你还是年少时，你须勉力，尤其借着那看起来是无用的、大家称之为闲谈的方法训练你自己；否则真理将逃避你"（《巴门尼德篇》，135d）。皮柯认为，巴门尼德这里所言的"闲谈的方法"显然是辩证法。这一点，在随后的文本中得到了佐证。当苏格拉底追问巴门尼德，这是什么样的一种训练方法后，巴门尼德先是回答"这个，就是你从芝诺那里听到的"（同上）；随后，巴门尼德又继续教导苏格拉底学习这种技能，即"不仅应该假设某事存在的结果，也应假设某物不存在的结果"，以使苏格拉底明白，"当我们称之为存在或不存在的东西相对于自身和他者时，结果如何；其他事物相对于自身和他者时，结果又如何"（同上，136A-B）。对于巴门尼德的这一建议，苏格拉底觉得十分困难。他希望巴门尼德能够垂先示范，自己提出一个假设并做考察，以便他能理解得更好。可是，巴门尼德却以年迈为理由拒绝了。随后芝诺又请求巴门尼德，并且说，要是巴门尼德面对大众，他本不会做此要求，"因为大众不知道，没有这个经过一切的详细解说和论证的过程，就不能遭遇着真理，以具有知识"（同上，136D-E）。芝诺的这番话，又该如何理解呢？

皮柯认为，芝诺在这里谈论的，还是辩证法。按照皮柯，当芝诺说巴门尼德这样的老人不宜在大众面前公开讨论那种问题，这里的"问题"显然不是新柏拉图主义者所谓的"最高本原"。因为，"对一个老人来说，又有什么比讨论这样的主题更适宜、更少羞耻的呢"（Pico，1998，p. 40）。可见，辩证法才是巴门尼德在前面讲的，对各种假设进行辨析的"技能"，是芝诺请求巴门尼德教导苏格拉底的东西。这也就表明，整个《巴门尼德篇》中巴门尼德并没有说什么，而只是和苏格拉底做了一次次的辩证法练习，没有什么东西被断言，一切都是追问：追问如果一存在结果如何，一不存在结果又如何。从而，《巴门尼德篇》的八组假设都是"如果一存在"和"如果一不存在"这两个假设衍生的结果。既如此，新柏拉图主义者对《巴门尼德篇》的解读就是站不住脚的。比如，普罗克洛斯将八个假设的第一个假设（"如果一绝对地单就自身而言"）抽离出来，强调一的不可分性、无限性和无处存在，认为一既不在他物也不在自身之中——从而得出"一高于存在"的结论。然而，姑且不论巴门尼德还做了"如果一不存在"的假设，仅仅就第一个假设而言，新柏拉图主义者也要明白，"断定一高于存在，与将它作为一个后果来断定是多么的不同。后者意味着，**如果**一切是一，**那么**一将不是存在"（Pico，1998，p. 41）。换言之，柏拉图本人在对话中，只是依据辩证法对各个假设做出推论；而新柏拉图主义者却将假设当成事实，进而做出自己想要的推论。这种做法，从根本上是与《巴门尼德篇》的辩证法对话性质背道而驰的。

至此，皮柯便完成了第一个层面的工作，从文本的文学形式出发，证明了柏拉图在《巴门尼德篇》中从未明确断言一高于存在。从而，新柏拉图主义者依据《巴门尼德篇》断定柏拉图高于亚里士多德，这一做法是没有根据的。

三、调和方案 I ：一等同于存在

通过重新解读《巴门尼德篇》，皮柯比较有力地质疑了新柏拉图主义者的论断，否定了柏拉图有"一高于存在"的断言；但这并不能直接证明，柏拉图和亚里士多德就是一致的。换言之，否定柏拉图的断言只是为论证柏拉图和亚里士多德的一致扫清障碍，属于"破"；接下来，皮柯还需要"立"，即正面证明二者在存在与一问题上的一致性。这就意味着，他要证明：1）若亚里士多德坚持"一等同于存在"，他和柏拉图如何是一致的？2）若柏拉图坚持"一高于存在"，他和亚里士多德又如何是一致的？即皮柯要从亚里士多德和柏拉图各自的立场出发，进行双重调和。

皮柯的调和，立足于中世纪传统对存在含义的两重划分。第一重含义可以表述成"存在是一切无之外的东西"。他说，当亚里士多德主张存在与一等同时，他理解的存在正是这个意思。第二重含义则是托马斯式的，把存在（即存在者 ens）❶ 理解成"一切不缺乏存在的东西"（Pico，1998，p. 42）。考虑第二重含义的复杂性，皮柯暂未处理，首先从存在的第一重含义出发考察《巴门尼德篇》。

皮柯认为，如果人们追随辛普利丘的解释，那么，当《巴门尼德篇》中的巴门尼德说一切存在的东西都是一时，这个"一"就不是别的，只能是上帝（神）（Simplicius, *In Physicorum*, I. 147）。因为，尽管新柏拉图主义者认为巴门尼德从不相信事物的多和可分性，但是，"当他［巴门尼德］说存在的东西都是一，他的意思是，那存在之名真正属于的以及那真实存在的东西，只能

---

❶ 皮柯这本书名为《论存在与一》（*De ente et uno*），意味着当他讨论"存在与一"的问题时，一般性地使用 ens 来指代存在。当他在托马斯的意义上对存在和存在者做区分时，ens 就不是严格意义上的存在（esse），而只能指存在者。但为了论证的需要，皮柯还是把这种存在者说成是存在（ens）。这样一来，ens 在翻译和使用的时候，就会与存在概念不好区分。考虑到这一点，当皮柯用 ens 泛指存在的时候，本文保持原样；当皮柯在托马斯的意义上使用 ens 时，则在后面加上（者），以示区分。

是一。这个一就是上帝"（同上）。一旦一与上帝等同，一便不可能高于存在。这是因为，巴门尼德明确说过，存在的真正之名只能归于上帝。既然上帝等同于存在，上帝又等同于一，那么一便与存在等同。在皮柯看来，上帝与存在的等同，即便是新柏拉图主义者伪狄奥尼修斯也会认可。后者将上帝对摩西说的"我是其所是"（I am who I am）理解为"我是存在"（ἐγώ εἰμι ὁ ὤν; Pseudo-Dionysius, *De divinis nominibus*, I. 6），明确将上帝与存在等同起来。这一点，还可以从逻辑上得到佐证。当新柏拉图主义者主张无或非存在与存在相对，如同多与一相对时，他们不得不承认，不是存在的东西要么是无，要么是非存在，如同不是一的东西就是多那样。这样，上帝要么是存在，要么是无或非存在——后一种说法，即便最渎神的人也不敢断言。于是，上帝只能是存在。如此，一与存在的等同也就得到了保证。

即便不以上帝为论证的中介，皮柯仍可以从存在的上述定义出发，证明一与存在的等同。皮柯追随前苏格拉底哲人巴门尼德（非《巴门尼德篇》中的巴门尼德），坚持思维与存在的同一，主张"一切要么存在要么不存在，对于不存在的东西既不能言说也不能思想"。因此，在一切之外，除了无自身之外都是无。从而，存在就是一切，因为它仅仅将无从自身中排除出去。按照这个逻辑，新柏拉图主义者推崇的一，"就不可能包含比存在更多的东西，除非它包含无——这一点，恰是柏拉图在《智者》（Plato, *Sophists*, 237D-E）中否定的，在那里柏拉图说，非存在和无都不能被称之为一"（Pico, 1998, p. 43）。这样，皮柯就顺理成章地断定：存在与一是等同的。不仅亚里士多德坚持这样的立场，柏拉图也坚持这样的立场，二者并无任何分歧。

综上，皮柯论证的次序在于：首先，他根据中世纪传统，对存在的含义做了两重划分，并从第一重含义（"存在是无之外的东西"）出发，来理解柏拉图和亚里士多德；其次，皮柯选择"以彼之道还施彼身"，用其他新柏拉图主义的解读来对抗斐奇诺的新柏拉图主义。为此，他先是援引新柏拉图主义者辛普利丘，利用后者对一与上帝的等同来证明一等同于存在；然后又选择性地利用伪狄奥尼修斯，利用后者已经基督教化的新柏拉图主义立场，将上帝与存在等同起来。❶合而言之，皮柯先后建立"一＝上帝""上帝＝存在"的公式，最后推导出一与存在的等同，证明了柏拉图与亚里士多德的一致性，实现了对二者的第一重调和。

四、调和方案Ⅱ：一高于存在

皮柯的第二重调和，是退后一步，在假定柏拉图确实认为"一高于存在"的情形下，论证柏拉图和亚里士多德的一致性。按照计划，皮柯的这重调和要依据存在的第二重含义来展开。不过，皮柯没有直入存在的主题，而是先引入了一系列的类比。他指出，有些名词是具体的，另一些是抽象的。比如，白色是具体的，白是抽象的；人是具体的，人性是抽象的。所谓抽象，是指那些从

---

❶ 伪狄奥尼修斯（Pseudo-Dionysius the Areopagite）作为5—6世纪最重要的基督教神学家之一，其思想高度的新柏拉图主义化。或者说，他的新柏拉图主义是基督教化的新柏拉图主义，与普罗提诺的新柏拉图主义，包括保持古代异教色彩的辛普利丘的新柏拉图主义有实质的不同。作为新柏拉图主义者，伪狄奥尼修斯提倡"否定神学"，坚持最高的上帝作为一高于存在的基本立场。对这一点，皮柯心知肚明。但为了实现柏拉图和亚里士多德的调和，他不得不选择性地使用伪狄奥尼修斯文本中的某些段落，证明后者的确将上帝与存在等同了起来（关于伪狄奥尼修斯真实的哲学立场，参见［伪］狄奥尼修斯，"导言"，第3—39页）。

自身而非他者而来的东西；而具体，则是指那些从他者而非自身而来的东西。在这个意义上，具体名词的性质依赖于抽象名词：某物为白色，是因为它是白的；一个人是人，因为他具有人性。反之则无可能，我们不会说，白是白色的，黑是黑色的（Pico，1998，p. 44）。一言以蔽之，具体名词的性质要以抽象名词的性质为基础，而抽象名词的性质却无须依赖于具体名词的性质。

通过这一类比，皮柯意图对存在（ens）的含义做进一步划分。他说，就存在是一个名词而言，同样有具体名词和抽象名词两重用法。当存在作具体名词时，它的意思是存在者或曰存在的东西（id quod est）；而当存在作抽象名词时，它的意思就是存在者这一术语的抽象形式——存在（esse）。不难看出，皮柯此处对存在含义的两重区分，沿袭的是托马斯的传统，后者明确把存在区分为存在与存在者。然而，皮柯无意于做一个亚里士多德主义者，像托马斯那样把存在理解为实现，把存在者理解为潜能，而是根据柏拉图主义的"分有说"来理解二者的关系。他说，"那分有存在的被称作存在者，正如同分有光的被称之为光明，分有看本身（ipsum videre）这一活动的被称之为观看（videns）"（Pico，1998，p. 44）。因此，就存在一词而言，我们不仅要理解它的第一重含义，否定它是无或不存在，而且也要理解它的第二重含义，即它不是那个属于自身、出于自身的存在本身，而是分有它的存在者。

存在的第二重含义——作为分有存在的存在者而非存在本身——一旦明了，皮柯可以更加顺畅地推进他的第二重调和方案。还是根据托马斯，上帝作为最高实体，是实现而非潜能，因此它只能是存在（esse）而非存在者。这样，正如同存在高于存在者，上帝也就高于存在者；而就上帝可被称之为一而言，一也就高于存在（者）。为了证明上帝与一的等同，皮柯再次援引伪狄奥尼修斯《论圣名》中的话，"一被称为上帝，是因为它是一中的一切"，"它（上帝）被称为一，是因为它是存在着的万物的本原，正如同数字一是所有数字的本原一样"（Pseudo-Dionysius, *De divinis nominibus*, I. 7；V. 6）。如此一来，当新柏拉图主义者宣称，柏拉图在《巴门尼德篇》第一个假设中断定一高于存在，就没有什么大惊小怪了。因为，从存在的第二重含义来说，新柏拉图主义者不过是站在柏拉图的立场上，合理地断言了作为上帝的一高于存在（者）。

不仅如此，皮柯还力图表明亚里士多德也以类似的方式断言了一高于存在（者）。他说，亚里士多德在《形而上学》第六卷中，将存在区分为"由于自身的存在／作为存在的存在"（ens per se）和"偶性的存在"（ens per accidens）（《形而上学》，1026A）。既然"由于自身的存在"在十个范畴之中，那么上帝就不可能是"由于自身的存在"，因为它既然不可能是偶性的存在，也不是一个种（genus），故而不在任何一个范畴之中。于是，上帝便只能像托马斯所教导的那样，高于存在。进一步，皮柯表明，亚里士多德和柏拉图同在一个层次，和柏拉图一样，用一和善来指称上帝。根据《形而上学》第十二卷的理解，存在一种可分离的善，它就是上帝；并且，亚里士多德还援引荷马的诗句"一个统治者，一个国王"（《伊利亚特》，XVI. 204），证明了上帝的唯一性。如此，作为上帝的一也就必然高于存在。而无论是亚里士多德的上帝，还是柏拉图的上帝，都是唯一而相同的上帝。因此，当亚里士多德认为作为上帝的一高于存在，与柏拉图说作为上帝的一高于存在（者），二者的含义便没有区别。就一高于存在而言，他们是一致的。

考察皮柯的思路，我们发现：和第一重调和方案一样，他对柏拉图和亚里士多德的第二重调和亦明显借用了中世纪的基督教传统和新柏拉图主义传统。具体而言，皮柯首先借鉴托马斯对存在与存在者的区分，把第二重含义的存在理解为存在者，明确了存在之于存在者的优先性；然后，又借用托马斯的传统，把上帝理解为存在本身，证明上帝高于存在者；进而借用伪狄奥尼修斯基督教化的新柏拉图主义，把柏拉图的一等同为基督教的上帝（Pico，1998，p. 23）；最后，推论出作为柏拉图的一（上帝）高于存在（者）这一新柏拉图主义式的结论。而在亚里士多德的部分，皮柯按照同样的方式，先将亚里士多德的一与上帝等同起来，然后又利用上帝高于存在，证明了亚里士多德坚持一高于存在的结论。至于柏拉图和亚里士多德的一致，则是因为双方坚持的上帝（一），从根本上都等同于基督教的上帝。基督教上帝无差别的同义性，乃皮柯确立柏拉图和亚里士多德一致性的内在基础。❶概言之，皮柯对柏拉图和亚里士多德的调和，不是在古希腊哲学层面对二者的调和，而是依据托马斯主义和基督教化的新柏拉图主义传统，在中世纪基督教这一新的平台上，对二者重新处理的结果。从而，皮柯虽然和斐奇诺一样，都推出了一高于存在这一新柏拉图主义的结论，但他们的主张在内含和意图上存在根本的不同：对于斐奇诺，一高于存在是希腊哲学意义的，仅仅在柏拉

---

❶ 保罗·米勒（Paul Miller）在英译本序言中指明，"这两种希腊哲学能一致，仅当它们被转换到完全不同的哲学之中：柏拉图的最高本原得以与亚里士多德的最高本原相同，仅因为它们都与作为存在自身的上帝相同"（Pico, 1998, p. 23）。这点明了皮柯调和工作的本质，即将二者的最高本原都与上帝的等同起来，以此确立他们的一致性。但除非柏拉图和亚里士多德的上帝是同义的，二者的最高本原仍有差别。故本文认为，皮柯实则将柏拉图的一（古代的神）和亚里士多德的一（古代的神）全都理解成唯一的基督教上帝，才能建立双方的一致性。

图那里成立，它的提出，是要证明柏拉图高于亚里士多德；而对于皮柯，一高于存在首先是基督教意义上的，无论在柏拉图还是在亚里士多德当中都能得以证实，它的提出，根本上是为了证明柏拉图和亚里士多德的一致性。

令皮柯意外的是，《论存在与一》刚问世，就遭到了来自柏拉图主义阵营和亚里士多德主义阵营的双重夹击。第一波批评来自斐奇诺，他认为皮柯过分强调《巴门尼德篇》的辩证法形式，而忽略这一形式背后的内容，与柏拉图哲学的精神严重不符。第二波批评来自正统的亚里士多德主义者安东尼（Antonio Cittadini）。他声称，在亚里士多德的文本中，我们根本就找不出最高本原作为一高于存在和上帝高于实体的证据。相反，实体作为由于自身的存在，它就是存在，而绝不可能是高于存在的一。皮柯主张在亚里士多德这里也可以得出一高于存在的结论，是没有文本根据的。对此，皮柯先后书信三封予以反驳，双方各持己见，谁都无法驳倒对方。❶

结　语

皮柯在《论存在与一》中对柏拉图和亚里士多德一致性的论述，代表了文艺复兴时期人们调和不同哲学与不同文明传统的伟大努力。如前所述，皮柯的调和是从中世纪托马斯主义和基督教化的新柏拉图主义立场出发，以基督教的上帝为中介，对两个不

---

❶ 1494 年皮柯去世，无法再回应斐奇诺的批评（关于皮柯和安东尼的三次论辩，Pico, 2011, pp. 274-417）。

同的哲学传统进行整合的结果。毋庸讳言，从哲学本身来看，皮柯的论证有其薄弱之处。一方面，如斐奇诺所批评，皮柯过于强调了《巴门尼德篇》的辩证法对话性质，忽视了文本的内容，从而忽视了新柏拉图主义解读的合理性；另一方面，在亚里士多德主义者的批评中，我们也可以看到，皮柯对亚里士多德的解读充满不准确，甚至是随意的地方。这些不足，部分源于皮柯本人对希腊哲学的理解不够深入；部分源于皮柯的双重调和方案的内在张力：既要论证柏柏拉图和亚里士多德坚持一等同于存在，又要论证二者坚持一高于存在，这本身就是一个自相矛盾的任务。即便如皮柯所言，他是从存在的双重含义出发完成这个任务，但其中的抵牾之处仍无法彻底消除。

然而，皮柯的这一努力，不论是对他自身的哲学建构还是对于哲学史的发展，都具有重要的意义。对于皮柯自己而言，《论存在与一》既已在形而上学层面证明了柏拉图与亚里士多德的一致性，他便可以证明，西方哲学内部最重要的两个传统可以统一到同一个谱系之中。进而，以柏拉图为代表的东方拜占庭传统和以亚里士多德为代表的西方经院哲学传统也就有了和平共处的可能。皮柯的这一工作，对于实现他"古代神学"的理想，论证不同文明的同一性，确立哲学的和平，具有不可替代的价值。就哲学史层面来说，首先，皮柯对《巴门尼德篇》文本形式的重视，开创了现代柏拉图研究的一个新的重要面向，影响深远。其次，更为重要的是，皮柯的《论存在与一》唤起的是一个自晚期学园派以来的哲学传统，而他所做的，不是像新柏拉图主义者那样，以柏拉图来统摄亚里士多德；而是平等地对待二者，坚持从双方思想的共同点出发来构建二者的一致性。即便这样一个方案，很难容于新柏拉图主义和亚里士多德主义，却提示我们更为自觉地把握柏拉图与新柏拉图主义，亚里士多德与亚里士多德主义在历史上的复杂关系，进而更为原本地理解柏拉图和亚里士多德哲学自身。唯独在这个层面，我们才可以继续推进皮柯的调和方案，寻求柏拉图和亚里士多德真正的一致性（或真正的分歧）——这一点，或许是皮柯留给后世西方哲学和我们的共同启示。

（载于《哲学研究》2019 年第 11 期）

附录二 革命与危机：皮柯论人的尊严与自由——兼对特林考斯的一个批评 ❶

一、特林考斯的挑战

皮柯·米兰多拉是文艺复兴哲学的杰出代表，19 世纪末以来备受西方学界的重视。从早期的文艺复兴专家布克哈特、卡西尔（Ernst Cassirer）、加林（Eugenio Garin）到新近的哈佛教授汉金斯（James Hankins），围绕皮柯的专著和文章层出不穷。其中，《论人的尊严》（De hominis dignitate）因为旗帜鲜明地主张人的自由，尤受瞩目。尽管就如何理解此书的脉络和细节，学者们存在一定的分歧，但大多数仍坚持认为，皮柯在书中对人的自由的强调在精神气质上完全是革命性的。特别是卡西尔，他从康德主义的历史视野出发，认定皮柯一方面在《论人的尊严》中为人的自由解除了中世纪的神学束缚，另一方面在《驳占星术》（Disputationes Adversus Astrologiam Divinatricem）中为人的自由解除了古代的宇宙

---

❶ 本文发表于《北京大学学报》2013 年第 5 期，原标题为"革命与危机：皮柯论人的尊严与个体自由——兼对特林考斯的一个批评"，收入本书时，对标题和内容做了一些修正。

论束缚，在某种意义上已经为康德的自由哲学奠定了基础。❶

不过，在关注《论人的尊严》的同时，不少学者也对皮柯的其他著作产生了浓厚的兴趣。其中，皮柯写于 1489 年的《创世七论》(*Heptaplus*)更是引发了激烈的讨论。1970 年，特林考斯(Charles Trinkaus)在他出版的文艺复兴研究专著《按照我们的形象与样式》(*In Our Image and Likeness*)第三章中就重点分析过这部著作。特林考斯特别指出，皮柯在《创世七论》中从奥古斯丁传统出发，实际上重新承认了人的原罪，因而否定了人凭借自由获救的能力。从这个立论出发，特林考斯断定，《论人的尊严》中皮柯所强调的人的尊严只属于"亚当堕落之前和基督道成肉身之后的人"。❷

从文本上看，特林考斯的立论来源于两个方面。一方面，从《论人的尊严》来看，人的自由是上帝对亚当宣布的，且最终朝向了上帝；另一方面，从《创世七论》来看，皮柯明确提到，初人亚当分有了"上帝的形象"(Imago Dei)，堕落之后就丧失了，成了野兽般的存在，只是当新亚当——基督到来后，人才重新获取了"上帝的形象"。按照特林考斯的理解，"上帝的形象"是人有尊严的体现，丧失"上帝的形象"就没有了尊严，故而从亚当堕落到基督救赎之前的这段时间内，人是没有尊严的。从特林考斯的逻辑出发，这个推论是合理的。

特林考斯的这种说法，给皮柯研究带来了不小的挑战。如果

---

❶ Ernst Cassirer, *The Individual and the Cosmos in Renaissance Philosophy*, Dover Publications, New York, 2000（1963 年出版），pp. 115-122. 不过，近来也有学者批评卡西尔对皮柯的康德式解读，可参考 Brian Copenhaver, "Magic and the dignity of man, De-kanting Pico's Oration", in *The Italian Renaissance in the twentieth century*, Forenze, 1999, pp. 295-320。

❷ Charles Trinkaus, *In Our Image and Likeness. Humanity and Divinity in Italian Humanist Thought*, The University of Chicago Press, 1970, p. 507.

说，《论人的尊严》中，个体的尊严只属于"亚当堕落之前和基督道成肉身之后的人"，这无疑既否定了亚当之后到基督道成肉身之前的人，又否定了任何不信基督的异教徒所具有的尊严。这种解释，从逻辑上将皮柯推向了中世纪的奥古斯丁传统，并给他打上了"基督教中心主义"的历史标签。

诚然，皮柯的思想本来就和中世纪经院哲学传统藕断丝连，**❶** 但是，特林考斯的结论却与一般的论断有本质的不同。如果说，其他学者只是着重分析中世纪晚期的意志论和唯名论传统对皮柯的影响，**❷** 特林考斯的论断则是要指出，皮柯在整个人性论上都与奥古斯丁的原罪说保持一致。如果这个解释能够成立，皮柯所言的人的自由就成了亚当所以堕落的缘由，而非人之为人的一般特征。随之而来，皮柯就更像一个中世纪哲学家，而非一个宣扬人的自由的现代哲学家。可见，如何认识特林考斯的上述论断，绝非一个细小的文本争论，而是一个牵涉到理解皮柯哲学整体面向的大问题。要想回应特林考斯的挑战，我们必须要明确以下三个问题：首先，《论人的尊严》中的尊严本质为何，它与"上帝的形象"和人的自由有什么关联？其次，《论人的尊严》中所说的"尊严"，是否存在特林考斯推导出来的时间限制，即亚当堕落之后、基督救赎之前的人是否就没有尊严？再次，异教徒是否就没有尊严？只有明确这三个问题，我们才能对特林考斯的论述做进一步的判断，从而更为准确地把握皮柯思想的历史意义。

---

❶ 可参考 James Hankins, "Humanism, scolasticism, and Renaissance Philosophy", in *The Cambridge Companion to Renaissance Philosophy*, Cambridge University Press, 2007, pp. 30-48；以及 Eugenio Garin, *Giovanni Pico della Mirandola,* Roma-Firenze, 2011。

❷ 有关中世纪晚期意志论及唯名论传统对皮柯和人文主义的影响，特别参考 Michael Allen Gillespie, *The Theological Origins of Modernity*, The University of Chicago Press, 2008, pp. 69-90。

二、人的尊严：人的自由 VS "上帝的形象"

1. 特林考斯的理解："上帝的形象"

特林考斯基于《创世七论》的表述，将人的尊严定义为"上帝的形象"。这个"上帝的形象"，乃上帝在造人时赋予亚当的一种特权。但由于初人的堕落，"上帝的形象"惨遭除灭：

> 现在看看我们说的和下面要说的多么一致：人被上帝按照它的形象（ad suam imaginem）所造，管理鱼鸟和野兽，那水首先生的和地随后生的。我们在上面已经讨论了人，现在我们第一次在他（亚当）身上察觉到了"上帝的形象"，借助它人得以管理和命令各种牲畜。人以这样的本性被造，理性支配感性，依据自身的法则平息一切的疯狂、怒火和欲望。但由于罪的污染（per maculam peccati），我们毁灭了这"上帝的形象"，变得悲哀而不幸，开始服侍自己身上的"野兽"，在地上爬行，渴望尘世之物，忘记了故土和天父，忘记了天国和我们作为特权而拥有的原初尊严（privilegium pristinae）。就是这样：当人处在尊贵中（in honore），他恍不自知，但现在却堕落成愚蠢的野兽，与它们相似。（《创世七论》，第四章第六节）❶

由此，特林考斯得出结论，"对皮柯而言，初人的堕落摧毁了

---

❶ 参见《创世七论》的英译本，载于 Pico della Mirandola, *On the dignity of Man*, translations by Charles Wallis and Paul Miller, Indianapolis/Cambridge, p. 125。

人原初的尊严以及他在宇宙中的尊贵地位"。在同一章第七节，皮柯继续说道：

> 正如我们所有人，在肉体上都是那个跟从撒旦而非上帝的亚当之子孙，从人堕落成野兽，侮辱了人的样式；同样在灵性上，就是新亚当，即那个完成天父的意志、用自己的血肉之躯战胜精神罪恶的耶稣基督的子孙。我们不是作为人，而是作为上帝收养的子民，被恩典重塑，获得再生。（《创世七论》，第四章第七节）❶

根据这个表述，特林考斯总结道，"很显然，对皮柯而言，人依据'上帝的形象'被造为亚当，其尊严只存在于堕落之前和基督复活之后"。❷特林考斯的逻辑非常清楚：人的尊严从根本上在于他分有了"上帝的形象"，能够像上帝那样借着自己的理性能力管理世间万物，既然在《创世七论》中，皮柯申明，亚当堕落之后便丢失了"上帝的形象"，直到基督到来才得以恢复，那么《论人的尊严》中所说的人的尊严，本质上就是有时间限定的，只属于"亚当堕落之前和基督道成肉身之后的人"。

我们把两个文本的写作背景和解释进路的差异暂且放在一边，仅从文本上来讨论：究竟什么是皮柯所理解的"人的尊严"？以及，假若皮柯真的在《创世七论》中将"上帝的形象"理解为人的尊严，这个"上帝的形象"又该做如何理解？

---

❶ Pico della Mirandola, *On the dignity of Man*, pp. 125-126.

❷ Charles Trinkaus, *In Our Image and Likeness. Humanity and Divinity in Italian Humanist Thought*, The University of Chicago Press, 1970, p. 517.

2.《论人的尊严》：人的自由作为尊严的基础与核心

众所周知，《论人的尊严》是皮柯为他筹划的"罗马大会"而起草的一份演说稿。不过，略显悖谬的是，在这样一份讨论"人的尊严"的演说稿里，皮柯却很少提到"尊严"二字。在拉丁文本的《论人的尊严》中，使用"Dignitas"的地方仅有少数几处。第一处是第五小节（按照英文本的划分），皮柯谈到天使的地位时说，"让我们仿效他们的尊严与光荣，不向他们臣服，不忍受此等的位置"（horum nos iam cedere nescii et secundarum impatientes et dignitatem et gloriam aemulemur）。第二处可见于第十小节，皮柯论及希腊秘仪时，说道："不只是摩西和基督教的奥秘，古人的神学也向我们指明了自由技艺的尊严与价值"（nec Mosaica tantum aut Christiana mysteria，sed priscorum quoque theologia harum，de quibus disputaturus accessi，liberalium artium et emolumenta nobis et dignitatem ostendit）。至于"人的尊严"这个词组，皮柯更是没有直接定义。正是因为文本上遗留下的模糊性，致使学者在这个问题上众说纷纭，莫衷一是。

如上，特林考斯实际上是从《创世七论》的理解出发，回过头来审视《论人的尊严》的表述。他的理由在于，《创世七论》中皮柯很大程度上认为，"上帝的形象"是人区别于其他造物的特权，依据这种特权，人具有像上帝那样管理世间万物的能力，这才是人的尊严所在。不过，在《论人的尊严》中，我们并没有看见皮柯对"上帝的形象"这一问题的明确表述。虽然上帝确实将亚当放在世界的中间，跟他说：

> 亚当，我们没有给你固定的位置或专属你的形式，也没有

给你独有的禀赋。这样，任何你选择的位置、形式和禀赋，都是照着你的欲求和意愿拥有和掌控的。其它所有造物的本性一旦被规定，便为我们颁布的法则所约束。但你不受任何约束，可以根据我们交给你的自由意志决定你的本性。我们将你置于世界的中心，以便你在那里更容易凝视世间万物。我们把你造得既不属天也不属地，既非可朽亦非不朽，这样一来，你就是自己自由而尊贵的形塑者，按照任何你偏爱的形式塑造自身。你能堕落低等的野兽，也能照着你心灵的意愿，在神圣的更高等级中重生。❶

在卡西尔、汉金斯等绝大部分学者眼里，这段话是整部《论人的尊严》的核心。因为，正是在这段话中，皮柯旗帜鲜明地论述了人的自由。跟中世纪晚期的神学人性论相比，皮柯在这里完全抛弃了经院哲学对人性的悲观设定，宣扬人的自由。依据皮柯的理解，人没有任何本性；或毋宁说，人的本性在于其彻底的无规定性。人的形式完全源于他的自由：这种自由，绝不仅仅是人在上帝面前具有的自由意志，而是自我塑造自我的自由。在这个语境中，上帝隐身了，把一切交给了人。人就如同上帝在人世间设定的一个形象，完全自由地支配着自我，成为一个相对于上帝和世界的主体。

无疑，人在宇宙中的这种自由，乃人区别于其他任何造物的特质。虽然皮柯没有明言，这种自由等同于人的尊严，但我们至少可以认定，这种自由是人的尊严的基础与核心。在接着上述引文的第五节"变形"中，皮柯说："谁不会赞叹我们之中的变色

---

❶ 皮柯：《论人的尊严》中译本，第25页。收入本书时，根据拉丁文做了细微的调整。

龙？谁宁愿赞叹其他生灵呢？"❶ 这即是说，人的自由本性是一个让万物都赞叹并羡慕的特质。在同一节的随后两段，皮柯又说："我们（天生就处在这样的处境中，即生而就能成为我们所意愿的）应当格外谨慎，以免人们说我们虽身处尊贵，却恍不自知地沦为野兽和无知的牲畜。"❷ 皮柯在这里没有使用"尊严"一词，但"尊贵"一词的使用更加表明，人的这种自由天性是人身处尊贵地位的根本原因。

正是基于这种观察，不管是老一辈的皮柯研究专家加林，还是文艺复兴研究的后起之秀保罗·米勒（Paul Miller）都径直断定，自由是人的尊严的本质所在。❸ 加林特别指出，人在宇宙中的这种自由就是人作为"上帝的形象"的根本体现。因为，依据皮柯的描述，人再不是某物（quid），而是一个"原因"（cause）和一个"自由行动"（free Act）。❹ 人即万物，因为他拥有成为包括动植物在内的一切生物的可能。在此意义上，"上帝的形象"首先指的是人像上帝那样，拥有成为任何造物的自由，❺ 而非一种管理万物的能力。

米勒和加林的判断并非根本否定特林考斯的理解，但主旨有很大的不同。按照特林考斯的理解，人的尊严根本上在于"上帝的形象"；而"上帝的形象"又表现在人与上帝相似的地位与能力，那么，没有这种地位与能力的人就不会有此尊严；而按照米勒和加林的理解，"上帝的形象"根本上体现在人与上帝相似的自

---

❶ 皮柯：《论人的尊严》中译本，第31页。

❷ 皮柯：《论人的尊严》中译本，第32页。

❸ Pico della Mirandola, *On the dignity of Man*, p. 14, "人的杰出与尊严在于下述事实：他是其本性的塑造者"。

❹ Eugenio Garin, *Italian Humanism*, p. 105.

❺ Eugenio Garin, *Italian Humanism*, p. 105.

由，以及人在世间享有的主体性，自由而非理性能力才是人的尊严根本之所在。特林考斯过于强调人的理性能力，忽视了人的自由作为人的尊严的基础与核心之作用，在文本上是难以成立的。

当然，回过头来，特林考斯的论断从另一个维度强调了"人的尊严"的另一层内涵：道德进步和人的完善。这一点，我们要从整个《论人的尊严》的文本来把握。如上，人的自由确实构成了"尊严"的基础和核心，但是，对皮柯来说，仅仅享有人的自由并不能理所当然地获得充分的尊严。上帝对亚当的宣言中明确提到，"你能堕落成更低等的野兽，也能照你灵魂的决断，在神圣的更高等级中重生"，这就直接点明，人若不能正当地运用自由，就有变成野兽的危险。而第五节的引文更是表明，野兽的状态是一种没有任何"尊贵"可言的状态。尽管退一步说，人堕落之后上帝并未取消他的人的自由，因而人始终拥有某种程度的尊严，但是，我们至少肯定，人堕落成野兽比起人成为天使，其尊严要远逊一筹。实际上，《论人的尊严》在论述完人的自由之后并未结束，而是力图在基督教的总体图景之下，将这种自由一步步地引向道德和信仰的理想结局：从第六节"天使"开始，到第十节"希腊秘仪"，皮柯进一步以天使的"尊贵"为目标，要求人通过道德哲学和辩证法的净化以及自然哲学之光的洗礼，一步步由"雅各之梯"上升到与上帝合一的神秘状态之中。可见，对皮柯而言，人的尊严最充分和最理想的状态是：人依据其人的自由不断实现自己的道德完善和信仰追求，达到与上帝和天使一样的尊贵。一言以蔽之，人的自由虽是尊严的基础与核心，道德完善和信仰追求亦是尊严的应然状态和本质要求。皮柯对人的尊严的定义，要结合"人的自由"和道德／信仰两个维度综合地理解。

三、"人的尊严"的时间限定：神学形态和
解释路向的差异

如上，特林考斯在讨论《创世七论》时，不仅对人的尊严做了一个奥古斯丁化的表述，还对其存在做了一个时间上的限定。我们前面已经讲到，这个限定来自两个方面的综合。一方面，《论人的尊严》中上帝确实是将"上帝的形象"——不管这个形象该如何理解——赐予了亚当；另一方面，《创世七论》中又明确讲到亚当的堕落，以及基督重新恢复人作为"上帝的形象"的历史。针对特林考斯的理由，我们可以分两个层面来进行驳斥。

第一个层面，是两书在神学形态上的差异。《论人的尊严》中，上帝的确将"上帝的形象"赐予了亚当，而《创世七论》的确也谈到了亚当的堕落和原罪。但是，必须注意到，这两个亚当并不是一回事。《创世七论》中所言的"亚当"，是基督教历史上真正存在的初人，是真实而具象的个体。但《论人的尊严》中所言的亚当，却不能这样来理解。温德（Wind）的研究证明，皮柯在《论人的尊严》中是以"诗学神学"（Poetica Theologia）的形式陈述亚当的受造及整个基督教历史。"诗学神学"针对的是"教义神学"，它的宗旨在于：通过诗歌这种自由的形式塑造出作者心中理想的神学形态。[1]亚当受造时的描述，没有任何《圣经》或教会权威的支持，完全是皮柯以一种"诗学神学"的形式塑造出来

---

[1] 关于皮柯的"诗学神学"可参考 Edgar Wind, *Pagan Mysteries in the Renaissance*, London, 1967,"引言"及第一章。

的。❶皮柯的宗旨，是要以亚当为象征，界定全体人类的自由本性。在《论人的尊严》中，亚当并不是《创世七论》里历史上的那个亚当，而是一个象征全体人类的符号。特林考斯没有注意到《创世七论》和《论人的尊严》在神学形态上的这种差异，以历史上的亚当来界定符号化的亚当，以《创世七论》中亚当的堕落来认定《论人的尊严》中的个体尊严，存在一个时间上的限制，在理论上是难以成立的。

第二个层面，抛开神学形态上的差异，从内容上对两书进行对比，我们会发现，《创世七论》强调人的原罪与恩典，很大程度上遵循的是奥古斯丁主义的解释传统；而在《论人的尊严》中，皮柯淡化人的原罪，强调人在信仰中的主动自由，遵循的是柏拉图哲学以及以它为基础的新柏拉图主义和希腊教父哲学传统。特林考斯从《创世七论》的说法来界定《论人的尊严》中人的尊严存在的时间范围，其根本错误在于没有注意到两书在解释路向上的根本差异。

（1）依照《论人的尊严》的文本表述，人无所谓堕落的本性，更无所谓原罪。关于人的自由，上帝确实跟亚当说，"你能堕落成更低等的野兽"，但这种堕落是人行使自由抉择的可能结果。这和《创世七论》第七章第一节中皮柯论及亚当的堕落时说"因为人一开始就犯罪……因而先知描述了我们堕落的本性"，❷存在质的不同。前一个堕落，是基于良善本性之上的堕落；后一个堕落，则是人本性上的堕落。此外，《创世七论》将《创世记》1：2中的"渊面黑暗"中的黑暗比作"原罪"；而在《论人的尊严》中，皮

---

❶ 如冯肯斯坦所言，"诗歌"（Poetry）本来就是一种以语言为基础的创造。参见 Amos Funkenstein, *Theology and the Scientific Imagination*, Princeton University Press, pp. 296-299.

❷ Pico della Mirandola, *On the dignity of Man*, p. 154.

柯虽然讲到了人可能存在的堕落，但却从未讲这种堕落演变成任何意义上的原罪。实际上，在整部《论人的尊严》中，我们就没有发现任何有关原罪甚至罪的字眼。

（2）皮柯在《论人的尊严》中认为，人在上帝面前是彻底自由的。人走向上帝，凭借的是人对上帝的爱，也就是皮柯所说的，"我们被妙不可言的爱所唤醒，被放置于自身之外，如同燃烧的炽爱天使"的柏拉图式的爱（Eros）。[1]"爱"让我们"为神性所充满，将不再是自己，而是那个造了我们的造物主自身"。[2]信仰的根本结局，是人沿着"雅各之梯"上升，一步步的神化（Apotheosis）。而在《创世七论》中，皮柯在每一章的最后一节都会强调，因为人的堕落而丧失了"上帝的形象"，只有耶稣基督充当中保人才能从罪的状态中走出，获得最终的拯救。在这个逻辑里，基督是真正的主导者。

皮柯在《论人的尊严》中所表现出的解释面向，从根本上体现的是由柏拉图哲学／神学发展起来的新柏拉图主义传统和希腊教父传统。从柏拉图哲学和新柏拉图主义传统来看，上帝是最高的一，人要想走向上帝，必须借着对上帝的爱，沿着存在的阶梯（雅各之梯）一步步上升；而根据希腊教父传统，尤其是奥利金传统，人即便堕落也会保持"上帝的形象"，能够借着自己的自由一步步地返回和上帝的同一状态。从这个传统出发，即便我们把人的尊严理解为"上帝的形象"，它也不可能在亚当堕落后丧失。可见，特林考斯从《创世七论》的解释路向出发，进而判断另一个

---

[1] 意大利学者皮尔·博里清楚地揭示了《论人的尊严》中皮柯对柏拉图《会饮》中爱欲的吸收，参见 Pier Bori, *Pluralità delle vie, Alle origini del Discorso sulla dignità umana di Pico della Mirandola*, Feltrinelli, 2000, pp. 38-40, 44-45。

[2] 皮柯：《论人的尊严》中译本，第61—62页。

解释路向下的"人的尊严"具有时间上的限定，从理论上是讲不通的。

不过，也必须看到：尽管特林考斯以《创世七论》的逻辑来解释《论人的尊严》的做法站不住脚，但却至少提醒我们：皮柯本人在自由和原罪问题上，存在着双重面向。第一重面向是《创世七论》所显露的，强调堕落、原罪和基督救赎的奥古斯丁主义面向；第二重面向则是《论人的尊严》中所显示的，淡化堕落和原罪，强调人的自由的新柏拉图主义和希腊教父哲学面向。诚然，以一重面向来统摄另一重面向存在文本、逻辑上的种种问题，但它至少揭示，皮柯注意到了作为现代性基础的人的自由和上帝之间的内在张力。历史地看，这种张力就是奥古斯丁本人和佩拉纠派争论的逻辑延续。只是到了皮柯的时代，奥古斯丁本人的张力已经弱化，演变成教会内部强调原罪和恩典的一个固定传统；而皮柯对人的自由的强调，则是对佩拉纠派理论的进一步深化。在《论人的尊严》中，人已经可以依靠自己的自由"神化"自身，基督的恩典已经荡然无存。问题于是随之而来，如何保证这个被彻底解放了的人的自由朝向上帝？更进一步，假若人有成为上帝的可能，他如何还会收束自己，遵守人间的道德法则？某种意义上，皮柯在《创世七论》中显示的奥古斯丁色彩，可以看作他对《论人的尊严》中激进立场的一次反省和回收。

四、异教徒的尊严："古代神学"与"古代智慧"

特林考斯以《创世七论》为核心来解释《论人的尊严》，认为后者论及的"人的尊严"只属于"亚当堕落之前和基督道成肉身之后的人"。换言之，亚当堕落之后一切不信基督的人，不管是基督道成肉身之前还是道成肉身之后，都没有尊严。但问题是，《论人的尊严》中皮柯主张的尊严，有一个文化和宗教身份的限制吗？

人的尊严是否存在文化和宗教身份的限制，首先取决于对尊严的理解。在第2章中，我们讨论了特林考斯、加林和保罗·米勒的看法，最后对人的尊严做了综合化的理解，认为它是以人的自由为基础，不断趋向道德进步和信仰追求的一种理想状态。在第3章，我们借助温德的研究指出，《论人的尊严》中所言的亚当，并非历史上真实存在的那个亚当，而是一个代表全人类的抽象符号。并且，《论人的尊严》中不谈人的原罪，主张人的自由的良善本性在道德进步和信仰追求中的主动作用。综上，我们在理论上能够初步得出结论：《论人的尊严》中所言的人的尊严，并不限于基督教体系；相反，道德进步和信仰追求的自由属于世界上所有的民族和个人。不过，为了更为全面地把握皮柯的立场，我们还要结合他的"古代神学"（Prisca Theologia）和"古代智慧"进行分析。

我们知道，"古代神学"是文艺复兴哲学家的一个重要概念。按照斐奇诺的说法，"古代神学"是指查拉图斯特拉、三尊赫尔墨斯、俄尔甫斯以及柏拉图神学、古代犹太神学等古代思想体系的总称。❶ 皮柯继承了斐奇诺的"古代神学"学说，并围绕这条线索做了大量的希伯来卡巴拉研究。❷《论人的尊严》的第十七和第十八小节，分别以"卡巴拉"以及"俄耳甫斯和琐罗亚斯德"为

---

❶ 有关斐奇诺的"古代神学"思想，可参考梁中和：《灵魂·爱·上帝》，上海：华东师范大学出版社，2012年，第110—180页。

❷ 有关皮柯对卡巴拉的研究，加林的研究最为充分。可参考 Eugenio Garin, *Giovanni Pico Della Mirandola*, *Vita E Dottrina*, Roma-Firenze, 2011, pp. 90-105。

主题展开了论述。

在"卡巴拉"这一部分，皮柯指出，基督在新约中显明的真理其实源于更为古老的卡巴拉智慧。他引用古代圣贤的权威说："以斯德拉、希拉里和奥利金都曾写到，摩西在山上所受的不尽是他留给后世的五部律法书，还有一部对律法真实而更为隐秘的阐释。"❶这种智慧，即"卡巴拉"，先由上帝传给摩西，然后再由摩西传给约书亚，最后传至耶稣基督手中。由于是秘传智慧，所以经上并未明确记载，普通人更无从得知。不过，皮柯通过他以及同代的许多卡巴拉研究专家的工作发现，"卡巴拉"智慧的实质其实就是基督教真理。因为，在这些卡巴拉的书籍中，"有道成肉身，有弥赛亚的神性；（这里）有原罪、基督的赎罪、天上的耶路撒冷、魔鬼的堕落、天使的等级、炼狱、地狱之罚，与我们每日在保罗、狄奥尼索斯那里读到的一样"。❷这即是说，"卡巴拉"智慧作为古代神学的一部分，本质上揭示了犹太教和基督教具有共同的神学起源，因而本质上是内在同一的。而第十八节"俄耳甫斯和琐罗亚斯德"部分，皮柯同样以简要的笔触论及了"古代神学"的迦勒底部分。尽管皮柯没有充分的文本论证，但仍试图表明，柏拉图主义也好，毕达哥拉斯也好，都将俄耳甫斯和琐罗亚斯德的智慧作为自己学说的源泉。皮柯的用意在于，古代智慧乃哲学和宗教的共同起源。诚如意大利学者博里所言，"皮柯想提醒人们，谁若回溯至古代智慧，谁就能接近一种永恒的智慧；这种智慧在自身中包含了思想同一性的基础"。❸

皮柯对"古代神学"和"古代智慧"的强调，其初衷之一当

---

❶ 皮柯：《论人的尊严》中译本，第109页。

❷ 皮柯：《论人的尊严》中译本，第114页。

❸ 皮柯：《论人的尊严》中译本导言，第11页。

然是论证基督教。例如，在第十七节"卡巴拉"部分，皮柯就明确说道，"我引述它们（即卡巴拉），是为了证实神圣不可侵犯的大公信仰"。[1] 但也必须看到，这种论证只是它调和主义的一部分。既然"古代神学"和"古代智慧"已经揭示，基督教、犹太教、埃及宗教等都具有本质上同一的起源和真理（大写的 Via），那么不唯独基督教，而是所有宗教都会分有这个大写的真理之光。在1486 年 12 月发表的《九百题》中，皮柯列举了当时世界上几乎所有的宗教的九百个论题，并一一做了辩护，这充分证明了皮柯的调和主义和开放立场。

理解了皮柯的调和主义和开放立场，我们就会明白，皮柯在《论人的尊严》中并未而且也不可能对人的尊严做一个文化和宗教身份上的限制。既然在皮柯眼里，每一种文化和宗教与基督教一样拥有共同的神学起源，分有同样的古代智慧和真理，那他绝不会把人的尊严限定在基督教体系之内，而排除基督教体系之外的异教徒所具有的尊严。特林考斯的论断没有注意到皮柯在《论人的尊严》后半部分对"古代神学"和"古代智慧"的强调，以及他对不同宗教、文化的开放态度。

小　结

通过对《论人的尊严》的文本的详细梳理，我们证明，特林考斯对人的尊严的论断无法成立。首先，他过于强调"上帝的形象"的作用，忽视了人的自由作为人的尊严的基础与核心作用；

---

[1] 皮柯:《论人的尊严》中译本，第 109 页。

其次，他没有注意到《论人的尊严》所采取的"诗学神学"形式以及新柏拉图主义的解释面向与《创世七论》的内在差异；再次，他忽视了皮柯在对"古代神学"和"古代智慧"的论述中显示的对异教文化和宗教的开放态度。特林考斯的错误，根本上在于他过分强调皮柯在《创世七论》中所显示的奥古斯丁主义和中世纪哲学面向，而忽视了《论人的尊严》中皮柯所开创的现代哲学面向，从而弱化了皮柯的革命性和现代意义。

不过，特林考斯的研究也提醒我们，皮柯在借助新柏拉图主义和希腊教父哲学的观念开启人的自由革命的同时，也充分认识到了这场革命所孕育的危险。因而，在《创世七论》中，皮柯重启奥古斯丁解经传统，以"原罪说"解释了人的堕落本性。诚然，我们不能用一个解释路向来统摄另一个解释路向；但至少要看到，皮柯并未放弃其中一方，而是兼而用之。而这种做法恰好反映出，作为文艺复兴哲学的代言人，皮柯希望将人的自由保持在信仰的总体范围之内。但问题在于，一旦人的自由被彻底开启，信仰还是否可能？如果信仰不再可能，个体又如何面对和处置自身的自由？这些问题，将在洛克、卢梭和康德等现代哲人的思想中一步步展开。

附录三 意义与方法：文艺复兴哲学的观念性反思

文艺复兴素来是历史、文学、艺术等领域重要的研究阵地，相关的学者、流派和专著层出而不穷。不过，耐人寻味的是，与历史学等领域门庭若市的热闹场面相比，文艺复兴哲学研究即便在西方也曾相当冷清。❶ 在论及这一现象的原因时，汉金斯戏称，哲学家眼中的文艺复兴时代好像一条夹在"两座山峰之间的峡谷"，后方的山峰上坐着中世纪伟大的经院哲学家阿奎那、司各脱和奥康姆，前方的山峰上坐着17世纪伟大的体系建造者笛卡尔、霍布斯、莱布尼茨与斯宾诺莎。❷ 学者们在翻过后一座山后，常常直接跳到前一座山，不愿经历山谷之中的长途跋涉。换言之，夹在中世纪哲学和现代哲学之间的文艺复兴哲学，被尴尬地忽略了。

一、西方文艺复兴哲学研究钩沉

文艺复兴哲学陷入此种处境，"罪魁祸首"无疑是黑格尔。在《哲学史讲演录》中，黑格尔一方面高度肯定文艺复兴的价值，称

---

❶ 周春生：《文艺复兴史研究入门》，北京：北京大学出版社，2009年，第15—37页。

❷ James Hankins, "The significance of Renaissance Philosophy", in *The Cambridge Companion to Renaissance Philosophy*, Cambridge: Cambridge University Press, 2007, p. 339.

赞它"表面上看来这好像是一种返老还童的现象，但其实却是一种向理念的上升，一种从出自本身的自发的运动"；但另一方面，在论及彭波那齐、斐奇诺、皮柯等主要文艺复兴哲学家的思想时，态度却极为鄙夷，宣称"我们从这些努力上面学不到什么东西。他们只是与文学史和文化史有关"，将他们的思想完全排除在哲学之外。相反，他认为布鲁诺、康帕内拉才能代表文艺复兴时期"独特的哲学尝试"。不过，在黑格尔看来，他们虽然具有"伟大的创造性，可是内容却是极为混杂和不均衡的"，❶ 缺乏内在统一性，在哲学上仍属于"过渡时期"的人物。概而言之，黑格尔对文艺复兴哲学的论断包括三点：文艺复兴时期所谓的哲学家并无真正的哲学，有的只是文学史和文化史的观念；文艺复兴哲学"极为混杂和不均衡"，缺乏内在统一性；文艺复兴哲学是"过渡时期"的产物，尚不真正具备现代哲学的特质。这几点，深刻影响了后世学者对文艺复兴哲学的分析和判断。

19 世纪无疑是文艺复兴研究的转折时代。雅各布·布克哈特几乎以一己之力推进了文艺复兴的研究水平。他的名著《意大利文艺复兴时期的文化》不仅从艺术史、政治史、经济史等历史学的视角全面探讨了意大利文艺复兴时期的文化和社会生活；而且在个案分析的基础之上，首次勾画出了文艺复兴的现代性特征：人（个人）与自然的发现。不过，必须看到，虽然布克哈特从历史研究出发论证了文艺复兴的意义，但他却并未给这个时代的哲学留下应有的位置。对布克哈特来说，文艺复兴时代的哲学只是对中世纪哲学和宗教等"已死传统的延续"；文艺复兴的划时代意

---

❶ 黑格尔：《哲学史讲演录》（第三卷），王太庆译，北京：商务印书馆，1996 年，第 336、342、343 页。

义，与其归于理论上的革新，毋宁归于僭主、人文主义者和艺术家活生生的实践；❶在文艺复兴时期的理论和实践之间，存在着难以逾越的鸿沟。结果，布克哈特虽然开创性地揭示了文艺复兴的思想史价值（这些线索亦为后世所用），但他没能从理论的视角对它做出澄清，更无法建立作为理论的哲学思考与文艺复兴时代的深度关联。文艺复兴哲学作为一门独立于历史、文学和艺术的学科，在布克哈特那里仍未可能。

　　真正使文艺复兴哲学成为一门独立学科并具有重要哲学史研究价值的思想家，当属卡西尔。作为一名新康德主义者，卡西尔奉行的却是黑格尔的哲学史观（"哲学是时代精神的精华"），坚信不是历史、文学和艺术，而是哲学构成了文艺复兴时代的精华。在卡西尔那里，理论与实践的鸿沟消失了：文艺复兴哲学作为一种理论，而且是当时最重要的一种理论，并不与实践相分离，而是推动实践的根本动力。基于这种认识，卡西尔彻底纠正了黑格尔对文艺复兴哲学的轻视态度。他认为，首先，斐奇诺、皮柯和彭波那齐等的思想并非仅仅是"文学史和文化史的观念"，而且具有相当深刻的哲学内涵；其次，文艺复兴哲学家的思想也并非混杂的拼凑，而是在相当程度上构成了"一个自我包含的统一性"；❷再次，文艺复兴哲学并非只是"过渡时期"的产物，而具有鲜明的现代性。在最后一点上，卡西尔强化并发展了布克哈特的论述。在《文艺复兴哲学中的个体和宇宙》一书中，他充分使用了尼古拉、斐奇诺、皮柯等人的哲学文本，令人信服地论证了

---

❶ Ernst Cassirer, Introduction of *The Individual and the Cosmos in Renaissance Philosophy*, translated with an Introduction by Mario Domandi, New York: Mineola, 1963, pp. 3-4.

❷ Ernst Cassirer, Translator's Introduction of *The Individual and the Cosmos in Renaissance Philosophy*, p. 11.

文艺复兴哲学的现代特质：主体性和个人的自由。卡西尔的努力，使得文艺复兴哲学真正获得了自身的意义、对象与方法，为整个 20 世纪的研究提供了重要的典范。

在卡西尔的基础上，加林进一步细化并推进了文艺复兴哲学的研究。在加林的时代，虽然卡西尔的研究已经开始为人所知，但整个文艺复兴学界仍然弥漫着黑格尔的幽灵。萨顿（Sarton）、纳尔迪（Nardi）、比兰诺维奇（Billanovich）等历史学家的态度与黑格尔如出一辙，他们或者认为文艺复兴哲学"模糊观念的堆积，缺乏真正的价值"；或者直接把人文主义者等同为修辞学者和语法学家而加以忽视。然而，在对中世纪哲学和文艺复兴特别是人文主义哲学的进行深入研究和细致对比之后，加林旗帜鲜明地指出，"指责人文主义哲学的那些所抱怨的东西，恰恰是人文主义想要摧毁的，也就是'观念的殿堂'，庞大的逻辑学－神学体系化"。❶ 换言之，人文主义者的哲学没有中世纪哲学的体系化特征，这并不能表明它缺乏哲学上的价值；而是说，它的这一表达形式本身就是出于对中世纪哲学体系化的反动。对人文主义者来说，中世纪哲学早已因为其枯燥的程式化而走进了死胡同；他们从事的哲学研究具体、精确、有生命力，因而注定在形式上与前人不同。加林敏锐地看到，文艺复兴哲学遭遇的批评首先在于其非体系化的形式；因此，他首先从形式入手，论证了人文主义哲学自身相比于中世纪哲学的合法性。这一点，是加林对于文艺复兴哲学的第一个贡献。

加林的另外一个贡献在于，他高度强调人文主义之于文艺复兴哲学的重要性；在某些时候，甚至将人文主义哲学和文艺复兴

---

❶ Eugenio Garin, *Italian Humanism: Philosophy and Civil Life in the Renaissance*, p. 3.

哲学等同起来。这种视角使得他能够更为集中和深入地挖掘人文主义的哲学内涵，也使得他更为充分地把握文艺复兴哲学内部的不同线索和张力。相比之下，第一个方面的工作尤其重要。在加林以前，人文主义者的"语言学"（Philology）只被当作一种语法上的贡献来看待。然而，加林却认定，在人文主义者的语言学背后，蕴含着极其重要的新哲学。因为，所谓的"语言学"，并不仅仅是认识古典语言和古代文本的一个工具，更是一种"看待问题的新方法……本质上是一种有效的哲学方法"。❶通过语言学，人文主义者对原始文献和历史精确性的要求日益增长，开始将中世纪的亚里士多德主义解释抛诸脑后，向古典，特别是柏拉图哲学回溯。而当人们开始回溯古典，他们就自觉地将自己的时代与古典区分开来，由此形成明确的历史意识和自我意识。甚至在某种意义上，"人文主义对古代的发现和对人的发现难以区分，因为准确来说，它们就是一回事"。❷不难看出，《意大利人文主义》对斐奇诺、皮柯和彭波那齐等哲学家思想的考察，正是沿着上述人文主义的视野和路径来展开的。纵观加林的文艺复兴哲学研究，既融合了布克哈特的历史学方法，又融合了卡西尔的形而上学方法，可谓史学和哲学结合的典范，对后世的文艺复兴哲学和人文主义研究均有重要启发。

作为加林的同代人，克利斯特勒的文艺复兴哲学研究与前者并驾齐驱。和加林一样，克里斯特勒高度重视文艺复兴哲学研究。在《人的文艺复兴哲学》一书与约翰·兰达尔（John Randall）合作的导言中，克利斯特勒虽然承认"文艺复兴没有产生一流的哲

---

❶ Eugenio Garin, *Italian Humanism: Philosophy and Civil Life in the Renaissance*, p. 4.

❷ Eugenio Garin, *Italian Humanism: Philosophy and Civil Life in the Renaissance*, p. 15.

学家"，但他坚持认为，这些所谓的"小思想家"（Minor thinkers）同样具有极高的研究价值。因为"这些较小的思想家填补了更伟大心灵留下的空白，从而能够帮助我们理解它们，把握它们之间的关系"。❶ 在他看来，文艺复兴时期的哲学家就像是高山之间的峡谷和小山；要想从一座山走到另一座山，不能直接跳跃，而是必须首先经过这些地方。换言之，文艺复兴哲学的意义在于，它是我们把握中世纪哲学到现代哲学转变的重要准备。

按照克利斯特勒的观点，早期意大利文艺复兴的哲学思想主要由人文主义、柏拉图主义和亚里士多德主义组成。与加林相比，克利斯特勒对人文主义的理解有很大不同。首先，他将人文主义与柏拉图主义、亚里士多德主义区分开来，而不是像加林那样，把柏拉图主义和亚里士多德都包括在人文主义这个大的范畴之内。其次，更为主要的是，即便就狭义的人文主义来说，克利斯特勒的理解也与加林很不一样。克利斯特勒所理解的人文主义，是"一种文化与教育的活动，主要关心的是以不同形式发扬雄辩修辞的学问"；而在加林那里，即便是人文主义之中的语言学，也是一种新的哲学方法，具有重要的哲学意义。至于加林和克利斯特勒共同关注的柏拉图主义和亚里士多德主义，两者的偏向更是明显不同。比如，在对斐奇诺和皮柯哲学的讨论上，克利斯特勒更多强调的是，他们的哲学和宇宙论对于古代和中世纪传统的依赖；而加林则试图论证，斐奇诺和皮柯的哲学努力更多地体现了现代性的自由和主体性。二者的分歧，昭示了隐藏在文艺复兴哲学研究中最基本的问题：所谓的文艺复兴哲学，究竟是中世纪哲学精神的延续，还是一种新的现代性的表现和产物？加林的研究

---

❶ Ernst Cassirer, Paul Kristeller etc, introduction of *The Renaissance Philosophy of Man*, p. 2.

无疑更接近于卡西尔，偏重于后者；而克利斯特勒以及吕巴克则似乎更倾向于前者。

　　然而，文艺复兴哲学从来不是中世纪哲学的彻底断裂，它不仅在主题、范式以及方法上都与中世纪哲学撇不清关系，而且在诸多主要哲学问题（如宇宙论、自由意志等）的理解上延续了中世纪哲学特别是经院哲学的基本观点。因此，在文艺复兴哲学和中世纪哲学、现代哲学的关系上，更适当的提法是：文艺复兴哲学在哪些方面延续了中世纪哲学的内容，又在哪些方面做出了革新？或者说，文艺复兴时期的思想家是如何在沿袭中世纪哲学思想的同时，体现出了新的哲学精神？克利斯特勒的学生、哈佛学者汉金斯主编的《剑桥文艺复兴哲学指南》❶，可谓是这一理念的产物。该书上编的主题为"延续与复兴"，八位学者的文章细致讨论了柏拉图哲学的复兴、亚里士多德传统的延续与变化、人文主义和经院主义等重要主题，力图揭示文艺复兴哲学家与中世纪传统的关联。该书下编为"朝向现代哲学"，用十篇文章探讨了文艺复兴哲学的现代性，以及它与现代哲学的紧密关联。汉金斯的工作，既糅合了卡西尔以来对文艺复兴哲学之现代性的强调，又糅合了克利斯特勒、柳巴克等学者对中世纪传统的重视，代表了当代西方学术界对文艺复兴哲学的整体态度。

　　吉莱斯皮的新作《现代性的神学起源》在视角上独辟蹊径，在思想方法上却与汉金斯等人的工作不谋而合。吉莱斯皮和卡西尔、加林一样，高度强调文艺复兴哲学的现代特质：人的自由和对自然的掌控。但是，在他看来，文艺复兴哲学的这种现代特质既非"无中生有"亦非一蹴而就，而是中世纪晚期以来唯名论革命持续发酵的产物。只有在唯名论的背景下，经院哲学在神人之间安排的

---

❶　James Hankins ed., *The Cambridge Companion to Renaissance Philosophy*, 2007.

世界秩序才被彻底摧毁，现代性的自由和个体性方成为可能。然而，吉莱斯皮同时强调，唯名论提供的仅仅是一种理论的可能，真正使这种可能变成现实的，仍要归功于彼特拉克、斐奇诺、皮柯等文艺复兴哲学家的发挥。简单来说，在唯名论那里，人的意志虽然是自由的，但这种自由意志在上帝的全能面前终将失去意义；自然界是个体事物的组合，但它们之间混乱无序，没有任何规则可言；人在理论上虽然是个体的，但这种个体性同时伴随着它强烈的无目的性。只有经过文艺复兴哲学家的创造性阐述，首先，自由意志才能从"被创造的意志"变成"自我创造的意志"，❶由此建立真正的人的自由；其次，自然界并非无规则的组合，而是上帝意志的体现，因此探求自然就是探求上帝，自然科学才由此可能；最后，人不仅具有个体性，而且因为其主体性不致陷入紊乱，并能够借此重新缔结与上帝的友爱关系。总之，文艺复兴哲学虽然诞生于中世纪晚期唯名论的基础之上，但是真正使它具有现代性的关键，在于它革命性地发挥了蕴含在中世纪哲学内部、但后者尚不具备的理论因素。吉莱斯皮的工作使我们更为清晰地认识到，文艺复兴哲学既非中世纪哲学简单的延续，亦非与中世纪哲学完全的断裂，而是延续与断裂的结合，守旧与革新的统一。

二、文艺复兴哲学与西方哲学

如上，经过学者们的不断阐发，西方学界逐渐摆脱了黑格尔

---

❶ 吉莱斯皮:《现代性的神学起源》，张卜天译，长沙：湖南科学技术出版社，2012年，第43页。

的哲学史观，赋予文艺复兴哲学研究以重要意义。那么，对汉语学界而言，这些意义是否同样成立呢？

追问文艺复兴哲学的意义，本质上也是在追问西方哲学的意义。晚近以来，中国人在学习西方的过程中发现，哲学常常构成了一个民族和文化的核心，因此不惜花大力气研究。其意图，无非在于深度认识西方，进而更好地把握自己的文明。对我们来说，文艺复兴哲学的意义亦在于此。一方面，文艺复兴哲学构成了西方哲学的一部分，是我们把握西方哲学自中世纪至现代哲学转变，以及现代性诞生的重要环节；另一方面，研究文艺复兴哲学，有助于我们以文艺复兴这一转折时代为背景，思考中国当下的文化复兴问题。与第一个方面的意义相勾连的，是严格意义上的西方哲学研究或西方思想史研究，也是我们整个文艺复兴研究的基础和入手点；与第二个方面的意义相勾连的，则是建立在西学研究之上的中西比较研究。

就第一个方面，即西方哲学史和西方思想史研究来说，文艺复兴哲学的意义应包含如下几点：

（一）文艺复兴哲学与现代哲学／现代性研究。国内西方哲学界长期受黑格尔哲学史观的影响，将笛卡尔的主体性哲学视为现代哲学的开端。但是，卡西尔、加林、吉莱斯皮经典研究有力地证明，早于笛卡尔，文艺复兴时期的哲学家就已经通过他们对人的独特思考，鲜明地表现出了主体性、自由等现代特征。此外，卡西尔、耶茨等学者的研究还发现，文艺复兴哲学与近代自然科学之间存在特殊的亲缘关系；斐奇诺、皮柯对魔法和赫尔墨斯主义的讨论，连同它们所提倡的新的宇宙论和人性论，在理论上为近代自然科学开辟了道路。这一发现使得我们在传统的西方哲学史之外，体会到文艺复兴哲学对于现代性的另一个面向——自然科学的特殊意义。因此，对于我们把握无论是中世纪哲学到现代哲学的历史衍变，还是现代性的诞生，文艺复兴哲学都具有不可忽视的重要价值。

（二）文艺复兴哲学与中世纪哲学。中世纪哲学包含三位一体、自由意志、共相殊相等诸多重要命题，是西方哲学重要的组成部分。然而，我们过去的中世纪哲学研究往往脱离了近代哲学，特别是文艺复兴哲学研究，更多地把焦点放在它与古代哲学和基督教的关系上。考虑到中世纪哲学自身的特征，这种做法本无可厚非。但是，同样需要注意的是，中世纪哲学与文艺复兴哲学存在切近的、特殊的联系。一方面，文艺复兴哲学是在反对中世纪哲学，特别是经院哲学的文化运动中展开的；另一方面，文艺复兴哲学又深受中世纪哲学，特别是唯名论、意志论等因素的影响。因此，只有以"中世纪－文艺复兴哲学"的哲学史为视野，我们才能一方面从文艺复兴哲学回过头去，更好地把握中世纪哲学的基本特征和基本走向；另一方面从中世纪哲学走向前去，更好地把握文艺复兴哲学对中世纪哲学的延续，以及它表现出来的现代特征。

（三）人文主义与宗教改革。宗教改革是影响西方社会的转折性事件，在汉语学界，特别是宗教学领域亦备受重视。仅从精神面貌上来看，宗教改革似乎完全是对人文主义的反动，但实际的情形并非如此简单。抛开人文主义的一般积极作用（语言学、修辞学等）不论，仅就瑞士茨温利的宗教改革而言，人文主义者伊拉斯谟的影响可谓细微且显著。❶ 甚至可以说，人文主义对瑞士宗

---

❶ 阿利斯特·麦格拉思：《宗教改革运动思潮》，蔡锦图、陈佐人译，北京：中国社会科学出版社，2009年，第65页。

教改革产生了决定性的影响。至于由路德引发的威腾堡宗教改革，我们则需要做辩证的分析。一方面，路德所使用的希腊文《圣经》和奥古斯丁著作的新版本来自人文主义者的编纂，他对经院哲学的反抗，同样深受人文主义者的启发；另一方面，路德宗教改革的基本精神，无论是对待经院神学、《圣经》、教父作品、教育和修辞学的态度，都与人文主义之间存在明显的张力。这种张力最终也发展到茨温利身上，体现为他和路德一起针对伊拉斯谟的笔战。上述事实提示我们，在文艺复兴哲学特别是人文主义和宗教改革之间，既存在着内在的一致性，又存在着深刻的冲突。研究文艺复兴哲学，将有利于我们把握宗教改革之于人文主义的延续和断裂，从而更为深入地检讨现代性内部的复杂张力。

（四）人文主义与古典学。近十年来，古典学渐成国内学术界的热门。这一"古典热"的动机如何，笔者不予评论。然而，不论出于何种进路，学者们一致同意的是：古典学，特别是西方古典学，其根源乃在于文艺复兴。因此，显而易见的是，梳理文艺复兴哲学，特别是人文主义者对待经典的方式和态度，对于我们今天理解西方古典学乃至中国的古典学都至关重要。笔者认为，考察整个人文主义的历史，有三点对我们颇具启发：第一，人文主义的核心是语言学，也就是通过文字学、校勘学和训诂学的方法来编辑、整理和解释古代文本，让经典复活。然而，正如加林所说，人文主义者在利用语言学复活古代经典的同时，一种"新的哲学方法"和新的历史意识也应运而生。随之而来，部分人文主义者开始审视自身，发展出了自觉的现代观念。在这个意义上，作为古典学源头的人文主义语言学，构成了现代性的重要推动力。第二，人文主义者不仅借助语言学还原经典，而且还把经典当成摆脱经院哲学束缚、引领当下生活和道德行为的标尺。于是很快，古代和现代孰优孰劣就引发了人文主义者的争执。一部分人文主义者坚信，古希腊和罗马哲学以及他们的生活方式要高于现代，因此主张完全的复古和模仿；另一部分人文主义者虽然认同经典的重要性，但他们既不主张完全的复古，也不主张所谓的进步主义史观，而是专注于在经典解释的过程中发展新的思想。我们所说的文艺复兴哲学，严格来说是从后一部分人文主义者那里生发的。可见，西方古典学从一诞生起就面临着"古今之争"的难题。搞清楚这段历史，有助于我们从根源把握西方古典学的源流和嬗变，进而诊断中国古典学的内在问题。第三，人文主义的语言学诞生之后，成为当时学者必备的学术能力和工具。然而，对语言的重视和义理的阐发之间毕竟存在着张力；而且，随着人文主义的推进，这层张力越来越大。比如，皮柯这样的哲学家虽然深谙希腊文、阿拉伯文和希伯来等古代语言，但其主要兴趣却在于对古代文本之义理的阐发。因此，他严厉批评巴尔巴罗，强调哲学之于修辞的优先性。皮柯和巴尔巴罗的争论，自文艺复兴一直延续到现代。直到今天，西方古典学中仍然存在着语言学和哲学这两个充满张力的传统。对于汉语学界来说，理解文艺复兴时期这两个传统的交锋，有助于我们更为全面、客观地对待西方古典学，从而理性地推动中国的古典学建设。

三、文艺复兴与中国文化复兴

厘清了文艺复兴哲学对于西方哲学和西方思想史研究的意义之后，现在我们转向第二个方面，即文艺复兴哲学，以及广义的文艺复兴研究之于中国社会的意义。众所周知，近三十年来，随着中国经济的崛起，文化复兴逐渐成为从官方、学术界到民间共同关心的主题。但是，文化复兴究竟复兴什么，如何复兴，其走向如何，各家各派的分歧却极其严重，有的甚至彼此对立。毫无疑问，在可以想见的将来，这些争论还会延续下去。毕竟，中国的文化复兴所牵涉的，是如何在现代社会的语境中裁断古老文明的宏大命题，绝非少数学者一朝一夕所能辨析清楚。在这个宏大的命题面前，文艺复兴哲学只能构成一个微小的侧面——但绝非一个不重要的侧面。因为，14—16世纪发生在欧洲的这场历史运动，与当下中国正在发生的这场历史运动确乎具有内在的相似性；通过对文艺复兴哲学以至整个文艺复兴运动的系统研究，我们可以从中获得相应的历史启示，从而更为自觉地把握中国当下文化复兴运动的路径与走向。在笔者看来，文艺复兴的启示意义至少有如下几点：

（一）古代与现代。所谓的文化复兴，归根结底在于如何理解古代与现代的关系。意大利文艺复兴的根本任务，本是致力如何使古代的希腊和罗马文化在当时的意大利社会重放光彩。在此意义上，人文主义者当然是"尊古主义者"；但同时，当他们借助语言学的工作逐渐发展出一种新的、现代性的历史意识，并以此处理古代经典，他们并未因此秉持一种进步的历史观念，认定自己所处的现代社会要高于古代。古代与现代，在人文主义者那里还保持了相当程度的平衡。

中国当下的历史处境与文艺复兴时期有很大不同，因此，我们既要从文艺复兴中获得借鉴，又面临比文艺复兴时期更复杂的挑战。一方面，从人文主义者那里，我们能够观察到古代社会向现代社会转型的内在道理，不致盲目地否定现代；另一方面，我们也从他们那里了解到古代文化对于现代社会的意义，进而重视古代；同时，又要面对人文主义者不曾面对的进步史观，破除现代必然高于古代的迷信，只有这样，才能从根本上捍卫古代自身的道理。通过这两个层面的思考，我们将发现：古代并不必然高于现代，现代也不必然地高于古代。中国文化复兴的路向，应该像文艺复兴一样，立足于现代的处境和问题，充分吸取古代资源，形成古代和现代的"双向互动"，❶在古代－现代的动态反思中逐步前进。

（二）中国和西方。众所周知，文艺复兴时期的思想家所面对的文献，不仅包括古希腊和古罗马的经典，还包括许多波斯、犹太教、伊斯兰教的经典。对这些思想家来说，一个非常要紧的任务是如何解释自身的基督教文明与异教文明的关系。因为，希腊和罗马的文化虽然与基督教不同，但是经过一千多年的融合，二者的关系已经没有大碍；困难的是，面对众多与自身传统完全不同的文化，基督教文明该如何去解释？总体上看，有两条路径。一条路径，就是借鉴其他文明的成果，或者从中获得灵感，获取新的理解自身文明的方式；或者加以创造性的转变，变成自己的东西。比如犹太教的卡巴拉，对于犹太人只是秘传智慧，但斐奇诺、皮柯等人却将它借用过来，不仅挖掘到了基督教文明中相似的因素，而且从卡巴拉的启示出发，重新理解了上帝、奇迹和自然的关系，开启了新魔法的道路，为近代自然科学的诞生提供了准备。另一条路径则更为重要。这条路径，简单来说就是"普世化"。文艺复兴时期的思想家认识到，要想使基督教文明真正成为主导性的文明，最好的方式不是用武力兼并他者，而是从自己的

---

❶ 正如聂敏里指出的，"我们不仅要学会通过古代来反思现代，而且还要学会通过现代来反思古代。在这种双向的思想互动中，我们所完成的才是一个完整的、健全的现代性的自我反思工作。"见聂敏里：《反思西方古典哲学研究的方法论》，载于《中国社会科学报》第 606 期，2014 年 6 月 11 日。

基督教文明出发，发展出具有普世意义的主张。比如在皮柯看来，人的尊严和自由虽是《圣经》中蕴含的东西，但它同样也存在于波斯文化、犹太教和伊斯兰的经典之中。既然不同文明就其源头来说都具有同样的本质，而这种本质又是从基督教的立场所阐发，基督教文明就顺理成章地变成了普世化的尺度。❶ 从历史上看，这种普世化的野心虽然也遭遇了犹太教和伊斯兰教的强力挑战，但却始终是基督教文明对待异己文明的重要工具。

这两条路径给我们的启示是，首先，文化复兴不应固守自身传统，而应充分吸收外来文化，特别是西方文化。因为，一方面，作为异己的传统，西方文化逼迫我们重新审视自己的传统，给予我们解释经典的新眼光，并有可能滋生出伟大的创见；另一方面，只有吸收西方文化，我们才可能逐步强大自身，从而完成自身的文化复兴。其次，文化复兴的难题不在于因循守旧地复原古代文化，而是在与异己文化的对抗中，讲出自身的道理。这个道理，和文艺复兴哲学一样，应是基于本土的（中国的）；但同时，它应该具有解释其他文化的普遍性，成为一种"普世性"的话语。在文明冲突日益剧烈的今天，上述工作的完成当然绝非易事。但是只有以此为目标，我们才可能摆脱狭隘的民族主义和虚幻的世界主义，铸就立足于中国和世界的文化复兴。

（三）继承和创新。所谓文化复兴，绝非简单的"复古"，而是要将传统变成活的东西，在当下实现出来。在这个过程中，既要有对传统的继承，又要适应时代需求，进行理论的创新。继承

---

❶ 参考拙文《革命与危机：皮柯论人的尊严与自由——兼对特林考斯的一个批评》，载于《北京大学学报（哲学社会科学版）》，2013 年第 5 期。文章第四部分，通过对皮柯"古代神学"的分析，论证了皮柯试图将不同宗教和文化都纳入到基督教中的普世性理想。

和创新，这一组看似相悖的关系怎样才能更好地协调？在这一点上，意大利文艺复兴的历史对我们颇有启示。14世纪的意大利对经院哲学的枯燥形式不满，急切地想要"创新"。但直到古代经典（原典）进入意大利，被学者接受和深入研究之前，这一"创新"并没有发生。真正被我们今天称之为创新的意大利文艺复兴，无论是哲学、文学还是艺术，无一不是人文主义者充分学习和消化古代经典的产物。这就说明，创新，特别是文化意义上的创新，没有对传统认真的继承和研究是绝不会完成的。而且，今天我们说，意大利文艺复兴是在隔了漫长的中世纪之后重新接触到了古典文化，这一说法并不准确。因为事实上，古典文化一直以拉丁语的方式完整地保留在西部欧洲。文艺复兴时期的意大利文化，并未和古代文化有根本性的断裂。反观中国，虽然我们大体延续了政治共同体的统一，但是受西方文化的影响，在文化上与传统之间的断裂远比文艺复兴时期更为深刻。这就要求我们在谈论文化上的创新时，必须先要耐心地学习传统，先在"继承"上下功夫。

与此同时，我们也要思考在继承中创新的问题。文艺复兴时期，人文主义者花费大量力气研读古代经典，继承希腊和罗马的传统，甚至模仿古人的语言和生活方式。但是，他们的意图却并非简单的"复古"，而是借助这一尝试更新自己的历史处境，变成一个不同于中世纪的人。同时，因为他们并未放弃已有的基督教传统，他们不想，也不可能完全地根据古代传统来生活，成为一个完全的古代人。最终，他们成了一个既不同于古代也不同于中世纪的现代人，并由此发明了一种新的现代文化。这种新人和现代文化的养成，实在是人文主义者创新的结果：因为，他们没有完全因袭传统，而是立足于新的时代语境，创造性地对这些传统加以解释。从此，柏拉图不仅是古希腊哲学的代表，同时也是基督教精神的导师；《圣经》中不仅包含了经院哲学的教义，同时焕发着古典式的生动爱欲。这种创新，既更新了古典哲学的传统，又更新了基督教的传统，使得古典和基督教糅合成具有现代特征的基督教人文主义。同样，中国的文化复兴需要着力思考，如何在继承古代传统的同时加以改造，使它适应于现代社会。"周虽旧邦，其命维新"，文化复兴的最终任务是让一个旧的传统在新的历史语境中重新复活。而文艺复兴给我们的启示是，继承和创新，乃是一体之两面：没有传统的继承，创新乃无水之源；没有创新的传统，只能是僵死的传统。"维天之命，於穆不已"，中国的文化复兴注定要在不断的守成中创新，在不断的创新中守成。而整个文艺复兴的意义，就在于教会我们，要在"古今中西"的历史视野中，均衡地对待古代与现代，中国与西方，在丰厚的传统沉淀中，以创新的意识来处理时代的问题。

四、文艺复兴哲学的研究方法

我们从西方哲学研究和中西比较研究这两个大的维度入手，概述了文艺复兴以及广义的文艺复兴研究对于汉语学界的意义。需要再次强调的是，中西比较研究尽管构成了文艺复兴哲学研究的理论视野，但它却必须建立在对文艺复兴哲学细致而全面的研究基础之上；否则，就成了无水之鱼，时刻可能枯萎。换言之，西学意义上的文艺复兴哲学研究应是我们长期工作的焦点。我们这里所谈论的研究方法，也理所当然地从这个角度出发。数个世纪以来，西方的文艺复兴学者逐渐积累了相当成熟的经验。不过，由于汉语学界的文艺复兴哲学研究刚刚起步，要想在短时期内全部理解这些内容还存在着相当的困难。因此，当务之急是从西方学者的研究中学习到一些基本方法，用它来指引我们的研究。在笔者看来，下述三种方法最为重要：

（一）以文献为基础。哲学研究的特点是注重文献，特别是经典原著。相较于历史学家对事实的重视，哲学家更注重文本以及理论自身的内在构造和发展线索。20世纪著名的几位文艺复兴哲学研究权威，无不重视对经典著作的翻译和解读。卡西尔对文艺复兴哲学的研究，是从梳理库萨的尼古拉、斐奇诺、皮柯的著作开始的；加林的《皮柯全集》翻译，贯穿了他对意大利人文主义研究的始终；克利斯特勒更是在细致的文本翻译基础之上展开对斐奇诺、新柏拉图主义等文艺复兴哲学主题的研究；而当代的美国学者汉金斯，更是主持了"I TATTI"丛书，企图将文艺复兴哲学家／思想家的经典著作"尽收囊中"。这些学者认识到，要想讲清楚文艺复兴的哲学，首先就要搞清楚哲学家们说了些什么；只有将一个个哲学家的话语摆在眼前，才能清晰地观看到整个文艺复兴哲学的图景，进而展开有根据的判断。对于汉语学界来说，要想真正展开文艺复兴哲学研究，使这一领域具有扎实的基础和纵深的空间，就必须首先加强对文艺复兴著作的引介和翻译，特别是早期人文主义者阿尔贝蒂、瓦拉、彼特拉克、萨卢塔蒂，新柏拉图主义者斐奇诺和皮柯，政治思想家和历史学家马基雅维利，新科学的先驱彭波那齐等哲学家的著作。与此同时，我们也应该重视二手文献，特别是经典研究的引介和翻译工作。西方文艺复兴哲学的研究，是由布克哈特、卡西尔、加林、克利斯特勒等大学者一步步推动的。翻译、整理他们的作品，有助于我们廓清文艺复兴哲学研究的问题和思路，为我们进一步的研究提供准备。

（二）以哲学史和思想史为整体视野。无论我们怎么强调文艺复兴哲学的现代性特征，有一点都无法否认：文艺复兴哲学是介于中世纪哲学和现代哲学的中间阶段。正如文艺复兴哲学研究的意义是更好地理解中世纪与现代哲学的历史关联；在方法上，文艺复兴哲学研究也应立足于中世纪－现代哲学的整体视野，一方面注意文艺复兴哲学对中世纪哲学的继承与断裂，另一方面注意文艺复兴哲学至现代哲学的历史衍变。

不仅如此。文艺复兴哲学首先是对古典哲学的复兴。因此，研究文艺复兴哲学，不仅需要注重它与中世纪和现代哲学的关联，而且还需要特别注重它和古典哲学的关联。从思想谱系上说，影响文艺复兴哲学家的古典哲学极为复杂，其中包括柏拉图主义、新柏拉图主义、亚里士多德主义、斯多亚主义、希腊教父哲学、奥古斯丁哲学等多个不同的传统。而且，在文艺复兴哲学发展的不同阶段，在各个文艺复兴哲学家的身上，古典哲学的影响都不尽相同。因此，在研究每个文艺复兴哲学家时，我们都要非常小心地梳理他身上的古典哲学渊源。研究彼特拉克，需要熟悉奥古斯丁主义的传统；研究皮柯和斐奇诺，需要熟悉新柏拉图主义的传统；研究彭波那齐，需要熟悉亚里士多德主义的传统。我们只有首先把这些古典哲学家的思想梳理清楚，才能深入地把握文艺复兴时期的思想家是如何借助这些古代资源，发展出具有现代特征的新哲学。以皮柯为例，他提出了独具特色的现代人性论与宇宙论；但是，他的发明并非空中楼阁，而是建立在对中世纪哲学和古代哲学的重新理解上。而后者，特别是新柏拉图主义，对皮柯的启发至关重要。是新柏拉图主义，诱导他用柏拉图的爱欲理论理解神人关系，以人为起点开始上升，最后回归到上帝的怀抱中，使人的主体性和能动性得以伸展；是新柏拉图主义，为他提供了多个世界相互关联的宇宙论体系，使得他发展出自然魔法的理论，为近代自然科学提供了准备。总之，考虑到文艺复兴哲学的上述特征，我们不仅要在"中世纪－现代哲学"，同时也要在"古典哲学－文艺复兴哲学"的思想史视野中开展研究。

（三）哲学与其他学科的交流与合作。虽然文艺复兴哲学有它独立的重要意义，但它却不应限制于自身，而应与其他学科充分地交流和融合，从而获取一个更为整全的视野。因为，文艺复兴作为西方历史的转折阶段，其思想史的意义不唯独表现在哲学，同时还表现在艺术、文学、历史等多个领域；甚至，在艺术和文学领域，其意义还要显得更突出一些。在西方，文艺复兴哲学的研究向来是与历史、艺术和文学的研究交融在一起；但在中国，文艺复兴研究的各个板块之间一直缺乏有效的交流。这一方面是因为，在西方哲学领域当中，文艺复兴哲学一直受到冷遇，尚没有足够的能力与其他学科展开交流；另一方面则是因为，晚近十余年来，学术界的专业化倾向越来越强，不同学科、不同领域（甚至同一个领域之间的不同方向）之间的交流越来越少，文艺复兴研究也概莫能外。

然而，对于西学研究而言，学科之间的交流却是极为必需的。没有交流，各个学科极容易在一个狭小的空间中自说自话，从而逐渐丧失了最根本的问题意识。而没有问题意识，学术研究哪怕再专业，最终也毫无意义。西学研究如此，文艺复兴研究亦如此。考虑到文艺复兴自身综合性的特征，学科之间的交流更显迫切。文艺复兴哲学研究需要熟悉文艺复兴的历史，不论是具体的国家史、政治经济史还是抽象的观念史，没有历史的基础和视野，我们把握不到哲学与时代的深刻关联。它还要熟悉文艺复兴的艺术与文学，在但丁、波利齐亚诺、达·芬奇和米开朗琪罗的世界中找到哲学的意义，找到新时代精神的现实体现。同时，历史、艺术和文学也需要哲学。没有哲学，纯粹的历史研究容易沦为事实的堆积，缺乏对事实内在机理的理解；没有哲学，纯粹的文学和艺术研究容易缺乏精神的内核，变得空洞和虚浮。既然文艺复兴就是一个人类精神整体迸发的时代，我们就需要从不同学科的研究出发，相互交流，促进合作，以哲学为导向，以历史为基础，以文学和艺术为先锋，努力还原作为一个整体的文艺复兴图景，进而一步步地推进汉语学界的文艺复兴研究。

（载于《云南大学学报》2016 年第 5 期）

皮柯生平年表 [*]

1463 年

2 月 24 日，乔万尼·米兰多拉的皮柯生于米兰多拉城堡。据他的侄子简·弗朗西斯科（Gian Francesco Pico della Mirandola）记述，皮柯出生的那天，皮柯母亲的床上曾出现了一团火。他的两个姐姐，大姐卡特琳娜（Caterina）在 1473 年嫁给卡尔皮的里奥内罗·比欧（Lionello Pio da Carpi），二姐卢克莱西亚（Lucrezia）在 1475 年嫁给弗利的比诺·奥德拉斐（Pino Oderlaffi da Forli）。皮柯的两个兄弟加勒奥托（Galeotto）和安东尼·玛利亚（Anton Maria）长期争夺财产，这种家庭不和令简·弗朗西斯科日后为此丧命。

皮柯的父亲在他出生后不久就去世了，因此他被母亲茱莉亚·波意阿尔多（Giulia Boiardo）养大，后者希望皮柯能在教会谋一份差事。

1477 年

14 岁时，皮柯遵从母亲的愿望，动身前往博洛尼亚学习教会法。1478 年 8 月，皮柯的母亲去世。

---

* 据 Borghesi 编订的皮柯年表译出，见 Franceso Borghesi, "Chronology", in *Oration On The Dignity Of Man*, pp. 37-44。因为行文需要，个别地方有细微调整。

1479 年

母亲去世之后，皮柯因为对于分化兄弟感情的政治和财产争端不感兴趣，遂决定追寻更合自己兴趣的活动。5 月底，他在费拉拉的艺学院（faculty of arts）开始学习哲学和古希腊语。也正是在费拉拉，皮柯遇见了两个重要人物——巴蒂斯塔·瓜里尼（Battista Guarini）和吉罗拉莫·萨沃纳罗拉（Girolamo Savonarola），前者后来成为皮柯的老师，后者作为天主教廷首席书记官，在与洛伦佐·诺伽罗拉（Lorenzo Nogarola）的公共辩论中展现出来的博学令皮柯印象深刻。

1480 年

15 个月之后，也就是 1480 年，此时皮柯年近 18 岁。他来到帕多瓦，在当时意大利最著名的大学拓宽了哲学知识。他在那里待了两学年，广交名流，并研究亚里士多德及其评注者尤其是阿威罗伊。正是他对阿拉伯 - 犹太思想的发现，使得他与当时意大利积极传播这些思想的知识分子联系密切，包括吉罗拉莫·拉姆索（Girolamo Ramusio）以及美迪格的埃里亚（Elia del Medigo）。

皮柯在帕多瓦遇到的另一个重要的人，是亚里士多德主义者尼可勒托·维尼亚（Nicoletto Vernia），一名阿威罗伊的学者。与美迪格的埃里亚不同，他只能阅读阿威罗伊的拉丁语译本。

1482 年

夏天，皮柯在米兰多拉的城堡度过。同年秋天，他动身前往帕维亚，并决心在那里潜心学习哲学、希腊语和修辞学。在那里，他还学习了晚期亚里士多德主义，例如那些号称"算术家"（Calculatores，他们是逻辑学和语言学的学者以及理论家，以及一些 14 世纪牛津大学的神学大师理查德·斯温内谢德［Richard Swineshead］的追随者）的文本。皮柯对这些作品的阅读，在晚期作品《驳占星术》中有清楚体现。

皮柯在曼图阿结识了安杰罗·波利齐亚诺（Angelo Poliziano），正是通过他，皮柯开始对佛罗伦萨的文学运动产生兴趣。也正是在那时，皮柯向马西留·斐奇诺（Marsilio Ficino）索要了一本他的《柏拉图神学》（Theologia Platonica）。此外，在美迪格的埃里亚的影响下，皮柯开始阅读斐洛庞努斯（John Philoponus）的作品，并修订了他几年前创作的抒情诗。

1483 年

皮柯与两位兄弟终于就家庭财产的分割达成协议。20 岁的皮柯成为了当时意大利最富有的人之一，完全实现了财务自由。

皮柯在帕多瓦和帕维亚醉心于哲学之际，还在继续写诗。5 月份的时候，他将自己的一些作品寄给波利齐亚诺，后者随即邀请皮柯来佛罗伦萨。米兰多拉和康考迪亚伯爵学术生涯中一个崭新的关键阶段，就这样在豪华者洛伦佐的城市开始了。

1484

皮柯阅读了斐奇诺的《柏拉图神学》。斐奇诺后来回忆说，在他出版柏拉图的译本后不久，皮柯便十分热情地要求他翻译普罗提诺。然而，皮柯竭力向朋友保证，他从未放弃亚里士多德学派，而仅仅是作为一个醉心于古代思想的摸索者，在探索新的领域。各种各样的人物围绕着皮柯：医生、犹太哲学家、亚里士多德主义者、柏拉图主义者、诗人以及但丁和彼得拉克的研究者。在所有这些关系中，最主要的是皮柯与洛伦佐·美第奇那既具有庇护性又充满慷慨的友谊。甚至美迪格的埃里亚也追随皮柯来到佛罗伦萨，并继续为他工作，从希伯来语翻译了阿威罗伊对柏拉图《理想国》的释义以及他的一些逻辑学《问答》。斐奇诺的一封信似乎告诉我们，埃里亚经常在皮柯的房间就哲学和宗教问题与另一位改宗的犹太人弗拉维·密斯里达特（Guglielmo Raimondo de Moncada/Flavius Mithridates）讨论。很快，密斯里达特开始教皮柯希伯来语，但皮柯对于学习《圣经》语言很没有耐心。密斯里达特似乎性格古怪，很难相处。有一次他甚至要求皮柯，如果想继续学习阿拉姆语（皮柯的"迦勒底语"），就要为他和一个来自法恩扎的、名为兰奇洛托（Lancillotto）的年轻人说媒，因为密斯里达特想追求他。

1485 年

学界通常会强调，皮柯是在1485年通过与在帕多瓦教授亚里士多德的埃尔莫劳·巴尔巴罗（Ermolao Barbaro）的争辩走上意大利文坛的。1482年年末，皮柯给巴尔巴罗写了一封信，表达他对巴尔巴罗学识的钦佩，以及对于他旅居帕多瓦时未能与其相见的遗憾（当时巴尔巴罗在威尼斯）。此后两人开始互相通信。在信中，巴尔巴罗对所谓的野蛮（barbarous）哲学家大加批判，指责他们语言普通、干瘪又过于造作。如今，皮柯的著名回信《论哲人言说的方式》（*De genere dicendi philosophorum*），已被视为文艺复兴修辞学的最好典范之一。在这封信中，皮柯宣称，如果单一和谐的风格阻碍对真理的探求，那么哲学研究就无须遵循这种风格。

在给豪华者洛伦佐的一封长信中，皮柯同样处理了内容与形式的关系，并称赞洛伦佐对方言诗歌的收集。在称赞了这些年轻王子的诗作之后，皮柯开始比较但丁和彼得拉克。因为彼得拉克逊于内容而但丁逊于形式，皮柯明确地表达了对于但丁的偏爱。虽然彼得拉克看起来好像是一位大师、一位艺术家，却不是一个思想家，他太过自恋了。而但丁则展现出一种完全不同的天性，热情洋溢地呈现他的素材。尽管彼得拉克的诗最初是迷人的，但最终被证明不如但丁深刻。皮柯的论据基于对这三位作家的哲学研究。诚然，皮柯称赞了洛伦佐的诗，但更称赞他能够阐释亚里士多德的《物理学》《伦理学》《论灵魂》以及柏拉图主义者的观点。此外，皮柯非常注重洛伦佐的散文注释，这些注释在他十四行诗的页边，内容不多，并不十分容易引起注意。

1485—1486 年

历经辗转，皮柯于 1485 年 7 月出现在巴黎索邦，在这里他一直待到了第二年年初。尽管这一段时期的信息很少，但在世界最重要大学的学习经历，对皮柯无疑是一种积极的促进，以至于皮柯经常吹嘘自己运用了"闻名遐迩的巴黎论战"（*Celebratissimorum Parisiensium disputatorum*）风格。我们可以合理地推测，正是在巴黎，皮柯萌生了将自己的哲学、神学立场以及政治计划放到一场公共辩论中加以检验的想法，哪怕这场活动无论在规模还是在意义上都不同于传统的大学论辩。

1486 年

皮柯再次来到佛罗伦萨，开启了他短短一生中最为痛苦的阶段。事实上，1486 年对于这个年轻的学者来说是极不平凡的一年。这个 23 岁的年轻人已经在巴黎完成了学业，3 月回到佛罗伦萨，回到他的朋友们中间（洛伦佐·美第奇、波利齐亚诺、马西留·斐奇诺和贝尼维耶尼），在这里待到 5 月 8 日，然后回到罗马。两天后，他在阿雷佐试图从家中劫走朱利亚诺·美第奇（Giuliano de'Medici）之妻玛格丽塔（Margherita），制造了一个轰动的丑闻。心烦意乱之中，皮柯隐居佩鲁贾，后因瘟疫来到弗拉塔（Fratta）。在那里，他通过劳动和忏悔，克服了那件丑闻给他带来的痛苦和羞愧。

他为朋友吉罗拉莫·贝尼维耶尼（Girolamo Benivieni）的《爱歌》（*Canzone*）写了一份评注，并收集了九百个命题（又称

《九百题》），计划于 1487 年 1 月在罗马召开的关于哲学和平的大会（由他出资邀请学者参加）上讨论。皮柯为《九百题》写作了一个介绍性的演说辞，即《论人的尊严》。直到 12 月 7 日，皮柯一直在罗马，《九百题》也在这里印刷。但就在这个节点上，另一桩丑闻爆发了：被任命审查这些命题的委员会谴责了部分命题，并且教宗英诺森八世（Innocenzo Ⅷ）还下令取消了即将到来的大会。皮柯在《申辩》（Apologia）中为自己辩护，将《论人的尊严》的大部分内容放入其中。直到此时，1486 这个重要的年份才宣告结束。

1487 年

很明显，皮柯认为自己有许多内容要向罗马教会申诉，他相信自己的理论绝不会与基督教神学原则相违背。他的信念越发增强，加之年轻气盛，皮柯又专心准备罗马大会了。

1486 年 11 月，《九百题》已经准备完毕。书稿于 12 月 7 日在罗马的 Eucharius Silber 出版社出版。按照此前的计划，皮柯邀请众多神学家和哲学家于 1487 年主显节后几天前来参会。然而，他的罗马之行立即被反对声音弄得复杂化，反对者明确说服教宗推迟论辩。1487 年 2 月 20 日，教宗通谕（Cum injunction nobis）责成乔万尼·莫尼扎特（图尔奈的主教）组织一个委员会，委员会包括七名主教（其中包括了佩德罗·卡尔齐亚［Pedro Garcia］），两个宗教修会的负责人，以及八位神学家和司铎。委员会从 1487 年 3 月 2 日开始召集，到 3 月 13 日结束。皮柯仅仅出席了前五天的论辩。在那之后，他不再被允许参加。他的七个论题当即遭到了谴责，随后又有六个。在一番全面的分析之后，他的前七个论题被绝对地谴责，另外六个留待审查。审讯的两个秘书，一个是来自索邦神学院的神学家约纳斯·考迪尔（Johannes

Cordier），另外一个是体弱多病的马可·米洛尔多（Marco de Miroldo），都不站在皮柯这边。

皮柯对自己的立论笃信不疑，于是很快起草了一份申辩书。在申辩书里，皮柯处理并澄清了十三个有争议的论题。结果又一次出乎皮柯意料，罗马教廷将 1487 年 5 月 31 日出版的申辩书视为一次反抗。很快，6 月 6 日，教宗诺森八世传唤法庭进行审讯，7 月 31 日，皮柯签署了一个服从判决书，同意将《九百题》的复印本于火刑柱上焚毁；但 8 月 4 日的教宗通谕（Et si injuncto nobis）又赦免了针对他的全部谴责。有趣的是，直到 12 月 15 日，教宗通谕才与对皮柯的逮捕令一起被公开。皮柯别无选择，只好逃离罗马。

1488 年

皮柯于 1488 年年初于格勒诺布尔和里昂交界处被捕，并在罗马教宗使节的监督下被押解到巴黎。与此同时，他被法国国王保护并被安置在文森的城堡，以防他被移交给梵蒂冈。最后，多亏了一项特赦的皇家许可证，皮柯得以毫发无损地离开法国。同年 4 月，皮柯回到佛罗伦萨。

皮柯回到佛罗伦萨之后，遇到了另一位博学的犹太人阿雷马诺（R. Yohanan Alemanno），一个在托斯卡纳银行家庭长大的医生。许多学者认为，阿雷马诺是皮柯合作者中最为见多识广的犹太知识分子，能够在各种杂事中阅读希伯来语的阿拉伯文献。皮柯发现，自己是在一个完全同类的智识环境之下写下《〈雅歌〉评注》的：斐奇诺已经完成了他对于柏拉图《会饮篇》的评注，贝尼维耶尼写下了《爱歌》，皮柯随后对它进行了注解。

1489 年

回到佛罗伦萨之后，皮柯进入了一个极为高产的阶段：他出版了《创世七论》《论存在与一》，并开始写作《驳占星术》以及给侄子简·弗朗西斯科的伟大道德书信。他在学术上的动力，很可能来自克服罗马痛苦经历的需要，以及精神救赎的渴望。在1489年给安德里亚·考纽斯的一封信以及《创世七论》的序言中，他都宣称自己正在给《诗篇》写一个系统的评注，然而他始终没有完成。《创世七论》由罗贝托·萨尔维亚蒂（Roberto Salviati）资助，于1489年夏天出版。这部作品背后的理念，是"创世六日"包含了所有自然的秘密，以及摩西在他的经卷中已经揭示了所有的人类智慧以及圣灵告知他的一切。

同期，皮柯构思并写作了《论存在与一》，这部作品在佛罗伦萨以手稿的形式流传。《论存在与一》是皮柯专门为朋友波利齐亚诺写的，后者一直让皮柯调和柏拉图主义者和逍遥学派；其中，柏拉图主义者包括洛伦佐·美第奇和斐奇诺，逍遥学派则包括波利齐亚诺，后者经常研读亚里士多德文本。事实上，皮柯看起来并不同意争论的原则，并打算将这次邀请作为机会公开清晰说明他的调和理论。柏拉图与亚里士多德的对立是长久智识工作的结果，以至于人文主义理念已经形成了用两种不同的文化策略，当然也就是两种不同的理解模型来处理两位哲学家。皮柯未能成功地给这项事业画上句号，但是他遗留的《论存在与一》是一个有趣的模型，告诉我们他本应如何继续前进。

最后的时光

1492年，乔万尼·皮柯给他的侄子简弗朗西斯科写了几封十分重要的道德书信。第一封来自费拉拉，日期是5月15日，第二封写于7月2日，第三封11月27日。在这些信件中，皮柯展示了存在自身的平衡并试图总结其所有的规则：世界本身并不是对立的，对立的是世界之中的事物，例如无知、疯狂和贪婪，它们毫无必要地毁坏灵魂。一个人必须知道如何将自己从这些苦难中解放出来。这些建议主要是给他侄子的。

在生命的最后几年，皮柯似乎将他的智识能量都用在神学和宗教研究、生命的秘密和恩典以及十字架的形象上。自从萨沃纳罗拉来到佛罗伦萨，皮柯就跟从他，并听从他的布道。皮柯最后的作品，是在费耶索莱的庄园中，宁静、孤独地构思而成的。这就是他未能完成的《驳占星术》，也是他所有计划中最宏大的一个。这本书在他的侄子简·弗朗西斯科 1496 年的皮柯作品集里出版，一经问世便引发了学界的兴趣并激起了广泛的讨论。这个主题是当时文化辩论的中心：萨沃纳罗拉立刻在意大利准备了一个纲要，乔万尼·迈那尔迪（Giovanni Mainardi）、亨利希·考奈利乌斯·阿格里帕对这部作品大加称赞；但其他人，比如乔万尼·蓬塔诺（Giovanni Pontano）、吉罗拉莫·托雷拉（Girolomo Torrella）、皮埃罗·彭波那齐（Pietro Pomponazzi）以及让·博丹（Jean Bodin）却以不同方式批评它，有时还非常严厉。《驳占星术》的出现，再次唤醒了人们对天文学的兴趣。

去世

1494 年 11 月 17 日，乔万尼·皮柯在变换不定的境遇中死于佛罗伦萨，吉罗拉莫·萨沃纳罗拉一直陪伴在他身边。他的财产给予了慈善机构和他的侄子们，那典藏云集的图书馆则给了他的兄弟安东尼·玛利亚。同一天，查理八世攻入佛罗伦萨。

参考文献

一、外文文献

Akopyan, Ovanes. *Debating the Stars in the Italian Renaissance. Giovanni Pico della Mirandola's Disputationes adversus astrologiam divinatricem and Its Reception*, Leidon and Boston: Brill, 2021.

Allen, Michael J. B. *The Platonism of Marsilio Ficino: A Study of His Phaedrus Commentary, Its Sources and Genesis*. Berkeley: University of California Press, 1984.

Allen, Michael J. B. "The Second Ficino-Pico Controversy: Parmenidean Poetry, Eristic, and the One", in *Marsilio Ficino e il ritorno di Platone, studi e documenti*, a cura di Gian Carlo Garfagnini, Firenze: Olschiki, 1986.

Augustine of Hippo, *Confessions*, translated with an introduction and notes by Henry Chadwick, Oxford: Oxford University Press, 1991.

Augustine, *On Genesis: A Refutation of the Manichees. Unfinished Literal Commentary on Genesis. The Literal Meaning of Genesis*, translation and notes by Edmund Hill, O. P, New York: New City Press, 2002.

Bacon, Francis. *The New Organon*, edited by Lisa Jardine and Michael Silverthorne, Cambridge: Cambridge University Press, 2000.

Barbaro, Ermolao. *Orationes, epistolae et carmina*, ed. Vittore Branca 2 vols, Firenze: Olschki, 1943.

Bausi, Francesco. *Nec rhetor neque philosophus: fonti, lingua e stile nelle prime opere latine di Giovanni Pico della Mirandola (1484-87)*, Firenze: Olschki, 1996.

Bausi, Francesco. *Ermolao Barbaro and Giovanni Pico della Mirandola. Filosofia o eloquenza?* Naples: Liguori, 1998.

Beierwaltes, B. "L'interpretazione ficiniana del Parmenide platonico", in *IL Parmenide di Platone e la sua tradizione*. Atti del III Colloquio internazionale del Centro di Ricerca sul Neoplatonismo, A cura di M. Barbanti e F. Romano, Cantania: Cuecm, 2002.

Bessarion, *In calumniatorem Platonis Libri 4* [In Calumniatorem Platonis] in Kardinal Bassarion als Theologe, Humanist und Staatsmann 3 Voll., Paderborn: Scientia Verlag Und Antiquariat, 1923-1942.

Bellantius, Senensis Lucas. *Responsiones in disputations Joannis Pici Mirandulae comitis adversus astologos*, Basileae, 1554.

Berti, D. "Intorno a Giovanni Pico della Mirandola" in *Rivista contemporanea*, 1859.

Black, Crofton. *Pico's Heptaplus And Biblical Hermeneutics*, Leidon and London: Brill, 2006.

Bogdan, Henrik. *Western Esotericism and Rituals of Initiation*, New York: SUNY Press, 2007.

Borchardt, Frank L. "Tha Magus as Renaissance man", in *The Sixteenth Century Journal* (vol 21, no. 1), 1990, pp. 57-76.

Bori, Pier Cesare. *Pluralità delle vie: Alle origini del Discorso sulla dignità umana di Pico della Mirandola*. Milan: Feltrinelli, 2000.

Bori, Pier Cesare. "I tre giardini nella scena paradisiaca del De hominis dignitate di Pico della Mirandola." *Annali di Storia dell'Esegesi* 13, no. 2: 551-64.

Buzzetta, Flavia. *Magia naturalis e scientia cabalae*, Firenze: Leo S. Olschki editore, 2019.

Cassirer, Ernst. "Giovanni Pico della Mirandola: A Study in the History of Renaissance Ideas." *Journal of the History of Ideas* 3: 123-44 (Part I) and 319-46 (Part II), 1942.

Cassirer, Ernst. *Dall'Umanesimo all'Illuminismo*, Firenze: La Nova Italia, 1995.

Cassirer, Ernst. *The individual and the Cosmos in Renaissance Philosophy*, Translated with an Introduction by Mario Domandi, Dover Publications Inc, 2000.

Cassirer-P. O. Kristeller-H. Randall, *The Renaissance Philosophy of Man*, Chicago: University of Chicago Press, 1948.

Compagni Perrone. "Pico sulla magia: problemi di causalità", in *Nello Specchio del Cielo. Giovanni Pico della Mirandola e le Disputaiones contro l'astrologia divinatoria. Atti del Convegno di studi*, A cura di M. Bertozzi, Firenze, 2008, pp. 95-115.

Comapgni, Perrone. "Abracadara: Le parole nella magia (Ficino, Pico, Agrippa)", in *Rivista di estetica* (vol 42, num 19), 2002.

Copenhaver, Brian. "Magic and the Dignity of Man: De-Kanting Pico's Oration." In *The Italian Renaissance in the Twentieth Century. Acts of an International Conference*, Florence, Villa I Tatti, June 9-11, 1999, ed. A. J. Grieco, M. Rocke, and F.

Gioffredi Superbi. Florence: Olschki. 295-320.

Copenhaver, Brian, *Magic and the Dignity of Man: Pico della Mirandola and His Oration in Modern Memory*, Belknap Press: An Imprint of Harvard University Press, 2019.

Dani é lou, Jean. *Origene. Il genio del Cristianesimo*, Traduzione dal francese di Silvestra Palamidessi, Roma: Edizioni Arkeios, 2010.

De Lubac, Henri. *Pico della Mirandola. L'alba incompiuta del Rinascimento*, Traduzione da Giuseppe Colombo e Adriano dell'Asta, Milano: Editoriale Jaca Book SPA, 2016.

De Lubac, Henri. *History and Spirit*, trans. A. E. Nash, California: Ignatius Press, 2007.

Di Napoli, Giovanni. *Giovanni Pico della Mirandola e la problematica dottrinale del suo tempo*. Rome: Descl é e, 1965.

Dougherty, Michael V. "Three Precursors to Pico della Mirandola's Roman Disputation and the Question of Human Nature in the Oration." In *Pico della Mirandola: New Essays*, ed. MichaelV. Dougherty. Cambridge: Cambridge University Press, 2008.

Dulles, Avery. *Princeps Concordiae: Pico della Mirandola and the Scholastic Tradition*. Cambridge, Mass. : Harvard University Press, 1941.

Edelheit, Amos. *Ficino, Pico and Savonarola: The Evolution of Humanist Theology 1461/2-1498*, Leidon and Boston: Brill, 2008.

Farmer, Stephen Alan. *Syncretism in the West: Pico's 900 Theses (1486)*. Tempe, Arizona: Medieval and Renaissance Texts and Studies, 1998.

Ficino, Marsilio. *Opera*, Basilea: Henricpetrina, 1576.

Ficino, Marsilio, *Opera Omnia. Testo Latino*, A cura di S. Toussaint, Lucca: San Marco Ltiotipo, 2010.

Ficino, Marsilio. *Commentary on Plato's Symposium on Love*, Spring Publications, 1985.

Ficino, Marsilio. *Platonic Theology*, English trans. Michael J. B. Allen with John Warden; Latin text ed. James Hankins with William Bowen, 6 vols. Cambridge, Mass. : Harvard University Press, 2001-6.

Ficino, Marsilio. *Three Books on Life*, A Critical Edition and Translation With Introduction and Notes by Carol V. Kaske and John R. Clark, Tempe and Arizona: Arizona Board of Regents for Aziona State University, 1998.

Frede, Michael. *A Free Will: Origins of the Notion in Ancient Thought*, ed. A. A. Long, California: University of California Press, 2011.

Garin, Eugenio. *Giovanni Pico Della Mirandola: Vita E Dottorina*, Roma-Firenze: Istituto Nazionale Di Studi Sul Rinascimento, 2011.

Garin, Eugenio. *Italian Humanism. Philosophy and Civic Life in the Renaissance*, translated by Peter Munz, Harper and Row Publishers, New York, 1965.

Garin, Eugenio. *History of Italian Philosophy*, Translated from Italian and Edited by Giorgio Pinton, Amsterdam, New York: Editions Rodopi B. V, 2008.

Gentile, Giovanni. "Il concetto dell'uomo nel Rinascimento." In Giovanni Gentile, *Il pensiero italiano del Rinascimento*, 4th ed. Florence: Sansoni, 1968.

G. Jones, Marjorie. *Frances Yates and the Hermetic Tradition*, Lake Worth, Florida: Ibis Press, 2008.

Greene, Thomas. "The Flexibility of the Self in Renaissance Literature", in *The Disciplines of Criticism*, ed. Peter Demetz, Thomas Greene, and Lowry Nelson. Jr, New Haven: Yale University Press, 1968, pp. 241-264

Grossetest, Robert. "Quod homo sit minor mundus', in L. Baur, 'Die Philosophie des Robert Grosseteste', *Beiträge zur Geschichte der Philosophie des Mittealters 9 (1912)*, 59.

Hankins, James. *Plato in the Italian Renaissance*, 2 vols. Leiden: Brill, 1990.

Hankins, James ed., *The Cambridge Companion to Renaissance Philosophy*, Cambridge: Cambridge University Press, 2007.

H. Gilson, E. *History of Christian Philosophy in the Middle Ages*, New York: Random House, 1955.

Hermes Trismegistus, *Hermetica: The Greek Corpus Hermeticum and the Latin Asclepius in a New English Translation*, trans. Brian P. Copenhaver. Cambridge: Cambridge University Press, 1992.

Hesse, Mary. "Hermeticism and Historiography: An Apology for the internal history of Science", in *Historical and Philosophical Perspectives of Science*, University of Minnesota Press, 1970.

Howlett, Sophia. *Re-evaluating Pico. Aristotelianism, Kabbalism and Platonism in Philosophy of Giovanni Pico della Mirandola*, New York: Palgrave Macmillan, 2021.

Hugh of St. Victor, *The Didascalicon of Hugh of St Victor*, translation And introduction by Jerome Taylor, New York: Columbia University, 1961.

J. Rabin, Sheila. "Pico on Magic and Astrology", in *Pico della Mirandola: New Essays*, edited by M. V. Dougherty, Cambridge: Cambridge University Press, 2008.

Kristeller, Paul Oskar. "Giovanni Pico della Mirandola and His Sources." In *L'Opera e il pensiero di Giovanni Pico della Mirandola nella storia dell'Umanesimo. Convegno internazionale* (Mirandola: 15-18 settembre 1963), 2 vols. Florence: Istituto Nazionale di Studi sul Rinascimento, 1965.

Lamanna Francesco, *Il Concetto Di Dio Nel Pensiero Di Pico Della Mirandola*, Firenze: Tipografia Enrico Ariani, 1930.

Maimonides. *The Guide of the Perplexed*, trans. Chaim Rabin. Indianapolis: Hackett, 1995.

Marvell, Andrew. 'The Garden', in *The Complete English Poems*, ed. Elizabeth Donno, London: Allen Lane, 1974.

McEvoy, *The Philosophy of Robert Grosseste*, Oxford: Clarendon, 1982.

Mebane, John S. *Renaissance Magic and the Return of the Golden Age*, Lincoln, London: University of Nebraska Press, 1989.

Mithridates, Flavius. *Sermo de passione Domini*, ed. Chaim Wirszubski. Jerusalem: Israel Academy of Sciences and Humanities, 1963.

Mithridates, Flavius. *The Great Parchment: Flavius Mithridates' Latin Translation, the Hebrew Text, and an English Version*, ed. Giulio Busi with Simonetta M. Bondoni and Saverio Campanini. Turin: Nino Aragno Editore, 2004.

Mithridates, Flavius. *The Book of Bahir: Flavius Mithridates' Latin Translation, the Hebrew Text, and an English Version*, ed. Saverio Campanini. Turin: Nino Aragno Editore, 2005.

Monfasani, J. "Marsilio Ficino and the Plato-Aristotle Controversy", in M. J. B. Allen and V. Rees (eds.), *Marsilio Ficino: His Theology, His Philosophy, His Legacy*, Leiden, Boston, Koln: Brill, 2002.

Nola, A. Di. *Magia e Cabbala nell'Ebraismo medievale*, Napoli: S. T. E. M, 1964.

Origene. *I Principi*, a cura di Manlio Simonetti, A cura di Manlio Simonetti, Torino: UTET Libreria, 2010.

Origen, *The Song of Songs, Commentary and Homilies*, trans, R. P. Lawson, NewYork: Paulist Press, 1957.

P. Couliano, Ioan. *Eros And Magic In The Renaissance*, translated by Margaret Cook, Chicago and London: The University of Chicago Press, 1987.

Pico della Mirandola, Giovanni. *De hominis dignitate, Heptaplus, De ente et uno e scritti vari*, ed. Eugenio Garin. Florence: Vallecchi, 1942.

Pico della Mirandola, Giovanni. *Disputationes adversus astrologiam divinatricem*, ed. Eugenio Garin, 2 vols. Florence: Vallecchi, 1946-1952.

Pico della Mirandola, Giovanni. *Commento Sopra una canzone d'amore*, A cura di Paolo De Angelis, Novecento, 1994.

Pico della Mirandola, Giovanni. *Discorso sulla dignità dell'uomo*, ed. Francesco Bausi.

Parma: Guanda Editore, 2003.

Pico della Mirandola, *Dell'Ente e dell'Uno*, Saggio introduttivo, traduzione, note e apparati di Raphael Ebgi, Milano: Bompiani, 2011.

Pico della Mirandola, Giovanni. *Oration On The Dignity Of Man*, Edited by Francesco Borghesi, Cambridge: Cambridge University Press, 2012.

Pico della Mirandola, Giovanni. *On the Dignity of Man*, trans. Charles Glenn Wallis. Also contains *On Being and the One* (trans. Paul J. W. Miller) and *Heptaplus* (trans. Douglas Carmichael). Indianapolis: Hackett, 1998.

Pico della Mirandola, Giovanni. *Heptaplus, La Settemplice Interpretazione Dei Sei Giorni Della Genesi*, Carmagnola: Edizioni Arktos, 1996.

Pico della Mirandola, Giovanni. *Apologia. L'autodifesa di Pico di fronte al Tribunale dell'Inquistizione*, A cura di Paolo Edoardo Fornaciari, Firenze: Sismel, Edizioni Del Galluzzo, 2010.

Pico della Miradola, *De hominis dignitate, Lettera a Ermolao Barbaro*. With introductory essay "La filosofia di Pico della Mirandola" by Giovanni Semprini. Rome: Atanor. (Reprint of Giovanni Semprini, *La filosofia di Pico della Mirandola*. Milan: Libreria Lombarda, 1936), 1986.

Pico della Mirandola, Giovanni. *The Life Of Pico Della Mirandola*, Translated by Thomas More, edited with introduction and notes by J. M. Rigg, with an introductory essay by Walter Pater, published by the Ex-classics Project, 2011.

Plato, *Complete Works*, edited by John M. Cooper, D. S. Hutchinson, Hackett Publishing Company, 1997.

Plethon, 1 *Georgii Gemisti Plethonis Contra Scholarri pro Aristotele obiecitones* [Contra Scholarii obiectiones], edited by E. Maltese, Leipzig: Teubner, 1988.

Plotinus, *The Enneads*, Edited by Llord Gerson, translaed by George Boy-Stones, John M. Dillon, Llord Gerson, R. A. H. King, Andrew Smith, James Wilberding, Cambridge: Cambridge University Press, 2018.

Proclo Licio Diadoco, *I manuali. Elementi di fisica, Elementi di teologia. I testi magico-teurgici,* traduzione, prefazioni, note e indici di Chiara Faraggiana di Sarzana, Saggio introduttivo di Giovanni Reale, Milano: Rusconi, 1985.

Pseudo-Dionysius. *The Complete Works*, trans. Colum Luibheid. New York: Paulist Press, 1987.

Reuchlin, Johann. *De arte cabalistica*, trans. Martin Goodman and Sarah Goodman, intro. G. Lloyd Jones. Lincoln: University of Nebraska Press, 1993.

Rossi Paul, *Francis Bacon: From Magic to Science*, translated from the Italian by Sacha Rabinovitch, London: Routledge & Kegan Paul, 1968.

Scholem, Gershom. *Major Trends in Jewish Mysticism*. Jerusalem: Schocken, 1941.

Scholem, Gershom. "Considé rations sur l'histoire des dé buts de la cabale chré stienne", in Ch. Wirszubski, *Pic de la Mirandole et la cabale*, Paris-Tel Aviv, 2007.

Trinkaus, Charles. *In Our Image and Likeness: Humanity and Divinity in Italian Humanist Thought,* University of Notre Press, 1995.

Thomas, Aquinas. *Summa theolgoiae*, Blackfriars edn. 60 vols., ed Thomas Gilby, London: Eyre &Spottiswoode, 1964-1976.

Tommaso D'Aquino, *Commento al <Liber de causis>*, a cura di C. D'Ancona Costa, Milano: Rusconi Libri, 1986.

Valcke, Louis. *Pic de la Mirandole: Une itinéraire philosophique*. Paris: Les Belles Lettres, 2005.

Vickers, Brian. *Occult and Scientific Mentalities in the Renaissance*, New York: Cambridge University Press, 1984.

Warwick, MonthomeryJohn. "Eros and Agape in the Thought of Giovanni Pico della Mirandola", In *Concordia Theological Monthly*, 1961 (12), pp. 733-746.

Wind, Edgar. *Pagan Mysteries in the Renaissance*, London: Farber And Faber Limited, 1967.

Wind, Edgar. "The revival of Origen", in *Studies in Art and Literature for Belle da Cosata Greene*, Princeton University Press, 1954.

Wind, Edgar. 1 "Porus Consilii Filius (Notes on the Orphic 'Counsels of Night')." In *L'Opera e il Pensiero di Giovanni Pico della Mirandola nella Storia dell'Umanesimo. Convegno internazionale (Mirandola: 15-18 settembre 1963*, 2 vols. Florence: Istituto Nazionale di Studi sul Rinascimento, 1965.

Wirszubski, Chaim. *Pico della Mirandola's Encounter with Jewish Mysticism*. Cambridge, Mass. : Harvard University Press, 1989.

Wofson, Elliot. *Alef Mem Tau. Kabbalistic Musings on Time, Truth and Death*, Berkley-Los Angeles: University of California Press, 2006.

Wolfson Harry. *The Philosophy of the Church Fathers* (Volume I), Cambridge: Harvard University Press, 1970

Yates, Frances Amelia. *The Occult Philosophy in the Elizabethan Age*. London: Routledge and Kegan Paul, 1979.

Yates, Frances Amelia. *Giordano Bruno and the Hermetic Tradition*, London: Routledge and Kegan Paul, 1964.

Yates, Frances Amelia. "The Hermetic Tradition in Renaissance Science", in *Art, Science and History in the Renaissance*, Singleton, C. The Hopkins Press, 1968.

Zambelli, Paola. *L'ambigua natura della magia. Filosofi, streghe, riti nel Rinascimento*. Milan: Il Saggiatore, 1991.

Zambelli, Paola. *L'apprendista stregone. Astrologia, cabala e arte lulliana in Pico della Mirandola e seguaci*. Venice: Marsilio, 1995.

二、中文文献

爱德华·格兰特:《近代科学在中世纪的基础》,张卜天译,北京:商务印书馆,2020年。

阿瑟·O. 洛夫乔伊:《存在巨链》,张传友、高秉江译,北京:商务印书馆,2015年。

阿摩斯·冯肯斯坦:《神学与科学的想象:从中世纪到17世纪》,毛竹译,北京:生活·读书·新知三联书店,2019年。

阿利斯特·麦格拉思:《宗教改革运动思潮》,陈佐人译,北京:中国社会科学出版社,2009年。

爱德华·扬·戴克斯特豪斯:《世界图景的机械化》,张卜天译,北京:商务印书馆,2018年。

阿奎那:《论存在者与本质》,段德智译,北京:商务印书馆,2013年。

奥利金:《论首要原理》,石敏敏译,香港:道风书社,2002年。

奥古斯丁:《论自由意志》,成官泯译,上海:上海人民出版社,2020年。

奥古斯丁:《上帝之城》(上),吴飞译,上海:上海三联书店,2007年。

奥古斯丁:《论三位一体》,周伟驰译,上海:上海世纪出版集团、上海人民出版社,2005年。

布克哈特:《意大利文艺复兴时期的文化》,何新译,北京:商务印书馆,2010年。

布莱恩·W. 欧格尔维:《描述的科学:欧洲文艺复兴时期的自然志》,蒋澈译,北京:北京大学出版社,2021年。

柏拉图:《理想国》,郭斌和、张竹明译,北京:商务印书馆,1986年。

柏拉图:《柏拉图四书》,刘小枫编／译,北京:生活·读书·新知三联书店,2015年。

柏拉图:《蒂迈欧篇》,谢文郁译,上海:上海人民出版社,2005年。

柏拉图:《柏拉图对话集》,王太庆译,北京:商务印书馆,2019年。

彼得·哈里森:《圣经、新教与自然科学的兴起》，张卜天译，北京：商务印书馆，2019 年。

陈广辉:《奥古斯丁论原始质料——以对柏拉图"载体"概念的延续和变为中心》，载于《宗教研究》，2022 年第 2 期。

陈广辉:《中介的崩溃和重构：以马西留与奥卡姆的无误论之争为契机》，载于《浙江学刊》，2020 年第 3 期。

笛卡尔:《第一哲学沉思集》，庞景仁译，北京：商务印书馆，1986 年。

笛卡尔:《谈谈方法》，王太庆译，北京：商务印书馆，2010 年。

但丁:《论世界帝国》，朱虹译，北京：商务印书馆，2007 年。

但丁:《神曲》，田德旺译，北京：人民文学出版社，2012 年。

丁耘:《论现象学的神学与科学转向》，载于《世界哲学》，2019 年第 6 期。

丁耘:《启蒙视阈下中西"理性"观之考察》，载于《中国社会科学》，2014 年第 2 期。

恩斯特·库尔提乌斯:《欧洲文学与拉丁中世纪》，林振华译，杭州：浙江大学出版社，2017 年。

E. R. 多兹:《希腊人与非理性》，王嘉雯译，北京：生活·读书·新知三联书店，2022 年。

F. S. 基尔克等编:《前苏格拉底哲学家——原文精选的批评史》，聂敏里译，上海：华东师范大学出版社，2014 年。

斐奇诺:《论柏拉图式的爱——柏拉图〈会饮〉义疏》，梁中和、李旸译，上海：华东师范大学出版社，2012 年。

斐奇诺:《至善与快乐——柏拉图〈斐勒布〉义疏》，赵精兵译，上海：华东师范大学出版社，2014 年。

弗洛里斯·科恩:《科学革命的编史学研究》，张卜天译，湖南科学技术出版社，2012 年。

高洋:《赫尔墨斯主义与近代早期科学编史学》，载于《科学文化评论》，2016 年第 1 期。

高阳:《文艺复兴时期西欧的星占学改革——以皮柯的〈星占书〉为中心》，载于《自然辩证法研究》，2021 年第 6 期。

格舍姆·索伦:《犹太教神秘主义主流》，涂笑非译，四川人民出版社，2000 年。

韩升、李筱:《世界的"祛魅"与现代世界精神的重建》，载于《内蒙古社会科学》，2021 年第 9 期。

黑格尔:《哲学史讲演录》，王太庆译，北京：商务印书馆，1997 年。

胡塞尔:《欧洲科学的危机和超越论的现象学》，王炳文译，北京：商务印书馆，

2017 年。

海德格尔：《海德格尔选集》，孙周兴选编，上海：上海三联书店，1996 年。

海德格尔：《路标》，孙周兴译，北京：商务印书馆，2000 年。

晋世翔：《"自然数学化"与"新实验运动"》，载于《自然辩证法研究》，2015 年第 8 期。

昆廷·斯金纳等主编：《剑桥文艺复兴哲学史》，徐卫翔译，上海：华东师范大学 出版社，2020 年。

吉莱斯皮：《现代性的神学起源》，张卜天译，湖南科学技术出版社，2012 年。

吉尔松：《中世纪哲学精神》，沈清松译，上海：上海世纪出版集团、上海人民出 版社，2008 年。

康德：《康德政治哲学文集》，李秋零译注，北京：中国人民大学出版社，2016 年。

康德：《纯粹理性批判》，邓晓芒译，北京：人民出版社，2004 年。

克利斯特勒：《文艺复兴时期的思想与艺术》，邵宏译，北京：东方出版社，2008 年。

克利斯特勒：《意大利文艺复兴时期八个哲学家》，姚鹏、陶建平译，上海：上海 译文出版社，1987 年。

卡西尔：《文艺复兴哲学中的个体和宇宙》，李华译，北京：商务印书馆，2021 年。

卡斯滕·哈里斯：《无限与视角》，张卜天译，湖南科学技术出版社，2014 年。

科林伍德：《自然的观念》，吴国盛译，北京：商务印书馆，2018 年。

柯瓦雷：《从封闭世界到无限宇宙》，张卜天译，北京：商务印书馆，2016 年。

莱布尼茨：《莱布尼茨后期形而上学文集》，段德智、陈修斋译，北京：商务印书 馆，2019 年。

莱布尼茨：《莱布尼茨与克拉克论战书信集》，陈修斋译，北京：商务印书馆，1996 年。理查德·韦斯特福尔：《近代科学的建构》，张卜天译，北京：商务 印书馆，2020 年。

李秋零：《上帝·宇宙·人——库萨的尼古拉哲学思想研究》，北京：中国人民大 学出版社，1992 年。

李猛：《"一生一次"：笛卡尔与现代形而上学的"新计划"》，载于《哲学研究》，2021 年第 12 期。

李猛：《经验之路——培根与笛卡尔论现代科学的方法与哲学基础》，载于《云南 大学学报》，2016 年第 5 期。

李猛：《除魔的世界与禁欲者的守护神：韦伯社会理论中的"英国法"问题》，载 于《韦伯：法律与价值》，上海：上海人民出版社，2001 年。

李军：《自然与奇迹：达·芬奇卢浮宫版与伦敦国家画廊版〈岩间圣母〉再研究》，载于《美术研究》，2021 年第 6 期。

雷思温：《敉平与破裂：邓·司各脱论形而上学与上帝超越性》，北京：生活·读书·新知三联书店，2020 年。

雷思温：《邓·司各脱论上帝与世界的偶然性》，载于《哲学研究》，2019 年第 1 期。

李华：《库萨哲学及其历史意义研究》，北京：北京大学出版社，2020 年。

李华：《康德"哥白尼式革命"的文艺复兴前史辨正——以卡西尔的论述为中心》，载于《哲学动态》，2020 年第 12 期。

李华：《试论库萨哲学的近代影响史》，载于《世界哲学》，2018 年第 5 期。

李鹃：《单子、现象和物体：莱布尼茨的物体复合问题以及欧拉的批判》，载于《哲学动态》，2020 年第 8 期。

刘精忠：《犹太神秘主义概论》，北京：中国社会科学出版社，2015 年。

刘耀春：《雅各布·布克哈特与意大利文艺复兴——对〈意大利文艺复兴时期的文化〉的再思考》，载于《四川大学学报》（哲学社会科学版），2011 年第 1 期。

卢镇、朱晓：《皮柯·米兰多拉的基督教人文主义思想探析》，载于《犹太研究》，2022 年第 19 辑。

卢镇：《意大利文艺复兴时期的赫尔墨斯主义解析》，载于《史学月刊》，2019 年第 8 期。

卢镇：《文艺复兴时期意大利人文主义与犹太思想的互动》，载于《世界历史》，2018 年第 3 期。

梁中和：《灵魂·爱·上帝》，上海：华东师范大学出版社，2012 年。

马克斯·韦伯等：《科学作为天职》，李猛编，北京：生活·读书·新知三联书店，2019 年。马克斯·韦伯：《马克斯·韦伯社会学文集》，阎克文译，北京：人民出版社，2010 年。

孟广林：《欧洲文艺复兴史》（哲学卷），北京：人民出版社，2008 年。

马建波：《缠绕：历史中的科学与基督教》，北京：中国社会科学出版社，2019 年。

聂敏里：《反思西方古典哲学研究的方法论》，载于《中国社会科学报》第 606 期，2014 年 6 月 11 日。

欧文·潘诺夫斯基：《图像学研究：文艺复兴时期艺术的人文主题》，戚印平、范景中译，上海：上海三联书店，2011 年。

欧金尼奥·加林：《中世纪与文艺复兴》，李玉成译，北京：商务印书馆，2012 年。

欧金尼奥·加林：《文艺复兴时期的人》，李玉成、李进译，北京：生活·读书·新知三联书店，2004 年。

欧金尼奥·加林：《意大利人文主义》，李玉成译，北京：生活·读书·新知三联书店，1998 年。

普罗提诺：《九章集》，石敏敏译，北京：中国社会科学出版社，2009 年。

培根：《新工具》，许宝骙译，北京：商务印书馆，2016 年。

皮埃尔·阿多：《伊西斯的面纱：自然的观念史随笔》，张卜天译，上海：华东师范大学出版社，2015 年。

皮柯·米兰多拉：《论人的尊严》，顾超一、樊虹谷译，北京大学出版社，2010 年。

斯宾诺莎：《伦理学》，贺麟译，北京：商务印书馆，1998 年。

叔本华：《作为意志和表象的世界》，石冲白译，北京：商务印书馆，1983 年。

孙帅：《抽空：加尔文与现代秩序的兴起》，北京：商务印书馆，2021 年。

孙帅：《没有本质的实体：路德思想的形而上学基础》，载于《世界哲学》，2020 年第 2 期。

孙帅：《自然与团契：奥古斯丁婚姻家庭学说研究》，上海：上海三联书店，2014 年。

斯蒂芬·格林布拉特：《文艺复兴时期的自我塑造：从莫尔到莎士比亚》，吴明波、李三达译，上海：上海文艺出版社，2022 年。

托名赫尔墨斯：《赫尔墨斯秘籍》，肖霄译，上海：华东师范大学出版社，2019 年。

萨顿：《文艺复兴时期的科学观》，郑诚、郑方磊、袁媛译，上海：上海交通大学出版社，2007 年。

吴增定：《因果性与力量——笛卡尔、斯宾诺莎与当代哲学争论》，载于《同济大学学报》（社会科学版），2022 年第 5 期。

吴增定：《现象学中的内在与超越——列维纳斯对胡塞尔意向性学说的批评》，载于《云南大学学报》，2020 年第 1 期。

吴增定：《自因的悖谬——笛卡尔、斯宾诺莎与现代形而上学的革命》，载于《世界哲学》，2018 年第 2 期。

吴增定：《尼采与柏拉图主义》，上海：上海人民出版社，2005 年。

吴琼：《萨伏那洛拉与 16 世纪初佛罗伦萨的图像神秘主义》，载于《文艺研究》，2021 年第 9 期。

吴琼：《作为文化史的艺术史——"文艺复兴"的发明与布克哈特的现代观念》，载于《艺术学研究》，2021 年第 6 期。

吴功青：《上帝的创造与维持：奥古斯丁的"种子理式"学说》，载于《哲学与文化》，2021 年第 10 期。

吴功青：《内在与超越：奥古斯丁的宇宙目的论》，载于《哲学研究》，2020 年第 11 期。

吴功青：《奥利金的灵魂先在说》，载于《哲学动态》，2020 年第 3 期。

吴功青：《斯宾诺莎对目的论的批判》，载于《哲学门》，2020 年第 2 期。

吴功青：《存在与一：皮柯·米兰多拉论柏拉图和亚里士多德的一致性》，载于

《哲学研究》，2019 年第 11 期。

吴功青：《彼特拉克〈秘密〉中的上帝与自我》，载于《哲学动态》，2018 年第 2 期。

吴功青：《奥利金的自由意志学说——以"形质论"为中心》，载于《世界哲学》2017 年第 6 期。

吴功青：《意义与方法：文艺复兴哲学的观念性反思》，载于《云南大学学报》，2016 年第 5 期。

吴功青：《帝国、教会与上帝：但丁的"二元论"及其理论困境》，载于《学海》，2016 年第 5 期。

吴功青：《革命与危机：皮柯论人的尊严与个体自由——兼对特林考斯的一个批评》，载于《北京大学学报》，2013 年第 5 期。

吴功青：《康德的根本恶思想与自由理论》，载于《哲学门》，2010 年第 1 期。

徐卫翔：《皮柯致巴尔巴罗信中的双重面具》，载于《文艺复兴思想评论》（第一卷），北京：商务印书馆，2017 年。

徐卫翔、韩潮主编：《文艺复兴思想评论》（第一卷），北京：商务印书馆，2017 年。

谢地坤：《在真理探索与灵魂拯救之间——埃克哈特神秘主义研究》，载于《社会科学研究》，2022 年第 2 期。

许若容：《伊拉斯谟在自由意志论战中的连续性思想与基督教人文主义精神》，载于《道风：基督教文化评论》第 52 期，2020 年。

雅各布·克莱因：《雅各布·克莱因思想史文集》，张卜天译，长沙：湖南科学技术出版社，2015 年。

沃格林：《文艺复兴与宗教改革》（政治观念史稿·卷四），孔新峰译，上海：华东师范大学出版社，2016 年。

汪子嵩等编：《希腊哲学史》（第四卷），北京：人民出版社，2010 年。

王丁：《存在何以"不可预思"——谢林论理性的最终奠基》，载于《哲学研究》，2022 年第 6 期。

万岱：《亲和力与操作者：论皮柯对普罗提诺魔法解释的承继与改造》，载于《哲学门》，2022 年第 1 期。

谢林：《近代哲学史》，先刚译，北京：北京大学出版社，2016 年。

亚里士多德：《亚里士多德全集》，苗力田主编，北京：中国人民大学出版社，2016 年。

亚里士多德：《物理学》，张竹明译，商务印书馆，1996 年。

乌特·哈内赫拉夫：《西方神秘学指津》，张卜天译，北京：商务印书馆，2018 年。

伪狄奥尼修斯：《神秘神学》，包利民译，北京：商务印书馆，2012 年。

朱振宇：《但丁赋予自然宇宙神学含义》，载于《中国社会科学报》，2017 年 9 月 12 日。

张志伟：《哲学的起源、危机与希望》，载于《哲学动态》，2019 年第 7 期。

张志伟：《尼采、虚无主义与形而上学——基于海德格尔《尼采》的解读》，载于
　　《中国高校社会科学》，2016 年第 6 期。

赵敦华：《基督教哲学 1500 年》，北京：人民出版社，1994 年。

周燮藩主编：《犹太教小辞典》，上海：上海辞书出版社，2004 年。

周春生：《文艺复兴研究入门》，北京：北京大学出版社，2009 年。

后　记

　　和奥利金一样，文艺复兴研究对我纯属意外。2010年春，我在意大利的导师博里教授应邀在北大哲学系开设一门意大利文艺复兴的课程，讲解文艺复兴时期哲学家皮柯·米兰多拉的代表作《论人的尊严》，我是这门课的助教。那是我第一次听到皮柯·米兰多拉这个名字。和上课的同学们一样，那时的我对文艺复兴哲学领域极其陌生，对于皮柯更是一无所知。初读他的作品，体验之差前所未有，既觉得它晦涩不堪，又觉得它肤浅异常。觉得它晦涩，是因为书中夹杂了大量犹太教、基督教以及种种神秘主义的话语，让人百思不得其解；觉得它肤浅，是因为皮柯的文字带有浓浓的抒情色彩，与康德、海德格尔作品的思辨性不可同日而语，以至于我一度怀疑他究竟算不算得上一名哲学家。但作为助教，心里纵有千般怨言，也不得不硬着头皮读下去。不仅读，还得译。为了让同学们对皮柯文本有更好的把握，博里老师交给我和两位师妹一份差事——翻译《论人的尊严》。这对当时的我而言无异于"雪上加霜"。本来就没兴趣、读不懂，还要用中文把它翻译出来，心里好不自在！多亏顾超一和樊虹谷两位师妹天资聪慧又认真负责，每次总能依据英译本做出准确的翻译，交我参照拉丁原文和意大利译文进行修改。我改完后，再把译文提交给博里老师和同学们使用，收到反馈后再继续修改。就这样，经过一遍遍的爬梳和整理，我们竟一起合作完成了这本小书的翻译，2010年9月由北京大学出版社出版。这也是如今世面上唯一一部皮柯的中文译作。

这番痛苦之后，我对文艺复兴哲学仍心存隔膜，久久不得要领。直到2012年，为了准备博士论文，我翻遍了意大利好几所大学有关奥利金在文艺复兴时期的接受史文献，整日与那些花花绿绿的缩写字为伍，才渐渐对这个领域产生了一丝亲近。就在那年，博里老师离开了我们。悲痛之余，我开始认真打量他对文艺复兴的兴趣。为什么一个对托尔斯泰、陀思妥耶夫斯基等现代思想家有着精深研究的意大利学者，愿意将欧洲的希望寄托于文艺复兴？除了我们熟悉的"艺术三杰""文学三杰"，那个时代究竟有什么东西能让他如此念念不忘？作为中国人，我们又能从文艺复兴中学到些什么？

带着这些困惑，我毕业回国，开始了自己的教学和研究生涯。由于课程教学的需要，我不得不系统地进入文艺复兴领域，并将重心放到被我忽视已久的文艺复兴哲学上。就是在这些看似有些勉强的转型中，我对包括皮柯在内的文艺复兴哲学真正产生了兴趣。事后想来，这种兴趣部分来自于回国以后重新观察西方文明的渴望，部分来自于意大利四年的经历。如果说，当我置身于西方文明，这些经历尚只是一种肤浅的经验；那么，回国以后，这些经历则进入我的内心深处，成为我自身的一部分。经过四年的浸润，我已经被西方人的某些精神属性所感染，后者让我像审视自己的文明一样审视文艺复兴。正是在这种既外在又切己的审视中，我开始感受到文艺复兴哲学多姿多彩的一面。特别是当我把文艺复兴哲学放到古代哲学、中世纪哲学和现代哲学之间，它的魅力就更自然地显露了出来。它不仅让我意识到，所谓的现代性是如何经由文艺复兴而生成，从而向我呈现一张更为紧密的思想之网；而且让我意识到，在我们今天的时代之外，历史上还存在着另一种可能。尽管这些可能部分进入现代，发展得更为激进；部分消失在时间中，杳无音讯，但它们的确真实且开放地存在着。今天，我们努力将它们勾勒出来，绝不仅仅是单纯的思想考古，而是为现代生活寻求一种借鉴，一种革新的视角。对于中国人来说，文艺复兴给我们提供了一种打量自身和他者的眼光，一份前所未有的、向外开放的勇气，无可替代。

　　饶是如此，我自己的研究道路仍困难重重。长期以来，文艺复兴艺术史、世界史的研究颇受国内学界重视，但文艺复兴哲学领域却门可罗雀。除了田时纲老师、李秋零老师、梁中和老师等前辈翻译和撰写的几部书，市面上几乎找不到关于文艺复兴哲学的著作，哪怕是通识性的作品。这意味着，我不得不靠自己的能力去处理全部的研究文献。感谢在意大利学到的那些拉丁文和意大利文知识，帮我一次次渡过难关，让我在接触皮柯、斐奇诺和布鲁诺的作品时，能够首先通晓大义，然后借助研究性的文献细化理解。这中间尤其让我受益的，是一次次讲授文艺复兴哲学的课堂。过去十年，我先后四次在中国人民大学讲授文艺复兴，主题涉及但丁、皮柯、彼特拉克、马基雅维利等哲学家。在这些课上，我熟悉了皮柯等人的主要文本，打下了扎实的研究基础。同学们的提问、翻译和论文一次次地给予我巨大的动力，滋养着我对于文艺复兴哲学的热情。最重要的是，正是在这些课上，我酝酿并完善了这本书的写作计划。眼下的这本著作，从主题、思路到文献，无不脱胎于当时课程的讲稿和讨论。因此，我首先要将这本书献给那些年所有文艺复兴哲学课堂上的同学们，谢谢你们。没有你们，就绝不会有这部书稿。

回望这十年的文艺复兴研究，虽偶感艰辛，却从不孤独。除了课程和学生，学界同人的鼓励和支持对我意义重大。作为一名研究皮柯的学者，我从国内文艺复兴研究的共同体中实实在在地汲取了丰厚的养分。每念及此，我都想感谢前辈学人的筚路蓝缕之功。2013 年，同济大学的徐卫翔教授和韩潮教授在上海发起第一届全国文艺复兴思想论坛，我刚回国便有幸参加。在那次会上，我不仅结识了许多仰慕已久的学者，得到他们的肯定和指点，信心倍增；而且接触到了许多不同的研究对象和研究风格，视野大开。来自世界史、艺术史、文学等不同领域的学者会集一堂，共同讨论彼此关心的问题，这样的氛围令人如痴如醉。就这样，我加入国内文艺复兴研究的队伍，努力地发挥自己的能量。2015 年，我们和中国人民大学历史学院联合举办了第三次全国文艺复兴思想论坛，召集了众多研究但丁和马基雅维利的京内学者，扩充了论坛的规模。此后，论坛又相继在天津师范大学、贵州大学等高校召开，至今已蔚为大观。从最初在同济，十来个人围坐在一张桌子边，到上百位学者、学生参会，每次会议分成几个小组召开，中国的文艺复兴研究规模和研究水平已蒸蒸日上。而我，恰好亲身经历并见证了它的成长。为此，我特别感谢徐卫翔老师、韩潮老师和刘训练老师的开创之功，感谢王军老师、李军老师等前辈学人的宽宏与热忱，感谢梁中和老师、朱振宇老师、李婧敬老师、韩伟华老师、卢镇老师、高洋老师等多位朋友给予我的建议和灵感。真心希望这个充满爱与友谊的学术共同体能够一直传承下去，滋养更多的学人。

　　从最初对皮柯哲学的宽泛研究，到以魔法为主题的专门研究，方方面面的因素推动了我思路的变化。于我而言，进入文艺复兴尤其是文艺复兴哲学，首先是对于西方哲学的整体兴趣。我希望把它视作一个阶段，用以连通中世纪哲学和现代哲学，为理解现代世界提供准备。为此，从一开始我便把焦点锚定在文艺复兴哲学与现代性的关联上，首先对皮柯的人性论产生了兴趣。渐渐地，对现代哲学和现代科学的研究又让我注意到文艺复兴科学史，注意到耶茨，以及滥觞于文艺复兴时代的魔法思潮。这些既具有现代科学因素又深陷前科学传统的魔法深深吸引了我，让我对那个神奇的时代神魂颠倒。而越是对这样一个复杂的时代着迷，过去的所学所思就越与之契合，仿佛经由一次召唤，它们便全部从梦中苏醒过来。在吴增定老师课上读到的海德格尔论文《世界图像的时代》，韦伯课上读到的李猛老师论文《除魔的世界与禁欲者的守护神：韦伯社会理论中的"英国法"问题》，老友晋世翔跟我念叨的古今科学之变，尹景旺师兄谈及坎托洛维奇谈到的"魔化"……这些场景反复在脑海中旋转，最后凝聚成两个关键词：魔化与除魔。对我来说，皮柯的思想尽管纷繁复杂，却始终围绕这两个关键词在展开。不独如此，魔化和除魔还昭示了整个文艺复兴的精神，一种既朝向现代又与之判然有别的立场。二者以一种充满张力的方式进入现代世界，成为我们今天仍然面临的根本问题。不必说，这样一部作品虽然指向魔法，但也并不局限于魔法的专门研究，而是对于皮柯总体思想的一次尝试性探索，一种对于文艺复兴精神的整体性概括。这种整体性，是我从事学术的初衷，也是我从师友们那里获得的最大财富。为此，我要向那些从不同角度激励着我的师友们致以最诚挚的谢意。

毕业十年，青椒变红椒，早已不好意思再自称青年学者了。学术日益艰难，生活图穷匕见，压力如影随形。好在身边总不乏师长的关怀、朋友的宽慰。在此，我要感谢那些长期关爱我的老师们，北大的吴增定老师、先刚老师、杨立华老师、李猛老师，社科院的张志强老师，复旦大学的丁耘老师，同济大学的徐卫翔老师和韩潮老师。多年来，你们是我的榜样，是我前行的明灯，这份信念至今依然未变。感谢中国人民大学哲学院诸位师长的栽培，特别是张志伟老师、谢地坤老师、李秋零老师、欧阳谦老师、吴琼老师、韩东晖老师、王宇洁老师，你们的每一次鼓励和提携，都让我铭记在心。此外，我还要感谢中国人民大学哲学院的领导和同事，特别是外哲教研室的各位老师们。你们的包容和坦诚，让我能够心无旁骛地工作；你们在各个领域的成就，不断激励着我走出舒适区，走向更大更广阔的世界。

我还要感谢雷思温和孙帅两位老友。从同学到同事，我们彼此关心，共同成长，至今已有十七年。时间丰富了我们，也砥砺了我们的友谊。你们在学术上的坚持和创造，永远是我前进的最大动力。我还要特别感谢孟琢、谢琰和钟韵。我们相识甚晚，但一见如故。从 2018 年到 2023 年，你们一直是我生活上最信赖的朋友。你们的纯粹和赤诚，让我觉得自己的坚守并不孤单，让我时常感受到新鲜的快乐。未来的日子，希望你们一切安好，希望我们永远彼此提醒、彼此鼓励，一起面对未知的艰险。还有许许多多给我温暖和支持的朋友，恕我在这里不能一一写下你们的名字。

这本书从构思到出版，前后花费了大约两年的时间。从 2021 年春天到 2022 年年底，我是在各种各样的生活打击面前，利用各种支离破碎的时间完成这部书稿的，其间的经历不可谓不心酸！特别是 2022 年春天，疫情恶化，我多次被隔离在家，不能正常去办公室工作。时间紧迫，为了帮助我按时完成书稿，校内的学生们主动来到我的办公室，通过视频连线的方式帮我挑选资料，然后用麻袋装上，穿过带刺的花丛，隔着高高的栅栏一本本地递给我。那一幕幕的场景，深深刻在我的心里，想起来就感动不已。

感谢疫情期间的这段生活，让我更加珍视师生之间的情谊，也更加懂得包容学生，尊重他们的选择。为此，我要感谢我所有的研究生和本科生，你们的陪伴和坚持，帮我度过了许多艰难的岁月，促成了这本书的诞生。

2022年夏，承蒙渠敬东老师、韩潮老师、李猛老师、冯金红老师的推荐，本书有幸忝列三联书店"三联·哈佛燕京学术丛书"。这对我是个巨大的鼓励。这期间，我不仅从渠老师和韩老师那里收到了推荐语，还收到了多位匿名审稿人对于书稿的修改意见，受益匪浅。几乎就在同时，我用这本书稿申请国家社科基金青年项目结项，又从五位匿名评审专家那里收到了多条改进意见。为了改进质量，我从2022年10月至2023年2月对书稿进行了多次修订，最终定稿。在此，我向各位推荐的老师、各位匿名评审专家的工作表示深深的感谢。此外，我还要特别感谢本书的责编王晨晨女士。她细心的态度和专业的水准，最大程度地避免了书稿的问题，让它以最佳面目与读者见面。多年来，三联是我们读书人的家园。我这本文艺复兴的小书有幸在三联出版，也算了了多年的夙愿。相信我们未来的情分会越来越长。

最后，我要深深地感谢我的家人。谢谢我的父亲和母亲，岳父岳母，你们永远是我生命的支柱、依托和港湾。你们不求回报的关爱，时常令我感到愧疚。未来的日子，我祈愿你们身体健康，长命百岁。谢谢我的姐姐、姐夫，你们在家不辞辛劳，贴心地照顾父母，令我感到安心。我还要感谢我的外甥、表弟、堂弟、堂妹，所有在家或在外的亲人，你们的存在，让我感到世界充满温度。最后，我要特别感谢我的爱人——李申莉女士。这两年你总是在问，你这本皮柯的书要写到什么时候？可刚等我交稿，你又在关心，下一本书写什么，什么时候写？我知道，你埋怨这些又惦记这些，深知这一笔一画的文字里，始终存留着我们共同的生命。任何时候，它们都不仅属于我，也属于你，甚至首先属于你。谢谢你，你的善良、可爱、包容，一切的一切。

本书附录的三篇文章曾刊登于《哲学研究》《北京大学学报》《云南大学学报》，感谢上述刊物同意这些文章收入本书。

吴功青

2023 年 4 月 29 日星期六于人文楼 615 室

出版后记

当前，在海内外华人学者当中，一个呼声正在兴起——它在诉说中华文明的光辉历程，它在争辩中国学术文化的独立地位，它在呼喊中国优秀知识传统的复兴与鼎盛，它在日益清晰而明确地向人类表明：我们不但要自立于世界民族之林，把中国建设成为经济大国和科技大国，我们还要群策群力，力争使中国在 21 世纪变成真正的文明大国、思想大国和学术大国。

在这种令人鼓舞的气氛中，三联书店荣幸地得到海内外关心中国学术文化的朋友的帮助，编辑出版这套"三联·哈佛燕京学术丛书"，以为华人学者上述强劲吁求的一种记录、一个回应。

北京大学和中国社会科学院的一些著名专家、教授应本店之邀，组成学术委员会。学术委员会完全独立地运作，负责审定书稿，并指导本店编辑部进行必要的工作。每一本专著书尾，均刊印推荐此书的专家评语。此种学术质量责任制度，将尽可能保证本丛书的学术品格。对于以季羡林教授为首的本丛书学术委员会的辛勤工作和高度责任心，我们深为钦佩并表谢意。

推动中国学术进步，促进国内学术自由，鼓励学界进取探索，是为三联书店之一贯宗旨。希望在中国日益开放、进步、繁盛的氛围中，在海内外学术机构、热心人士、学界先进的支持帮助下，更多地出版学术和文化精品！

生活·读书·新知三联书店
一九九七年五月

三联·哈佛燕京学术丛书

[一至十九辑书目]